왕초보 사주학

사주학

심리편

낭월 박주현

 동학사

사주로 마음을 알 수 있을까?

나이를 한 살 더 먹으니까 보고 생각하고 느끼는 것도 또 달라지는군요. 그래서 인생의 회고록이나 자서전은 늘그막에 쓰는 것이 정상인가 합니다. 낭월이를 생각해볼 적에, 작년에 생각하던 음양오행(陰陽五行)이 금년에 생각하는 음양오행과 뭔가 달라져 보이기에 드리는 말씀입니다.

그러니 나중에 십 년의 세월이 흐른 후에 자신이 저술한 책의 내용을 본다면 참으로 한심한 졸작이라고 생각을 할 수밖에 없을 것이라는 생각 을 떨쳐버릴 수가 없군요. 베토벤이 항상 정열적으로 작곡을 했습니다만, 맨 마지막에 작곡한 '합창 교향곡'을 만들고 나서야 비로소 스스로 만족을 했다고 하는 일화를 읽으면서 과연 그렇겠다는 생각이 들었습니다.

그러한 생각을 하면서도 또 컴퓨터 키보드를 당겨놓고 뭔가 두드리고 있는 자신을 보면서 참으로 어쩔 수 없는 '선천성 떠버리'라는 생각을 하게 됩니다.

졸저(拙筆)인 『왕초보 사주학』 입문편과 연구편을 읽어주신 벗님들께 감사의 말씀을 올립니다. 그리고 다음의 책은 언제 나오느냐는 격려를 해 주신 독자들께도 감사를 드립니다. 비록 변변치 못한 이야기였지만, 재미있다는 격려의 말씀에 힘입어서 겁없이 시작을 했습니다만, 그러한 작업이 전혀 무익하지만은 않았던 모양이라고 스스로 위안을 삼고 있습니다. 그러면서도 좀 더 실속있고 내용이 충실한 이야기를 못해 드린 것이 죄송하기도 합니다. 기왕이면 잘 정리를 할 수도 있었는데…… 싶은 마음이 드는 것은 아마도 모든 학자분들의 고뇌가 아닐까 하는 생각을 하기도 했습니다. 완벽이라는 말이 좋기는 합니다만, 공부라는 것이 항상 그렇듯이 오늘 생각한 것이 내일이 되면 휴지조각으로 변하는 것이 늘상 있는 일이지요.

그래서 기록을 할 당시에는 참신하고 분명하다고 생각한 이론들도 얼마간의 시간이 지나면 쓸데없는 군소리에 불과해 지는 것 또한 어쩔 수 없는 과정이 아닌가 하는 생각도 하게 되는군요. 어느 독자께서 전화로 하신 말씀이 생각납니다. "책은 재미있게 써주셨는데 책에 써놓지 않는 비법이 있을 것 같습니다. 그것을 배우려면 어떻게 하면 되겠습니까?"

이와 같은 전화를 받고서 참 난처하더군요. 낭월이는 스스로 생각하고 느낀 것을 소상하게 적어봤습니다만, 그래도 또 읽으시는 독자 입장에 서는 뭔가를 깊이 감춰두고서 맛보기만을 적어놓은 것으로 생각하시는가 봅니다. 그리고 어째서 그러한 생각을 하게 될까에 대해서도 생각을 해봤습니다. 그랬더니 그만한 이유가 있겠다는 판단이 서더군요.

책이란 것은 아무리 빨리 나와도 생각보다는 늦습니다. 학자가 어떤 학문에 대한 이론을 연구하고 정리해서 발표를 한다고 해도 그 시간적인 틈은 6개월에서 1년이 걸리게 된다는 말씀입니다. 원고가 정리되고 나서 일단 작가의 손을 떠난 상태에서 소요되는 시간과, 그 책이 출판이 되어서 서점에 진열이 되고, 그래서 독자 분들이 발견을 하고서 읽어보게 되는 시간까지의 과정이 그렇다는 말씀이지요.

그 과정에서 학자는 원고를 다 내어놓았다고 해서 손을 털고 차만 마시고 있지는 않겠지요? 또 뭔가 연구를 할 것입니다. 그리고 한 권의 책을 정리하다 보면 상당히 많은 체계를 세우게 되는 부가적인 수확이 적지 않다고 생각이 됩니다만, 그러한 것을 토대로 해서 이번에는 또 다른 시각으로 그 학문을 바라다보게 될 가능성이 매우 크다고 하겠습니다. 이러한 망외소득은 결국 자신의 학문에 대한 발전을 가져오게 됩니다. 물론 속을 모르시는 독자들이야 책을 읽고서 찾아가보니까, 책에 나오지 않은 이야기를 하는 저자의 말에서 책을 만들 적에는 작가가 뭔가를 숨기고서 발표를 한다고 생각을 하겠습니다만, 실은 숨긴 것이 아니라 그 후에 다시 연구를 해서 깨달아가는 것이라고 봐야 할 듯합니다. 그러니까 그 책을 읽는 독자가 몇 번인가의 반복을 통한 과정에서 이치를 깨닫고 있는 동안에도 책을 지은 사람은 한 발 더 앞서서 연구하고 있다고나 하면 적절한 표현이 될지 모르겠군요.

　그러나 혹, 학자님들 간에는 자신이 스스로 궁리하고 임상을 통해서 느끼고 깨달은 노하우를 공개하지 않는 분도 있으리라 생각됩니다. 그리고 그러한 자유는 학문을 하시는 분에게는 충분히 있습니다. 발표를 하고 말고는 완전히 개인적인 자유에 속하는 것이고 어느 누구도 그 자리에서 강요를 할 수는 없는 일이겠지요. 다만 낭월이는 스스로 느끼고 생각한 점을 가능하면 이해하기 쉽도록 표현력을 동원하여 설명 드리려고 노력하고 있다고 생각이 되는군요.

　그러나 이런 점은 있습니다. 머릿속으로 생각한 것이 모두 글자로 변환을 하지는 못한다는 점입니다. 말로 정리를 하고 글로 설명을 한다는 것이 자유롭기도 하겠지만, 어느 미세한 부분에서는 그것이 맘대로 되지 않음을 느끼는 경우도 더러 있다는 것을 느끼게 되더군요. 불법(佛法)에서는 불립문자(不立文字)라는 말을 사용합니다만, 그야말로 느낌(!)으로 이해를 해야 할 부분이 있는 것도 부인할 수가 없는 과정이라는 생각을 종종 하게 되는군요. 그리고 어떤 부분에서는 뭔가 느끼기는 하면서도 분명하게 설명을 하기는 애매한 묘한 부분이 있는 것도 같고 말이지요…….

이러한 여러 가지의 연유로 해서 원래의 의도와는 약간 다른 결과의 책이 나올 수도 있겠다는 생각을 해본 것입니다. 그리고 정말 생각지도 않던 오자(誤字)나 사주도표를 발견할 적에는 참으로 송구한 마음이 앞서더군요. 책을 만드는 과정에서의 실수도 있을 수가 있겠고, 글을 쓰는 과정에서 실수로 잘못 적을 수도 있더군요. 그래서 책이란 것은 시중에 나가기 전에 교정을 완벽하게 봐야 한다고 생각이 들기는 했습니다만, 항상 완벽할 수가 없는 것이 또한 인간이기에 이러한 점은 시간이 경과하면서 바로잡아질 것으로 생각이 되어서 이해를 해주실 것으로 생각됩니다만, 항상 미안한 마음이 앞서는군요. 그래서 이번에는 사주도표를 적을 적에 별도로 한 줄을 할애해서 생년월일시나 사주를 표시를 하려고 합니다. 혹시라도 편집과정에서 도표가 틀릴 수가 있더라도, 그 한 줄은 즉시로 수정을 할 수가 있게 해줄 것이라는 궁여지책이라고 헤아려주시기 바랍니다.

말이 길어졌군요. 두 권의 책을 내면서 느낀 소감이랄지 그런 것에 대한 말씀을 드려봤습니다. 그럼 이제 이 책에 대한 설명 말씀을 올립니다.

이 책은 앞의 두 책에 이어서 추가되는 내용이라고 보시면 되겠습니다. 다만 이번에는 핵심적인 내용 중에서도 핵심인 십성론을 심층연구한 것이라고 할 수가 있겠습니다. 사실은 연구편에서 이미 말씀은 드렸습니다만, 명리학을 이용해서 사람의 마음을 헤아려보려고 시도를 한 것이 주된 목적이라고 하겠습니다.

　주요 골자는 십성(十星)에 대한 이야기를 확대시켰습니다. 인간적(人間的)인 것과 물질적(物質的)인 것, 그리고 정신적(精神的)인 십성(十星)에 대한 이야기를 하면서 정신적인 면에서는 서양의 융(C. G. jung)박사의 심리학(心理學)이론을 접목해서 연구해봤습니다. 그리고 이러한 연구에 도움을 준 책은 하건충(何建忠)선생님의 『팔자심리학』 두 권과 화제관주(花提館主)선생님의 『명학신의』(命學新義)를 많이 참고했음을 밝힙니다. 언제나 많은 학자 분들이 스스로 연구한 자료들을 후학의 학문발전에 사용하게 하는 것에 존경심을 표하게 되는군요. 이 변변치 못한 책이 내용적인 면에서 다소 우수한 점이 있다고 한다면 그 공은 모두 위의 여러 선생님들의 공적에 기인한다는 점을 말씀드리고 싶습니다. 그리고 선현(先賢)들의 가르침이 분명했음에도 불구하고, 낭월이가 어두워서 어리석은 판단을 한 것은 순전히 낭월이의 허물임을 말씀드려야겠군요.

　가능한 한도 내에서 좀 더 자세하게 그리고 이해하기 쉽게 설명을 드려 봅니다만, 역시 가장 기본인 용신을 이해하고 나서야 제대로 접목이 될 것이라는 점이 아무래도 만만하지만은 않을 것으로 생각됩니다. 혹 심리에 대해서 관심이 많은 일반인이라도 이 책의 내용을 참고한다면 뭔가 좋은 힌트가 있을 법도 하군요.

　특히 카운셀러직에 종사하시는 분들이라면 사주공부를 필수로 해야 할 정도로 많은 힌트를 함축하고 있다는 것을 발견하시게 될 것입니다. 실은 낭월이가 이렇게 사주와 심리를 접목시켜 보려고 노력하는 이유도 이러한 목적이 포함되어 있습니다. 사람을 조종하는 것이 마음인데, 그 마음의 구조를 이해하지 않고서 그 사람에 대해서 평가를 한다는 것은 모순(矛盾)이라고 느끼고 있거든요. 인생을 상담하는 업에 종사하시는 분들이 이 책의 내용을 잘 활용해주신다면 보다 아름다운 나라가 될 것으로 믿어집니다.

　이 책의 내용 중에는 완벽하게 실험과 검증을 마치지 않은 내용도 포함이 되어 있습니다. 어떻게 보면 '사주심리(四柱心理)분야'에 대해서는 거의 불모지나 다름없는 한국의 실정을 생각해볼 적에 어쩔 수가 없는 현실이라고 밖에 말씀을 드릴 수가 없군요. 그렇지만 이 책을 만나시는 인연으로 무한한 잠재력이 있는 이론을 접하시게 된다는 점에서 다행이라고 생각을 해보기도 합니다. 이 이론은 분명히 미래학(未來學)으로서 그만한 가치를 지니고 있다고 생각됩니다. 심리구조에 대해서 관심이 많으신 벗님은 결코 실망하지 않으리라고 감히 장담을 해봅니다.

　끝으로 한마디 덧붙일 말씀은, 그동안 변변치 못한 원고를 모양 나게 만들어서 많은 벗님들과 만날 수 있게 해주신 동학사(東學社)의 유재영 사장님과 양윤선 편집장님께 이 자리를 빌어서 감사의 말씀을 드리고 싶네요. 독자님들이 책모양이 좋더라도 말씀을 해주실 때마다 내용도 중요하지만 포장도 그에 못지않게 중요하다는 생각을 해봅니다. 그리고 마지막 원고를 세심하게 살피느라 밤잠을 설치면서 수고를 아끼지 않은 악의 무리(?) 김재윤(harcoon) 벗에게도 고마운 마음을 표하고 싶습니다.

　"모두가 좋은 인연입니다~!"

　'심리편(心理篇)'이라는 이름으로 또 하나의 변변치 못한 고민 덩어리를 안겨드리는 셈이 되었습니다. 부족한 부분에 대해서는 좀 더 시간이 경과되면서 연구 발전시킬 것을 약속드립니다. 이 작은 한 권의 책이 좀 더 깊이 있는 진리탐구와 좀 더 높이 바라다보는 안목을 기르는 데 뭔가 참고 사항은 될 것이라고 감히 망상을 피워봅니다만……

그럼 정진하시는 학문에 대해서 낭월이의 이야기가 힌트가 되어서 더욱 심오한 명리학의 세계로 잠수를 하시기 기대하는 마음으로 이야기를 전개해 나가겠습니다. 고맙습니다.

병자년 여름에 논산에서
낭월 두손 모음

제 2 부 부부 심리학

제3부 사주 심리학

제1부

십성의 원리

십성(十星)의 정의

  명리학을 공부하면서 가장 명리학의 용어답다고 생각되는 것이 바로 이 십성(十星)이라는 항목이 아닐까 생각해봅니다. 기본과정에서 배우는 음양오행(陰陽五行)의 이야기는 역학(易學)이라면 어디에서나 볼 수가 있는 이야기이지만, 이 십성이라는 말은 자평명리학에서 특히 중요하게 다루고 있는 용어이기 때문입니다. 십신이라는 말을 때에 따라 육친(六親)이라는 말로 사용되기도 합니다. 다만 육친이라는 말은 인간적인 면으로 관찰하는 십성이라는 것도 이 정도의 수준에 오면 분명하게 정리를 해줘야 할 듯싶군요. 그래서 여기에서는 인간적인 관계를 설명할 적에는 육친이라는 말을 사용하고 그 외에는 십성이라는 말로 설명을 드리겠습니다.

  이미 입문편에서 육친의 기본적인 구조는 설명을 드렸습니다. 다만 주로 인간적인 면에 대해서만 설명을 드렸군요. 그리고 보통의 명리서적에서는 육친이라는 말로써 인간적인 관계만 알아보는 것으로 십성의 역할을 마무리하는 것이 보통이라는 생각이 드는군요. 이제는 그 영역을 확대해서 물질적인 면과 정신적인 면에서의 십성을 헤아려 보는 장을 마련해보도록 하겠습니다.

  십신(十神)이란 한마디로 정의를 한다면 '각기 다른 열 가지의 형태' 입니다. 형태라는 것은 취하고 있는 태도를 말하게 되는데 인간적으로나 물질적으로나 또는 정신적으로 이 열 가지의 취하고 있는 형태는 뚜렷하기 때문에 이러한 차이점을 잘 이해한다면 아마도 보다 깊은 명리학으로 들어가는데 많은 참고가 될 것으로 생각이 되는군요. 그런데 신(神)이라는 말이 있는 것은 어떻게 볼까요? 이미 우리는 용신(用神)이나 기신(忌神) 라는 용어를 배우면서 신이라는 글자에 익숙해졌습니다. 여기서의 신(神)도 역시 같은 의미로 매우 중요한 열 가지의 성분이라고 보면 되겠군요. 각기 하는 일이 뚜렷한 글자이기 때문입니다.

여기서 중요하게 짚고 넘어가야 할 것이 있습니다. 벗님들께서는 이미 앞의 두 권의 책으로 인해서 상당한 수준이 함양되었을 것으로 생각을 합니다. 그래서 여기서는 핵심적인 문제만을 다루고 싶은 것이 낭월이의 마음이기도 합니다. 어떻게 보면『왕초보 사주학』입문편과 연구편에서 다뤄온 내용이기도 한 육친론(六親論)이 다시 여기서 구체적으로 거론이 된다고 해서 혹 엿가락 작전이 아니냐고 따져 물으실 벗님이 계실는지도 모르겠습니다.

요즘 방영되는 드라마들이 그런다지요? 조금 인기가 있다 싶으면 대책 없이 질질 끌고 있다가도 어느 순간에 인기가 떨어진다 싶으면 신속하게 막을 내려버리는 눈치편성이 대부분이라고 하던가요? 사실 눈치깨나 없는 낭월이가 봐도 드라마가 조금 재미있다 싶으면 이야기가 진행이 되지 않는다는 느낌이 많이 드는 경우가 있는 것을 보면 이 말이 사실일 것이라고 생각해봅니다. 그러면서도 낭월이가 다시 육친론(六親論)을 십성(十星) 이라는 이름으로 치장해서 들고 나온 것은 무슨 배짱일까요? 질질 끄는 그런 드라마를 보는 영향이라고 얼버무릴까요?

그렇지만 여기서 다시 십성이라는 이름으로 재론하고 있는 것은 이름은 같을지 몰라도 내용적인 면에서는 한 단계 더욱 높은 수준의 내용이기 때문이라는 것을 조금만 참으시면 느끼시게 됩니다. 혹 의심스러운 마음이 드신다고 해도 조금만 참고 읽어주시기를 부탁드리겠습니다.

그리고 무엇보다 중요한 것이 하나 있습니다. 이미 연구편에서 언급을 한 내용입니다만, 내용이 부실했던지, 희용기구한(喜用忌仇閑)에 대한 설명이 부족하다는 항의(?)가 종종 들어오더군요. 책을 쓰되 읽는 이로 하여금 이해가 되지 않게 쓰는 것은 작자의 허물이라고 생각이 되어서 여기에서 잠시 부연설명을 드려야겠다는 생각이 들었습니다.

그리고 이렇게 부연설명을 드리고 싶은 또 다른 이유는 지금부터는 희용기구한에 대한 이해가 되어 있지 않는다면 책장을 넘기기에 매우 부담이 되실거라는 노파심이 생기기 때문이기도 합니다.

이제부터의 심성론은 기본적으로 그 해당 십성, 즉 정관(正官)이나, 편관(偏官), 혹은 겁재(劫財)라고 하는 용어의 작용에 대해서 말을 할 때에 이 희용기구한에 대한 정리를 바탕에 깔고 진행을 할 참입니다. 가령 어느 사람에게는 상관(傷官)이 기신(忌神)에 해당하지만, 또 다른 사람에게는 용신(用神)에 해당하기도 합니다. 이러한 같은 용어의 다른 상황 설명은 희용기구한에 대한 분명한 정의가 없이는 이해하기 힘들고, 오히려 매우 혼란한 구렁텅이로 몰이넣는 작용이 될지도 모른다고 생각하는 것입니다.

희용기구한(喜用忌仇閑)

용신(用神)은 무엇인가?

이렇게 물음을 만들어 놓고서 답을 생각해보겠습니다. 용신이라는 것은 사주 전체의 형상을 살펴서 중화(中和)에 이르도록 작용을 하는 글자를 부르는 대명사입니다. 한 나라로 친다면 국토의 수도라고 할 수 있겠습니다. 한국에서는 서울이 되겠군요. 서울이 코리아에서의 용신이 되는 셈입니다. 서울이 마비가 된다면 이 나라는 마비가 되고 아무것도 할 수가 없습니다. 선거를 할 때마다 정치꾼들이 활용하는 것 중의 하나가 영호남 지역감정이지요? 항상 그래서는 안된다고 말들을 하면서도 막상 표 나누기가 시작되면 어김없이 그 버릇은 나오게 되어 있습니다. 근래에는 충청권까지 가세를 한다지요? 이렇게 지역적인 감정대립을 야기하는 것은 사주에서 말할 적에 충(沖)이라고 하면 되겠군요. 사주에 충이 있는 사람은 한반도의 영호남 감정대립과 같다고 말할 수가 있겠습니다. 그 대립을 해소하는 것은 당사자들끼리는 어렵습니다. 이미 수천 년이 넘은 역사를 갖고 있는 감정의 고랑이니까 말이지요. 그래서 서울에서 모두 하나가 되도록 조정을 해야 합니다. 이렇게 용신이라는 용어를 한국이라는 지리에 대입해서 살펴봅니다.

또 다른 예로써 용신은 가장(家長)이라고 합니다. 한 가정에서는 가족 구성원이 모두 가장을 향하고 있습니다. 가족 중에 누구 하나 중요하지 않은 사람이 없겠습니다만, 그래도 그 중에서 모든 가족들이 필요로 하는 사람은 가장이지요. 가족 구성원을 사주팔자(四柱八字)라고 할 경우에 가장은 용신에 해당한다고 하는 것은 적절한 비유가 되겠군요. 가족 중에서 신체장애자가 있다면 사주에 병이 있는 것과 같다고 하겠군요. 따라서 용신을 정할 적에 그러한 상황도 고려됩니다. 즉 어떤 가정에서는 분명히 부모님이 살아있음에도 불구하고 자녀가 가장의 역할을 맡게 되는 경우가 있습니다. 대개는 아버지가 가장이지만 가족 구성원의 상황에 따라서 어머니나 장남, 삼촌이 가장의 역할 즉, 용신의 역할을 맡게 되는 경우도 허다합니다.

용신이라는 글자의 의미를 이렇게 가정적인 상황에서도 읽어볼 수 있는 것이로군요. 용신이라는 것에 대해서 생각을 해봤습니다. 또 다른 예를 들어볼 수도 있겠습니다만, 이 정도의 예로도 충분할 것으로 생각이 되어 서이만 줄입니다.

용신은 왜 필요한가?

용신이라는 글자의 의미는 알았는데 용신이 필요한 이유는 또 무엇일까요? 만약에 지리적으로 깊은 산속에서 가족끼리 화전민이 되어서 강냉이를 심고, 길쌈을 해서 살아가는 환경에서는 전혀 용신이라는 개념 즉, 서울이라는 것이 필요 없습니다. 서울이야 있건 말건 오순도순 살아가면 됩니다. 그렇지만 만약에 농산물을 시장에 팔아서 생필품을 구입해야 한다면 아마도 가족끼리만의 구성체로서는 애로가 많을 것입니다. 이러한 사회적 관계의 확대로 용신의 필요성이 등장합니다. 농작물은 일단 가락동 농수산물 시장으로 모입니다. 즉 농작물의 용신은 가락동인 셈이지요 수산물의 용신은 노량진 수산 시장이로군요. 옷가지의 용신은 평화 시장 이라고 해도 될는지 모르겠습니다만, 일단 어떤 업종에서의 가장 중요한 상권은 모두 서울에 있게 마련입니다. 그래서 전국적인 시세를 조절합니다. 사람이 사회에서 하는 일이 많을수록 용신의 역할은 커집니다.

농부의 사주에서의 용신과 정치인이나 사업하는 사람의 사주에서의 용신의 중요도는 많은 차이가 납니다. 많은 사람을 상대로 하는 사람은 그만큼 사회성이 높아지고 그에 따라서 용신의 중요도 또한 커지게 마련입니다.

이와 같은 이유로 용신은 있어야 할 필요를 느낍니다. 가격이 오르면 창고를 열고 재고품을 풀어서 내리도록 조정하고, 풍작이 되어서 쌀값이 내리면 다량으로 사들여서 가격이 올라간 다음에 풀도록 하는 일이 가격 안정이라는 목적으로 필요한 것처럼 용신도 같은 의미에서 있어야 할 필요를 느끼는 것이지요. 사주에 불의 성분이 너무 많아서 모두 열을 푹푹 받고 있으면[火多] 에어콘이라는 용신을 등용시켜서[水用] 모든 글자들이 편안하게 자신의 일을 할 수가 있도록 조정해주고, 반대로 겨울에 태어난 사주에서 온도가 많이 내려가서 모두들 덜덜덜 떨고 앉아 있다면(水多) 화롯불을 등장시켜서(火用) 따뜻~하게 언 손을 녹여주는 용신으로 삼는 것과 비슷하다는 생각이 드는군요.

다시 부연설명을 한다면 용신은 그 사주에서 가장 중요한 의미를 갖고 있는 글자라고 하겠습니다. 핵심(核心)이라든지, 중화점(中和点)이라든지 대통령이라는 말로 대신하는 것도 모두 같은 의미라고 봅니다. 좀 주제넘은 소리가 될는지도 모르겠습니다만, 풍수를 볼 적에는 좌청룡 우백호를 논하고 남주작 북현무를 이야기합니다. 그리고 간좌(艮坐)니 곤좌(坤坐)니 하는 말 등등 복잡하기 짝이 없는 무수한 용어들이 많아서 초보자는 참으로 어렵게 느껴지는 것이 풍수학이 됩니다만, 이것도 용신의 개념에서 바라다보면 참으로 간단하게 감을 잡을 수가 있습니다.

'물이 많은 산에서는 메마른 곳이 명당이요, 메마른 곳에서는 물이 비치는 곳이 명당이라고 보는 것입니다. 또 바위가 많은 산에서는 흙이 많은 곳이 명당이고, 흙이 많은 산에서는 바위가 모여 있는 곳이 명당이다.' 라고 생각하면 된다는 것입니다. 이것이 낭월이가 보는 풍수법입니다. 물론 이 돌팔이의 말을 다 믿을 것은 없지만 가만히 생각해보면 이 말이 매우 일리가 있거든요. 한번 산에 가시거든 이러한 생각으로 살펴보세요. 아마도 명리학에서의 용신 개념이 풍수를 바라다보는 데에도 크게 실망시키지 않을 것임을 보증합니다. 하하.

이러한 이유로 해서 하나의 사주를 세웠으면 그 사주에서 가장 핵심적인 역할을 하는 글자를 내세워서 용신이라는 이름을 부여합니다. 그런데 이 용신은 사주 보는 사람이 마음대로 정한다고 해서 그렇게 정해지는 것이 아닙니다. 이미 태어날 적에 하나의 글자에 그 역할을 부여했으니까, 감정하는 사람은 정확하게 그 글자를 찾아내야 하는 것입니다. 그래서 용신은 찾는 것이지 정하는 것이 아니라고 해야 정확하겠군요.

이 정도로 용신이 무엇이며 왜 필요한 것인지를 살펴봤습니다.

십성(十星)을 논하기 전에 이미 이러한 용신의 역할을 하는 글자를 분명하게 찾아놓고 나서야 비로소 다음 이야기를 진행하게 되는 것이니까 이것에 대해서 아직도 아리송하시다면 더 이상 이야기를 읽어봐도 점점 미궁을 헤매시게 될 가능성이 농후합니다.

미궁이라고 하니까 생각나는 것이 있군요. 미궁(迷宮)이라는 음악이 있었지요? 황병기 씨의 창작곡이었던 것으로 기억이 되는데, 어느 친구가 말하기를 미궁을 비 오는 날에 이불을 뒤집어 쓰고서 들어보면 참 제맛이 난다고 하더군요. 그래서 그렇게 그 음악을 들어봤는데 참 기발나더군요.

다니엘리까리인가 하는 가수는 음악 대신 목소리를 쓴다고 해서 유명해졌다던데, 이 미궁에서는 홍신자 씨의 목소리가 등장을 합니다. 흐느끼는 듯, 독백하는 듯, 자조하는 듯, 미친 듯, 묘한 분위기를 만들어가는 미궁의 분위기는 참으로 독특한 음악이더군요. 원래 홍신자 씨의 수행정신을 좋아했었기 때문에 그 음악을 종종 들었던 기억이 나는군요. 참으로 미궁이라는 이름이 잘 어울리는 음악이었다고 생각했던 기억이 잠시 났습니다.

우리 벗님도 용신이라는 것에 대해서 확신이 없이 십성론에 접근한다면 점점 이렇게 미궁 속으로 빠져들 공산이 매우 높습니다. 그래서 나중에는 뭐가 뭔지 엉망이 되어버려서 도통 감을 잡을 수가 없게 되어도 낭월이는 책임을 지지 못한다는 것을 분명히 말씀드립니다. 이 정도로 으름장을 놓는 것을 보면 아무래도 용신이라는 글자가 사주를 보면 튀어나와야 하겠군요. 물론 처음에는 그렇게 간단한 문제가 아닙니다. 오로지 사주를 많이 보고 많이 틀리고 많이 궁리를 한 벗님의 몫이라고 해야 할 듯 싶습니다.

희신(喜神)은 무엇인가?

용신이라는 것을 찾았으면 다음으로 살펴야 할 것이 희신입니다. 실은 낭월이가 이렇게 다시 희용기구한에 대해서 말씀을 드리는 이유 중의 하나는 이 희신에 대해서 정리를 해드리려고 마음을 낸 것입니다. 용신 이야기는 이미 『왕초보 사주학』 연구편에서 눈이 따갑게 읽어보신 것이니 다시 부연설명을 하지 않아도 낭월이를 탓하시지는 않을 것이라고 생각이 됩니다만, 전화나 편지로 질문을 하시는 벗님 중에는 이 희신에 대해서 감을 잘못 잡고 계신 분들이 의외로 많으셔서 뭔가 정리를 해봐야겠다는 생각이 드는군요. 이렇게 어떠한 방법을 통해서든지 낭월이에게 질문을 해주신 내용들은 다음에 글을 쓰는 데 참고가 되는군요. 이 자리를 빌어서 많은 질문을 해주신 벗님들께 깊은 고마움을 전합니다.

그럼 희신에 대한 정의를 내려봅니다. '희신(喜神)은 용신과 일간(日干)의 용신이다.' 하는 말로 간단하게 정의해 봅니다만 실은 한마디로 말을 할 수가 없는 복잡한 사연이 많습니다. 우선 벗님들께서 가장 많이 알고 계신 것이 '용신을 생(生)하는 것이 희신이다.' 하는 점이더군요. 이 말도 크게 틀린 것은 아닙니다. 그렇지만 100% 정답이 아니라는 것이 문제지요. 용신을 생하는 것이 희신이라고 한다면 참으로 희신을 가리기는 것은 간단한 문제입니다. 이해를 돕기 위해서 사주를 하나 살펴보도록 하겠습니다. 용신을 생하는 것이 희신이라는 항목에 가장 잘 어울리는 것으로 재자약살격(財滋弱殺格)이 제격일 듯싶군요.

乾命 : 丙寅년 甲午월 丙申일 壬辰시 출생 (『滴天髓徵義』에서)

壬辰	丙申	甲午	丙寅

壬寅	辛丑	庚子	己亥	戊戌	丁酉	丙申	乙未

이 사주를 살펴봅니다. 丙火가 午월의 화왕지절(火旺之節)에 출생해서 매우 신강하게 보입니다. 이렇게 화기가 왕한 사주는 물이 있으면 제격이겠군요.

이른바 에어콘이 용신이지요. 물은 냉각을 시키는 작용을 하니까 말이지요. 이 말은 물론 시간(時干)의 壬水를 두고 하는 말입니다. 시간의 임수가 있으니까, 임수를 용신으로 삼고서 편관(偏官)이 용신이 되었습니다. 용신이 이렇게 정해졌다면, 다음은 희신을 정할 차례입니다. 희신은 용신과 일간의 용신이라는 것을 참조해서 보거나, 용신을 생하는 것이라는 말을 적용시키거나 간에 일지(日支)의 申金이라는 것이 분명해 보입니다. 申金은 용신의 인성(印星)에 해당하므로 틀림이 없는 이야기로군요.

이와 같이 용신을 생하는 것이 희신이라는 것이 틀린 것은 아닙니다. 다만 경우에 따라서는 용신이 생하는 글자가 희신이 안될 수도 있다는 점입니다. 식신생재격(食神生財格)이 이에 어울리는 경우가 되겠습니다만, 원국(原局)에 인성(印星)이라도 잠복해 있다면 더욱 이 말이 멋지게 들어맞는 경우라고 하겠군요. 이러한 경우에는 용신을 생하는 것이 희신이라는 말이 전혀 남의 다리를 긁는 말이 되고 맙니다. 특히 신강해서 식신을 용신한 경우에는 모두 이에 해당한다고 봐도 크게 틀리지 않을 것입니다.

乾命 : 戊午 丙辰 戊辰 辛酉 (『滴天髓徵義』에서)

辛酉	戊辰	丙辰	戊午

甲子	癸亥	壬戌	辛酉	庚申	己未	戊午	丁巳

이 사주를 보면 辰月戊土가 인겁(印劫)이 첩첩해서 매우 신왕한 형상입

니다. 그리고 관살(官殺)도 없으니 아무리 봐도 용신이 시주(時柱)의 辛酉 '라는 것은 의심의 여지가 없군요. 이러한 상황인데, 만약에 용신을 생하는 것이 희신이라고 해봅시다. 그렇다면 희신은 土가 되겠군요. 이렇게 土가 많은데, 土가 희신이라면 아무래도 용신은 더욱 답답한 마음이 들 것이라고 생각되어야 정상일 듯 싶습니다. 일간의 마음이나, 용신의 마음에 함께 바라는 것은 시원한 소나기이지 다시 왕성한 토를 바랄 리는 만무하다는 생각이군요. 이러한 경우의 희신은 바로 시원한 빗줄기에 해당하는 물, 즉 재성(財星)이 되겠습니다.

이러한 상황을 볼 적에 용신을 생하는 것이 희신이라고 기억을 하신 벗님은 당연한 듯이 土를 희신으로 정합니다만, 이 사주에서 토운(土運)은 벼슬길에서 미끄러졌다는 것을 볼 수 있으니 토운에 좋은 일이 생길거라고 말해줬다가는 사기꾼 소리 듣기에 십상이라는 결론을 내는 것이 과히 어렵지 않다고 생각됩니다. 그래서 희신은 용신과 일간의 마음에 부합되는 글자라야 한다는 정의를 내려보는 것입니다.

그런데 여기에서 희신을 '용신의 용신'이라고 하지 않고서 '용신과 일간의 용신'이라는 말을 하는 이유를 아실는지 모르겠군요. 이 말을 좀 더 길게 늘인다면, '희신은 용신의 용신이면서 일간이 싫어하지 않는 글자이다.' 이라는 말을 해야 보다 정확할 것입니다. 이 '일간이 싫어하지 않는' 이라는 말을 달아야만 좀 더 정확해지는 이유를 생각해 보겠습니다. 이러한 상황에 어울리는 경우는 대개는 신약해서 인성을 용신으로 삼았을 경우에 해당하는 경우가 많습니다.

乾命 : 戊子 壬戌 甲寅 庚午 (『子平粹言』에서)

庚	甲	壬	戊
午	寅	戌	子

庚	己	戊	丁	丙	乙	甲	癸
午	巳	辰	卯	寅	丑	子	亥

이 사주는 戌월 甲木으로 신약한 형상입니다. 그래서 인성을 용신으로 삼게 됩니다. 일단 인성이 용신이 되면 희신을 정하는데, 이 경우에 희신은 용신의 용신이라고만 한다면 용신이 신약하므로 관살이 희신이 됩니다. 단순히 용신의 용신이라고 하지 못하고 이렇게 용신의 용신이면서 일간도 싫어하지 않는 글자라야 한다는 토를 다는 이유가 여기 있습니다. 이 사주는 관살을 희신으로 삼으면 일간이 싫어할 것이 뻔하기 때문이지요 그래서 희신을 겁재로 삼게 됩니다.

그런데 이렇게 신약해서 인성을 용신으로 삼았더라도 용신이 약하고 일간이 관상을 꺼리지 않는 형상이라면 관살을 희신으로 삼아도 됩니다. 혹 이렇게 말씀드리면 또 고정관념에 빠질까봐서 노파심으로 사주를 하나 보여드리겠습니다.

乾命 : 庚辰 壬午 甲午 丙寅 (『滴天髓徵義』에서)

丙寅	甲午	壬午	庚辰

庚寅	己丑	戊子	丁亥	丙戌	乙酉	甲申	癸未

　이 사주는 午월 甲木이군요. 왕성한 열기로 봐서 일단 壬水를 용신으로
삼아야 할 모양입니다. 그렇게 임수를 용신으로 정한 후에는 앞의 예에서처
럼 이번에도 木을 희신으로 삼아봅니다. 신약한 경우에는 보통 인겁(印劫)을
희용신으로 삼는다는 공식에 따라서 말이지요. 그러면 시지의 寅木이 희신
이 되겠군요. 그런데 이 경우에 있어서는 인목을 희신으로 삼을 도리가 없
군요. 인오술로 화국이 되어가는 상황에 인목을 건드리면 아무래도 더욱 갑
목이 목말라질 것 같은 형상이 눈에 선합니다. 이러한 경우에 는 木을 희신
으로 삼기가 어렵겠습니다. 그래서 년간(年干)에 있는 庚金을 생각해봅니다.
우선 일간인 갑목과는 위치상으로 거리낄 것이 없어 보이는군요. 金生水하
고 水生木하는 형상이라서 오히려 약한 임수를 보충하고 있는 매우 중요한
역할을 잘 수행하고 있는 것으로 보입니다. 물론 경금도 오월에 났으니 피
곤하기는 일반이겠습니다만, 임수의 마음은 오로지 경금에게 가있을 것이
분명하고, 일간도 과히 거리낄 섯이 없으니까 이러한 경우에는 살인상생격
(殺印相生格)으로서 편관이 희신이 되는 상황이라고 하겠습니다.

　이렇게 보건데, 용신을 정하는 것도 복잡한데 희신을 정하는 것도 용신
을 정하는 것 만큼이나 간단한 문제가 아니라고 생각이 됩니다. 이렇게 복

잡한 속사정을 무시하고서 단순히 용신을 생하는 것이 희신이라고 말을 한다면 아무래도 생각이 깊지 못한 학자의 판단이라고 할 가능성이 높다고 하겠습니다. 이것뿐만이 아닙니다. 또 희신을 정하는 기준이 있습니다.

이번의 경우에는 병약용신법(病藥用神法)에 해당하는 경우라고 봐도 될 듯 한데요. 가령 용신을 극하는 것이 기신이 되는데, 그 기신에게 용신이 병들이 있다면 그 기신을 제거하는 것이 희신이 됩니다. 이런 경우에는 또 달리 약신(藥神)이라는 말로써 표현하여 더욱 중요하게 취급을 합니다만, 이러한 경우에는 용신이 절대로 필요로 하는 글자이기 때문에 어떻게 보면 희신의 역할이 용신의 역할에 못지않다고 말씀을 드리게 됩니다. 이 말을 부연 설명한다면 일가의 병을 고치는 약은 용신이고, 8신의 병을 고치는 약은 희신이라는 말을 할 수가 있겠습니다. 말은 달라도 결국 기신을 제거한다는 입장에서는 동일하므로 기신을 극하는 것이 희신이라고 하기도 합니다. 이렇게 여러 가지의 의미를 갖고 있는 희신은 또 다른 각도에서 바라다볼 적에, 인생살이에서도 매우 중요한 역할을 하는 '빵만으로는 살 수 없다'라고 하는 말로써 대신할 수가 있겠습니다. 빵이 용신인 것은 분명하더라도 빵만으로는 살 수 없는 것이 또한 인생이라는 이야기지요. 그래서 희신이 필요하게 되는 것입니다. 희신은 생활을 보다 윤택하게 해주는 작용을 한다고 봐도 되겠군요.

이렇게 다각도로 희신에 대해서 이해를 도와봤습니다. 용신이 일정한 고정된 형태가 있다면, 희신은 경우에 따라서 입장이 달라지기 때문에 왕 왕 초보 학자님들이 혼동을 하게 되는 원인인 듯해서 좀 장황하게 설명을 했네요. 잘 이해가 되셨기를 바랍니다.

기신(忌神)과 구신(仇神)은 무엇인가?

이제 기신과 구신에 대해서 생각을 해보겠습니다. '기신은 시어머니요.
구신은 시누이다' 하는 말로 한다면 가족불화를 부추긴다고 낭월이를 꾸지
람할 듯싶군요. 얼핏 그렇게 이해를 하셔도 좋을 듯하다는 생각이 들어서
말이지요. 하하.

기신이나 구신이나 반갑지 않기는 마찬가지입니다. 그래서 함께 뭉뚱그
려서 생각해봅니다. 기신은 용신을 극하는 글자이고, 구신은 희신을 극하
는 글자라고 생각을 해보면 가장 간단하겠군요.

용신이 극을 받으면 사회에서 하는 일이 잘 풀리지를 않으니까 기신의
운에 해당한다면 용신보호에 각별히 신경을 써야 할 모양입니다. 인간관계
에서도 마찬가지로군요. 해당하는 육친이 기신에 해당한다면 항상 자신의
하는 일에 대해서 방해를 할 수도 있다는 것에 유의를 하고서 일을 진행시
켜야 하겠습니다. 만약에 남편이 기신이라면 남편이 자신에게 대해서 갖는
마음이 협조적이 아니라 사사건건 반대를 하고 구박을 할 수도 있다는 생
각을 하고서 매우 신중하게 남편을 골라야 하겠군요. 왕초보 사주학 입문
편에서 말씀드린 상등남편이니 하등남편이니 했던 이야기들이 모두 이 희
용기구한(喜用忌仇閑)에 대한 검증을 거친 다음에 확인이 가능한 작업이었
던 것입니다.

기신이나 구신이나 도움이 되지 않는다는 점에서는 같음으로 함께 주의
를 해야 하는 글사로 보면 되겠습니다. 같은 의미로서 용신과 희신은 함께
도움이 되는 글자이므로 빨리 오기를 기다리는 마음이 생깁니다. 이것도
음양의 마음이겠군요. 대개는 기신의 운에 해당하는 사람들이 상담을 의뢰
하게 되더군요. 용신운에는 자신의 일이 술술 잘 풀려 나가기 때문에 상담

을 할 필요가 없습니다. 그러다가 일단 하던 일이 예상 밖으로 꽉꽉 막혀나가면 답답해져서 고민을 하다가는 사주상담을 의뢰하게 됩니다.

그렇기 때문에 용신 못지않게 기신이나 구신의 동태도 잘 살펴야 합니다. 일이 나쁘게 꼬인다고 하더라도 그 정도 문제가 있으므로 그러한 상황에 대해서 잘 이해를 해야 상담을 통해서 더욱 좋은 조언을 할 수가 있기 때문입니다.

한신(閒神)은 무엇인가?

다음에는 한신에 대해서 생각을 해봅니다. 사실 보통 명리학을 공부하시는 벗님들은 용신과 기신에만 매달려서 연구를 하다 보니 한신 따위(?)는 거들떠볼 겨를이 없을 겁니다. 그러나 그렇게 학문을 연마하다가도 어느날 문득 한신의 동태에 관심이 가기 시작합니다. 이때가 바로 한 단계 더욱 깊은 곳으로 파고 들어가는 과정이라고 하겠습니다. 이러한 설명을 사회의 구조에 비유해서 드려보겠습니다.

사회에서 열심히 자신의 일을 하고 있는 사람들은 모두 용신이라고 하겠습니다. 법관은 법률에 따라서 공평하게 죄의 경중을 논하고, 학자는 열심히 학문을 연구하고, 또 제자들에게 전수합니다. 그런가 하면 군인은 또 몸과 마음을 단련해서 국가를 지키는데 여념이 없지요. 이렇게 모두 자신의 일을 열심히 하는 경우는 희신이나 용신에 해당한다고 하겠습니다.

그런 반면에 강도는 열심히 남의 물건을 약탈합니다. 사기꾼은 허술하게 관리되는 재물을 항상 노리고 열심히 빼앗을 궁리를 합니다. 마약 제조자는 보다 치밀하게 법망을 벗어나면서 자신의 업무에 충실(?)합니다.

이렇게 또한 음지에서 자신의 일에 충실하는 사람을 기신이나 구신이라고 이름합니다. 물론 사회적으로는 기신이나 구신은 없어지고 용신과 희신에 해당하는 사람들만 모여서 살기를 원할는지도 모릅니다만, 이렇게 서로서로 어울려 있는 것이 세상의 이치라는 생각이 되는군요. 얼핏 생각하면 복지사회가 되면 살인자나 강도 또는 사기꾼이 없어질 거라고 생각을 할는지도 모르겠습니다만, 천만의 말씀입니다. 음양(陰陽)은 서로 분리될 수가 없는 것이라고 이미 배웠습니다. 분리가 된다면 욕심이겠지요. 미국과 같은 사회에서 그렇게도 민주주의로 국민을 위한 정치를 하고 있다고 합니다만, 항상 살인과 강도가 기승을 부리고 있습니다. 따라서 사회가 발전해도 이러한 현상은 없어지지 않을 거라고 생각해보는 것은 음양론(陰陽論)에 빠져 있는 명리학자의 천박한 견해에 불과하기를 낭월이도 원합니다만, 글쎄요……

그런데 이러한 부류에 속하지 않는 또 하나의 부류가 있습니다. 바로 백수건달이라고 하는 부류들입니다. 특별히 하는 일이 없고 빈둥거리면서 항상 밥이나 축내고 있는 사람들이지요. 이러한 사람들을 명리식으로 말하면 한신(閑神)이라고 이름 합니다. 사회적으로 대단하게 문제를 일으키는 것도 아니고, 그렇다고 해서 도움이 되는 것도 아닙니다. 그냥 실업자의 대열에 끼어서 흔들흔들 살아가고 있는 사람들이지요.

용신 찾기에 급급한 학자는 한신의 동태를 살필 겨를이 없듯이, 먹고 살기에 급급한 나라에서는 실업가들에 내한 생각을 할 겨를이 없습니다. 70년대의 한국사회가 그러했습니다. 오로지 일을 열심히 하는 사업가들에 게만 관심을 갖고 수출이 많은 회사에는 국가적으로 훈장까지 주는 열성을 보였지요. 그 시기에 실업가에 대한 배려를 한다는 것은 생각하기 어려웠습니다. 그저 죄인 취급을 하였지요.

그렇지만 선진국이라고 하는 나라에서는 일을 하지 않아도 굶어 죽지 않을 정도의 돈이 나옵니다. 실업자 연금이라고 하던가요? 놀아도 먹여 살려 준다면 틀림없이 좋은 나라임이 분명하군요. 하하.

사주를 연구하면서 한신의 동태에 관심을 갖는 것에 대한 비유를 이렇게 사회적으로 드러봤습니다. 어째서 한신에게 관심을 가져야 할 것인지 이해가 되시는지요? 그렇다고 복지사회의 차원에서 한신에게 관심을 가져야 하는 것이 아닙니다. 실은 사주에서의 한신을 주시해야 할 중요한 이유 중에 한 가지는 한신이 경우에 따라서 기신으로 변하기도 하고, 용신으로 변하기도 하는 변수(變數)를 갖고 있다는 데 있습니다. 용신운이 왔다고 좋아했는데 그 글자가 한신과 합해서 기신으로 변해버린다면 얼마나 황당하겠어요? 그래서 한신의 동태를 잘 살펴서 관찰을 해야만 실수를 줄이게 된다는 것입니다.

또 반대로 기신의 운이라고 해서 의기소침해 있는 사람에게 한신이 기신과 합해서 용신으로 변하는 상황을 읽어낸 명리가라면 틀림없이 희망을 줄수가 있을 것입니다. 이러한 변화는 모두 합충(合沖)에서 오는 것입니다만, 한신을 주시하지 않으면 자칫 소홀하게 넘어갈 수도 있는 것이기 때문에 낭월이가 강조를 하고 있는 것이랍니다.

이렇게 희용기구한을 생각해봤습니다. 하나의 사주에서도 정확한 정의를 내리지 않고서는 십성에 대한 길흉을 논하는 것이 부담스러울 수 있기 때문에 강조하는 의미에서 길게 설명을 드렸습니다. 이렇게만 정리가 된다면 십성의 길흉에 대해서 충분히 이해가 되실 것으로 생각됩니다. 그러면 이제 본격적으로 십성의 원리에 대해서 연구를 해봅니다.

인성(印星)의 원리

사주를 풀이하는 과정에서 가장 첨예하게 부각되는 것이 십성일 것입니다. 용신이니 기신이니 하는 것은 기준을 잡기 위해서 매우 중요한 일임 에는 틀림없습니다만, 그 결과를 나타내는 것은 역시 십성의 대입이 되겠군요. 그래서 결국은 십성의 길흉에 대해서 말을 하지 않을 수가 없게 되고, 당연히 그 원리에 대해서 생각을 해보지 않을 수 없겠습니다.

이제부터 그 열 가지의 특수한 구조를 설명해봅니다. 그런데 안타깝게도 고래(古來)로부터 선배 종사자님들이 익혀 오시고 전해준 방법이 한 가지로 일치하지 않는다는 점이 또한 후학들로 하여금 혼동의 터널을 헤매게 하는 요소가 되고 있는 것이 아쉽군요. 흔히 학설이 난무하여 서로 대립이 되거나 엉키게 되는 경우에 하는 말이 "학자간의 견해"라는 말로 얼버무리고 넘어갑니다만, 이 십성에 대한 이야기도 참으로 여러 가지의 견해가 있어서 후학들로서는 매우 번거롭게 느껴지기도 하는 대목이로군요. 그렇다고 어느 한 분의 가르침만을 따르기도 어렵고 그냥 무시하기는 더더욱 불가능하므로 여러 선생님들의 이론을 잘 연구하고 합의점은 정리를 하고, 치이기 니는 것은 비교와 검도를 통해서 가능한 한도 내에서 정리를 해보려고 합니다.

이러한 심오한 이치를 궁구하느라고 수없이 많은 세월들을 보냈을 선배 제현들의 피땀 어린 연구열에 참으로 경의를 표하는 마음이 앞서는군요.

어느 것 하나라도 놓치지 않으려고 노심초사 하시는 모습이 떠오르는 듯합니다. 선현들의 노력에 잠시라도 감사하는 마음을 갖는 것이 후학 된 자로서의 예의라고 생각이 되는군요. 비록 세월이 흘러서 인간의 가치관이 변화됨으로 해서 십성의 역할이 다소 달라진 면이 있다고는 하지만 당시로서는 참으로 최첨단의 궁리를 하신 선배님들이 계셨기에 이렇게 현재의 명리학이 있게 되는 것이라고 생각해서 어느 것 한 가지도 소홀히 대할 수가 없겠다는 생각이 앞섭니다.

그러나 두루뭉실하게 육친을 섞어서 설명한 대목이 상당히 많기 때문에 정리를 하기 위해서 낭월이가 고심을 좀 했습니다. 분명하게 구분이 되어 있지 않는 것은 약간 혼란스러울 수도 있겠기에 명확하게 구분해보고자 노력했으나, 그래도 명확하게 구분이 되지 못한 곳이 있을 것입니다. 그리고 책에 나오는 것을 많이 인용하다 보니까 내용이 다소 딱딱한 느낌이 들는지도 모르겠습니다. 이러한 점에 감안을 하셔서 이해를 해주시면 고맙겠습니다.

인성(印星)은 정인(正印) 편인(偏印)입니다만, 기본적으로는 크게 구분을 하지 않습니다. 일간을 생조(生助)해 주는 성분이라서 그랬을까요? 그래서 여기서도 원리적인 입장에서는 묶어서 생각을 해봅니다만, 나중에 심리의 영역으로 전개를 할 적에는 분명하게 나눠서 생각하게 된다는 점은 알고 갑시다. 계모나 생모나 어머니인 것은 같다는 의미도 될 것 같군요. 내가 배가 고파서 먹을 것을 구하는 마당에 계모[偏印의 육친 적용시에]나 생모[正印]나 구분을 할 처지가 못되는군요. 그래서 아마도 인성(印星)은 같이 묶어서 본 것으로 생각이 됩니다.

인성은 생아지신(生我之神)이라고 말합니다. 나를 낳아주는 신이라는 뜻이로군요. 인간적으로는 어머니를 의미합니다만 이것이 전부는 아니지요. 인간이 살아가는데 어머니의 힘만으로 살아가는 것은 아니기 때문입니다. 어려서는 어머니의 쭈쭈를 먹고 자라지만 그 외에도 필요한 것은 있습니다. 우선 제일 먼저 생각해야 할 것은 공기로군요. 공기의 중요함은 구태여 말하지 않아도 아실 것입니다. 이렇게 중요한 공기는 인성이라고 할 수 있습니다. 또 중요한 인성으로 수분(水分)이 있군요. 그리고 햇빛도 마찬가지로 중요한 인성(印星)입니다. 이러한 자연에서 얻어지는 것들도 분명히 나를 생존하게 해주는 성분이라고 보는 것입니다. 그래서 어머니와 동격(同格)이지요. 이러한 수분이나 공기나 햇빛 등은 모두 나를 생하게 해주는 성분으로 봐야 합당합니다. 인성의 의미를 오로지 어머니에게 만 국한시키는 것은 아무래도 연구가 부족한 판단이 되겠군요.

또 다른 말로는 인성을 부신지본(扶身之本)이라고도 하는데 역시 나 자신이 스스로 살아가도록 부축해주고 도와준다는 의미로 이해를 하면 되겠습니다. 이러한 여러 가지의 어머니(印星)의 성분들이 적절하게 배합이 되면 나 자신이 건강하게 됩니다만, 어느 한쪽으로 치우치게 되면 오히려 보약이 독이 되는 경우와 같다고 하겠습니다. 이러한 역할을 모두 할 수가 있는 것이 인성이라고 보면 되겠습니다.

따라서 기본적으로 일단 선천적이라고 보기는 해야겠지요? 내가 생하기 이전에 인성이 있어야 했으니까 말이지요. 그래서 인수를 말할 적에는 강한가 약한가로 말을 합니다. 인수는 많은가 적은가로 논하지 않는다는 이야기도 되는군요. 많고 적음을 논하는 것은 재성(財星)을 말할 적에 사용하는 언어입니다. 인수에 있어서는 강약(强弱)으로 구분하게 되는데, 강하면 신강이 되는 것이고, 약하면 신약이 되는 것이로군요. 그리고 외격(外格)에 대한 설명을 하면서 인수가 많으면 종강격(從强格)이라고 하게 되는데, 여기서의 강(强)이라는 글자는 분명히 강약으로 논하는 인수의 특성에서 나온 것이라는 점을 이런 기회에 알아두시는 것도 좋겠군요.

명리학에서 용신을 잡을 적에 "강하면 설하라[强者宜洩]"고 했는데 인수는 나를 생해주는 성분이기 때문에 내가 설하기가 불가능하지요? 내가 인수로부터 생을 받고 있는 입장에서 인수를 다스릴 힘이 없는 것은 너무 나 당연하군요. 마치 어린아기는 어머니를 거부할 수가 없다고 하는 말로 비유를 들 수도 있겠군요. 그래서 인수는 기운을 일간에게 베풀기만 하는 성분이기에 인수가 약하면 일주도 존재를 하기가 어렵다고 합니다. 일주가 다소 약하다고 해도 인수기 생조를 해준다면 거리낄 것이 없게 되고, 일주가 강하지도 않고, 약하지도 않은 상황이라면 인수를 극해서는 곤란 하다고 봅니다. 이렇게 강하지도 약하지도 않은 상황에서 인수가 극을 받아버리면 약하게 변하는 까닭입니다. 이러한 경우에 있어서의 인수가 비록 용신은 아니라고 하더라도 보존이 되어야 할 필요가 있다는 의미겠군요. 다만 인수가 용신이 된다면 이때는 절대로 깨어져서는 안 될 일이로군요. 그래서 인수가 용신이면 인수를 깨뜨리는 재성(財星)은 보지 않아야 한다고 하게 되는 것입니다.

'인수가 강하면 설기시키는 것이 마땅하다'는 말에 적절한 비유가 있어서 소개합니다. 『명학신의』(命學新義)에서 인용한 이야기인데, 힘이 아주 센 장사가 있다고 가정을 해보자는 것이군요. 그 장사는 태산을 움직일 만큼 힘이 강한데 이것은 인성이 강하다는 이야기를 비유로써 든 것입니다. 그 장사는 자신이 타고난 힘을 어떻게 사용할 것인가 하는 것이 문제겠지요. 그 힘을 잘못 사용한다면 사람을 상하게 할 수도 있을 것이고, 술과 여자에게 몰두를 한다면 더구나 그 몸을 스스로 죽이는 결과가 되겠습니다.

그래서 그 힘을 잘 사용해야 할 것인데, 만약에 건설현장에서나 물건을 만드는 공장에서 일을 한다면 그 힘을 이용해서 스스로 생존을 잘 할 수 있는 요령을 터득할 것입니다. 또 다른 방법으로는 구경꾼들을 모아놓고서 자신의 힘으로 버스를 끌어본다든지 해서 굉장한 힘을 보여주는 일을 하더라도 구경꾼들은 그 광경을 보면서 즐거워하고 또 그에 따르는 재물을 줄 것이니 이러한 것은 그 힘을 잘 이용한 것이라고 말할 만 하겠군요. 이러한 현상은 인성이 지나치게 많은 사람이 그 힘을 설기하는 쪽으로 활용을 하는 것이 바람직하다는 것을 암시하는데, 옛 말에 이르기를 인성이 많은 사람은 재운(財運)으로 향해야 발(發)한다'는 말이 있는데 이것도 역시 같은 말이라고 생각이 됩니다.

이렇게 재성의 운을 만나는 것은 그 인성의 힘이 남는 것을 이용해서 재물로 바꾼 것이라고 볼 수가 있겠군요. 그런가 하면 또 반대로 인성이 약한 사람도 있는데 그런 사람은 스스로의 힘이 약하므로 혼자서 세상을 살아가기가 어렵다고 봅니다. 그래서 그 비유로서 금붕어를 들고 있는데, 금붕어는 아시다시피 날 때부터 그 천성을 약하게 타고 났습니다. 그러나 다행스럽게도 다른 재능이 있으니, 고운 모양과 색깔을 타고 난 것이라고 해야겠군요. 그래서 사람들은 아무 일도 하지 않고 헤엄만 치고 노는 금붕어에게 돈 들여서 먹이를 사다가 먹여주는 것이랍니다. 이렇게 힘이 약한 금붕어는 눈과 꼬리가 예쁜 덕분으로 어항에서 생명을 보존하게 되는 것이니, 사주에서 인성이 약한 사람은 당연히 또 다른 글자들이 왕한 것이라고 볼 적에, 스스로 모양이 보기 좋은 것은 식상(食傷)이라고 하겠으니 이 금붕어는 식상이 발달한 모양이군요. 그런가 하면 아름다운 잉꼬나 십자매는 새장에서 자신들의 생명을 보호받고 있기도 하군요. 이러한 모든 약한 것들은 스스로 생존하겠다고 나선다면 아마도 필시 얼마가지 않아서 죽고 말 것입니다. 잉꼬라는 새를 키워봤는데 그 녀석들을 날려 보내주고 싶어도 새를 파는 아줌마가 하는 말씀이 날려 보내면 죽는다는군요. 스스로 먹이를 찾지 못해서 죽어버리고 만다는 것입니다. 이러한 것을 볼 적에 인성이 약한 사람은 남에게 의지해서 살아가는 것이 현명한 일이라는 이야기가 되는군요.

이러한 성분들이 바로 인성의 기본적인 형태라고 보는 것입니다. 그리고 내가 생명을 부여받는 성분이기 때문에 정편(正偏)을 구분하지 않는다는 말씀을 드리면서 인성(印星)의 원리를 줄입니다.

재성(財星)의 원리

　재성도 인성과 마찬가지로 정편(正偏)을 구분하지 않는군요. 원래는 구분을 해야 하겠지만 원칙적으로 함께 볼 수가 있다는 것으로 이해를 합니다. 나중에는 분리를 하겠지만 지금은 일단 함께 놓고 봅니다.

　재성은 아시다시피 내가 극하는 성분이로군요. 나를 생해주는 것도 생이지만, 내가 극하는 것도 생이라고 보게 됩니다. 생하는 것에는 그 종류가 3가지가 있는데, 첫째는 수생(受生)이고, 둘째는 양생(養生)이고, 셋째는 생생(生生)입니다. 이렇게 세 가지의 생 중에서 한 가지라도 빠진다면 완전한 생(生)이 되지 않는다는 것을 알 수가 있습니다.

　수생(受生) — 인수(印綬)가 생해주는 것 — 出生
　양생(養生) — 재성(財星)이 생해주는 것 — 養育
　생생(生生) — 관살(官殺)과 식상(食傷)이 생해주는 것 — 創造

　이렇게 구분을 해봅니다. 수생(受生)이란 앞의 항목에서 인성에 대한 말씀을 드렸듯이, 출생을 의미합니다. 양생(養生)은 출생에 이어서 반드시 따라야 하는 재성(財星)의 작용으로 헤아려봅니다.

　일단 재성은 기본적으로 물질에 속한다고 보고, 그 물질에 속하는 것 중에서 나를 길러주는 물질을 일러서 양생이라고 말하게 됩니다. 나를 길러준다고 하는 것도 참 여러 가지가 있겠습니다만, 공기와 물을 제외하고서 그 나머지를 일러서 양생이라고 하면 적절할 듯 하군요. 그래서 이러한 물질들을 재성(財星)의 범주에 넣고 생각해봅니다. 밥이라든지 반찬조차도 내가 먹고 싶으면 먹고, 말고 싶으면 말아도 되는 것이니까 인성(印星)의 성분인 물과 공기와는 상당히 다릅니다. 그래서 재성으로 보고서 양생이라고 하는 의미에 연결을 시켜봅니다.

재성과 인성(印星)은 내가 생존하는데 반드시 근본이 되는 것이니 인성이 없다면 생명의 기틀이 빈약해지고, 재성이 없다면 스스로 존재하기가 극히 어렵다고 봅니다. 그리고 사람의 운세를 볼 때에 나이가 어려서는 그 사주에서 인성의 태도를 중히 보는 것이 마땅하다는 말도 하는데, 즉 스스로 살아가기보다는 부모에게 의지해서 살아가는 나이에 속하기 때문이겠군요. 또한 초년운에 재성이 강하다고 본다면 그 운명은 반드시 복이 많다고만 하지는 못할 것인데, 이유인즉 어려서는 인성이 활발하게 되는 것이 자연스러운 이치라고 보기 때문입니다. 청년기에는 재성이 활성화되어 있어야 할 것인데 이때에는 인성의 힘보다는 재성에 해당하는 물질을 취하는 시기에 해당하기 때문입니다. 즉 양생의 의미가 강하다고 보는 것입니다. 물론 격국의 형태에 따르겠습니다만, 일반적으로 인성은 앞에 있고 재성은 뒤쪽에 있으면 자연의 흐름에는 어울린다는 의미가 되는 것으로 이해를 하면 되겠습니다.

나이가 삼십을 지났다고 하면 이제는 스스로 세상을 살아가야 할 시기라고 봐야겠군요. 그래서 이 시기에는 관살(官殺)이나 식상(食傷)의 형상을 살피게됩니다. 바로 이 관살이나 식상이 생생(生生)의 작용을 하게 되는데,

내가 나의 생을 만들어나가는 것이라는 의미도 되겠군요. 그래서 사주를 볼 적에는 식상과 관살의 움직임을 잘 관찰해야 하는 것이랍니다. 어찌 보면 인성이나 재성은 식상과 관살이 움직이는데 대한 보조작용으로써 필요하다고 해도 될 것 같군요.

그래서 하는 말이 "수생보다는 양생이 중요하고, 양생보다는 생생이 중요하다"는 말이라고 할 수 있습니다. 흔히 우리도 그렇게 말을 하지요? 늙어서가 중요하다는 말씀입니다. 젊어서보다는 늙어서 어떻게 될 것인가에 마음을 쓰는 것이 군자의 모습입니다. 생전(生前)에 공부가 되었는가 마는가는 죽을 때에 봐야 안다는 말까지 있는 것을 보면 입으로 떠드는 도(道)는 의미가 없는 것이라는 것도 되겠군요. 양생은 재물이라고 보겠는데, 재물은 나를 생해주는 물질이니 재물이 있으면 생생지도(生生之道)인 관살이나 식상이 활동을 할 수가 있는 것이니까 재물은 개인적인 삶이 지속되는 한은 가장 중요한 성분이라고 하겠군요. 그래서 옛날의 명서(命書)에서는 먼저 관(官)과 재(財)를 보고 다음으로 식상(食傷)과 인수(印綬)를 보라고 했던 것이랍니다.

관살(官殺)은 나를 극하는 물건이지만 그 성질은 다르지요. 식상도 마찬가지로 내가 생하는 물질이지만 그 성질은 정편에 따라서 차이가 납니다. 그러나 재성(財星)이나 인성(印星)은 정편의 다름은 있지만, 나 자신을 기른다는 의미에서는 같다고 하겠군요. 그래서 운명을 감정할 때에는 생생 지도인 관살(官殺)과 식상(食傷)의 동태를 잘 살피는 것이 더욱 중요하게 됩니다. 사람이 자신의 좋고 나쁨을 물을 적에 보면 번번이 국가적인 지위와 재물(財物) 혹은 자식(子息)에 대해서 그리고 남편과 아내에 대해서 묻는 일이 가장 많습니다. 그렇지만 어머니에 대해서 묻는 사람은 흔치 않더군요. 이러한 형태는 바로 관살의 동태가 중요하다는 것을 의미하고 있는 것이지요. 그래서 관살의 형태를 잘 헤아리는 것이 중요하다는 것입니다.

『적천수징의』에서도 이 뜻이 보이는데, 직접적으로 말은 하지 않았지만 팔격(八格)을 논하면서도 유독 관살(官殺)과 식상(食傷)은 별도로 부연설명을 하면서 상세히 했다는 점입니다. 이것은 그만큼 관살과 식상이 중요하다는 것을 암암리에 설명하고 있는 것이라고 보겠군요. 재인(財印)에 대해서는 관살과 식상의 보조자 정도로 취급을 하게 됩니다. 그래서 관(官)을 용신으로 삼으려면 재(財)를 보고, 살(殺)을 용신으로 삼으려면 인(印)을 보며, 식신(食神)을 용신으로 삼을 적에는 인(印)이 하는가를 보고, 상관(傷官)을 용신으로 삼을 적에는 재(財)로 생하는가를 보라고 했으니 이것은 명리(命理)를 보는 도에서는 먼저 관살과 식상을 살핀 후에 보조자로서 재인(財印)을 보고 그 형상들이 중화(中和)가 되는가 아닌가를 확인함으로써 사주를 보는 일을 마무리하게 된다고 하는 것입니다.

재(財)를 다루는 항목에서 관살이나 식상에 대한 이야기를 많이 했습니다만, 이것이 바로 재의 역할이라는 것을 이해하시면 되겠군요.

인성(印星)은 강약(强弱)으로 논하지만 재성(財星)은 다과(多寡)로 논하게 되는 것입니다. 많고 적음이라는 것은 강하고 약하다는 것과 좀 맛이 다르군요. 많고 적음이란 물질적인 분량을 말한다는 것에 이해가 되시지요? 많다거나, 적다고 하는 것은 물질에 대한 이야기이고, 강하다 약하다 하는 것은 정신적인 이야기로 볼 수가 있겠군요. 물질이 강하다 약하다 하는 말은 하지 않거든요.

그래서 재가 많으면 지배를 하기가 곤란하게 되고 재앙을 받기도 쉽다고 하는 것입니다. 그리고 사람들이 빼앗으려고 하는 마음을 품게 되기도 하지요. 재물은 중인(衆人)의 공동소유가 될 수 있는 물질이라서 그렇다고 보는 것입니다. 그래서 겁탈을 초래하게 되는데 강도가 극성을 떨고 있는 것도 오로지 목적은 재물의 겁탈에 있는 것이 분명하군요. 그래서 사주에서도 재물이 지나치게 많은 사람은 항상 재물을 모으는 일에만 전념을 하게 될 것이 분명하니까 결국은 재물(즉, 財星)에 집착한 나머지 자신의 생명(즉, 印星)을 해치게 되는 결과를 갖게 될 확률이 높습니다. 그래서 재는 생명을 기를 정도만 되면 더 이상은 구하지 말라고 한 모양입니다. 그리고 재가 용신이 된다면 생명을 기를 정도가 부족하다는 의미도 되는 것이라서, 이때에는 겁재(劫財)를 만나는 것은 대흉(大凶)하다고 하는 것이니 즉, 내 생명을 기를 정도의 영양분도 빼앗긴다면 어찌 세상을 살아가겠는가 하는 의미가 되겠습니다. 그래서 재성은 많은가 적은가를 봐서 많으면 나눠주고 적으면 잘 지키도록 하는 것이지요. 사실 돈이 많은 사람이 더욱 돈을 지키려고 하는 것을 보면서 아름답다고 생각하기 보다는 추하다는 느낌이 왕왕 드는데 이것도 역시 재성의 원리에 크게 벗어나지 않는 느낌이라고 하겠네요.

  그리고 재물이 적은 사람이 펑펑 낭비를 하는 것을 보면 또한 비웃게 되는데 이것도 역시 재물이 적으면 보호해야 한다는 말에서 그 이유를 찾아볼 수가 있을 법합니다. 그리고 보면 세상의 이치가 곧 명리학의 이치라고 생각되는군요. 그렇지요?

정관(正官)의 원리

다음은 정관에 대해서 생각해봅니다. 정관은 나를 극하는 성분이로군요. 정확히 말한다면 나를 극하면서 음양이 다른 것이라고 해야 하겠지만, 이 정도는 생략하더라도 이미 알고 계실 사항이기에 항의를 하시는 벗님 이 계시지는 않을 것으로 생각합니다. 나를 극한다는 것은 어떻게 이해를 하는 것이 좋을까요?

만약에 자신이 사람이 하나도 살지 않는 무인도에 있다고 생각해 보십시요. 로빈슨 크루소 아저씨처럼 말이지요. 이러한 곳에서의 정관(正官)은 무엇이 될까요? 이때는 아마도 비와 바람 그리고 눈이나 서리가 될 것입니다. 그리고 폭염(暴炎)도 정관이 되겠군요. 이렇게 자연적인 극제를 받으면서 삶을 꾸려나가게 될 것이기 때문에, 이러한 경우에는 자연의 극제가 정관의 역할을 하는 것입니다.

다만 지금 우리가 살고 있는 문명사회에서의 정관이란 자연적인 정관 외에도 사람과 더불어서 살아갈 수가 있도록 만들어진 법(法)이란 것이 있습니다.

이 법은 각기 민족마다 다르고, 나라마다 다르고, 또 동네마다 다르게 되어 있습니다. 자신들의 환경에 적합하게 만들다 보니 그렇게 차이가 나는 모양이군요. 가정에서는 가법(家法)이 있어서 가족들이 서로 화목하게 살아가도록 하고 있고, 자라서 학교에 가면 교법(敎法)이 있어서 또 공부를 하는 동안에 서로의 질서를 존중하게 되는 것입니다. 그리고 공부를 마치고 사회에 나가면 이번에는 국법(國法)이 있어서 더욱 엄격하게 지배를 하게 됩니다. 가법을 어겨서는 감옥에 갈 일이 없겠지만, 국법을 어기면 마땅히 감옥에 가야 되니 그만큼 덩치가 커지는 정도에 따라서 엄중해지는 것이 또한 법인 모양입니다.

무인도에서는 추위를 막기 위해서 오로지 굴속으로 몸을 숨기는 것이 상책이겠습니다만, 함께 사는 사회에서는 남과 더불어 살고 있으니 옷이라는 도구를 만들어 파는 사람에게 의지해서 추위와 더위를 피할 수가 있는 것이군요. 그렇다고 해서 자연의 재해를 모두 극복하는 것은 아닙니다. 해마다 장마로 인해서 수십 명 혹은 수백 명의 사람들이 물귀신이 되는 것을 보면 아무리 문명이 발달을 해도 자연의 법은 존재하는 것으로 생각이 되는군요.

다만 기본적인 생존의 위협은 덜 받고 살게 되는 것은 분명한데, 그 대신에 공동생활에서의 나를 극제하는 성분은 더욱 많아지게 되는 것도 어쩔 수가 없군요. 화창한 봄날에 무인도에서 혼자 산다면 알몸으로 해바라기라도 하면서 포근함을 즐기겠지만, 이 사회에서 그렇게 알몸으로 산책이라고 하다가는 당장에 난리법석이 날 것이고 아무래도 이 한 몸이 안전하지 못할 것입니다. 그리고 보면 자연에서 사는 것보다도 훨씬 나를 극하는 요소가 많아지는 셈이로군요. 또 다른 말로 한다면 정관(正官)은 환경에 적응하는 능력을 말한다고 할 수 있군요. 그래서 사주를 볼 적에는 이 사람이 환경에 적응하는 능력이 얼마나 되는가를 눈여겨봐야 합니다.

이 환경적응이라는 것은 문명이 발달할수록 더욱 복잡해지게 되는데 가령 원시인들이 고기를 잡고 사냥을 하는 과정에서의 살고 죽고 하는 것은 단순히 개인적인 일에 불과합니다. 그냥 한 사람이 죽었다고 하는 것에 불과하지요. 이 시대에 있어서는 가정이라는 개념도 분명치 않기 때문입니다. 이때는 적응능력도 크게 필요하지 않습니다. 그냥 자기 한 목숨 부지하면 되는 것이니까요. 즉 배가 부르면 노래나 부르면서 놀다가 출출하면 슬금슬금 나가서 토끼라든지 노루를 찾아다니면 충분하기 때문입니다.

그러다가 가축을 기르는 유목시대가 되면서는 가족이라는 테두리가 생겼습니다. 한 사람이 적응을 하고 말고는 가족 전체에 영향을 미치게 됩니다. 그래서 자신의 행동을 마음대로 하지 못하고 가족이라는 공동체에 매여서 견제를 받습니다. 일단 그 정관(正官)의 범위가 원시사회보다는 넓어진 셈이로군요.

다음으로 농경사회가 형성되었나요? 농사일을 해보신 벗님들은 잘 아시겠지만, 농사철에는 놀고 있는 사람이 없습니다. 큰사람 작은 사람 할 것 없이 모두가 들로 나가야 하거든요. 이러한 시대에는 가족의 공동체만으로는 일을 하기가 어렵게 됩니다. 그래서 동네 단위로 법이 형성되지요. 아직까지도 '품앗이 법'이라는 것이 농가에 이어지고 있는 것을 보면 짐작이 될 만한 일이로군요. 품앗이라는 말을 하다 보니 생각나는 것이 있네요. 낭월이의 모친께서는 농사일을 잘 하지 못했습니다. 그래서 보통 때는 주변에서 일을 해달라는 말을 하지 않았습니다. 그런데 일단 분주해지는 농번기가 되면 상황이 약간 달라지더군요. 이때는 더운밥 찬밥을 가릴 형편이 아닌 것이 농촌이라는 것을 아시는 분은 아시지요.

그러니 이웃에서는 그냥 숨만 쉬고 있으면 모두 일꾼으로 간주해서 계약을 합니다. 뭐 계약이라고 해서 무슨 각서가 있는 것은 아니고요. 그냥 내일 우리 일 좀 해주소 정도입니다. 그렇지만 이것은 법입니다. 그렇게 하기로 했다면 비가 오던 몸이 아프던 일을 하러 가야 합니다. 물론 노동력의 질에 대해서는 묻지 않습니다. 일을 잘하고 못하고에 따라서 대우가 달라지지는 않는다는 것이지요. 오로지 하루를 가서 일을 해줬으면 자기네들도 하루를 와서 해줘야 합니다. 그래서 비교적 노동력의 이득(?)을 취한 셈이지요. 하하.

그러다가 상업사회가 형성되면 이때는 하나의 도시 단위로 그 범위가 더욱 확대됩니다. 상권(商圈)이라는 용어가 있는 것도 그러한 연유일 것입니다. 그러다가 공업사회를 거쳐서 최근의 첨단 정보화 사회에서는 한 사람의 행동이 전 세계에 영향을 미치게 되는 것이지요. 요즘도 가끔 뉴스시간을 장식하지만, 해커라는 직업을 가진 사람이 미국 국방성의 전산코드에 접속하면 그 영향은 전 세계에 미치게 되는 것이, 바로 핵(核)이라고 하는 물질이 위험에 노출되기 때문입니다. 얼마 전에는 한국의 해커들이 일본의 국가 정보기관에 잠입해 들어가서 한글로 '독도는 우리 땅'이라는 글을 남기려고 했다고 해서 화젯거리가 되었던 적도 있지요. 이렇게 점차 한 사람이 소속되어야 할 법률이 점차 확대되어 가는 것을 알 수가 있는데, 이렇게 사회가 복잡해질수록 지켜야 할 법은 더욱 많아지는 것이 참 재미있군요. 이렇게 살아가는 것이 복잡해지거나 간단하거나 간에 지켜야 할 법이 있는데 이것을 바로 정관이라는 말로 대신하게 되는 것입니다.

관(官)이라고 히는 것은 관리(管理)를 의미합니다. 관리라는 것은 개를 길러서 사냥에 나가는 것과 같고, 양의 무리들이 풀과 물을 찾아서 이동하는 것과도 같다고 하겠군요. 농사를 지을 때에 종자를 살피고 집안의 사람들을 감독하는 것도 관리라고 하겠고, 상점을 경영하거나 공장을 설립하는 것도 관리라고 합니다. 더 나아가서는 무역을 통제하고, 교통을 발달시키거나 관세를 거두고, 국제무역을 경영하는 것도 모두 관리라고 봅니다. 그러므로 관(官)이란 사람들과 더불어서 발생하는 관계의 표시라고 하겠군요.

관은 이타심(利他心)의 표현이라고도 합니다. 물론 관은 사회적인 성분이지요. 개인적인 것보다는 사회적인 면이 강하다고 보겠습니다. 사회라 공동체의 생활을 구성하고 있는 것이기 때문에 관이 의미하는 것도 공동의 생활에 조화를 찾는 것이라고 하겠군요. 이타심이라는 말은 일단 남을 먼저 생각한다는 것이로군요. 사회생활을 하는데 있어서 자신의 이익만을 생각한다면 누가 좋다고 따르겠어요. 그래서 관이라고 하는 성분은 이타심의 형태로 존재하는가 봅니다. 특히 재물은 스스로 탐하는 성분이 되는 데 사주에 너무 많다면 유혹이 많아서 이타적이 되지 못하고 오히려 이기적이 될 가능성이 많으므로 꺼리게 되는데, 이것은 격국의 형태로 본다면 관이 용신이 될 때에 재성이 과다하면 신약해지므로 재성을 꺼린다는 말로 이해를 해도 될 듯합니다.

자신의 이익을 탐하게 되는 관(官)들이 하는 일이란 스스로 무슨 무슨 당을 만들어서 사사로이 경영하게 되는데 이러한 것들은 겉으로는 "사회를 위합네~", "민중을 위합네~" 하지만 사실은 모두 자신의 사사로운 탐욕을 채우기 위해서 만든 욕심이 기본적으로 깔려 있다고 보는 것입니다. 이렇게 되면 관성(官星)은 손상을 받게 되는데 요즘은 시대가 그래서인지 관이라는 것이 봉사가 아니라 군림하는 것이라고 이해되어 버리는 풍토더군요. 이러한 모습은 원칙적으로 명리학에서의 관성(官星)의 성분은 아닙니다. 사실 지금의 시대에 정치를 하는 사람 중에는 이타적인 사람보다도 이기적인 사람이 많음을 종종 보게 되는데, 이러한 것은 관의 성분이 아니라 상관

(傷官)의 성분입니다. 그러면 어째서 상관의 성분들이 관성(官星)의 탈을 쓰고 있는가 하는 것이 의아한데, 이것은 스스로의 목적을 달성하는데 바로 관성이라는 도구를 이용하는 것이라고 헤아리면 될 것입니다.

이렇게 말씀을 드린다고 해서 상관 성분이 나쁘다는 것은 전혀 아닙니다. 다만 관성의 그 순수한 이타적인 봉사정신은 절대로 아니라는 점이지요. 식상(食傷)은 이기적(利己的)인 표현수단이기 때문이지요. 그야말로 사회를 위해서 자신의 일생을 봉사하는 숭고한 위인들이 있습니다. 그러한 분들이야 말로 진정한 의미에서의 정관(正官)이라고 할 만한 분들이군요. 그래서 더욱 존경을 받습니다.

관성은 정직하고 아첨을 하지 않습니다. 어떻게 보면 고지식하다는 생각이 들기도 합니다. 원리원칙대로 일을 처리하기 때문이지요. 만약에 일이 빨리 성사되기를 바라면서 돈 봉투를 들이밀어 보면 알 수가 있습니다. 진정한 정관의 성분을 갖고 있는 관리인지, 아니면 정관의 탈을 쓴 식상(食傷)인지를 말이지요. 정관은 절대로 봉투는 받지 않거든요. 봉투를 받는 융통성이 있는 사람에게 우리는 고지식하다고 하지 않습니다.

다만 정관의 성분은 크게 총명하거나 영리할 필요는 없습니다. 영리한 사람들은 개인적인 당을 만들고 사사로운 경영을 하면서 스스로 총명하다고 자처하는 경우가 많습니다. 이러한 것들을 보면서 총명한 사람은 정관과는 거리가 좀 있다는 생각을 하셔도 좋을 깃입니다. 이렇게 당을 만들어서 자신의 파워(!)를 축적하는 것은 상관적인 성분이고, 시를 짓고 술을 마시면서 유유자적하고 논다면 식신적인 성분입니다. 이러한 성분들은 모두 정관에는 이롭지 않은 성분이지요. 이기심(利己心)과 이타심(利他心)은 그 근원을 반대로 두기 때문에 서로를 용납하지 않습니다. 이렇게 정관의 성분을 살리기 위해서는 자신의 주체성이 매우 중요하게 되는데, 그래서 관을 쓰기 위해서는 일주(日柱)가 신강해야 하는 것이라고 하는가 봅니다.

편관(偏官)의 원리

편관은 일명 칠살(七殺)이라고도 합니다. 편관이란 말은 치우친 관이라는 뜻일 것이고, 칠살이란 천간의 배열에서 일곱 번째에 해당하는 무서운 놈 이라는 뜻일 것입니다. 편관은 정관과 함께 나를 극하는 성분인데, 무정하게 극을 하는 것이 차이로군요. 정관은 음양이 다르고 편관은 음양이 같다는 것이 그 차이점인데, 동성(同性)은 서로 밀친다는 자석(磁石)의 원리와도 같다고 하겠군요. 많은 사람이 인생을 유익하게 살도록 배려를 하는 것이 관성(官星)이라 고 할 때에, 정관은 합작적인 수단을 통해서 베풀고, 편관은 경쟁적인 수단을 통해서 베풀게 된다는 것이 차이점이 됩니다. 기본적으로는 같은 이타심의 표현인 관성이지만 실제적으로 나타나는 현상은 매우 큰 차이가 있게 됩니다. 사회적으로 봉사를 하는 성분에 있어서도 합작적인 수단과 경쟁적인 수단은 서로 다른 개념이라고 하겠는데, 정관과 편관이 음양에 있어서 서로 다른 만큼의 차이가 결국 어딘가에서 나타나기 마련이겠지요.

여기시 힙직직인 수단이라고 하는 말을 쓰는 정관은 ⊥ 바탕이 이지적(理智的)이라고 하겠는데, 이지적이라는 것은 요모조모 따져보고 궁리를 해보는 원칙적인 냉정한 두뇌가 있다는 것과도 통하는군요. 반면에 경쟁적이라는 말은 감정적(感情的)이라는 말과도 통하는데, 경쟁이란 스스로 감정에 연결이 되어서 지지 않으려고 하는 분위기가 느껴지는군요. 이러한 미세한 포착을 하신 선배님들의 통찰력에 참으로 놀라움을 금할 수가 없군요. 우리가 편관의 형태를 이해함에 있어 그냥 군인과 경찰이라고 외우다시피 했습니다만, 실제로 군인이라는 성분은 경쟁적인 성분이 있는 것으로 보입니다.

사실 군인정신에서는 일사분란한 명령체계만이 존재를 해야지 뭔가 합리적인 것이 개입이 되면 곤란할 듯합니다. 오로지 남보다 먼저 앞산의 고지에 깃발을 꽂아야 한다는 경쟁적인 분위기가 보이는 듯합니다. 명리학을 연구하는 학자는 이러한 점을 잘 살펴야만 그 사람이 어느 계통으로 특별히 타고난 장점이 있는지를 판단하게 될 것입니다. 이렇게 관살의 정세를 잘 살펴서 그 사람의 사회생활에 대한 관념을 읽어낸다면 참으로 재미가 있겠군요.

합리적인 사고방식을 갖고 있는 정관적인 사람에게 경쟁적인 일을 맡기면 잘 처리하지 못할 것입니다. 이와 반대로 경쟁적인 사람에게는 라이벌이 있어야만 발전을 합니다. 둘이서 항상 1, 2등을 다투어 가면서 공부를 할 적에는 서로 열심히 합니다. 그러다가 한 친구가 전학을 가버리면 남은 친구는 목적을 잃은 배처럼 방황을 하게 되지요. 이것은 경쟁을 할 상대가 없어졌기 때문입니다. 편관이 영향을 주고 있는 사주라면 아마도 목숨을 달아놓고 경쟁을 할는지도 모르겠군요. 그러다보니 스파르타식의 맹훈련도 남들과 함께 하면 잘 견디게 됩니다. 혼자 있으면 힘이 빠지는데도 남들과 함께 있으면 기운이 절로 나는 것입니다. 나무를 심을 적에는 두 그루를 나란히 심으라고 하는 이야기를 들었는데, 그러면 한 그루씩 따로따로 심었을 경우보다 훨씬 더 잘 자란다는 것입니다. 나무들도 경쟁을 하는 모양이군요. 이러한 오묘한 대자연의 법칙이 언제나 인생살이에도 접목이 됩니다. 참으로 재미있는 일이지요.

물론 경쟁적이라고 해서 무조건 이기적이라는 것은 아닙니다. 원칙적으로 관살은 모두 이타적인 성분이라고 했거든요. 기본적인 것은 순수한 이타적인 것으로 출발을 합니다. 즉 사회공익에 그 기준을 둔다는 점이지요. 자신의 목숨을 버려서 나라의 민중을 구하는 안중근 의사 같으신 분을 봅니다. 윤봉길 의사도 같은 의미로 존경을 하지요. 그분들의 희생은 스스로를 위한 것이 아닙니다. 오로지 민중의 평안을 위해서 하신 일이기에 더욱 숭고한 일입니다. 이러한 정도가 되어야 비로소 이타적이라고 할 만하겠군요. 요즘 흔히 정치하는 사람들이 마음을 비웠다고 말을 하는데, 그 말을 그대로 믿는 사람은 아무도 없을 것입니다.

참으로 마음을 비운 사람은 즉시로 그 자리에서 떠나서 조용히 전원으로 돌아가야지요. 아마도 마음을 비웠다는 말도 누가 쓰느냐에 따라서 달라지는 모양입니다.

동업자끼리는 서로 질투를 하고, 문인이나 시인들은 서로를 경시하고 얕잡아 봅니다. 이러한 형태를 경쟁이라고 보겠군요. 다만 동업자끼리나 문인들끼리 서로 경쟁을 하는 마음의 내면에서는 이기적인 마음이 깔려 있다고 해야겠군요. 이렇게 이기적이던 이타적이던 간에 경쟁하는 마음이 있다는 것은 감정적이라는 것이지요. 이렇게 감정적으로 행동을 할 적에는 이성적으로 또는 이지적으로 냉정하게 판단을 하는 것이 잘 이뤄지지 않는 것입니다. 가령 어떤 사람의 사주에서 정관이 없고 편관이 있고 또 식신이 있다면 이 사람은 매사에 감정적으로 일을 처리할 것이라는 생각을 해볼 수도 있겠군요. 물론 이러한 내용들에 대해서는 나중에 다루겠습니다.

경쟁의 결과는 패자가 승자에게 굴복을 하는 것으로 나타나게 됩니다. 그래서 칠살(七殺)의 성분은 기가 성한 사주이면서 성격이 고독하고, 정관은 기가 성하면서도 항상 이성적으로 움직이게 되니 이것은 합작적인 수단을 중히 여기기 때문이라고 하겠습니다. 이 두 가지의 바탕이 되는 차이점은 세계의 흐름에도 무관하지 않은데 가령 예를 들어 EC, 유럽연합이라는 것도 결국은 정관적인 행동의 결과라고 볼 수 있겠군요. 이것은 서로의 생존을 위해서 공동보조를 맞춘다는 의미에서 정관적인 결과라고 하겠군요. 또 경쟁적인 수단의 대표적인 용어는 다윈의 진화론에서 찾아볼 수가 있겠군요. 약육강식(弱肉强食)이라든지 적자생존(適者生存)의 자연법칙은 오로지 경쟁적인 수단을 통해서 전개되어 나가는 삶의 방식입니다. 기술이 미래를 좌우한다는 말도 어떻게 보면 경쟁력을 강화하자는 것과 같다고 보겠습니다.

칠살은 오로지 경쟁적인 것에다가 힘을 소모하게 되므로 무조건 신강하고 볼 일입니다. 그래서 재성이 주변에서 어정거리는 것은 달갑게 여기지 않기도 합니다. 물론 칠살이 매우 약하다면 재성을 반가워하겠지만, 일주가 약한 경우라면 재성이 많은 경우에는 아마도 일주의 마음을 재물로 가져갔다가, 이타심으로 가져갔다가, 하면서 갈등이 많겠군요. 이러한 의미에서도 칠살에는 재성이 많지 않을 것을 요구하는 모양입니다. 언제나 경쟁적인 행동으로 대처를 하려고 한다면 많은 힘이 소모될 것은 틀림없으니 칠살이 있을 경우에는 인성의 동태를 살피라는 말이 참으로 의미심장하군요.

편관을 정관과 비교해본다면, 편관은 보다 순수하고 맹렬하다고 하겠습니다. 물론 반드시 총명해야 한다는 것은 아니지요. 리더가 항상 총명하고 아이큐가 제일 높은 것은 아닙니다. 얼마나 무리를 위해서 봉사할 자세가 되어 있는가에 따라서 능력이 결정나기 때문이지요. 유비현덕을 보면서 그런 생각을 하게 됩니다. 유비는 항상 백성을 생각합니다. 그러한 이타심이 결국 재갈공명이나 관우 같은 인재를 얻게 되는 것인가 봅니다. 인재는 인물 옆에 모인다고 하잖아요? 유비가 제갈량보다 아이큐는 떨어질 가능성이 많겠습니다만, 무리의 우두머리가 되는 것은 머리로 하는 것이 아니기 때문에 반드시 총명해야 우두머리가 되는 것은 아니라는 증거로 활용을 해도 될 것으로 생각됩니다.

　편관은 상관을 꺼리지 않는다고 보는데, 그 이유는 비록 이기적인 것과 이타적인 것이 서로 어울리지는 못하지만, 진실로 이기적인 것은 타협에서 오는 것이고 이타적인 것은 용감하고 강직한 것에서 오는 것이니, 둘은 서로 같지 않으면서도, 또한 대립이 되지는 않는다고 보는 것이지요. 만약에 편관이 식신을 만났다면 이것은 서로 동일한 수단을 갖게 되므로 서로 상반된 입장으로 목적에 도달하려고 하는 방법을 취하게 됩니다. 이렇게 되면 보나마나 서로 경쟁적인 마음으로 대립을 하다가 패하게 될 공산이 크겠습니다. 같은 방법으로 서로 다른 주장을 한다는 것은 두 개의 레일과도 같은 의미가 있군요. 이렇게 해서 편관의 기본적인 성분을 헤아려보는 것입니다.

상관(傷官)의 원리

상관은 내가 생하는 글자로군요. 내가 생하는 것이라는 말은 천부적으로 타고난 능력을 의미하기도 합니다. 내가 타고난 성분을 극대화하는 것은 교육을 통해서 이뤄지게 되는데, 자신의 타고난 것에만 신경을 쓰는 나머지 정관과는 대립을 하게 되는 경우가 많습니다. 상관(傷官)이라는 말은 정관(正官)에서 나온 것이 분명한 듯합니다. 사주에서 관이라고 할 만한 것은 정관인데, 그 관을 상한다는 것으로 봐서 틀림없이 정관에서 상관이 나왔다고 보겠군요. 그래서 일단 정관은 상관을 꺼린다고 하는데, 기본적으로는 그렇지만 실제적으로는 사주에서의 정세가 어떠한가에 주의를 해서 봐야겠군요.

정관은 이타심의 표현이라고 이미 말씀드렸고, 상관은 이기적인 표현이라고도 말씀을 드렸습니다. 이기적인 것과 이타적인 것은 서로 용납을 하지 않는데, 그래서 고전에도 말하기를 상관이 정관을 보면 재앙이 백가지로 발생한다(傷官見官 爲禍百端)고 했던 것인가 보군요. 그러나 이미 수행을 통해서 달인(達人)의 경지에 도달한 사람은 전혀 이러한 재앙을 받지 않게 되는데 그 이유는 간단합니다. 상관이 이기적인 수단이라고 볼 적에, 이기적이라는 것은 탐심을 포함하게 되는데, 도인(道人)은 스스로 수행을 해서 자신의 욕망을 제어할 수가 있기 때문에 이기적인 욕심이 없어져서 전혀 염려를 할 필요가 없게 되는 이치입니다.

상관의 성질은 사적(私的)인 것이 되기 때문에 이기적인 것이 되고, 그 목적이 스스로를 보존하는데 있으므로 합작적인 수단이 되는군요. 이로 인해서 내가 생해주게 되므로 일주(日柱)의 정력(精力)을 발휘하게 되는 원인이 되는 것이고, 그렇게 기운을 소모하게 되므로 신체는 점차 약해지게 되는 것이니 사주를 보는 사람은 그 사람의 사심(私心)이 큰가 작은가를 보고 총명함이나 재능은 어떠한가를 알아서 내가 생하는 성분의 형태를 아는 것이 중요하겠습니다.

예전의 명리책(命書)에서는 상관을 일러서 "관부를 부수는 도적"과 같다고 보았군요. 이것은 어쩐지 이치에 맞지 않는 판단이라고 생각이 됩니다. 상관은 오직 한 개인의 총명함을 말하는 것이지 도적이라는 표현과는 어울리지 않는 것이지요. 그리고 음양이 다르게 배치되는 것으로 봐서 합작적인 수단을 통해서 자신의 사생활을 경영한다고 볼 수 있습니다. 그러면서 겉으로는 충성스럽게 민중의 공복(公僕)이 되겠다고 말을 하고, 내면에서는 사람을 속이고 자신의 이익을 추구하는 것이 그 목적이 되겠고, 그 행동은 또 뜻이 커서 작은 일에 구애를 받지 않으면서 말도 번드르르하게 잘하고, 머리가 좋기 때문에 그 행동도 또한 교묘하므로 이로 인해서 상관은 도적이라고 인식이 되었던 모양입니다.

인성(人性)으로 논해볼 적에 상관은 자신의 사사로움을 대표하는 것이니 근대 사회학자의 말대로 '일체의 사회과학의 근본이 되는 기초에는 인류 스스로 사사로움이라고 하는 것이 있다'는 것도 일리가 있군요. 그러므로 자신의 사적인 것에 관심을 둔다고 해서 하열한 것이라고 해서는 곤란합니다. 자신의 삶을 꾸려가야 하는 것도 또한 어쩔 수가 없는 인생살이거든요. 관살과 더불어서 식상은 반대가 되는데 이 말은 이기(利己)와 이타(利他)의 반대와도 같은 말이네요. 이렇게 서로 이기적인 것과 이타적인 것이 대립이 될 뿐이지 상관이 칼을 들고 정관을 찌르거나, 식신이 칠살의 재물을 훔치는 것은 아니지요. 그래서 다만 이기적인 사람은 자신만을 위하고 자신에게 이익이 돌아오지 않는 일은 꺼린다는 정도로 이해를 하면 될 듯 합니다.

상관의 특성은 합작수단을 통해서 자신의 이익을 도모하는 점이라고 보면 됩니다. 그 이기적인 성분으로 인해서 군중 속에서 내가 활동을 하는 셈입니다. 그리고 항상 정관처럼 해서는 성취가 어렵다고 보고서 군중 속을 헤집고 다니면서 자신의 존재를 크게 알리는 사람이라고 봅니다. 요즘은 'PR시대'라는 말을 누구나 하고 있는데 이렇게 스스로를 광고하는 마음이 바로 상관적인 마음이고, 그렇게 따진다면 요즘의 시대는 어느 십성(十星)이 대우를 받는 시대인지를 능히 짐작하고도 남겠군요. 보나마나 상관의 시대라는 것입니다. 자신의 재능으로 활동해서 능력을 인정받는 것이지요. 그래서 요즘에 가장 인기가 있는 사람은 탤런트입니다. 재능가라고 할까요? 이런 사람들은 30초의 광고를 한 번 만드는 데에도 수억 원의 출연료를 받는다고 합니다. 일반 서민으로서는 꿈에서나 만져볼만한 돈을 상관성분이 뛰어난 사람은 하루 아침에 떡 주무르듯 한다는 것이지요. 이러한 것을 보면서 공사판에서 힘들여 한 달간 일을 하고서 돈을 받는 노동자로서는 참으로 억울한 일입니다만, 그나마 농부는 그만큼도 되지 않으니 어쩌겠나요. 세상은 노력한 대로 돌아가는 것이 아니니 말입니다. 그래서 나온 말이 "억울하면 출세하라"던가요? 하하.

상관의 성분은 계교가 많습니다. 능수능란(能手能爛)이라는 말은 상관을 위해서 준비해둔 용어로군요. 역시 상관이 강한 사람은 자신의 노력이 그만큼 들어가야 하는 것이니 일주도 강하게 타고나야 하겠군요. 더욱이 재성이 있어서 상관을 보호해준다면 금상첨화라고 하겠습니다.

상관은 개인적인 성분이로군요. 그 중요한 점은 관살의 성분과 다르다는 점을 인식하는 것인데, 관살은 공익적인 성분이라고 볼 적에 그것과 비교하여 말씀을 드리는 것입니다만, 그렇다고 해서 이기적인 것이 하열한 성분이라고 하면 곤란합니다. 결국 이 사회가 발전을 하는 것은 이렇게 이기적인 성분들이 노력을 하여 결국은 공익으로 돌아가는 것이니까요. 가령 돈을 벌기 위해서 열심히 아이디어를 짜내서 성능이 좋은 청소기를 만들어 냈다면 이것은 결국 많은 사람들이 편리하게 사용하는 물건으로 될 것입니다. 그리고 연구를 한 대가로 상품의 값을 지불하면 되겠군요. 요컨대 상관은 남과 더불어서 합작의 방법으로써 자신의 능력을 발휘하므로 성격은 외향적이 되겠군요. 외향적인 사람은 재물도 세상에 따라서 잘 사용합니다. 이렇게 상관이 대우를 받는 시대에 벗님의 사주에는 상관의 성분이 어떻게 되어 있나요?

식신(食神)의 원리

식신도 크게 봐서는 내가 생하는 성분이므로 상관과는 기본적으로 동일하다고 하겠군요. 그러므로 식신도 역시 이기적인 성분인 것은 상관과 동일합니다. 그러면서도 다른 점이 있다면 식신은 합작적인 수단이 부족하여 경쟁적인 수단으로 자신의 목적을 달성한다는 점이라고 할 수 있겠군요. 그 경쟁적인 수단은 자신의 총명을 이용해서 자신의 감정과 경쟁을 하게 되는데, 이러한 형태는 예술적인 면에서 특히 뛰어나다고 할 수 있습니다. 합작을 통해서 일을 벌이지 않는 식신의 입장에서는 남들과 직접 교류를 하는 수완이 매우 서툴게 되므로 상관의 흉내를 내봐야 틀림없이 뒤떨어지게 되는 것은 불을 보듯이 뻔하다는 이야기입니다.

상관이 성취를 하는 것이 다능(多能)에 속하기는 하지만 청고(靑高)한 맛은 보이지 않는데 반해서 식신은 그 목적이 비록 이기적이기는 하지만 도리어 기교를 부려서 목적을 성취하는 점에서 차이가 있다고 하겠군요. 사주를 볼 적에는 그 사람의 구조에 식상의 형태를 취하고 있다면, 사회에 대한 그 사람의 사고방식이 어떠한가를 알 수가 있는데, 자신에게 충성을 하는 사람을 이용하는가, 사기성이 있지는 않은가, 청고함으로써 속됨을 끊었는가 하는 것 등을 살피는 게 좋다고 말씀은 합니다만 참으로 그렇게 살핀다는 것이 만만하지는 않겠지요?

식신은 또 타인의 정기를 몰래 흡수하는 사람이라고도 하는군요. 그리고 두루두루 통하는 성분이라고도 합니다. 얼핏 들으면 무슨 드라큘라를 말하는가 싶기도 합니다만, 이 말의 뜻은 남들이 연구하고 정진하여서 발표한 내용들을 읽고 배워서는 자신이 소화를 시켜서 어느 사이에 자신의 것으로 만들어버리는 재주가 있다고 하는 뜻입니다. 또 문장력이 발달하는 것이기도 한데, 이러한 연유로 해서 사회에서도 문학가 또는 소설가로서 대우를 해주는 것입니다. 즉, 이러한 방법으로 자신의 이익을 도모한다는 것입니다. 그래서 식신은 청고한 학자라는 말로 표현하기도 합니다만, 편관과 대립이 되는 것은 경쟁수단을 사용한다는 점에서 서로 같은 방법을 사용하기 때문입니다.

기본적으로 식신과 상관의 같은 점은 이기적인 수단을 사용한다는 점인데, 그 반면에 뚜렷한 차이점을 든다면 경쟁적인 수단과 합작적인 수단을 동원한다는 점 외에도 한 가지가 있는데, 식신은 내면적인 총명함이 되는 것이고, 상관은 외향적인 총명함이 되는 것입니다. 식신은 글과 시를 좋아하는 총명함이라면, 상관은 사람과 더불어서 어울리는 것을 좋아하는 총명함이라고 할 수도 있겠군요. 그래서 식신의 기운은 각파의 의견을 능히 받아들여서 자신의 것으로 만들면서도 학자적인 순수한 맛이 있고, 상관의 기운은 여러 가지 성분이 뒤섞여 있다고 보는데, 역시 다재다능한 사람은 수단이 수시로 변하기 때문이 아닌가 합니다. 상관은 남이 자신을 헐뜯으면 미소를 빙그레 머금고 이야기를 들으면서, 속으로 부글부글 끓어오르는 것을 질도 참습니다. 그러면서 반격의 기회가 오기를 기다리시요. 반면에 식신은 이야기를 듣는 즉시로 얼굴에 불쾌감이 나타납니다. 상관처럼 미소를 머금는다고 해도 이미 얼굴은 굳어 있습니다. 그리고 감정의 느낌대로 반격을 합니다. 상관처럼 작전이 없습니다. 즉흥적으로 감정적으로 느낀

대로 이야기를 하기 때문에 시간이 지난 다음에는 참지 못한 것을 후회하기도 합니다만, 아무래도 천성은 잘 고쳐지지 않는 모양입니다.

또 다른 관점으로 이해를 해본다면, 식신은 남과 합작을 해서 뭔가 일을 벌이는 것에는 서툰 면이 있습니다. 일단 사회적으로 활동을 하는 면에 서는 무능하다고 할 수도 있겠군요. 그래서 비세속적인 문인(文人)이나 은사(隱士) 등의 부류에 가깝다고 봅니다. 상관의 외향적인 총명함은 식신도 감당을 하기 어려운데, 식신의 내면적인 총명함은 또 상관이 감당하기 어려운 영역이라고 하겠군요. 그래서 둘은 영원한 라이벌이 되는 것인가 봅니다.

약간 방향을 달리해서 정관(正官)과 상관(傷官)을 비교해서 생각해본다면, 둘의 닮은 점은 외향적이라는 것과 냉정한 이지적인 판단을 해서 합작적인 수단을 이용한다는 점입니다. 그리고 편관(偏官)과 식신(食神)의 같은 점이라면 둘 다 내면적이라는 점이 동일하고, 또 감정적이라는 점에서도 동일하군요. 그리고 경쟁적인 고독한 성분이라는 점도 동일하다고 보겠습니다. 외향적인 사람은 생각하는 폭이 넓고 산만하거든요. 그리고 내성적인 사람은 생각하는 폭이 좁고 단순하며 깊다고 하겠습니다. 산만한 사람은 어떤 일을 꾸미고 경영하고 사람을 다루는 일에는 능숙하지만, 한 가지 일을 궁리하고 파고드는 일에는 도무지 어울리지 않습니다. 마음이 자꾸만 밖으로 향해서 달리기 때문입니다.

반면에 식신의 성분은 내향적이므로 고심을 많이 합니다. 의문이 풀리지 않으면 몇 날 며칠이라도 그 문제가 머리에서 떠나지를 않지요. 그래서 스스로 고독합니다. 아무하고나 잘 어울리지 못하지요. 한 가지 일에만 전력해서 파고드는 사람은 주변의 사람들이 참으로 재미가 없다고 생각하고 제쳐두기 때문입니다. 그래서 식신은 또 어떤 면에서 마음이 편합니다. 사실 많은 사람이 번거롭게 오고가는 것에 대해서 전혀 호감을 갖지 않고 있기 때문이지요. 그러나 일단 식신의 연구가 이뤄지기만 하면 즉시로 수천만금의 재물을 모을 수가 있는 것이니 그래서 식신도 살아갈 연구를 하는 것입니다.

식신이 상관과 다른 점은 경쟁적으로 그 이기심을 따른다는 점인데, 경쟁적이라는 것은 합작적인 수단보다도 어려움이 많게 됩니다만, 일단 그 목적이 성취가 되면 청고한 경우가 많다고 보겠군요. 그러나 신약한 상황에서 재는 많고 식신은 강하다면 재난과 어려움이 많을 것은 뻔합니다. 그리고 식신과 상관의 재물을 보는 안목에서도 많은 차이가 나게 됩니다. 상관은 세상의 흐름을 따라서 적절하게 수완을 부려서 재물을 취하는데, 내향적이라는 식신의 성분은 그렇게 활발하게 폭넓은 대인관계를 갖기가 어렵습니다. 그리고 한 가지로 파고 들어가는 성분은 마음이 분산되는 것을 꺼리게 되는데 그 중에서도 재물로 인해서 마음이 분산되는 것을 두려워한다는군요. 명서(命書)에 하는 말이 '상관에 인성을 보았으면 재성으로 향하는 것이 좋고, 식신은 겁재의 방향으로 가는 것이 좋다'고 했군요.

이 말은 식신은 깊이 있게 파고드는 성분이라서 그 힘이 되어주는 비견 겁재가 재성을 잡아줘야 연구가 잘 진행이 된다고 본다는 뜻이로군요.

사주에서는 관살과 식상을 가장 깊이 연구해야 할 성분이라고 볼 수 있습니다. 그 나머지의 인성과 재성 그리고 견겁은 이 성분들을 보조하는 것에 지나지 않는다는 것입니다. 공자님의 말씀에 "자신을 내세우고자 한다면 남을 먼저 내세우고, 자신이 통달하고자 한다면 남을 먼저 통하게 하라" 하신 적이 있다는데 이것은 관살의 이타심을 더욱 높이 평가하는 말이라고 생각되는군요.

상관과 식신은 나의 빼어난 기운을 설하는 물질이라서 내가 설기를 당하니까 일단 일주가 강건해야 합니다. 일주가 강건하지 못하다면 식상은 모두 재앙으로 다가올 가능성이 많겠군요. 반대로 일주가 강건함에도 불구하고 식상이 없어서 빼어난 기운이 설기되지 않는다면 이것 또한 흉상이라고 하겠습니다.

고인들은 재관인식(財官印食)을 사대 길신이라고 보고 살상겁인(殺傷劫印)을 사대 흉신이라고 하기도 했는데, 사실은 옳은 말이라고 할 수가 없군요. 관살(官殺)이 그 뿌리를 같이 두고 있고, 식상(食傷)도 그 뿌리를 같이 두고 있는데, 어떻게 길흉이 달라지겠습니까? 이것은 아무래도 일종의 편견이라고 생각이 됩니다. 이러한 판단이 생기게 된 원인을 분석해본다면, 대개 이타심이라는 것은 경쟁적인 것[편관] 보다는 합리적인 것[정관]을 높이 취급했고, 또 이기심이라는 것은 합작적으로 이기적인 성분을 취하는 것으로 타인의 노력을 취하기 때문에 자신과의 경쟁으로 이기심을 성취하는 것보다 낮은 것으로 평가를 했던 모양입니다.

그래서 "식신이 상관과 섞여 있으면 식신의 청고함이 사라지고, 또 관은 혼잡되면 곤란하지만 칠살은 혼잡되어도 꺼리지 않는다."는 말이 있습니다. 세상을 살아가자면 때로는 경쟁도 하고 때로는 타협도 필요하지요. 관살은 여기에다가 한술 더 떠서 때로는 친구를 팔아서 목적을 달성할 경우도 있다는 것입니다. 그러면서도 정관은 사사로운 이익을 추구하는데 그 목적이 있지 않고, 다수의 이익을 위해서 목적달성을 하기 때문에 그 마음에 거리낌이 없는 것입니다. 그야말로 대를 위해서는 소가 희생이 되어야 한다는 생각이지요.

그러나 상관은 소를 위해서 대가 희생이 될 수도 있다는 생각을 하게 되겠군요. 그래서 교주라든지 독재자가 되어서 자신의 영달을 위해서는 한 나라의 수많은 민중들의 고혈을 빨아드리기도 하거든요. 물론 교주라든지 독재라는 말만 가지고는 어떤 기준이 될 수가 없습니다. 그들이 어떻게 행동을 하는가에 비중을 둬야겠군요. 교주 중에는 그야말로 새로운 혁신적인 민중의 등불이 되는 교주도 있는데, 이러한 것을 같은 상관의 가격으로 묶을 수는 없다고 생각이 되는군요. 독재자도 마찬가지고요. 그래서 이름에 매이지 말고 구체적인 행동을 잘 관찰해야 하는가 봅니다. 마치 이 시대의 국회의원은 민중을 위한 관살의 목적을 갖고 있는 사람보다는, 자기 한 몸의 명예와 부귀를 위해서 나서는 사람이 더욱 많다는 말이지요. 원래의 국회의원은 그러한 목적을 채우라고 만들어놓은 것은 아니기 때문이지요.

이야기가 좀 빗나간 맛이 있군요. 다시 식신의 성분으로 돌아와서 요약을 한다면, 식신은 밖으로 구하는 것이 아니기 때문에 패할 것이 없다는 말을 합니다. 그리고 다행히 그 목적하는 분야가 성공을 한다면 마침내는 돈방석(?)에 앉을 수도 있으니까 좋다고 보겠군요. 그렇지만 그렇게까지 가는 데는 수없이 많은 고독과 씨름을 하게 됩니다. 남들이 알아주게 되기까지는 수없이 많은 눈물 젖은 빵을 먹어야만 하거든요. 그래도 식신이나 편관은 자신의 일생을 맡기고 의지할 만하다고 고인들께서 말씀하셨는데, 그 이유는 비록 고독하고 힘은 들지만 일단 성공을 하면 많은 사람들이 추앙하게 되기 때문이 아닐까 합니다.

또 이에 반해서 정관이나 상관은 자신의 맡기기에 적합하지 못하다는 말도 있습니다. 그렇지만 이것은 시대에 따라서 달라질 수가 있는 판단이기에 그런 말이 있다는 것만 말씀드리는 것이 좋겠습니다. 사실 요즈음에는 식신보다는 상관이 더욱 의지할 만하거든요.

학문을 깊이 파고 들어가는 성분이 바로 식신적인 성분이라고 할 수 있습니다. 상관은 이렇게 시시콜콜한 그야말로 돈도 되지 않는 문제를 갖고 수없이 많은 시간을 자신과 씨름하지 않을 것이 너무나도 당연하기 때문입니다. 그렇게 식신의 성분으로 연구하는 사람은 상관의 어수선한 행동에 대해서 못마땅하게 느끼는 마음이 있는 것도 사실이지요. 그러다 보니까 자신의 견해가 식신화(?) 되어 있는 것은 당연한데 그러한 안목으로 다른 성분들을 관찰하게 된다는 것은 자칫 "식신의 편견"에 빠질 수도 있다는 생각이 드는군요.

그리고 식신을 매우 우수한 것으로 분석하는데 이러한 것도 어쩌면 식신 학자의 견해일 수도 있겠군요. 그런데 결국 이러한 연구를 하는 성분은 식신이고 이것을 남과 나누면서 기뻐하는 성분이다 보니 어쩔 수가 없나 보군요. 낭월이는 무슨 성분으로 이렇게 하잘 것 없는 자질구레한 일에 마음을 쓰고 사느냐고 묻고 싶으시지는 않으세요? 낭월이의 글을 읽어보신 분은 알겠지만, 낭월이도 역시 매우 강력한(?) 식신의 영향을 받고 있는 식신 우월주의라고나 할까요? 하하.

이렇게 식신이 상관보다 우수하다고 하는 글이 남아 있는 이유도 당연히 식신적인 선배님들이 연구하였기 때문에 아전인수 격으로 아마도 그렇게 보시지 않았을까 하는 생각을 얼핏 해보면서 잠시 미소를 지어봅니다. 이 정도로 해서 식신의 원리에 대한 의견을 말씀드렸습니다. 또 구체적인 것은 앞으로 계속 언급이 됩니다. 그래서 이 항목에서는 이 정도로 하고 마무리를 하겠습니다. 물론 이해를 돕기 위해서 편관이나 상관을 동원했지만, 혹시 식신의 성분을 이해하는데 오히려 혼란스럽지는 않으셨는지 모르겠군요. 어차피 이 이야기를 듣고 계실 정도의 벗님이라면 아마도 식신의 성분이 기본적으로 깔려 있는 분이라고 생각이 되는군요. 하하.

"식신 파이팅~!!"

견겁(肩劫)의 원리

이 항목은 『명학신의』에서는 보이지 않는군요. 구색을 갖추기 위해서는 이것도 있어야 하겠는데 무슨 이유에서인지 여기에 대한 언급이 없어서 아쉽습니다. 그래서 일단 낭월이가 생각해본 것을 정리해 보겠습니다. 앞의 예를 응용해서 추리를 하고 궁리한다면 전혀 얼토당토않은 엉터리 이야기는 되지 않을 것이라고 생각이 되어서 마음을 일으켜봅니다만, 글쎄요 혹시라도 공부하시는 벗님의 눈만 어지럽힌 꼴이 되지는 않을는지…. 염려스러운 마음이 앞서는 것도 사실입니다.

우선 견겁은 비견(比肩)과 겁재(劫財)를 말한다는 정도는 알고 계시리라고 생각이 됩니다. 그렇다면 앞의 예에서 생각해볼 적에 견겁을 따로 구분을 해서 볼 것인가, 아니면 묶어서 볼 것인가 하는 문제가 나타나는데, 견겁도 인성(印星)이나 재성(財星)처럼 그냥 묶어서 함께 생각을 해도 무방할 것이라고 생각이 됩니다.

우선 멋스럽게 이름을 지어본다면 주체지본(主體之本)이라고 해야겠군요. 비견이나 겁재는 일주(日柱)와 같은 성분으로서 주체성이 강하다고 보아서 이렇게 이름을 지어봤습니다. 인성과는 차별이 된다고 보는데, 인성은 나를 생해주는 성분이므로 위에서 내려주는 빗물과도 같은 것이라고 한다면 견겁은 나를 생해주지도 나를 극하지도 않는 그야말로 동일한 오행(五行)이로군요. 이렇게 오행이 같은 것을 옛 명리학에서는 격국(格局)의 영

역에서 제외시켰습니다. 그래서 월지(月支)가 비견겁재에 해당하면 팔격
(八格)에 해당하지 않기 때문에 외격(外格)이라는 말로 부르기도 했습니다.

자평진전(子平眞詮)에서는 건록격(建祿格)과 월겁격(月劫格)이라는 말을
사용해서 격의 틀에 집어넣었습니다만, 그 이전에는 아마도 매우 특별한
취급을 받았던 것으로 생각이 됩니다. 자평진전 덕분에 월지에 비견겁재
가 있는 사주들도 억울한 생각이 덜 들게(?) 되었습니다만, 그래도 여전히
특별취급을 하는 분위기는 완전하게 없어지지 않았던 모양입니다.

비견겁재는 사실 가장 중요한 성분이라고 할 수 있습니다. 관살이나 식
상이 중요한 생생(生生)의 역할을 한다고 했고, 재성은 양생(養生)을 하고
인성은 수생(受生)을 하는 것이라고 해서 모두가 중요하다고 했습니다만,
사실 비견겁재는 이러한 모든 것이 이뤄지도록 가장 기본적인 바탕을 마련
하는 것이라고 할 수 있습니다. 집을 지으려면 우선 터를 닦아야 한다는 것
은 누구나 알고 있습니다. 그렇지만 좋은 자재를 갖고 멋진 집을 지을 연구
만 하는 사람은 기초보다는 어떤 재료를 써서 어떻게 집을 지을 것인 가에
더욱 마음을 기울일 수도 있겠군요. 이렇게 된다면 그 집의 활용적인 면에
서는 좋은 답이 나오겠습니다만, 가장 기초적인 터를 고르고 다지는 일을
소홀히 한다면 그 집이 오래도록 버티는 데는 많은 어려움이 있을 것이라
는 생각이 드는군요. 그래서 가장 중요한 터를 고르고 다지는 일을 가장 먼
저 해야 한다고 생각해보는 것입니다.

비견겁재의 역할이 바로 터를 다지는 작업에 해당한다고 생각이 되는
데, 적절한 비유가 되는지 모르겠군요. 그러니까 수생(受生)은 이미 태어나
면서 이뤄졌다고 본다면 나머지는 모두 내가 사회에서 노력을 해서 성취해

야 할 성분들인데, 그러한 것을 내 것으로 만드는 작업을 하도록 뭔가가 뒤에서 힘이 되어주어야 한다는 것입니다. 그러한 힘이 되어주는 것은 역시 비견겁재의 담당이라고 이야기할 수 있습니다. 비견겁재가 없다면 무슨 일을 하든지 일관성 있게 밀고 나가기가 부담이 될 것이라고 보이는데, 일례로서 관살(官殺)이 사회봉사하는 성분이라고 해서 매우 높이 평가를 합니다만, 그 관살을 감당하기 위해서는 비견겁재의 도움이 필요합니다. 관살을 감당하기 위해서는 비견겁재의 힘을 입지 않고서 자신의 목적을 달성한다는 것은 어쩌면 불가능할는지도 모릅니다. 그래서 관살이나 식상을 쓰기 위해서는 일주(日柱)가 약해서는 안된다는 말을 해당 항목에서 누누히 강조하고 있지요.

이러한 말씀을 하는 것도 비견겁재의 힘이 있어야 그 나머지 일을 자유롭게 할 수가 있다고 생각한 때문이겠지요. 삼풍백화점의 참사는 을해년(乙亥年)의 사고 중에서도 가장 참혹한 사고였을 것이라고 생각이 되는데, 그렇게 대단한 규모의 건물이 삽시간에 바닥으로 꺼져버릴 줄은 그 건물을 지은 사람도 상상을 못했을 것입니다. 그 건물 속에서 상관은 판촉을 하고, 재성은 물건을 팔고 인성은 음식을 팔았습니다. 그리고 관살은 경비와 점검을 했겠지요. 그렇게 모두가 자신의 일을 열심히 했습니다만, 가장 기본적인 견겁이 허약하게 되었지요. 상관(傷官)의 구조인 겉모양을 위해서 기둥까지 잘라냈다고 하는 것은 결국 비견겁재가 병이 든 것에다가 약도 주지 않고 오히려 혹사를 시켰다고 보면 적절할 듯하군요.

그렇게 모두 자신의 일을 했습니다만, 비견겁재의 역할은 아무도 배려를 하지 않았던 것입니다. 마치 사회에서의 능력만을 경쟁했지 정작 그 바탕에 깔려 있어야 할 기초적인 것에는 마음을 기울이지 않는 것과 같다고 할 수 있겠습니다. 그래서 결국 견디지 못하고 허물어져 버렸는데 ― 그 결과는 한국 사람이라면 모두가 너무나 잘 알고 있는 일이라 더 이상 말씀을 드리지 않겠습니다만 — 여기서 명리학도는 비견겁재의 역할을 생각해봐야 하겠군요. 그리고 예전에 팔격(八格)을 잡으면서도 비견과 겁재는 외격이라는 항목으로 집어넣었던 것은 너무 활용성에만 치우진 감이 있다고 생각이 드는군요. 이제 여기서 비견겁재는 맨 끝이지만, 한자리를 차지하고 견겁의 원리라는 이름으로 자신의 위치를 찾아야 하겠습니다.

비견이나 겁재나 모두 일주를 부축하고 도와준다는 의미에서는 동일합니다만, 음양의 차이는 또한 존재하겠군요. 누군가가 자신의 일에 대해서 열심히 도와주면 "음으로 양으로 도움을 받았다"는 말을 하지요. 이 견겁이 바로 그러한 성분이라고 봐서 음으로 양으로 도움을 주는 마당에 구태여 음양을 구분하지 않아도 되겠다는 생각이 드는군요. 다만 지나치지 않는 한도 내에서는 많이 있어야 한다고 봅니다. 견겁이 없으면 스스로 추진하는 힘이 딸리게 되고, 그렇게 되면 무슨 일을 하든지 마무리를 하지 못하고 중도에서 그만두게 되는 사고가 발생할 공산이 크지요. 이러한 일은 식신이 중요하니, 관살이 중요하니 하기 이전에 기본적으로 해결이 되지 않고는 성공을 바라기 어려우므로 견겁을 일러서 주체지본(主體之本)이라고 이름을 하면 적절하다고 생각되는 것입니다.

주체성이라는 것은 자아(自我)의 확립이라고 보겠는데, 자아라고 하는 성분을 강화시켜 주는 것이 바로 주체성이로군요. 그래서 주체성이 없이는 곤란하므로 무엇보다도 가장 먼저 존재를 하기 바라는 성분입니다. 그러나 지나치게 많으면 또한 불가하니 "지나치다"라고 하는 것은 주체성이 지나쳐서 독불장군(獨不將軍)으로 흐를 가능성이 많기 때문입니다. 남의 이야기에 너무 흔들려도 곤란하겠습니다만, 그렇다고 해서 정도에 지나치게 남의 의견을 무시하는 것도 사회에서 일을 하는데 매우 불리한 결과를 가져올 것입니다. 그래서 이 성분은 필요불가결이지만, 지나치지 않을 것을 원하는 것이로군요.

세상의 삼라만상이 모두 그렇겠습니다만, 지나치면 모자람만 못하다고 했지요. 견겁이 지나치게 왕성하면 관살로도 극제가 어려운 지경에 처하게 됩니다. 오히려 관살을 무시하게 되지요. 개인적으로는 그렇게 마음을 먹거나 말거나 상관이 없다고 보겠지만, 일단 사회라는 틀 속의 일원으로서 살아가는 마당에서는 참으로 곤란한 일이로군요. 사회제도를 무시하고 스스로 모든 것을 처리하려고 한다면 그 사람은 대번에 관가의 재앙을 받게 될 것입니다. 물론 반드시 나쁜 일을 벌인다고 생각을 하지는 않겠지만 사람이 스스로 두려워하고 조심하는 바가 없다면 아무래도 관재(官災)를 당할 가능성이 크다고 봐야겠군요. 세상을 살아가노라면 때로는 알고서도 모른 채하고 넘어가야 할 경우도 있을 것이고, 더러는 억울해도 참아야 할 경우도 있겠습니다만, 일주가 지나치게 강한 사람은 냉큼 남에게 머리를 숙이기가 어려운 법입니다. 그래서 모든 오행이 골고루 들어 있기를 원합니다만, 사주에 비견겁재가 지나치게 왕성한 사람은 항상 스스로 독선과 오만에 빠지지 않도록 수행에 힘을 기울이는 것이 세상을 원만하게 살아가는 처세가 되겠군요.

제2부

부부
심리학

천지간의 만물 중에서 오로지 사람이 가장 귀하다고 한 어느 책의 구절을 굳이 인용하지 않더라도, 사람은 참으로 소중한 존재입니다. 이렇게 소중한 인간들이 서로의 인연을 만들고, 또 허물어가면서 살아가는 것이 인생입니다. 그렇다면 그러한 관계에 대해서 어떻게 하면 좀 더 나를 깊이 알고 상대의 선악을 미리 알아서 나에게 유리한 방향으로 대처를 할 것인가 하는 것은 인간의 역사와 더불어서 함께 해온 숙제가 아닐까 하고 생각해봅니다. 이러한 명제로 이 항목을 만들어서 연구해보는 것입니다.

사람이 일생을 살아가면서 만나게 되는 사람들은 그 수를 헤아릴 수가 없을 정도로 많겠지요? 직업의 종류에 따라서 다소의 차이는 있겠습니다만, 어떠한 경우이든지 혼자서만 살아가는 방법은 거의 없다고 봐도 무방하리라고 생각됩니다. 이렇게 사람은 각자의 직업에 따라서 만나는 사람이 많기도 하고 또는 적기도 하겠지만, 어떤 직업에 종사를 하든지 관계없이 만나게 되는 사람들이 있습니다.

우선 스스로 원했던 원하지 않았던지 그 시작은 모르겠지만 이 땅에 태어나기 위해서는 어머니라는 존재가 없을 수가 없겠군요. 나중에 의학이 발달을 해서 난자를 뽑아서 정자와 수정한 후에 인큐베이터라는 발육기에 넣어서 기계적으로 인간이 태어난다면 어머니의 존재가 또한 이상하게 되겠습니다만, 현재의 상황으로 봐서는 아마도 당분간 어머니와의 관계는 유지되어야 할 듯합니다.

또 싫든 좋든 간에 이 땅에 태어난 이상에는 아버지의 노력에 의해서 양육이 되어야 할 것이니 이때는 아버지와 인연을 맺는 것이로군요. 이미 처음에 잉태가 될 적에도 아버지의 영향이 없이는 불가능하겠습니다만, 아버지가 없는 상황에서는 인간이 태어난다는 자체가 무의미하므로 일단 태어난 이후로부터의 관계를 생각해봅니다. 현재의 분위기로 봐서는 아버지에게 전적으로 의지하지 않고, 어머니의 능력 여하에 따라서 그 도움으로 양육이 될 수도 있겠습니다만, 이러한 것은 드문 일이고 기본적으로는 일단 아버지가 노력하신 대가로 인해서, 그 수입으로 자신이 성장을 하게 되는 것이 일반적이라는 것에 대해서는 달리 이견이 없을 것입니다. 그리고 또한 형제들이 탄생할 것이니까 형제들도 나의 의사와는 관계없이 만나야 하는 사람이로군요.

그리고 좀 더 자라서 성인이 되면 이번에는 배우자를 만나게 됩니다. 물론 이 문제도 점차 독신주의를 선호하는 사람들이 많아진다고 합니다만, 보통의 평범한 사람들은 20~30세가 되면 결혼을 생각하고 이성간의 사랑을 원하게 되는 것이 자연스러운 질서가 되겠군요. 이렇게 이성을 만나게 되면 또 필연적으로 결혼을 하게 되고 거기에 따라서 자녀가 생길 것이고, 남자는 장인 장모가 생길 것이며, 여자는 시부모라는 존재가 발생하게 되는 것이 보통의 사람이라면 피할 수 없는 현실이라고 하겠습니다.

이렇게 각자의 인연에 따라서 차이는 있겠습니다만, 가장 일반적으로 자기 자신으로 인(因)해서 필수적으로 만날 수밖에 없는 인연들이 있겠군요. 그리고 그러한 인연은 혹은 기쁜 만남이 되기도 하고, 혹은 슬픈 만남이 되기도 할 것이며, 더러는 증오스러운 만남이 되기도 하겠습니다. 그 중에서도 전반부의 반평생을 담당하는 부모님의 영향이나, 후반부의 반평생을 인연하는 배우자의 관계는 일생을 살아가는데 매우 많은 영향을 끼치겠습니다만, 이 둘 사이에서도 가장 중요한 것은 아무래도 배우자라고 해야 하겠군요.

부모님이 중요하기는 하겠습니다만, 일단 슬하를 떠나면 그만이지요. 이것이 가장 자연스러운 흐름입니다. 나무를 떠난 호도알은 강산을 헤매다가 적당한 토양을 만나면 그 자리에 뿌리를 내리고 자신의 세계를 꾸며 가게 되는 것이지요. "동물의 세계"라는 프로그램을 즐겨봅니다만, 일정기간 목숨을 다해서 새끼를 키워놓은 새들은 스스로 먹이를 구할 만큼만 되면 냉정하게 내쫓아 버리더군요. 이제 스스로 먹이를 구하라는 것입니다.

그러한 모습을 보면서 인간도 30년 정도 부모 슬하에서 자라면 알아서 자신의 길을 찾아가는 것이 가장 자연스러운 것이라는 생각을 해보았습니다. 그리고 그 30년 중에서도 전반부의 20년 정도는 자신의 환경이 어떻다는 것에 별로 민감하지 못하게 넘어가는 시기라고 하겠군요. 즉 주체의식 이 부족한 시기라고 보는 것입니다. 그냥 남들처럼 책가방 들고 학교에서 집으로 오락가락하는 시기에 불과하거든요. 그래서 특별한 사항이 추가되지 않는다면 대개는 자신의 삶이라는 느낌이 들지 않을 수도 있을 것입니다.

그렇다고 보면 스스로의 운명을 실감하는 시기는 20대의 시기라고 하겠는데, 남자는 또 그 중의 전반부는 군대라고 하는 한반도의 숙명에 따라야 합니다. 여자는 제외가 되겠습니다만, 그래서 결국 삼십 전에는 자신의 혼자 의지대로 살아가는 사람은 많지 않을 거라는 생각이 드는군요. 물론 개중에는 12세에 가장이 되어서 병든 부모님을 부양하는 사람도 있으니까 전부라고는 할 수가 없겠지요…….

따라서 중요한 것은 나머지의 반평생입니다. 30세를 넘기면 일단 스스로의 얼굴에 책임을 져야 하니까 말이지요. 그리고 나름대로 가정을 가꾸고 자신의 세계를 꾸밀 연구를 하게 되지요. 또 스스로는 그럴 생각이 없다고 하더라도 주변의 분위기에서 그렇게 강요되니까 선택의 여지가 참 좁은 편이로군요. 여기서 용감하게 자주독립을 선언하고서 독신주의로 머무르는 사람도 있습니다만, 참으로 많은 용기가 필요할 것입니다. 그렇게 독신주의자라고 하다가도 언제 맘에 드는 천사를 만나면 그 맹세(?)를 헌 신짝으로 만들어버리게 될는지는 아무도 모르지요.

이렇게 중요한 것이 배우자입니다. 결국 배우자는 나머지의 반평생을 함께 동행해야 할 동반자이기 때문이지요. 그리고 30세 이후 무렵부터는 전체가 자신의 적나라한 삶입니다. 부모님께 의존하고 말고 할 필요가 없지요. 그래서 같은 60년의 세월에서 30년의 반평생이라고 하더라도 그 실제적인 의미는 전혀 다른 것이지요. 사실은 삼십 이전에는 10년이 자신의 시간이었다고 할 수도 있지만, 후반부는 전부가 자신의 삶이기에 사실은 몇 배의 큰 의미를 갖는다고 해도 과언이 아닐 것이라는 생각이 드는군요.

그래서 인생살이에서 가장 중요한 것은 배우자라는 말을 하게 되고 또 실제로도 가장 중요한 위치에 머무르기도 합니다. 명리학을 연구하는 사람에게 찾아와서 질문을 하는 것 중에서도 가장 큰 비중을 차지하는 것이 바로 이 배우자에 대한 것이 1위를 차지할 것입니다. 그만큼 중요한 것이 배우자로군요. 참으로 아무리 강조를 해도 지나치지 않을 것입니다. 그렇게 중요한 배우자를 고를 적에는 매우 신중하게 고르기도 합니다만, 사실은 아무리 신중하게 고른다고 해도 그 사람을 실체를 모두 알 수는 없을 것입니다.

옛날에 술 항아리 속에 절어서 사는 남편에게 하도 질린 어머니께서 사윗감은 절대로 술을 먹지 않는 사람으로 구해서 딸자식만큼은 술주정의 고통에서 벗어나게 해야겠다고 생각하고는 술을 한 방울도 먹지 못하는 사람을 찾아 나섰다지요? 그래서 헤맨 끝에 밀밭 주위를 지나가다가 술에 취해서 잠을 자는 청년을 만나게 되었습니다. 그래서 이 녀석도 틀렸구나 하고는 돌아서려는데 그 친구가 부르더라지요? 그래서 돌아다보니까 그 녀석 혼자 중얼거리는 소리가 "에구…… 이거 밀만 봐도 술이 취하니…… 큰일이네……." 하더랍니다. 그래서 그 어머니는 이 녀석이 술을 먹어서 취한 게 아니라 술을 만드는 누룩의 원료인 밀밭에서 누워서 잠을 자는 것만으로도 술이 취할 정도로 술을 못 마시는 녀석이구나 하는 생각을 하고는 얼른 딸을 시집보냈다고 하더군요. 그 딸은 신랑의 주정으로부터 벗어났느냐고요? 그럴 리가 있겠어요. 그 남자는 이미 낮술을 퍼먹고 집으로 가다가 밀밭에 쓰러져서 잠을 자던 녀석인걸요. 이렇게 노력을 해도 잘 되지 않는 것이 배우자라는 말씀을 드리려고 잠시 여담을 늘어놓아 보았습니다.

육친(六親)의 원리

  우선 인간관계에 대입되는 육친이 어떻게 해서 성립이 되는지를 한 번 생각해보고서 구체적인 사항으로 접근을 해가는 것이 순서가 될 것으로 생각이 되는군요. 기본적인 육친의 구조에 대해서 이해를 하고 나서 부부에 대한 상황으로 전개를 해나가는 것이 좋을 듯하여 간단하게나마 정리를 해보도록 합니다.

  ◇ 六親關係에 대입되는 十星

比肩 = 형제, 자매
劫財 = 형제, 자매
食神 = 자식(아들), 장모
傷官 = 자식(딸)
偏財 = 부친, 애인, 아내, 첩, 시모
正財 = 부인, 애인, 첩
偏官 = 애인, 남편, 자식(아들)
正官 = 남편, 애인, 자식(딸)
偏印 = 모친, 계모
正印 = 모친

이렇게 십성(十星)을 육친관계로 연결해서 나눠봅니다. 이미 알고 계신 것이로군요. 물론 인간이 살아가는데 가장 비중이 큰 사람들의 관계에 대해서만 설명을 드립니다. 그 나머지는 각기 관심이 있으신 분들께서 확대해석을 통해서 연구하시기를 바라는 마음으로 비워두겠습니다. 그리고 이렇게 중요한 범위에 속한 사람들에 대해서만 궁리를 하는 것도 지면이 부족함을 느끼는 것이 사실이로군요. 다른 것은 다 그만두고서 배우자에 대한 것만 연구를 하고 싶은 마음도 있습니다만, 독신주의를 선언하신 독자라면 매우 재미가 없는 항목이 될 것도 같은 불길한 예감(?)이 들어서 몇 가지의 주변에 대한 생각을 적어보려고 하는 것입니다.

구체적인 이야기로 들어가기 전에 고전에서 선배님들의 연구하신 육친관계에 대해서 논의하신 대목을 그냥 넘길 수는 없다고 생각이 되는군요. 일단 인간관계에 십성(十星)이 대입되면 육친이라고 하였습니다. 육친에 대한 이야기는 예로부터 많은 관심거리였고 그래서 연구도 많이 진행이 되었습니다. 그러는 와중에서 이견도 발생하고 또 이견에 대한 반론도 만만치가 않았던가 보군요. 그 중에서도 편재(偏財)가 어떻게 아버지가 되느냐고 하는 진소암(陳素庵) 선생님의 대쪽 같은 의견이 있는가 하면, 또 그 의견을 반박하는 반론도 있으니 우리 후학은 그러한 본의(本意)가 무엇인가를 잘 생각해보지 않을 수가 없군요.

육친과 십성의 연결

아이는 모체가 분열되면서 출생하게 됩니다. 난자가 발생하는 것은 바로 어머니의 난소에서 분열로 이뤄졌다는 말입니다. 그래서 나를 낳아준 것은 어머니가 되고 십성은 정인(正印)이 연결됩니다. 어머니의 배에서 출생을 한 후로는 성인이 되기까지 아버지의 부양을 또 받습니다. 즉 아버지가 벌어온 재물에 의지해서 자라나게 된다는 것입니다. 그러므로 나를 길러준 것은 아버지가 되고 십성은 편재(偏財)가 연결됩니다. 우리 속담에는 아버지가 날 낳으시고 어머니가 날 길러주셨다고 하는데 이 말은 명리학의 원리로서는 적합하지 못하군요. 물론 각기 보는 관점에 따라서 약간의 차이는 있겠습니다만, 일단 우리 명리학도는 위의 이야기를 합당하게 보지 않는 것이 좋을 듯하군요.

명리학에서는 나를 낳아준 것은 정인(正印)이라고 하고, 나를 길러준 것은 편재(偏財)라고 부릅니다. 그래서 어머니는 정인이 되고 아버지는 편재가 되는 것이지요. 아버지를 편재라고 보는 이유는 나를 길러주었기 때문인데 나를 길러준 것은 아버지 자신이 아니라 아버지가 벌어 오신 재물이기에 아버지도 편재로써 보는 것이라는 말씀이로군요. 아버지가 벌어 오신 재물을 편재라고 보는 것은 내가 노력을 해서 벌어온 재물이 아니라는 것입니다. 내가 노력을 해서 벌어온 재물은 정재가 되겠지요.

정재는 나의 지배를 받게 되는데 그래서 아내를 정재라고 부르게 되는 것입니다. 아내도 정재요. 내가 벌어 모으는 재물도 정재라고 보는 것입니다. 여기에서 또 자녀가 탄생되는 것이니 자녀가 양육되기 위해서는 또한 적지 않은 비용이 들게 됩니다. 요즘에 누군가가 출생에서부터 결혼까지 들어가는 돈을 따져보니까 3억이 들어간다고 하던가요? 대략적인 계산으로 뽑은 자료겠습니다만, 어쨌든 수월찮은 돈이 들어가는 것은 사실인가 봅니다. 그러자니 돈은 적고 돈을 달라는 자식은 울고 보채니 부득이 자신은 먹고 싶은 것 쓰고 싶은 것을 절약해야 합니다. 그리고 이러한 현상은 자신을 속박하게 되는 성분이지요. 결혼을 하고 나면 남자는 철이 든다는 말을 합니다만, 철이 든다는 말도 다른 의미로 해석하면 속박을 당하게 된다는 의미에서 크게 벗어나지 않을 듯하군요. 그래서 남자에게 있어서의 자녀는 관살(官殺)이 되어서 나를 극하는 성분이라고 보는 것입니다.

여기서 "남자에게"라고 토를 다는 것은 여자에게는 자식이 남자와는 달리 여성이 직접 낳은 것이기 때문에 식상이라고 봐야하기 때문입니다. 여기에서 남녀의 육친 적용에 차이점이 생깁니다. 여성에게 있어 자식은 자신의 몸에서 분열되어서 열 달 동안 뱃속에서 길러낸 것이기 때문에 자신이 생한 것이고, 따라서 남자와는 달리 자식이 식상이 되는 것입니다.

이러한 이론은 공자님의 가르침과는 상당히 많은 차이가 나게 됩니다. 그래서 공자님의 가르침에 바탕을 둔 진소암(陳素庵) 선생님은 자식[官殺]이 아비를 극한다는 것은 상놈들이나 하는 이야기라고 『명리약언』(命理約言)이라는 저서를 통해서 호통을 치신 것이지요. 있을 수가 없는 일이라는 것입니다. 그래서 생긴 이야기가 남자의 경우에 자식은 내가 낳았으니 식상이라는 이론입니다. 어찌 되었던 간에 "아비를 극하는 호래자식의 이론"을 그대로 두고 볼 수가 없으셨던가 봅니다.

그래서 이것도 버리지 못하고, 저것도 버리지 못하는 명리학은 참으로 어정쩡하게 둘 다를 들고 고민하는 형상이 되었군요. 이러한 이유에 대해서 하나하나 생각을 해보자는 것입니다. 이론과 실제의 갈림길에서 어느 장단에 춤을 춰야 할는지를 벗님 스스로 잘 판단해보시기 바랍니다. 다만 여기서는 부부의 심리구조에 대해서 연구를 하는 장이니 만큼 자세한 육친의 원리 설명은 다른 기회를 빌어서 하도록 하고 이 정도로 마무리를 하겠습니다.

남편의 심리

뮈니뭐니해도 결국은 꿩을 잡는 것이 매라고 합니다. 육친의 원리가 되었던 뭐가 되었던 간에 실제로 임상에서 응용이 되지 않으면 아무짝에도 쓸모가 없다는 것이지요. 육친에 대한 기본적인 정의는 앞에서 해봤습니다만, 이제 구체적으로 남편의 입장에 서서 아내에 대해서 연관되는 심리 구조에 대해서 하나하나 짚어봐야 하겠군요.

실제적인 육친이란 다름이 아니라 인간생활에서 가장 영향을 끼치는 관계에 대한 것을 말합니다. 그 중에서 단연히 배우자의 문제가 가장 큰 비중을 차지한다는 점에는 우리 벗님도 동의를 하시리라고 생각되는군요. 다음으로는 자식이 될 것이고 그 다음으로 중요한 것이라면 부모와 형제가 될 것입니다. 이 정도의 선에서 그 상황에 따른 길흉을 생각해보고, 그 이상으로 확대를 하는 것은 나중으로 미뤄도 될 것으로 생각됩니다.

아내라고 하는 성분은 나머지 인생의 절반을 인연하는 관계이니 결코 짧지 않은 세월의 동반자라고 하겠군요. 촌수(寸數)로는 무촌(無寸)이고, 돌아서면 남이라고 하는 아내……. 배우자가 한 사람의 삶에 있어서 가장 중요한 존재라고 하는 데는 별로 이견이 없을 것으로 생각이 됩니다.

세상에서 가장 가까운 사람이기에 또한 가장 어려운 존재가 되기도 하겠군요. 전에는 매 맞는 아내들의 하소연이 참으로 많았다는데, 요즈음에는 학대받는 남편이 적지 않다는 보도를 접한 적이 있네요. 그러한 이야기를 들으면서 시대가 여성들에게 유리한 쪽으로 흐르고 있는 것으로 느껴지기도 했습니다만, 우리 어머니들 세대는 정말로 숨도 제대로 크게 쉬지 못하고 살아오신 분들이 대부분일 것입니다. 그런데 이즈음의 시대에서는 그렇지 않지요. 아내의 목소리가 참으로 많이 높아진 것이 사실이니까요. 그러한 시대적인 흐름도 사주에 나오는 것일까요? 때로는 사회적인 흐름과 개인적인 차이를 궁리해보면서 그런 생각을 하기도 합니다만, 전혀 무관하지만은 않다는 생각이 듭니다.

처의 길흉에 대해서 생각을 해보라고 한다면 얼른 생각할 수 있는 것이 처가 용신이면 길하고, 기신이면 흉할 것이다 하는 것이 떠오를 법하군요. 이것이 아마도 정답이 되겠습니다. 그렇다고는 해도 기신에 해당하는 것에도 정도 문제가 있을 것이고, 용신에 해당하는 것에도 경우가 각각입니다. 그렇다고 보면 좋은 것도 정도가 있고 나쁜 것에도 또한 차이가 있을 것이라는 전제를 놓고서 이러한 각각의 경우에 대해서 서서히 접근을 해보겠습니다.

처성(妻星)과 처궁(妻宮)

우선 처에 대한 것을 연구하기 위해서는 무엇을 일러서 처라고 하는 것인가를 알고서 접근을 하는 것이 순서겠군요. 그 정도야 누가 몰라 하시겠지만, 그래도 아는 길도 물어가라고 했다니까 일단 짚어가면서 진행을 하도록 하겠습니다. 원칙적으로 처에 해당하는 육친과 처가 머무를 궁을 분리해서 그 상황을 살피게 됩니다. 단순히 용신이나 기신에 대한 공식만으로 부인의 상태를 살필 것이 아니라, 좀 더 적나라하게 파고 들어봅니다.

◇ 처성(妻星)

사주 중에서 정재(正財)를 말한다. 다만 정재가 없을 경우에는 편재도 처성으로 본다. 그리고 대개는 정편재를 구분하지 않고 모두 다 처성으로 보기도 한다. 그리고 드문 경우지만 정재도 편재도 없는 경우에는 희신(喜神)이 처성의 역할을 대신한다. 희신의 동태에 따라서 아내의 상황을 살피게 되는 것이다.

처성의 암시는 협조력으로 나타난다. 처성이 희용신이면 협조력이 우수하고, 기신이면 불량하며, 한신이면 그저 그렇다.

◇ 처궁(妻宮)

처가 머무르는 집이라고 한다. 위치는 일지(日支)가 된다. 일지는 팔자 내에서 가장 밀접하게 가까운 글자이다. 아내는 내 안방에 있음으로 해서 그렇게 본다. 처궁으로 아내의 품질을 본다. 궁이 희용신이면 품질이 좋고, 기신이면 불량하다. 한신이면 그저 그렇다. 여기서의 품질기준이 일간의 품질이 된다.

우선 사주에서 정재나 편재의 동향을 살펴봐야겠군요. 그리고 이렇게 살피기 이전에 이미 용신이라는 개념은 파악이 되어 있어야겠지요? 용신에 대한 이해가 없이는 접근이 곤란하겠군요. 가장 우선적으로 희용기구한(喜用忌仇閑)에 대한 것은 정리를 해놓고서 이 강의를 읽으셔야 편하실 듯하군요. 만약에 희용기구한에 대한 정리가 부족하다고 생각되시면 좀 더 이해를 하시고서 강의를 읽어주시기 바랍니다.

사주에 정재(正財)나 편재(偏財)가 여럿이 있으면 아내가 여럿이냐고 묻는 분들이 많습니다. 반드시 그렇다고는 못하겠지만, 자신의 아내 한 사람에게만 오롯하게 마음을 기울이지는 못한다고 생각이 되는군요. 그러니까 자신의 환경에 따라서는 두 번째나 세 번째의 부인을 둘 수도 있다는 생각이 듭니다만, 기본적으로 볼 때에는 첫 부인 이외에는 모두 재물로 봐도 되겠습니다. 돈이 없으면 저절로 떨어질 여자들이기 때문이지요. 그렇지만 첫 번째 부인은 조강지처로서 형편이 좋든 나쁘든 길을 함께 하기 때문에 진정한 의미에서 부인이라고 합니다.

그런데 요즈음의 부부관으로 볼 적에는 첫 번째 부인이라는 개념이 좀 모호한 감이 있군요. 이혼을 하는 것이 유행이라는 잡지의 기사를 읽어보니까 조강지처(糟糠之妻)라는 말은 고사성어로만 존재하는 것이 아닐까 하는 생각이 얼핏 들었습니다. 그러나 주변을 잘 살펴본다면 어디서나 아내를 사랑하는 사람과 괄시하는 사람이 함께 공존하기 마련입니다. 아무리 이혼하는 것이 유행이라고 해도 결국은 자신의 팔자소관대로 흘러가는 것이 아니겠느냐는 생각이 드는군요.

그리고 재성(財星)이 여러 자가 있더라도 바람둥이가 아닐 수도 있습니다. 그러한 경우에는 아내의 입김이 워낙이 강해서 눈을 팔다가는 눈알이 뽑힐는지도 모르는 위협을 느끼기 때문이지요. 이런 경우에는 마음속으로만 분산된다고 봅니다. 결국은 분산되기는 마찬가지라는 이야기지요. 다만 행동을 해야만 남들이 인식을 하기 때문에 개수만 갖고서 이러쿵저러쿵 하지는 못한다는 생각입니다.

처(妻)의 희용기구한

처성과 처궁에 대해서 비교를 한다면 어떤 나름대로의 상황이 있을 것입니다. 처성이라는 말로써 대신해서 상황을 살펴봅니다. 처궁이나 처성이나 좋은 작용은 같다고 보면 되겠군요.

처성이라면 정재나 편재를 말한다고 했습니다만, 사주에서 재성이 용신이 된다면 일단 처성이 용신이라는 말입니다. 처성이 용신(用神)이라면 아무래도 처의 마음이 나에게 협조를 잘 할 듯하군요. 만약에 처가 기신(忌神)에 해당하다면 처의 마음은 내가 하고자 하는 대로 여간해서 따라주지 않을 가능성이 높다고 하겠습니다. 이러한 차이점을 정리해서 요약한다면 대략 다음과 같을 것입니다.

◇ 용신(用神)일 경우

아내는 내가 하고자 하는 일에 대해서 매우 적극적으로 협조를 하게 됩니다. 사업을 하려고 한다면 은행에 가서 돈을 빌려오거나, 하다못해 사채라도 끌어다가 사업을 할 수 있도록 여건을 만들어주겠군요. 그리고 모든 능력을 동원해서 사업이 발전하도록 힘을 기울일 것이고 그로 인해서 남들은 처의 덕으로 출세를 했다고 말하기도 합니다.

이러한 상황은 모든 남성들의 꿈이 아닐까요? 요즘의 남성들은 슈퍼우먼을 아내로 갖게 되기를 원한다고 하지요? 집에서는 살림 잘하고 나가서는, 돈 잘 벌어오고 남편을 공경하고, 자식도 잘 키우는 여성을 일러서 슈퍼우먼이라고 부른다면서요? 정말 이렇게 다재다능한 여성을 아내로 둔 남자는 할 일이 없겠군요. 그래서 남자들의 소망은 셔터맨을 하는 것이라고도 합니다. 물론 백수들이 총각 시절에 꿈꾸는 사항이겠지만요. 하하.

셔터맨이 뭔지 모르시지는 않겠지요? 아침에 아내의 사업장에 나가서 셔터문을 올려주고는 하루 종일을 빈둥거리면서 놀다가는 저녁때 퇴근시간에 맞춰서 다시 문을 내리고서 퇴근하는 남자를 그렇게 부른다네요. 팔자에 재성을 용신으로 둔 남자라면 이러한 꿈을 꿔도 가능성이 있어 보입니다. 한번 기대해 보실랍니까?

◇ 희신(喜神)일 경우

처궁이나 처성이 희신에 해당하는 남자의 아내는 가급적 내가 원하는 일에 대해서 협조를 하려고 노력합니다. 발 벗고 나서지는 않더라도 힘이 되는 데까지는 남편의 일을 도우려고 하는 마음이겠군요. 용신보다는 못해도 상당부분 남편의 입장을 편안하게 해주려고 노력을 하기 때문에 역시 처의 도움을 많이 받게 됩니다. 적극적으로 나서서 애를 쓰지는 못하더라도 일단 남편이 벌어다주는 돈을 알뜰살뜰하게 모아서 집도 사고 재산도 늘리는 노력하는 아내가 되겠군요. 사실 너무 아내의 힘으로만 살아가는 것도 남자의 자존심이 여영~ 아니지요. 이 정도의 아내라면 가장 좋을 것으로 생각되는군요. 어떻게 생각해보면 사내대장부가 오직 아녀자의 치마폭에 싸여서 시키는 대로 하는 것을 보면 과히 행복해 보이지 않거든요. 하루 벌어서 하루를 먹을망정 그래도 아내에게만은 남편의 주장이 살아 있고 싶은 것이 보통 남자들의 마음일 것입니다.

◇ 기신(忌神)일 경우

과히 반갑지 않은 이야기로군요. 이 경우 처는 아마도 전생의 원수가 와서 만났는지도 모릅니다. 사사건건 남편이 하려고 하는 일에 대해서 반론을 제기하고 토를 달지요. 그리고 오히려 자신이 나서는 게 더 유익하다고 하면서 나서서는 족족 일을 벌이고 그래서 남편의 얼굴에 먹칠을 하는 것도 다반사로 있는 일이겠군요. 주부 도박단이라던지 춤바람이라는 말로 방송에 이름이 오르내리는 아내들은 아마도 아내가 기신이 되는 남편의 사주를 만난 것이 아닐까요? 이런 아내에게 지친 남편은 하소연을 합니다. "제발 가만히 있어만 다오! 돈을 벌어오는 것은 고사하고 가만히만 있어 줘도 나를 도와주는 것이니 부디 아무것도 하지 말거래이~"라고 하지만, 글쎄요……. 그렇게 마음대로 된다면 얼마나 좋겠어요.

◇ 구신(仇神)일 경우

구신은 그래도 기신보다는 나은 셈이라고 하겠는데, 욕심 많은 남편에게 있어서 열 받게 하기는 도나캐나이로군요. 남편이 하는 일에 대해서 비비 꼬는 아내가 있더군요. 남편이 혼자 잘 먹고 잘 살려고 하는 것도 아닌 데도 뭐가 그렇게 못마땅한지 "주제에 무슨~"이라는 말을 안주 삼아서 남편이 하는 일을 못마땅하게 여기는 사람 말입니다. 그러한 사람은 아무래도 기신보다는 좀 덜하다고 하겠지만, 도움이 되지 않기는 마찬가지라고 느낄 것입니다. 기신이 좋아하는 글자가 구신이니 아무래도 아내에 대해서 불만이 많을 소지가 있습니다. 퇴근 후에도 집으로 얼른 들어가는 것이 싫어서 배회를 하는 남편들 중에는 아마도 이러한 구조의 사주가 많을 것으로 생각됩니다.

결국 이러한 악순환이 10년, 20년 쌓여가다 보면 부부간의 행복이라는 것은 어느 한쪽이 눈에 보이지 않는 것이라는 말에 머리를 끄덕이는 딱한 남편의 대열에 서게 될 가능성이 많겠습니다.

◇ 한신(閑神)일 경우

한신이라는 글자는 놀고 있는 것이시요? 그래서 이러한 아내들은 남편이 월급을 타다주면 군것질이나 하면서 까먹는 살림살이가 될 공산이 크다고 하겠습니다. 그야말로 기생(寄生)하는 아내가 되겠군요. 형편이 어려워서 남편이 두 가지 세 가지의 직업으로 동분서주해도 언제나 느긋~합니다.

"니는 내를 벌어먹여 살려야 할 의무가 있는기라~" 아마도 이런 마음일까요? 남편의 마음에는 아이들도 꽤 자랐으니 이제 아내도 뭔가 부업을 했으면 하는 바람이 있지만 천만에 말씀이지요. 남편의 역할이라는 것이 뭔데 내가 나서서 일을 해야 하느냐고 따져 묻는 것이 싫어서 아예 말도 못 꺼냅니다. 오히려 한술 더 떠서 "남의 집 여자들은 여행도 다니고, 수영도 하고, 돈도 잘도 쓰는데 나는 그런 낭비를 하지 않으니까 고마운 줄 을 알아야 한다"고 할 정도면 아예 더 이상 말을 말아야지요. 하하.

그런데 사실 이 놀고먹는 아내들 중에는 변수가 항상 있다는 점을 잊으면 안 됩니다. 그 변수라는 것은 한신이 경우에 따라서는 용신이 되기도 하고, 기신이 되기도 한다는 점입니다. 즉 대운이나 세운에서 어떤 글자가 들어왔을 경우에 발생하는 일인데, 때로는 의외로 약신(藥神)의 작용을 하는 경우도 있지요.

물론 기신으로 변할 소지가 있는 한신이라면 언제나 관찰을 잘 해야겠군요. 가만히 있다가는 도와준다고 일을 벌리는 것이 결국 일생을 근근하게 살아온 남편에게 벗지 못할 짐을 지워주게 되기도 하니까요.

이렇게 재물이 주인 노릇을 하는 시대에 살면서 재성이 한신이라면 참으로 뭔가 뜻대로 안되는 일이 많겠군요. 다행히 초년의 운이 좋아서 공부라도 많이 했다면 좋은 직장에서 차근차근 자신의 일만 하면 더 이상 바랄 것이 없겠지만, 그렇지도 못한 상황에서 처성과 처궁이 한신이라면 공사판에서 해가 저물녘이면 오야지에게 가불을 해달라고 할 수밖에 없는 따분한 인생이 될지도 모릅니다.

이렇게 희용기구한에 대한 복습을 할 겸 해서 좀 자세하게 나눠봤습니다. 아내의 성분인 정재(正財)나 편재(偏財)의 입장에 따라서 남자에게 작용하는 아내의 역할이 대략 결정이 나게 됩니다. 이렇게 기본적으로 처성(妻星)의 작용을 파악하기 위해서는 용신이라는 것을 모르고서는 불가능하다는 것을 아셨을 것입니다. 다음으로 살필 것은 처궁(妻宮)의 역할이 되겠군요. 처궁은 일지(日支)를 말한다고 했습니다. 일지의 글자모양에 따라서 아내의 품질이 나타나게 됩니다. 이렇게 궁에 대한 설명을 드리기 전에 각각의 위치에 따르는 궁을 먼저 표시해보는 게 이해를 돕는 일이 될 것 같군요. 그럼 간단하게 표로 나타내 보겠습니다.

사주의 위치에 따라서 다음과 같이 표시를 할 수가 있겠습니다. 여기에서 형제궁(兄弟宮)은 없습니다만, 형제는 일간궁을 함께 형제궁으로 응용해서 봅니다.

시	일	월	년
	일간궁 (日干宮)		男女:부궁 (父宮)
男女:자식궁 (子息宮)	男:처궁 (妻宮)	女:남편궁 (男便宮)	男女:모궁 (母宮)

그럼 아내의 품질을 알기 위해서는 일지(日支)를 봐야 하겠는데, 여기서 의문이 발생합니다. 그 품질이라는 것이 무엇을 말하는 것인지 참 애매하거든요. 교육의 정도를 말하는 것인지? 품성을 말하는 것이지? 아니면 재산이 많음을 말하는 것인지? 정확하게 설명이 없어서 말입니다. 이 문제를 갖고서 많은 시간 생각해봤습니다만, 품질이라는 것은 일간의 주관적인 자신의 품질, 그러니까 사회적으로 비교적 객관화시킬 수가 있는 것으로 판단을 할 수가 있겠다는 것입니다. 따라서 우선적으로 교육정도나 가정환경

등을 참고하면 좋을 듯하군요. 기준은 자신이 되는 것이고 자신의 품질(이 거 좀 이상하군요.)을 아내와 비교해봐서 나보다 나은가 못한가 하는 점을 참고해보는 게 좋겠다고 생각되는군요.

가령 내가 서울대학교를 나왔는데 처궁에 희용신이라면, 아내는 서울대학교 대학원을 나왔을 가능성이 있다는 이야기지요. 그리고 반대로 처궁이 기신이라면 처는 시골에서 겨우 국민학교나 나왔거나 말았거나 하겠군요. 참 요즘은 초등학교라고 해야 한다지요?

처궁의 분석

처의 궁이 일지(日支)라는 것은 간단하게 알겠습니다만 처의 품질을 어떻게 알 수가 있는가에 대해서는 또 한 가지의 공식을 알아야 되겠군요. 알고 보면 간단합니다. 일지에 어떤 글자가 있는가 하는 점이 중요한데요. 간단하게 공식을 세워보겠습니다.

◇ 일지가 정재나 편재일 경우

처궁(妻宮)에 처성(妻星)이 들어 있는 것으로 봅니다. 그러니까 그 자리에 어울리는 사람이 들어 있는 셈이로군요. 각기 자신이 머물 자리가 있다고 합니다만, 일국을 다스리는 대통령이 거처하는 청와대라는 곳도 그곳에 어울리는 주인이 있을 법한데, 만약에 자격이 부족한 사람이 청와대에 가서 산다고 하면 아마도 그의 다스림을 받는 국민들은 살아가는데 어려움이 많겠지요? 이와 같이 아내의 자리에 아내가 있으면 참으로 자신의 자리에 들어간 셈이로군요.

이렇게 되면 품질이 좋은 것으로 봅니다. 자신을 극하는 성분이 있으니까 명령을 내려도 잘 접수가 됩니다. 물론 이 말은 일차적인 상황에 대한 말입니다. 기본적으로는 그렇다는 것이지요. 접수는 시켜놓고서 딴전을 피우는 아내도 얼마든지 있거든요. 그러한 경우에는 아마도 처성(妻星)이 희용신의 위치에 머물지 않을 것이라고 생각되는군요. 일단 품질이 좋은 여자를 만날 가능성이 높습니다. 품질이 높다고 해서 반드시 내 인생에 도움이 되는 것은 아닙니다만, 남 보기에는 좋겠지요?

◇ 일지가 식신이나 상관일 경우

아내는 센스가 있다고 하겠군요. 식상의 작용을 하는 여인을 만나게 된다는 말이지요. 그렇지만 다소 이기적이라는 것은 어쩔 수가 없군요. 식상은 이기적이거든요. 항상 자신의 스타일에 대해서 신경을 많이 쓰는 사람이니까 자신의 스타일에 신경을 쓰는 사람은 아무래도 이기적인 면이지요. 사회에 봉사를 하는 성분은 아니라고 봐도 될 듯합니다. 그러한 품질이 나를 돕는다면 참 좋겠습니다만, 만약에 나를 해코지하려고 한다면 참으로 무서운 칼날로 변하게 될 가능성이 많겠습니다. 무엇을 봐서 도울 것인지 말 것인지를 알 수 있나요 라고 물으신다면 처성의 항목을 다시 보시라고 하지요.

◇ 일지가 정관이나 편관일 경우

집안의 교통정리를 모두 하려고 합니다. 이러한 성분은 관살의 영향에서 오는 것인데, 예를 들어 남편이 담배를 끊는다고 했다가 다시 피운다고 하면 아마도 대단히 야단을 할 듯하군요. 관살이라는 성분은 그렇게 매사를 호락호락하게 넘기지 않거든요. 더구나 그 일이 자신의 이익에 별 상관없이 상대방[남편]을 위하는 것이라면 너무나 당당하게 큰소리를 칠 것입니다. 그 중에서도 편관이라면 스스로를 다소 피곤하게 하는 사람이 될 가능성도 높군요. 자신은 힘이 들어도 주변에서 원하는 것은 힘겹다는 생각을 하지 않고 도와주다 보니까 스스로의 건강을 해치게 될 가능성이 높아지는군요. 물론 처성이 좋은 역할을 하고 있을 경우에 해당하는 말이지만요. 나쁜 역할을 하게 될 경우라고 본다면 아마도 공처가에 해당할 가능성이 매우 높다고 보겠군요.

◇ 일지가 정인이나 편인일 경우

"길 조심 해라, 차 조심 해라" 하는 말을 늙어가면서도 들어야 되지 않을는지 모르겠군요. 인성이라는 것은 늘상 나를 생해주는 성분이니 그 자리에 있는 아내의 성분도 역시 인성의 특성을 띠고 있는 모양입니다. 인성의 특성이 나를 자식처럼 생각하는 것이라고 본다면 아내의 이러한 염려를 단순히 아내는 잔소리꾼이라고 한마디로 무시해버릴 수가 없는 입장이로군요. 아내의 잔소리는 역시 나의 팔자 속에 타고난 그야말로 팔자라고 스스로 인정을 하고서 귀를 기울여 보시라고 하겠습니다. 그런데 처성이 기신이라고 한다면 귀를 기울이기보다는 귀를 막아야겠군요.

◇ 일지가 비견이나 겁재일 경우

보나마나 맞상대로 나올 듯하군요. 비견겁재는 동격이므로 남편에 대해서 존중하기보다는 기본적으로 "지나 내나 같은 한민족인디" 하는 생각이 바탕에 깔려 있을지도 모르겠습니다. 아무래도 현모양처라는 말은 어울리지 않을 듯하군요. 양처가 아니라 친구같은 아내로군요. 유식하게 말해서 우처(友妻)라고 할까요? 요즘의 세대에서는 참 어울리는 부부로군요. 그렇지만 봉건사회에서는 서로 마찰이 많았을 듯싶습니다. 남자는 사회적인 면이 강하다고 봐서 사회통념상 아내의 위에서 군림을 해야 하겠는데, 아내는 천만의 말씀이라고 대들면 못마땅하게 생각했을지도 모르겠습니다.

일지에 겁재가 있는 경우라면 몇 가지가 되지 않는데, 丙午와 丁巳, 그리고 壬子와 癸亥의 네 가지 경우뿐이군요. 그리고 비견이 있는 경우에는 甲寅, 乙卯, 戊辰, 戊戌, 己丑, 己未, 庚申, 辛酉로 8종류가 됩니다. 이러한 분위기로 볼 적에 대략 사주가 신강하게 될 가능성이 높다고 보고, 처궁에 겁재가 있다면 희용신이 될 가능성은 상당히 희박하겠군요. 그렇다면 일지에 겁재가 있을 경우에는 처덕이 없을 거라는 옛날의 명리서에 나오는 말이 일리가 있습니다. 새로운 이론을 배워가면서 옛날의 이론을 버리게 되는 경우도 있지만, 이렇게 오히려 더욱더 옛법의 탁월함을 찾아내게 되는 경우도 왕왕 있더군요. 바로 이러한 경우에 있어서 그대로 해당이 될 가능성이 많으니까 말입니다.

처궁과 처성의 결합

이렇게 처궁이나 처성에 대해서 개별적으로 이해를 해봤으니, 이제는 두 가지의 궁성(宮星)을 하나로 결합을 해서 최종적으로 결론을 내려 봐야 하겠습니다. 각자 공식을 작성해서 도표화해서 들여다보면서 대입시켜보시는 것도 이해에 도움이 되실 것으로 생각되는군요. 아무래도 주변에는 가장 잘 아는 사람들이 있기 마련이지요. 기혼자라면 당연히 자신의 아내가 있을 것이니 이리저리 관점을 바꿔가면서 확인을 해보실 수가 있을 것이고, 미혼자라고 하면 우선 자신의 부모님을 보면서 비교적 객관적으로 관찰을 해보시면 될 것입니다.

이러한 이론을 접하고서 실제로 응용해보지 않을 벗님은 없으시겠지요? 알고서도 응용하지 않는다면 배우나마나 한 공부에 불과할 것이니까. 부지런히 임상실험을 통해서 자신의 것으로 만들어야 잊어버리지 않습니다. 그렇게 임상을 해보고서 뭔가 정확하게 들어맞는다면 그대로 사용하시면 될 것이고, 그렇지 않다면 또 어째서 그런가를 궁리하다가 보면 한 단계 발전하는 이론이 등장하게 되겠지요. 이렇게 발전시켜 나가는 것이 명리학의 발전이 될 것이니까요. 매우 바람직한 공부방법이라고 생각이 되는군요.

◇ 처궁과 처성이 용신(用神)일 경우

보나마나지요. 아내에 대해서는 더 이상 불만이 없겠습니다. 오히려 자신은 아내보다 못하다는 콤플렉스를 갖지나 않을는지 모르겠군요. 능력 있고, 착실하고, 남편에게 헌신적이면서 또한 순종하는 아내의 모습이 보이는군요. 왕초보 입문편에서 말한 상등급의 아내란 바로 이러한 상황을 말하는 것입니다. 참으로 전생에 처에 대한 인연을 잘 짓고서 이 땅에 왔다고 하겠군요. 신사임당을 말하면서도 그의 남편에 대해서는 별로 언급이 없는 것을 보면서 낭월이는 그런 생각을 해봅니다.

언제나 아내의 판단이 자신을 앞서고 있으니 그 남편은 편한 것이 한두 가지가 아니겠네요. 그래서 벼슬을 사려고 마음먹었다가도 아내가 말리는 바람에 못했는데, 그 벼슬을 얻었다가 나중에 역적의 무리에 끼일 뻔한 것을 알았다면 얼마나 아내가 고마웠겠어요? 그렇게 액운을 미리 막아주는 아내는 필히 처궁과 처성이 용신이라는 생각이 듭니다.

사임당도 사람이었으니 무슨 실수가 있을 법도 합니다만, 워낙이 현모양처로 소문이 났으니 누가 험담을 해봐야 며칠 못 가고서 저절로 소멸이 되었을 것입니다. 결국 아내가 현숙하니까 자신이 살아가는 데는 유익함이 한두 가지가 아니었을 것입니다. 비록 후세에 자신보다 아내의 이름이 더 높음으로 해서 자존심이 상할는지는 모르지만, 나중 일이야 알게 뭡니까? 하하.

◇ 처성과 처궁이 기신(忌神)일 경우

처궁도 처성도 기신이라……. 이것 참 딱하군요. 애초에 뭔가 잘못된 출발인 모양입니다. 너무나 열을 받은 나머지 아마도 아내를 살해할 생각이라도 하지 않을는지 모르겠군요. 아내를 버리고 가출을 해서 혼자 살고 싶을는지도 모르겠고, 어쩌면 아예 가정을 버리고 산중으로 도를 닦으러 가고 싶을는지도 모르겠습니다. 애초에 결혼을 하지 말았어야 할 사주입니다만, 세상일이라는 것이 그렇게 요령을 피운다고 되는 게 아니지요. 전생에 아내에게 못된 짓을 했으니까 벌을 받는다고 생각을 하시는 게 오히려 속이 편할 듯하군요. 우리 속담에도 늑대를 피하면 호랑이를 만난다고 했나요? 호랑이를 피하면 늑대를 만났다고 했던가요? 어쨌든 피해봐야 별 수가 없다는 말을 하고 싶은 것이지요.

이렇게 철저하게 아내에 대해서 나쁜 암시만 나온다면 상담을 할 적에도 참으로 곤란합니다. 일전에 전남 순천에서 남자분이 찾아왔는데, 아내가 연하의 남자랑 눈이 맞아서는 이혼을 하게 되었는데, 자녀를 양육한다는 명목으로 일생을 벌어서 모은 아파트를 아내 명의로 주었답니다. 그랬더니 결국 그 아파트에 그 남자를 끌어들여서 사랑행각을 벌이는 것을 보면서 살해의지가 마구 솟구치더라는 이야기를 해주시더군요. 이러한 상황에서 자칫 말을 잘못해 드린다면 살인이라도 납니다. 그래서 잊어버리고 6개월간 명리공부만 하면서 넘기라고 조언을 해드렸습니다만, 아내로 인한 성이나 궁이 기신에 해당하면 아마도 이러한 일이 발생할 가능성이 있다고 보입니다. 아내의 피해는 상상을 초월하는 경우가 많습니다. 보통 생각을 할 적에는 남자에게는 여자로 인해서 흉한 일이 별로 발생하지 않는 것으로 생각을 하실 수가 있겠습니다만, 이렇게 명리학을 연구하다 보면 피차에 일반이라는 생각이 너무나 당연하게 듭니다. 이것이 바로 음양의 이치이겠지요.

◇ 처성은 용신인데 처궁이 기신일 경우

아마도 대개의 벗님들은 이러한 엇갈리는 상황에 처할 경우가 많으실 듯합니다. 아내의 품질은 별로지만 나에 대해서 협조를 하는 정신은 대단하다고 말씀을 드릴 수가 있겠군요. 그렇지만 품질은 별로라고 하겠지요. 즉 아내의 협조력에는 고마운 마음이지만 아내의 품질이 조금만 좋았더라면 더욱 금상첨화일걸…… 하는 마음이 있을 가능성이 많군요. 우선 간단하게 말씀을 드립니다. 구체적인 것은 또 해당하는 글자의 주변관계라든지 십성의 글자에 따라서 달라지게 마련이니까요.

◇ 처성이 기신이고 처궁이 용신일 경우

앞의 경우와 반대가 되는 입장이겠군요. 이러한 경우도 대단히 많겠습니다. 정재와 편재가 기신이라면 아마도 신약할 가능성이 높다고 보고, 일지에 비견이나 겁재가 있어서 용신이 될 가능성이 많은데, 그렇게 된다면 "여자는 밉고 아내는 곱다"라고 하면 어떨까요? 그리고 보면 처성이 좋은 것보다 처궁이 좋은 것이 더욱 유리하다는 생각이 들기도 하는군요. 아무래도 일지(日支)는 중년 이후에 작용하는 위치라고 생각해봐도 그렇고, 희용신은 가까이 붙어 있을수록 좋다는 말을 생각해봐도 그렇군요. 마음대로 선택을 할 수는 없는 일이지만, 가능하다면 이렇게 되는 것이 더 좋을 것이라고 생각해봅니다. 되고 말고는 운명이지만 그렇다고 해서 생각조차 하지 말라는 법이야 있으려고요. 생각은 무죄라는데…….

◇ 처성과 처궁이 한신일 경우

한신은 건달이라고 했으니 그야말로 아내는 도움이 되지를 않겠군요. 그러나 처궁과 처성이 기신인 사람에게 비한다면 푸념할 입장이 아니지요. "내 아내는 정말 도움이 안되는구면 그려~" 이렇게 말한다면 아마도 그 친구는 그럴 것입니다. "이 친구야 도움은 그만두고 해만 되지 않으면 감지 덕지인 줄 알게" 라고 말입니다. 도움이 되기를 바라는 마음이 어쩌면 인간의 이기심일는지도 모르지요.

스스로의 인생은 스스로가 살아가야 하는데 아내의 도움이 없다고 궁시렁대는 사람 역시 건달일 가능성이 높겠군요. 여기서 또 한 가지 고전의 위력을 느끼는 대목이 있습니다. "사주에 한신이 많으면 공짜를 너무 바란다"는 말씀이 생각나서 말입니다. 한신이라는 것은 놀고 있는 글자들 인데 처성도 한신이고, 처궁도 한신이라면 아마도 한신이 너무 많은 사주 축에 들 가능성이 농후하구요. 그렇게 한신이 많은 사주라면 아내가 돈이나 벌어다가 척척 안겨주고, 자신은 그 돈을 들고 꽃다방에 가서 아가씨들과 잡담이나 하면서 노닥거리고 싶은 소원을 갖고 있을는지도 모르겠습니다.

이렇게 몇 가지의 분류를 해봤습니다. 일일이 나열을 하면 좋다고 생각하시는 분도 계시겠지만 대개는 이 정도로써 설명을 드리면 알아들으실 것입니다. 오히려 장황하게 나열만 하는 것이 기억을 하고 이해하는데 거추장스럽다고 생각을 할 수도 있으니까요. 그래서 "처궁이 기신이고 처성이 희신이라면 어떻겠는가?" 라든지 "처궁이 한신이고 처성이 용신이면 어떻겠는가?" 하는 분류는 스스로 연구하고 궁리해보시기 바랍니다. 이제 이러한 자료를 바탕 삼아서 스스로 나머지의 항목을 만들어서 채워 넣으시면 됩니다. 물론 그러한 작업이 잘 이뤄지지 않는다면 아직 기초에 좀 더 시간을 보내야 할 것이라는 말씀을 추가로 드리지요.

열 가지 아내

부처님께서는 일곱 가지의 아내에 대해서 말씀을 하셨습니다만, 여기서는 열 가지의 아내에 대해서 말씀을 드려보려고 합니다. 낭월이가 부처님보다 지혜가 월등해서 부처님이 일곱 가지로 나눈 것을 세 가지나 추가해서 열 가지로 만든 것은 절대로 아니고요. 아내의 형태가 아니라 남편이 생각하는 자신의 아내에 대한 관점을 말하는 것이니까 실제로 아내의 품질이나 협조력과는 직결되지 않는다고 보겠습니다. 다만 아내의 여러 가지를 평가하는데 있어서 이 기준은 대단한 영향을 미치게 될 것으로 봅니다. 공식은 물론 심성론(十星論)에 의거합니다.

◇ 정재(正財) - 애처가(愛妻家)

처를 논하는 마당이니까 우선 정재부터 시작합니다. 매사는 그 자리에 가장 어울리는 것이 있게 마련이고 그런 것부터 시작을 하는 것이 가장 자연스러워 보이거든요.

정재는 일단 합을 하는 입장이군요. 양간(陽干)의 경우에 해당하는 말이기는 합니다만, 음간(陰干)이라고 하더라도 일단 음양이 다르므로 합의 성분이 포함되지요. 다만 정도 문제에 있어서 양간보다는 떨어진다고 보면 되겠습니다. 이렇게 되는 간지는 몇 되지 않지요? 戊子, 己亥, 壬午, 癸巳

의 네 가지 경우뿐이로군요. 일지가 정재가 된다면 아무래도 아내를 사랑하는 애처가의 입장이겠습니다. 암합까지 이루고 있는 형상이 있으므로 아무래도 특별하게 아내를 사랑하는 마음이 있을 것입니다.

좋게 보면 그렇지만, 또 삐딱하게 본다면 아내의 행동에 민감할 수도 있습니다. 일명 "의처증" 이라고 하나요? 이러한 부인은 남편에게 사랑을 받은 만큼 돌려줄 생각을 해야지 만약에 남편에게 받은 사랑으로 제비라도 한 마리 키운다면 난리가 날 것입니다. 세상에 어느 남자가 자신의 아내가 바람나는데 난리를 피우지 않겠느냐고 하실는지 모르겠습니다만, 반드시 그런 것만도 아닌 것이 인생이거든요. 그냥 조용하게 아내의 몸값이나 챙겨 받고 아내는 차버리는 사람도 있기는 있답니다.

◇ 편재(偏財) — 대간가(大肝家)

아마도 처음 보는 단어일 것입니다. 쉬운 말로 하면 "간 큰 남자" 입니다. 별것도 아닌 것을 갖고서 부산을 떠는군요. 편재는 정재와 비슷하면서도 합의 성분이 떨어진다는 점이 다릅니다. 일지에 편재가 오는 간지는 甲辰, 甲戌, 乙未, 乙丑, 丙申, 丁酉, 庚寅, 辛卯 등 8가지 종류가 있습니다. 이러한 종류의 일주에 해당하면 모두 일지편재가 되는 셈이로군요. 요즘 유행어에 따라서 "간 큰 남자"라고 했습니다. 아마도 간이 큰 남자 축에 드는 사람은 일지에 편재가 있을 가능성이 많겠습니다. 그런데 같은 기둥은 서로 정이 생긴답니다. 감옥에서 같은 방을 사용하는 사람들이나 군대에서 같은 내무반을 사용하는 동료끼리는 서로 특별한 우정이 생긴다고 합니다만, 십간(十干)과 십이지(十二支)도 함께 머물게 되는 글자끼리는 남다르게 정이 생기는 것이 어쩌면 가장 자연스러운 일이라고 생각이 되는군요.

그런데 여기서 낭월이가 말씀을 드리기 어려운 점이 있습니다. 즉 일지가 편재라면 甲辰도 일지편이고, 庚寅도 일지편재인데 이러한 두 개의 형상이 모두 아내에 대해서 같다는 말인가 하는 의문을 제기한다면 뭐라고 설명을 드려야 할지를 잘 모르겠거든요. 대략 짐작하자면 지장간의 형상이 매우 중요하게 작용할 것이라는 생각이 듭니다. 그러한 차이를 감안해서 이해를 해주시면 아마도 더욱 활기 있는 공부가 될 것으로 생각이 되어서 잠시 한 말씀 별도로 드려봤습니다.

사실 아내에 대한 생각이 일지의 지장간(支藏干)에 들어 있는 모든 것의 영향을 받는다고 생각이 되거든요. 아무리 겉으로 봐서는 일지가 편재로써 동일하겠지만, 속에 들어있는 지장간조차도 동일한 간지는 없습니다. 그래서 지장간의 사정을 많이 참고해야 한다는 생각을 하게 됩니다. 또 한 가지는 일간의 주체가 다르다는 점입니다. 甲木과 庚金은 기본적으로 다른 가치관을 갖고 있습니다. 그러니까 갑목이 편재를 본 것과 경금이 편재를 본 것의 마음상태는 대단한 차이가 있다는 것이지요. 그럼 자세하게 설명을 해보라고요? 여기서는 곤란합니다. 말이 너무 길어지거든요. 부부에 대한 이야기를 마치고 나중에 심리학으로 넘어가면 그 마당에서 원 없이 한번 칼질을 해보려고 잔뜩 벼르고 있습니다.

기본적으로 편재는 내가 다스리는 것이면서 강제성을 띠고 있다는 점을 알 수가 있겠군요. 이러한 결과는 아내에 대한 억압으로 나타날 가능성이 있다고 보겠습니다. 내 아내는 내 맘대로 해도 된다는 생각이 기본적으로 깔려 있다고 볼까요? 그러다가 신왕한 아내를 만나면 난리가 나겠지요. 그래서 이런 사람은 신약한 아내를 만나는 것이 상책인데, 그렇게 호락호락 하지 않는 것이 또한 운명의 사슬이라고 한다면 너무나 냉정한가요? 그렇지만 세상이 항상 내 뜻대로 달콤하지만은 않지요. 노자님의 말씀에도 나오잖아요. 신은 인간을 제사 지낼 때 쓰는 인형으로 생각한다고요. 제사를 지내기 전에는 잘 간직해 놓고 받들다가 제사를 다 지내고서 쓸모가 없어지면 길바닥에 내동댕이를 쳐버리는 것이라는 말인데, 원래 세상은 냉정한 것이랍니다. 나 자신은 슬슬 곁눈질도 해가면서 바람을 피울 수도 있지만 아내가 열 받아서 자신도 그랬다가는 다리몽둥이가 부러지는 비극을 맞이하게 될 가능성이 높겠군요. 항상 나를 알고 적을 알아야지 어느 한쪽만 알아서는 곤란하거든요. 사랑한다기보다는 즐긴다고 하는 분위기도 느껴지는군요.

편재의 분위기로 볼 때에 아내에 대해서 강력하게 집착을 하지는 않는다는 분위기입니다. 물론 정재에 비교해서지요. 그러면서도 자신의 마음대로 하려고 하는 것은 항상 마음 속에 품고 있다고 생각이 됩니다. 이렇게 심성이 갖고 있는 마음의 형상과 육친의 관계를 대입하면서 아내에 대한 심리를 연구해보는 것입니다. 이러한 내용들이 뒷부분의 사주심리학에서도 언급이 되겠습니다만, 이렇게 맛보기로 중간중간에 집어넣음으로써 자연스럽게 이해를 해가도록 하는 것이 아무래도 편할 듯싶군요.

◇ 정관(正官) - 경처가(敬妻家)

아내를 공경한다는 말입니다만, 이 시대에는 더욱더 아내를 공경해야 할 필요성이 듭니다. 어디서든지 음식을 마음 놓고 먹을 수가 없으니 오로지 아내가 성성으로 만들어주는 음식만이 최상인데 아내를 공경하지 않다가는 언제 농약에 절인 김치를 담아줄지 모르거든요. 사실 예전에 사대부들은 아내에게 말도 함부로 하지 않았다고 하지요? 언제나 아내를 공경했다고 하는데 지금 생각해보면 참으로 거추장스러운 것이라는 생각이 들기는 하는군요. 그렇다고 해서 그러한 것이 멋이 없는 것은 아니지요. 아내에게 경어를 쓸 정도의 사람이라면 그 아내도 아마 남편에게 경어를 사용할 것입니다. 큰아씨랑 마당쇠가 만나서 사는 것이 아닌 바에야 어느 여인이 남편은 공대하는데 자신은 반말을 하겠어요? 그리고 옛 말에도 가까운 사람일수록 예로써 대하라고 했는데 참으로 이번 항목에 어울리는 말이라는 생각이 드는군요.

언제나 아내의 결재가 중요하고 우선권을 갖습니다. 자신의 의견보다는 아내의 의견에 귀를 기울입니다. 아내의 품질의 정도를 떠나서 기본적으로 그렇다는 이야기지요. 그래서 일지에 희용신이 있다면 더욱 금상첨화라는 말을 하게 됩니다만, 아내의 말(씀)에 큰소리로 대항을 하기가 거북합니다. 아내는 냉정하고 이성적일 가능성이 많거든요. 냉정하고 이성적인 아내는 항상 사리판단이 나보다 우선하게 됩니다. 그래서 번쩍이는 기지는 아니지만 세상을 살아가면서 여러 가지 복잡한 문제가 엉켜있을 적에는 아내의 조언이 많이 필요하지요. 세상을 남자 혼자서 살아가려고 하는 사람은 항상 손해를 보기 마련이지요. 아내가 나서서 도와준다면 훨씬 살아가기가 편할 것입니다.

◇ 편관(偏官) - 공처가(恐妻家)

공처가라는 말이 있습니다만, 아무래도 일지에 편관이 있으면 아내를 다스리기가 만만치 않겠군요. 아니, 어쩌면 다스린다는 말이 있다는 것도 모르고 살는지도 모릅니다. 물론 한두 번은 아내를 꺾어보려고 연구도 하고 노력도 해봤겠습니다만, 실제적으로 결국은 언제나 아내에게 당하는 입장이 되지 않을까요? 만나기만 하면 아내를 못이기는 입장이기 때문에 퇴근을 해서도 바로 집으로 갈 마음이 없습니다. 그래서 이리저리 배회를 하다가 느지막하게 들어갑니다만, 이렇게 한다고 해서 그 문제가 해결이 되지는 않지요. 근본적인 문제는 따로 있는데 단순히 피한다고 해서 될 일이 아니로군요.

일단 일지에 편관이 있다면 억부법(抑扶法)에서 볼 적에도 신강으로 될 가능성보다는 신약으로 될 가능성이 더 높겠군요. 그렇다면 아내의 자리는 기신이 될 공산이 크다고 보겠고, 그렇게 되어서 아내에 대한 감정이 별로 좋지 않겠다는 판단을 해봅니다. 낭월이가 이렇게 말씀드리면 또 일지편관에 해당하는 남자 분들이 항의를 하시겠지요. 말도 안 된다고요. 그래서 저도 도망갈 구멍을 팝니다. "그러니까 기본적인 형태가 그렇다는 것이지요. 반드시 모든 사람이 다 그렇다고는 말할 수는 없다고 하잖아요."

◇ 정인(正印) - 상처가(喪妻家)

제가 써놓고 봐도 까딱하면 오해를 할 소지가 있는 단어로군요. "아내의 치마폭"이라는 의미로 생각해봤을 뿐입니다. 일지에 정인이 놓이는 간지는 甲子, 乙亥, 戊午, 己巳의 네 가지입니다. 지지에 수화가 오게 되는 육친은 대략 正이라는 항목에 네 가지 종류로 나타나는군요. 어머니와 같은 아내라고 말씀을 드려봅니다. 덩치 큰 아들 노릇을 잘 한다고 할까요? 아내를 어머니의 대용으로 생각할 가능성이 높다는 뜻입니다. 그래서 밖에서 벌어지는 여러 가지 일들을 아내와 의논하고 도움을 받지요. 그렇게 포근한 어머니의 영상을 갖고 있지는 않나요? 어떻게 보면 응석받이 남편이 될 수도 있겠군요. 그런데 세상은 참 고르지 못하군요. 일지의 인성이 기신이 되면 남편의 마음은 아내를 잔소리꾼 정도로 간주를 하니까 말이지요. 어머니의 잔소리에 귀에 못이 박혔는데 또 각시마저 어머니를 닮았다고 신세타령을 하지나 않을는지 걱정입니다.

◇ 편인(偏印) - 약처가(藥妻家)

일지에 편인이 오게 되는 간지는 많습니다. 일단 편(偏)이라는 글자가 있어서 그렇겠습니다만 丙寅,丁卯,庚辰,庚戌, 辛丑, 辛未, 壬申,癸酉 등이 있겠습니다.

보통은 눈에 띄지 않다가 무슨 일이 생겼을 적에는 아내의 도움을 요청하는 경우를 생각해서 아스피린과도 같은 의미에서 약처가라는 이름을 붙여 봤습니다. 정인이나 편인이나 나를 생한다는 입장에서는 같다고 하겠는데 보통의 간지는 일지에 정인이 오는 경우보다 편인이 오는 경우가 더 많습니다. 이러한 일지의 특성을 모두 모아서 일주심리학(日柱心理學)을 만들어 볼 참입니다. 뒷부분에다가 정리를 해서 적어보려는 생각입니다.

그 중에서 일지에 편인이 되면 어머니의 역할을 기대하는 것은 기본적인 일이겠는데, 정인보다는 집착력이 덜하겠군요. 어쨌든 일단 아내에게 의지하는 마음은 강하다고 하겠습니다.

◇ 겁재(劫財) - 남매가(男妹家)

다정한 오누이같은 마음으로 아내를 대할 듯합니다. 겁재라는 것이 재물을 강탈하는 성분이라고도 합니다만, 이름을 고치는 것이 좋을 듯하군요. 서로 어려울 적에는 의논도 하면서 오순도순 초가삼간을 꾸미면서 살림을 살아나갈 가능성이 많습니다. 만약에 아내가 남편을 하늘처럼 받든다고 해도 어쩐지 맘에 들지 않을 것이고, 남편을 깔본다고 해도 배우자에 대해서 불만이 발생하겠군요. 함께 술 마시고 함께 춤추고 언제나 동격으로 남는 아내이기를 바라는 마음이 기본적으로 깔려 있다고 보겠습니다. 내가 술을 먹을 적에는 부인도 함께 들고, 내가 드라마를 볼 적에는 부인 도 함께이기를 원할 듯싶습니다. 물론 한바탕 싸움을 할 적에는 가차 없이 한판 벌릴 것입니다. 이렇게 살고 싶은 마음이로군요.

◇ 비견(比肩) - 붕우가(朋友家)

비견이라면 간지가 같은 상황이로군요. 이번에는 오누이라기보다는 친구 같은 모습이 떠오릅니다. 만나기도 쉽게 만나고 헤어지기도 쉽게 헤어지겠군요. 친구라는 게 보통은 그렇지요. 물론 일지가 용신이 된다면 일생에 몇 명 되지 않는 친구 중에 한 명으로 남을 가능성이 많겠지만요. 일단 아내는 완전한 남녀평등의 자유를 누릴 가능성이 있습니다. 남편은 군림을 한다던지 많은 부담감을 주지 않을 테니까요.

그렇지만 아무래도 전통있는 사대부의 집안이라고 하는 말은 듣지 못 하겠군요. 각기 자신들 편한대로 살아가려고 하는 마음이 있기 때문이겠지요. 구태여 아내의 행동을 간섭하려고 하지 않는 마음이 바닥에 깔려 있기 때문이라고 생각이 되는군요. 친구같은 아내는 요즘 시대에 썩 잘 어울리는 모습입니다. 설거지도 공동으로 분담하고, 장바구니도 함께 들고 다니는 부부, 이러한 형태의 부부는 친구로써 살아가는 모습이로군요.

이것도 물론 기본적으로 일지의 영향으로 인해서만 그렇다고 말을 해야겠지요. 월간(月干)이나 월지(月支), 혹은 시간에 있는 글자의 형태에 따라서 또 다른 모습이 믹서가 될 것이 분명하니까요. 이러한 상황을 모두 접어두고서 일단 일지의 글자에 따른 영향에 대해서만 논하는 것이란 것을 잘 헤아려 주시기 바랍니다.

◇ 상관(傷官) - 미도가(美盜家)

일지가 상관이 되는 干支는 甲午, 乙巳, 庚子, 辛亥의 네 가지입니다. 일지에 상관이 놓인 남성은 아내를 무척이나 귀여워할 듯싶네요. 상관이란 언제나 주고 싶은 마음이고, 그래서 아내에게도 많은 선물을 줄 가능성이 많겠습니다. 아내의 자리에 상관이 있다면 이쁜 도둑이라는 말이 실감 날는지도 모릅니다. 자칫하면 아내의 속임수에 속을 가능성도 있거든요. 남편의 기운을 야금야금 빼내는 성분이라고 봐서 그렇습니다. 그러니까 신왕한 남자라면 매우 좋은 역할을 하겠군요. 남편의 넘치는 힘을 아내가 이용해서 뭔가 또 다른 생산을 할 테니까요. 그렇지만 신약한 남자라면 또 문제가 다릅니다. 자신을 추스리기도 힘든데 아내까지 피곤하게 할 가능성이 있거든요.

딸아이가 요거 해줘 조거 해줘 하고 응석을 부리면 차마 냉정하게 잘라 버리지 못하는 마음이지요. 아내가 부탁을 해도 마찬가지입니다. 냉정하게 잘라버리지 못하는 인정이 상관의 바닥에서 숨 쉬고 있으니까 말입니다. 그리고 자신이 곤란한 일을 당하면 상관의 집에 있는 아내가 나서서 해결을 잘 하기도 합니다. 아내는 해결사인 셈이지요.

◇ 식신(食神) - 신처가(信妻家)

일지에 식신이 되는 간지는 丙戌, 丙辰, 丁丑, 丁未, 戊申, 己酉, 壬寅, 癸卯로 8종류가 됩니다. 일지에 식신이 되면 식신은 궁리하는 성분이니, 식신이 있으면 아기자기하지는 않습니다만, 아내도 가능하면 남편의 뜻을 따르려고 노력하는 형태가 되겠습니다. 항상 남편의 하는 일에 대해서 분석하고 연구하는 입장이 될 가능성이 높겠네요.

또 아내의 모습이 항상 신선한 모습을 갖고 있기를 바라는 마음도 있습니다. 식신이란 성분은 언제나 같은 모양이어서는 답답하거든요. 상관처럼 조석으로 변화를 주는 것에 대해서 좋아하지는 않겠지만, 그래도 어느 정도의 변화는 있는 것이 좋습니다. 그리고 그 변화는 표면적인 것보다는 내면적인 것일수록 더욱 매력을 느낍니다. 아내의 머리모양이 바뀌는 것 보다는 아내와의 대화내용이 깊어지는 것을 더욱 좋아할 것이니까요.

일지에 식신이 있는 사람은 항상 궁리하는 것을 좋아하는데, 그 영향은 아내에 대해서도 궁리를 하게 됩니다. 그래서 비교적 복잡하고 이해가 잘 되지 않는 성격의 여인에게 매력을 느끼고 결혼을 하게 될 가능성도 있다고 봅니다. 그 이유는 단순한 것은 싫어한다는 의미가 포함됩니다. 그래서 아내는 든든한 심복처럼 그렇게 의지하고 의논을 할 만하다는 생각이 드는군요.

◇ 아내들의 활용 코너

이 대목은 여성분들이 읽어서 활용하는 것이 더욱 행복한 가정을 꾸리는 데 도움이 되지 않을까 싶군요. 자신의 남편 사주를 알기만 한다면 남편도 모르는 아내에 대한 욕구를 눈치 챌 수가 있거든요. 그래서 허허실실의 전법을 구사해서 한 번 넘겨짚어 보세요. 아마도 어느 남편이든지 이러한 아내의 행동에 넋을 빼앗길 것이 분명합니다. 남편의 일지가 어머니 같은 아내를 원하는 성분이라는 것을 안다면, 항상 응석을 부린다고 타박을 할 게 아니라 과감하게 껴안아주는 것입니다. 그러면 남편은 뜻밖의 횡재(!)에 콧노래를 부르면서 계속 열심히 사주공부를 하라고 응원해줄 것이 틀림없습니다. 내 남편이 기분이 좋으면 결국 덕을 보는 것은 아내지요 뭐, 그래서 이 정도의 연구는 필수적으로 신부수업에 끼워 넣어야 한다고 힘주어 말하면서 이 항목을 줄입니다.

처성(妻星)이 없는 사람은?

사주라는 것이 불과 8개의 간지결합체(干支結合體)에 불과합니다만, 그 유형은 얼마나 많은지 모르겠습니다. 얼핏 생각해서는 60년간 하루에 13개의 사주씩을 모아보면 전체의 사주 개수가 나올 것이라고 생각을 했습니다만, 실제로 연구열이 많으신 벗님들께서 만세력을 펼쳐놓고서 60년 후에는 같은 사주가 전개되는가를 확인해 보셨답니다. 그랬더니 실은 60년 후에도 같은 사주가 나타나지 않더라는 것이지요. 어째서 그런가를 생각해보니까, 매일의 간지가 한 바퀴 돌기 위해서는 60일이 걸립니다. 그래서 60년 후가 되어도 정확하게 제자리에 오는 것이 아니라는 것이 확인되었습니다. 혹 벗님께서도 시험 삼아서 한번 60년 후에 같은 사주가 형성이 되는지 확인을 해보시기 바랍니다.

해당이 되는 사주도 있지만 그렇지 못한 사주도 있다는 것을 알게 되었습니다. 그리고 또 중요한 것은 비록 그렇게 같은 사주가 형성되더라도 앞은 초기의 월령에 출생하고 뒤는 본기의 월령에 출생하는 차이도 발생하기 때문에 엄밀히 말한다면 같은 사주는 없다고 해야 옳을 것이라고 결론을 내리면서 한바탕 웃었던 적이 있습니다.

이렇게 다양한 사주들 속에는 아내를 나타내는 재성(財星)이 없는 사주가 있기 마련입니다. 지장간에라도 있으면 그 글자를 기준으로 보면 되겠는데, 이것은 아예 지장간을 모조리 뒤지더라도 재성에 해당하는 글자 없는 것입니다. 그렇다면 결론은 간단합니다. 이런 사주를 갖고 태어나는 사람은 독신으로 살아갈 사람이라고 하면 더 이상 문제가 되지 않을 것이기 때문이지요.

그런데 문제는 이후에 발생합니다. 그러한 사주들도 각기 인연 따라서, 배필을 만나서 훌륭하게 결혼생활을 하고 있다는 것이 문제입니다. 그렇다면 사주공부는 해봐야 필요없는 것일까 하고 회의도 해봅니다만, 그 정도로 포기를 할 낭월이가 아니기에 다시 그러한 문제에 대해서 거론된 교과서가 있는가를 찾아보았지요. 물론 여기저기에서 아주 좋은 자료가 나와 있었습니다. 그래서 지금은 크게 고민을 하지 않고 설명을 해주게 되었습니다만, 벗님도 혹 이러한 사주를 만난다면 참으로 난감한 기분이 드실지도 모른다는 마음으로 이 부근에서 삽입을 해보려고 하는 것입니다.

◇ 희신(喜神)이 처가 된다.

재성이 전혀 없을 적에는 이렇게 희신을 재성으로 본다는 이야기가 있더군요. 바로『궁통보감(窮通寶鑑)』에 나오는 이론입니다. 사실『궁통보감』에서는 사주에 재성이 버젓이 있더라도 아예 무시를 해버리고서 무조건 희신을 처성으로 삼아버리는 분위기더군요. 이렇게 보는 것이 적중만 한다면 얼마나 좋겠습니까만서도 실은 그렇게 만만하지가 않거든요. 지장간에라도 재성이 있다면 그 재성을 부인으로 봐야 한다는 생각이 들게 되더군요. 다만 지장간에서도 찾아볼 수가 없다면 이때는 비로소『궁통보감』의 이론대로 희신을 처로 삼으면 된다고 봅니다.

그러면 용신은 뭐가 되겠는가 하는 질문을 하시고 싶으신 벗님들은 사주에 자식이 전혀 없는 남자에게 용신이 자식 노릇을 한다고 기억하시기 바랍니다.

일단 희신이 부인이 되는 상황이니까 아예 사주에 재성이 없는 편이 오히려 더욱 좋은 상황이 될 가능성이 있다고 봅니다. 사실 없는 곳에서 묘를 찾아내는 선배님들의 안목에 언제나 놀라울 뿐이지요. 앞에서 "재성이 희신이라면 좋겠다."는 말을 했는데 이번에는 아예 희신이 재성이 된다고 하니까 사주에 재성이 전혀 없어서 고민에 싸였던 총각 벗님들은 이제 마음 푸욱 놓고서 공부만 하시기 바랍니다. 어디선가 아름다운 낭자가 다소곳하게 기다리고 있을 테니까요.

그러면 실제로 사주에 재성이 전혀 없는 사람을 찾아봐야 할 모양인데, 참으로 지장간에도 없는 사주를 찾기가 또 여간 어려운 일이 아니거든요. 그래서 하이텔 역학동호회의 명리마당에다가 공고를 내었습니다. [사주에 재성이 전혀 없는 사람을 찾습니다] 하는 제목을 달았지요. 그랬더니 학문의 발전을 갈망하는 몇몇 분의 벗님들께서 전자편지를 보내오셨더군요. 그래서 다행히도 이 항목을 풍성하게 할 수가 있게 되었습니다.

이 자리를 빌어서 무재사주(無財四柱)의 자료를 보내주신 벗님들께 감사의 말씀을 드립니다. 물론 개인의 신상에 속하는 문제이기 때문에 가명으로 적겠습니다만, 이러한 분들의 마음이 모여서 결국은 명리학의 발전이 이룩될 것입니다. 정말 고맙습니다. 꾸벅~.

乾命 : 丙戌 庚寅 戊午 丁巳 오명환(경기도 평택)

丁	戊	庚	丙
巳	午	寅	戌

77	67	57	47	37	27	17	07
戊	丁	丙	乙	甲	癸	壬	辛
戌	酉	申	未	午	巳	辰	卯

寅월의 戊土가 매우 신왕한 형상이로군요. 관살은 사용할 분위기가 아니므로 월간의 경금을 용신으로 삼게 되겠는데, 년간에서 丙火가 버티고 있는 것은 아무래도 맘에 들지 않는 형상이로군요. 식신인 경금이 약하기는 합니다만, 식신은 내가 생해주면 되니까 약한 대로 그냥 용신으로 삼아야 할 것으로 보입니다.

이분은 낭월이에게 놀러오셨던 선배입니다. 물론 명리학에 대해서 상당히 조예가 있으신 분인데요, 키도 훌쩍하게 크시고 영국신사라는 별명을 갖고 있을 정도로 잘생기신 분입니다. 물론 자신의 사주가 무재사주이기 때문에 항상 관심을 갖고 연구를 하셨겠지요. 그런데 특이한 점은 재성대운에 결혼을 하였다는 점입니다. 결혼생활도 무난하다고 합니다.

乾命 : 壬寅 癸卯 丙午 壬辰 도연길(경북 안동)

壬辰	丙午	癸卯	壬寅

辛亥	庚戌	己酉	戊申	丁未	丙午	乙巳	甲辰

이 사주의 주인공께서도 역시 자료를 보내주신 분입니다. 卯월의 丙午일주가 29세의 壬申년에 결혼을 하셨다는군요. 역시 재성의 운에 결혼을 하신 것입니다. 사주의 어디를 둘러봐도 재성에 해당하는 金은 보이지를 않습니다. 그러니까 무재사주에 해당하지요. 이분께서 인연이 있으신 명리 선생님이 계신데 그분께 들으셨던 이야기라고 하면서 전해주시는 말씀이

기억나는군요.

"이 사주는 2월 4일에 나서 천간에 물이 너무나 왕성하므로 한습하다고 본다. 지지에 寅卯년의 목화가 깔려 있지만 아직은 추운 계절이라서 병화가 왕하다고 하기는 어렵다. 더구나 천간에 임계수가 첩첩(疊疊)한 상황은 오히려 온도가 떨어지게 되니 水가 병(病)이라고 본다. 수가 병이면 토가 약인데, (목을 약으로 쓰지 않고 토를 약으로 쓰는 이유는 이미 사주에서 목이 적절하게 있기 때문이다. ─ 낭월이의 생각을 추가) 辰土도 물기를 머금고서 매우 약한 상황이기 때문에 일지의 午火가 토를 생해주는 희신이 된다. 처궁에 희신이 있으므로 처에 대한 암시가 매우 좋다. 그리고 부인은 丁未년에 출생한 여인이 된다."

이렇게 감명을 했다고 하는데, 실제로 그렇게 정미생의 부인과 결혼을 하게 되었다면서 참으로 명리학의 한계가 어디까지인지 알 수가 없다는 말씀을 덧붙이더군요. 희신이 처가 된다는 이론이 그대로 접목된 설명이었습니다. 그래서 여기에 감명했다는 말씀을 소개하는 것입니다. 낭월이는 이렇게 적중하는 설명을 할 안목이 없거든요. 아내의 나이를 알아내는 감정가는 간혹 있습니다. 그러한 이야기를 들으면서 '역시 아내는 전생에 맺어진 인연인가 보다' 하는 생각을 하게 됩니다.

이렇게 해서 사주에 재성이 전혀 없는 사주에 대해서도 살펴봤습니다. 공통적인 것은 재성이 들어오는 운에 결혼을 했다는 점이로군요. 벗님의 주변에도 이렇게 재성이 전혀 없는 사주를 만나신다면 참고하셔서 살펴보시면 좋겠습니다.

실제상황

이 정도로 대략적인 상황을 살펴봤습니다. 그러면 실제로 사주를 보면서 어떻게 위와 같은 내용들이 접목이 되는가를 살펴봐야겠군요. 역시 주변에서 잘 아는 사람의 사주 중에서 결혼한 남자의 사주를 갖고서 대입을 시켜봐야 하겠습니다. 그리고 주변에서 만나지 못한 실례를 들기 위해서는 부득이 책에 나오는 사주를 발췌하는 것도 어쩔 수 없음을 헤아려주시기 바랍니다.

우선 『적천수징의』(適天髓徵義)에서 보이는 처에 대한 사주를 하나 감상해 봅니다. 고전에서는 처에 대해서 어떻게 생각을 하는지도 한번 살필 겸해서 말이지요.

乾命 : 癸卯 乙丑 庚申 丁丑 (『滴天髓徵義』에서)

時	日	月	年
丁	庚	乙	癸
丑	申	丑	卯

丁	戊	己	庚	辛	壬	癸	甲
巳	午	未	申	酉	戌	亥	子

이렇게 생긴 사주를 먼저 보겠습니다. 우선 사주를 적어 놓고서는 가장 먼저 해야 할 일이 용신을 찾는 일이지요? 용신을 찾지 않고서는 아무것도

할 수가 없으니까 말입니다. 그리고 처음에 명리공부를 하시는 벗님들은 목표가 용신을 찾는 일이 됩니다만, 어느 정도 용신의 흐름을 파악하고 나게 되면 이번에는 용신은 너무나 기초적인 상황이고 사실은 용신을 찾아놓고 나서부터가 더욱 중요하다는 것을 알게 됩니다. 그래서 "용신을 찾으면 다 해결이 될 줄로 알았더니 용신을 찾아놓고 보니까 일은 이제부터더라" 하는 말을 하게 됩니다. 이 정도는 되어야 적어도 명리학에 입문을 되었다고 하고 싶습니다. 이렇게 말씀을 드리면 처음으로 공부를 해보려고 마음을 내신 분은 지레 겁을 집어먹고 십리 밖으로 도망을 가게 되는지도 모르겠습니다. 그래서 처음에는 용신을 찾는 곳까지만 안내를 하지요. 용신만 찾으면 모든 것이 해결된다는 투로 살금살금 유혹을 하게 되는 것입니다.

이러한 방법을 쓰는 것이 부처님 방식에서는 방편이라고 말을 하게 되지요. 방편은 거짓말은 아니지만 완전한 사실도 아니라는 말입니다. 이제 그 달콤한 "용신만 찾으면 된다"는 말에 속아서(?) 여기까지 오신 벗님들께는 용신의 환상을 깨어버릴 시간이 되신 거로군요. 용신은 어디까지나 기본이고 사실은 용신에서부터 모든 것이 시작된다는 한 단계 높은 차원에서 운명을 바라다보게 되는 행운을 잡으신 것입니다. 낭월이가 좀 허풍을 떨었습니다만, 정말 용신에 대한 공부를 마치신 벗님은 낭월이의 말이 전혀 허풍이 아니라는 것을 아실 것입니다. 그렇지만 용신만 찾으면 다 해결 난다는 말에 아직도 매여 계신 벗님은 약간 실망을 하셨을는지도 모르겠습니다. 그러기에 책에도 단계가 있다고 하는 말이 있지요. 이런~! 사주풀이를 한다고 해놓고서 엉뚱한 사설을 늘어놓았군요.

이 사주는 섣달의 한참 추운 겨울에 태어난 경금이로군요. 축토가 둘에다가 일지는 申金이 있으니 아무래도 약하다는 말은 못하겠군요. 그렇다면 금수상관희견관(金水傷官喜見官)한다는 말에 따라서 관성인 시간(時干)의 정화를 용신으로 삼는데 전혀 하자가 없는 형상이로군요. 그러면 일단 용신은 결정이 났습니다. 그런데 정화의 입장에서는 너무나 허약하군요. 이렇게 약한 정화라면 필시 木이 필요하다는 말씀을 드리지 않을 도리가 없군요. 목이 사주에 있으니까 목을 희신으로 삼습니다. 이렇게 해서 용신은 정화이고 희신은 을목이라는 결정을 내렸습니다. 그러면 목화운에는 발복하고 금수운에는 침체가 될 것이라는 결론을 내리고서 용신의 상황은 일단 마무리가 되는 셈입니다.

그러나 여기서는 다음 단계가 있습니다. 처의 상황은 어떻겠는가 하는 문제를 토론하려고 이 사주를 끌어낸 것이니까 말이지요. 처성의 상황과 처궁의 상황을 살펴봐야 할 시간이로군요. 처성인 을목은 희신이로군요. 좋은 암시입니다. 그리고 처궁은 경금이로군요. 구신에 해당하겠습니다. 품질이 과히 높지 않다고 생각이 되는군요. 그러나 이 사주에서 자랑인 것은 乙木의 역할이, 癸水가 丁火를 극하는 것을 차단하고 또 무엇보다도 경금이 희신인 재성을 향하고 있다는 점입니다. 그리고 가까이에서 인접해 있다는 점도 자랑이라면 자랑이군요. 이러한 상황인지 몰라도 이 사주의 부인은 현숙하고 부지런해서 아들을 셋이나 낳아서 모두 공부를 시켰다는 말로 마무리를 하고 있군요.

이 정도의 설명으로는 처의 도움이 얼마나 컸다는 말인가에 명확한 감이 잡히지를 않는군요. 그럼 다음의 사주를 하나 더 보면서 비교를 해보도록 하겠습니다.

乾命 : 丁未 乙巳 丁酉 癸卯 (『滴天髓徵義』에서)

時	日	月	年
癸	丁	乙	丁
卯	酉	巳	未

丁	戊	己	庚	辛	壬	癸	甲
酉	戌	亥	子	丑	寅	卯	辰

이렇게 생긴 사주는 어떻게 풀면 좋을까요? 巳월의 丁火가 생기를 듬뿍 받는 시기에 태어났군요. 3화에 2목으로 사주는 분명히 강한 사주라고 보겠습니다. 이렇게 강한 사주라면 극하던지 설하는 것을 쓰는 게 기본이라고 했습니다만 여기서는 설하는 것은 없고 시간(時干)에 일점의 계수가 버티고 있군요. 그래서 계수를 용신으로 정해봅니다. 그런데 계수는 묘목에 앉아서 전혀 불을 호령할 힘이 보이지를 않는군요. 이렇게 약한 물로는 아무것도 할 수가 없을 뿐더러 오히려 목을 생해줘서 도리어 불을 도와주는 역작용까지 발생할 위험이 있습니다.

바로 이러한 상황에서 절대로 필요한 것이 바로 재성입니다. 재성은 물을 생하면서 목을 극하고 더구나 한술 더 떠서 사화의 열기까지 흡수하고 있는 분위기로군요. 그래서 사주 전체는 오로지 酉金의 공덕으로 말미암아서 평온을 되찾게 된 셈이로군요.

이러한 입장에 있는 일주의 주인공은 가난한 집안에 출생을 했으나 계수 대운 중에 공부를 시작했는데 같은 운에서 처와 재물까지 얻었답니다. 이 재물은 데릴사위로 가서 얻은 것인지, 아니면 스스로 금덩어리라도 주운 것인지에 대해서는 나와 있지 않아서 모르겠습니다만, 일단 이렇게 가속이 붙은 상황에서 임수대운에는 과거에 급제를 하고, 辛丑대운에는 지현 (知縣)이라는 벼슬에 올라가고 또 나중에는 군수(郡守)까지 했군요. 이름이 군수이지 중국의 군수가 다스리는 영역을 생각해본다면 우리나라의 도지 사급이나 될 듯하군요. 만약에 酉金이 없었다면 처와 재물을 얻지도 못했을 뿐더러 이름도 얻지 못했을 거라는 풀이로써 마무리를 하고 있습니다.

참으로 처궁에 있는 재성이 희용신이 되는 경우에는 그 공덕이 한두 가지가 아니로군요. 아마도 품질도 자신보다 훨씬 높았을 것으로 추정됩니다. 재성의 입장에서 볼 적에 과히 좋지 않은 환경에서도 용전분투해서 남편의 뜻을 받드는 모습이 참으로 아름다워 보입니다.

이렇게 재성의 위치가 그 사주에서 얼마나 중요한 비중을 차지하는가에 따라서 그 사람의 처나 재물에 대한 상황이 달라진다는 것이로군요.

분명히 이 사주가 앞의 사주에 비해서 재성의 위치가 중요한 입장이 된다는 것을 알만하군요. 더구나 하나는 합하고(巳火) 하나는 충하는(卯木) 상황은 그야말로 성룡이나 이연걸의 무술을 보는 듯합니다. 이러한 글자가 처궁(妻宮)에 있다는 것이 더욱 돋보이는 장면입니다. 그야말로 처궁과 처성이 모두 희용신에 해당하는 대목이니까 말입니다. 만약에 이 글자가 기신(忌神)에 해당한다면 그 상황은 어떨거라고 상상이 되시는지요?

乾命 : 乙亥 庚辰 丙申 壬辰 (『滴天髓徵義』에서)

時	日	月	年
壬	丙	庚	乙
辰	申	辰	亥

壬	癸	甲	乙	丙	丁	戊	己
申	酉	戌	亥	子	丑	寅	卯

『적천수징의』(滴天髓徵義)에서 보이는 아내에 대한 마지막 사주입니다. 이 세 개의 사주가 모두입니다. 丙火가 辰월에 태어났군요. 월지(月支)를 얻지 못하고, 일지(日支)는 申金이니 역시 얻지를 못했군요. 세력도 형편이 없는데, 다만 년간(年干)에 있는 乙木이 월지의 진중 계수와 을목에 통근을 했으므로 용신으로 삼는 형상입니다. 이렇게 용신이 정해지면 그 글자는 무슨 육친인가를 보게 되는데, 정인(正印)이로군요. 정인은 선비라고 했으니 교육자라고 할까요? 그러나 애석하게도 용신인 인성(印星)이 기신인 재성과 합해서 화한 형상이 되었습니다.

이렇게 용신이 합거(合去)되거나, 기신이 합래(合來)하면 참으로 꺼리는 점이 되는데, 이 경우에는 그 점을 범하고 말았군요. 그리고 일지에는 재성이 있는데 역시 기신임이 분명합니다. 아무리 살펴봐도 아내의 덕이 있을 것이라는 말은 할 수가 없군요. 그런데 여기서 혹시나 을목이 경금을 따라서 화해버렸으므로 오히려 종재격(從財格)이 된 것은 아닐까 하는 생각을 가지실지도 모르겠군요.

그렇지만 여기서는 종재격의 형태가 되지 못한 것이 乙亥라고 하는 년주(年柱)의 영향입니다. 을목이 경금을 따라서 가고 싶은 마음은 굴뚝 같습니다만, 亥水가 뒷꼭지를 잡아당기니 도리 없지요. 금으로 화해버리지 못할 밖에요. 그래서 정격(正格)이 성립되는 것입니다.

다음은 실제상황이라는데, 이 사람의 아내는 어질지도 못하고 남다른 질투심에다가 사납기가 보통사람은 저리 가라군요. 더군다나 자식도 낳아 주지 않아서 대마저 끊겼으니 재성의 해가 이렇게도 두려울 수가 있겠는가 하는 말로써 마무리를 하고 있습니다.

용신인 인성이 재성과 합해서 재로 변해버리는 상황에서 무슨 희망을 아내에게 걸 수가 있겠어요. 참으로 맘대로 되지 않는 것이 운명이라고 탄식을 하겠지요. 사주에서 온통 재성이 힘을 얻고서 마구 날뛰는 형세가 참으로 눈 뜨고서는 못 봐줄 정도로군요. 진월의 병화가 가련하게 합된 을목을 쳐다보고 있는 모양새는 참으로 병화답지 못한 딱한 형상입니다.

처궁에 처가 있으니 품질은 좋겠습니다만, 아무리 품질이 좋으면 뭘 합니까. 나를 도와줄 적에 품질이 좋은 것이 유용하지 이렇게 책에서의 설명대로 난폭한 것에다가 그 총명함을 써먹는다고 한다면 정말 피곤하고 힘들어서 남자는 차라리 죽어버리는 게 나을 거라고 할지도 모릅니다. 그런데 놀랍게도 이 사주는 적어도 청나라 시절이거나 그 이전인데, 그 무렵에도 아내에게 짓눌려서 사는 남자가 있었다는 것이 묘합니다. 요즈음 시대라면 또 그런가 보다 하겠는데, 그 당시에도 역시 팔자의 구조를 속이지 못하고서 엄처시하(嚴妻侍下)에서 시달림을 받고 살았던 남자가 있었다는 것을 보면서 참으로 운명의 사슬은 그 실기기가 나일론 스타킹보다 너하면 너하지 덜하지는 않을 것이라는 생각이 듭니다.

乾命 : 戊申 丙辰 癸巳 甲寅 (『命理新論』에서)

時	日	月	年
甲	癸	丙	戊
寅	巳	辰	申

甲	癸	壬	辛	庚	己	戊	丁
子	亥	戌	酉	申	未	午	巳

　이번의 사주는 『명리신론』(命理新論)에서 골라봤습니다. 『명리신론』에서도 역시 앞의 적천수에 나온 사주를 응용하고 있군요. 같은 사주는 볼 필요가 없으니 그만두고, 새롭게 보이는 사주를 봅시다. 辰월의 癸水가 매우 신약하군요. 이렇게 생긴 사주는 역시 보나마나 인성(印星)이 있는가를 살펴야겠는데, 년지(年支)에 申金이 있으므로 용신을 삼아야겠습니다. 역시 재성(財星)이 희용신이 못 된다는 점은 앞의 사주와 크게 다르지 않군요. 처궁이 아름답지도 못하고요. 이러한 상황에서는 역시 앞의 남자와 마찬가지로 아내에 대해서 한이 많은 사람이 되겠습니다.

　그런데 여기서는 매우 주의를 해서 봐야할 곳이 있군요. 바로 운(運)입니다. 다행히도 이 사람의 운세는 西北 方向으로 흐르고 있어서 용신의 취향에 맞게 흐르고 있군요. 그렇다면 앞의 사주는 운이 어디로 흐르고 있었는가를 살펴봐야겠습니다. 역시 운조차도 돕지를 않았군요. 그래서 사주가 불량하면 운이라도 도와야 산다는 말이 있는 모양입니다. 앞의 酉申일주는 운조차도 기신의 고향으로 흐르고 있어서 전혀 희망이 없었는데, 이 사주의 癸巳일주는 다행히도 운이나마 서북으로 흐르고 있어서 일말의 희망이 보입니다.

이 사람은 초년에는 처의 도움이 전혀 없었지만, 중년을 넘어서 말년으로 접어들면서 庚申대운이 지나자, 점차 가정을 꾸리고 안정된 생활을 얻게 되었다고 합니다. 이것은 순전히 운세의 도움인데, 이런 경우에는 좋은 운이 지나가 버린다면 역시 아내도 떠나가게 될지 모르겠군요. 이 사람의 경우에는 그렇지 않겠습니다만, 만약에 운세가 10년만 좋아진다던지 한다면 장담을 할 수만은 없는 일이겠습니다.

전반적으로 사주를 볼 적에 재성의 힘과 일간의 힘이 비교가 되지를 않습니다. 용신인 申金은 멀고, 기신인 재성은 가까우니 이것이야말로 법은 멀고 주먹은 가까운 형세라고 하겠습니다. 이렇게 따분한 원국의 형상이지만 운의 흐름이 좋았기 때문에 다행히도 자신의 삶이 되었다고 하는 것은 역시 사주도 중요하지만 운의 작용이 더욱 영향력이 크다는 말을 할 수가 있다고 생각됩니다.

乾命 : 壬子 丙午 癸亥 癸丑 김종문(가명, 충남 홍성)

時	日	月	年
癸丑	癸亥	丙午	壬子

甲寅	癸丑	壬子	辛亥	庚戌	己酉	戊申	丁未

이번에는 낭월이가 실제로 임상을 해본 사주를 골랐습니다. 임자생이면 1912년생이로군요. 잘 아는 분입니다. 午월의 癸水로군요. 일지에 亥水를

얻고, 년주는 壬子에다가 시주는 또 癸丑으로 북방합이 형성되어서 매우 강하다고 봐야겠습니다. 이렇게 강한 사주는 극하거나 설하는 것을 사용하라고 했는데, 여기서는 식상도 없고, 시지의 축토인 편관도 합 되어서 무력하군요. 용신이 없는 셈입니다. 그냥 어거지로 한다면 시지에 있는 편관을 용신으로 삼아야겠습니다. 다만 월주의 丙午는 만만치 않아서 볼만 하다고 생각이 되는데 애석하게도 壬子의 겁재(劫財)를 만나서 군겁쟁재격(群劫爭財格)의 분위기를 나타내고 있습니다. 일명 거지사주라고 하는 것이지요. 이렇게 군겁쟁재의 형태를 이루고 있는 경우에는 어떤 아내의 형태가 될지 한번 생각해봅니다.

우선 재성(財星)이 용신이라고 하는 항목이 충족되었습니다. 그러므로 아내는 물심양면으로 나를 위해서 협조를 하려고 애를 쓰게 되었습니다. 이 점은 참으로 다행입니다만, 그 아내는 병이 들어있습니다. 丙午와 壬子의 정면충돌에서는 아무래도 병오가 손상을 받겠지요. 여기서 재성, 즉 아내의 건강상태까지 생각을 해볼 수가 있겠군요. 참으로 절실하게 필요한 것은 식상(食傷)입니다. 식상만 있다면 얼마든지 식상이 재성을 생조해서 재물이 모일 수 있는 상황은 만들어질 희망이 보이니까 말이지요. 그런데 나무라고 하는 것은 눈을 씻고 봐도 없군요. 일지의 해 중에 있는 갑목이 유일한 희망인데 해 중의 갑목은 화를 생할 수 있는 성분이 아니지요. 습목이니 연기만 풀풀 나게 될 형상입니다.

여기에서 잠시 생각을 해볼 것이 있습니다. 과연 甲木은 땔나무이고, 亥水는 강물일까 하는 것 말입니다. 간지(干支)를 물질로 봐도 좋을 것인가 말 것인가 하는 문제는 학자들에게 많은 골칫거리를 제공한다고 생각이 되는군요. 그러니까 해중의 갑목은 물 젖은 나무와도 비슷하다는 의미라는 뜻입니다. 그렇지 않고 달리 설명을 한다면 해수를 거쳐서 나무를 가지고 오지 못한다고나 하면 되겠습니다만, 이나저나 못 쓰는 것은 마찬가지라면 물 젖은 나무라고 이해를 하는 것이 훨씬 인간적이로군요. 뭐든지 쉽게 생각해도 이해에 별 무리가 없다면 쉽게 생각하도록 하는 것이 뇌세포를 덜 고생시키는 요령이 아닐까 하고 생각을 해봤습니다.

각설하고, 이 사주에서 재성이 희용신에 해당하므로 자신에게 협조를 하게 된다는 것은 이해가 되었습니다. 그래서 떡장사도 하고 그릇장사도 해서 남편의 생활에 보탬이 되었던 것입니다. 겨우 고까짓 것을 도운 거라고 할 수 있겠냐고는 생각지 않으시겠지요? 문제는 최선을 다했는가 하는 것이라고 생각이 됩니다. 애초에 쟁재(爭財)된 아내가 능력이 많으면 얼마나 많겠습니까? 더 이상을 바란다면 오히려 도둑놈 심보지요. 그나마 도망을 가지 않고서 붙어 있었던 것이 다행이라고 해야 할 판이로군요.

더구나 운세가 만약에 좋았다면 또 모르지요. 떼돈을 벌었을지도 모릅니다. 사주의 운세를 보면 서북 방향으로 흘러가는 운세가 참으로 무정하게 보입니다. 재성이 힘을 발휘할 시기는 애초에 있지도 않는군요. 그렇다면 '이것이 전부다.' 라고 해야겠습니다. 물론 이 사주의 아내는 일생을 약 보따리를 짊어지고 살았습니다. 병든 아내라는 말이 그대로 적용이 되는 대목이로군요.

그런데 일말의 의처증(疑妻症)이 있었다면 무엇 때문이라고 하시겠습니까? 그 이유는 午亥의 암합으로 인한 것인데, 이 이론은 경북에 사는 남계 선생이 발견한 이론입니다. 월과 일이 합하면 배우자에게 집착성이 강해진다는 것입니다. 그 정도가 심해지면 의처증, 의부증이 되는 것이지요. 간단하군요. 뭐든지 이렇게 알고 나면 간단합니다. 그런데 여기서는 암합의 형태를 취하고 있기 때문에 겉으로 내어놓고 심하게 다투지는 않았지만 항상 의처증의 혐의를 두고 있었답니다. 그리고 또 그러한 생각이 들도록 한 상황은 주변에 비견겁재가 워낙이 많지요? 이렇게 모든 영향을 판단할 적에 아내에 대한 불안감이 발생하게 된다는 점을 포착할 수가 있겠습니다. 그래도 재성이 월령을 장악하고 있었길래 망정이지 다른 곳에 있었더라면 그나마 일찍이 혼자의 몸이 되었을 가망성도 있다고 보겠습니다.

乾命 : 辛未 己亥 己巳 丙寅 강문석(가명. 대구시 비산동)

時	日	月	年
丙	己	己	辛
寅	巳	亥	未

71	61	51	41	31	21	11	01
辛	壬	癸	甲	乙	丙	丁	戊
卯	辰	巳	午	未	申	酉	戌

이 사주는 어떤지 살펴봅니다. 亥월의 巳土가 일견(一見)에 신약이라는 것을 짐작할 수가 있겠습니다. 얼핏 봐서는 신약하지 않은 듯도 합니다만, 자세하게 살펴보면 년지의 未土는 辛金에게 기운을 빼앗기고 亥水가 가로 막고 있어서 己土에게 별로 도움이 되지 못하고 있군요. 월간의 기토 역시 뿌리를 얻지 못하고 있는 형국이고, 일지의 巳火는 사해충(巳亥沖)을 만나서 허약합니다. 또 시지에는 관성이 있어서 역시 기토가 의지처로 삼기는 껄끄러운 입장이로군요. 이러한 전반적인 상황을 볼 적에 이 사주는 겨울에 태어난 입장이 매우 큰 결점으로 남게 되어서 신약이라는 결론을 내리게 됩니다.

그렇다면 인겁이 용신이군요. 이 경우에는 시간에 있는 丙火가 좋아보이고, 병화의 뿌리가 일지에 있는 것이 더욱 다행스럽다고 하겠습니다. 이 사주를 처음에 입수해서는 낭월이가 신강한 사주로 봤습니다만, 구체적으로 상황을 살피면서 몇 년간 지켜보니까 그렇지가 않더군요. 그래서 다시 수정을 한 경우의 사주입니다. 실수를 했던 사주인 셈이로군요. 그럼 아내에 대해서 봅니다.

일지가 정인(正印)이 되는 경우입니다. 어머니같은 아내로군요. 항상 물가에 자식을 둔 것처럼 이래라 저래라 하고 염려가 많으시겠습니다. 물론 실제로도 그러시더군요. 월지의 정재(正財)는 기신이고 일지의 처궁에 있는 정인은 용신입니다. 그래서 이 경우는 '처성은 기신(忌神)이 되고, 처궁은 용신이 되는 경우'에 해당되는군요. 앞의 경우에는 처성이 용신이고 처궁이 기신이었으니까 비교가 되겠습니다. 이 사주의 아내는 일생 병골이라고 할 수 있겠군요. 항상 해소병이 있어서 숨소리가 거칠었습니다. 물론 남편에 대한 마음은 지극합니다. 그래서 항상 염려를 하지요. 다만 건강이 매우 불량합니다. 앞의 사주에서의 아내는 비록 건강하지는 못하더라도 활발히 돌아다녔다고 한다면 이 사주의 부인은 항상 골골하는 입장이로군요. 그러고 보면 일단 처궁보다는 처성이 희용신이 되는 것이 우선한다고 보겠습니다.

자녀들을 키울 수가 없을 정도로 건강이 악화되어서 절간으로 요양을 하러 다니면 남편은 아내를 위해서 20리의 산길을 먹을 것을 장만해서 짊어지고 다녔으니까 그 정성이 참으로 대단하군요. 처궁이 용신이 되면 이렇게 아내에게 끔찍하게 잘하는가 봅니다. 그렇다면 여성분들은 처궁이 용신인 남편을 골라보는 것도 좋겠군요. 하는 일은 농사를 지으면서 살지만 항상 아내가 건강이 불량하고, 신경을 쓰면 더욱 악화되기 때문에 눈치를 살핍니다. 때로는 따질 일이 있어도 아내가 열을 받을까 봐 그냥 넘어 가는 경우도 있다더군요. 이렇게 보살피는 것이 일지에 용신이 있는 남자의 마음일까요, 원래 심성이 선량해서일까요?

乾命 : 辛丑 戊戌 庚寅 戊子 정영섭(가명, 경기도 일산)

時	日	月	年
戊	庚	戊	辛
子	寅	戌	丑

75	65	55	45	35	25	15	05
庚	辛	壬	癸	甲	乙	丙	丁
寅	卯	辰	巳	午	未	申	酉

이 사람은 1961년생입니다. 아직도 한참 젊은 사람이지요. 이런 항목에 어울리려면 적어도 세상을 50년은 살아보고 나서 이야기 하는 것이 타당할 것이라고 생각이 되기는 합니다만, 비록 많지는 않지만 살아온 만큼의 자료만이라도 살펴보는 것이 무익하지는 않을 거라는 생각이 들어서 이렇게 들고 나왔습니다. 이 사람을 만난 것은 아마도 8년 전 정도는 되었던 것으로 생각되는군요. 그리고 불과 한 달 정도의 시간밖에 지켜보지를 못했습니다. 그런 면에서는 빈약한 자료라고도 할 만하겠습니다만, 그러면서도 나름대로 특징이 있어서 한번 살펴보려고 합니다.

사실 이 친구는 젊은 녀석이 항상 처가에서 한밑천 밀어주지 않는다고 거의 매일 사주를 봐 달라던 친구거든요. 웬만한 남자라면 더럽고 치사해서라도 그냥 자신의 능력으로 살아가려고 하겠습니다만, 이 친구는 줄기차게 아내를 들볶는 것입니다. 친정에 가서 사업자금을 좀 우려내라는 것이지요. 그로 인해서 아내랑 별거를 하려고 생각까지 하는 사람이거든요. 최근의 상황은 잘 모르겠습니다만, 몇 년 전에 만나보니 그렇더군요. 그럼 격국을 살펴보겠습니다.

戌월의 庚金이 강하다고 봐야겠네요. 강하면 극설(剋洩)을 찾으라고 했는데, 극이 없군요. 이기적인 사람이 될 가능성이 있습니다. 극이라고 하는 성질이 남을 생각하는 이타적인 성분이라고 십성원리에서 말씀을 드렸는데, 이 사람은 그러한 성분이 전혀 없으니 말입니다. 사실 경금이 술월에 생한다면 불이 있는 것이 좋습니다. 계절도 차가워지고 있는 입장이고 경금은 불의 단련을 받는 것을 좋아한다고 했으니까 말입니다. 그리고 기본적으로 불이 있는 것이 보기에도 좋지요.

그런데 이 사주에서 寅中의 丙火나 戌中의 丁火는 모두 암장되어 투출이 되지 못했군요. 이러한 경우를 아쉽다고 말합니다. 시지에 子水가 나타나 있으니까 그 글자를 용신으로 삼고서 가상관격(假傷官格)을 형성했군요. 여기서 가상관이라는 것은 월령에 없는 상관을 용신으로 삼을 경우에 앞에다 가(假)라는 글자를 붙이는 것입니다. 식신을 용신하면 가식신격(假食神格)이라고 하면 되겠군요. 그리고 용신격(用神格)으로 잡는다면 상관생편재격(傷官生偏財格)이 되겠습니다. 어떻게 보더라도 일지의 재성은 좋은 쪽이 되겠군요. 엎어치나 메치나 희용신임에는 분명합니다.

그런데 어째서 아내의 협조를 기다리는 만큼 아내는 도와주지 않을까요? 않는 것인지 못하는 것인지 모르겠습니다만, 어쨌든 뭔가 약간 빗나가고 있는 느낌이 드는군요. 그렇지만 낭월이가 누굽니까? 그렇게 허술한 자료를 들고 나와서 떠들 녀석이 아니지요. 흐흐~.

이 사람의 운세를 살펴보면 이해가 됩니다. 운이 전혀 어울리지 않게 흘러가고 있습니다. 이미 상관을 용신으로 삼은 이상에는 상관의 운으로 흘러가야 합니다. 더구나 재성의 운세라면 더욱 좋겠지요. 그런데 운세는 어떻습니까? 서쪽에서 남쪽으로 참으로 느릿느릿 동방(東方)으로 향하고 있군요. 그것도 환갑 진갑 다 지나서 말이지요. 이렇게 원국에서 처성과 처궁이 희용신이 되더라도 운세가 재성이 힘을 얻는 용신의 운이 되지 못하면 아무리 바란다고 해도 결과는 자신의 뜻과 같지를 못한 것입니다. 乙未대운의 乙, 甲午대운의 甲, 癸巳대운의 癸, 壬辰대운의 壬, 이렇게 모두 도막 나버린 운세를 갖고는 사업이 발전하기를 기대하기는 어렵습니다.

그러다 보니 갈증만 나고, 처가에 돈이 있는 것은 분명한데 그놈 좀 한 뭉텅이 잘라주면 어디 덧나나 하고 잔뜩 헛물만 켜고 있지만, 처가에서도 사위 녀석의 싹수가 있어야 돈도 대어줄 거 아닌가요? 그러니 항상 아내만 들들 볶는 모양입니다. 이렇게 운세가 불량하거나 말거나 이 사람의 아내는 돈이 많은 여자라는 점은 참으로 재미있는 대목입니다. 물론 아버지의 돈이겠지만, 극한 상황에 처한다면 장인의 돈인들 별수 있겠어요? 결국 딸이 굶는 것을 그냥 앉아서 구경만 하시지는 않을 거라는 것입니다. 그래서 처덕이 있을 사람이라는 결론을 내리는 데는 하자가 없다고 봅니다.

乾命 : 壬辰 癸卯 戊午 庚申 김용한(가명, 부산시 당감동)

時	日	月	年
庚	戊	癸	壬
申	午	卯	辰

78	68	58	48	38	28	18	08
辛	庚	己	戊	丁	丙	乙	甲
亥	戌	酉	申	未	午	巳	辰

이 사주의 주인공은 부산에 살고 있는 사람입니다. 오래 전부터 친분이

있어서 잘 알고 지내는데, 한번 살펴보겠습니다. 이 사주는 卯월의 戊土입니다. 식신(食神)과 재관(財官)이 만만하지 않군요. 이렇게 극설교가(剋洩交加)의 형태를 취하는 사주는 일신이 고단하게 됩니다. 어려서 집을 나와서 직업전선에서 전전하게 되는 경우가 허다하지요. 다만 비교적 운이 좋은 편이라서 일찍이 자수성가를 한 노력파의 사나이라고 하겠습니다. 이 사람의 처는 어떻게 보이시는지요? 재성은 신약하니 나쁘다고 봐야겠군요. 그렇다면 오다가다 만나는 여성들은 모두 해롭다고 말을 할 수도 있겠군요.

그런데 처궁에 있는 한 글자 午火는 능히 전체적인 사주의 상황을 바로 잡아서 이끌어가고 있군요. 참으로 은혜가 태산같은 한 글자라고 하겠습니다. 시주의 금을 극하고 월지의 정관(正官)은 화(化)하고 동분서주하는 분위기가 느껴지는군요. 앞의 己巳일주의 사주에서 월일(月日)이 충돌한 입장과 비교를 해본다면 그 차이가 뚜렷하다고 하겠습니다. 이 사람의 아내는 능히 모든 사업을 혼자서 맡아하다시피 하면서 가정을 돌보고 있는 수완가입니다. 이렇게 손상되지 않는 용신이 처의 자리에 있을 것을 바라는 것이 모든 남자들의 바람일지도 모르겠습니다.

乾命: 癸未 壬戌 丙辰 丙申 오병식(가명, 충남 부여)

時	日	月	年
丙 申	丙 辰	壬 戌	癸 未

75	65	55	45	35	25	15	05
甲 寅	乙 卯	丙 辰	丁 巳	戊 午	己 未	庚 申	辛 酉

문득 생각이 나는 사주입니다. 이 사주의 주인공은 충청도 부여에 사는 남자입니다. 사주를 보면 戌월의 丙火로 신약한 입장입니다. 이렇게 신약하면 차라리 종을 하는 것도 좋은데 종을 하지 않는 것은 병화의 고집이겠군요. 그래서 부득이 미약한 겁재를 용신으로 삼아놓고 인성의 운이 오기를 기다리는 입장이라고 하겠습니다. 원국에서 워낙이 용신이 미약하다 보니까 공부도 하지를 못하고 또한 되지를 않았다고 합니다. 공부가 되지 않는 것은 인성이 미약하기 때문이 아니었는가 생각되는군요. 관살혼잡(官殺混雜)에 식상태왕(食傷太旺)은 극과 설이 교차되어서 나를 괴롭힌다고 봅니다.

어려서 친구들과 구슬치기를 하면 양말에다가 가득가득 따왔는데, 공부를 하려고 책 앞에만 앉으면 졸음이 마구 쏟아지는 기묘한 작용이 발생했다고 합니다. 이러한 것을 인성이 미약한 탓으로 돌려보고 싶군요. 중요한 것은 아내이지요. 이 사주에서의 처성은 기신이고 처궁도 기신입니다. 참으로 아내가 하는 일이 항상 맘에 들지 않겠군요. 또 일지의 진토는 진술충을 만나서 속에 들어 있는 용신이 그나마 죽어가고 있는 상황이라 여러 가지로 딱한 입장이로군요. 그래서 목이 용신인 사주에서 농사를 지어서 운명의 값을 하고 있는 것일까요? 아내는 항상 돈을 갖고 굴리는 재능이 남다른데, 물론 아내도 살림을 늘려보려고 하는 일이기는 합니다만, 항상 결말은 머슴살이를 해서 모아서 장만한 논밭을 팔아야 하는 것으로 돌아갑니다.

이렇게 딱한 일이 생기는 것을 보면서 처궁이나 처성 둘 중에 하나라도 희용신이 되지 않으면 아내가 하는 일이 항상 걱정되는 쪽으로 흐른다는 생각을 해보게 됩니다. 다행히 말년의 운세가 동방으로 흐르고 있으니까 의식은 걱정을 하지 않아도 되겠습니다만, 아내의 활동이 종종 말썽을 부리는 것은 어쩔 도리가 없는 것인가 하는 생각을 해봅니다.

이렇게 몇 명의 남자들의 처에 대한 상황을 살펴본 다음에는 다시 낭월이의 사주를 한번 살펴보도록 합니다. 이미 『왕초보 사주학』연구편에서 사회성에 대해서는 이야기를 한 사주입니다만, 이번에는 아내에 대해서만 집중적으로 살펴보도록 하겠습니다.

乾命 : 丁酉 甲辰 己未 癸酉 박주현(충남 논산)

時	日	月	年
癸	己	甲	丁
酉	未	辰	酉

74	64	54	44	34	24	14	04
丙	丁	戊	己	庚	辛	壬	癸
申	酉	戌	亥	子	丑	寅	卯

辰月의 己土가 신왕한 형상인지라 시간의 재성을 용신으로 하고 식신(食神)으로 희신을 삼는 형상입니다. 가끔 전화로 문의를 주시거나 서신을 보내주시는 독자 분들 중에서는 용신이 식신이 아니냐고 묻기도 하시더군요. 식신이 되든 편재가 되든 크게 달라지는 것은 없다고 생각이 되기는 합니다만, 그래도 구분을 하라고 한다면 재성이 더 나은 듯하다고 보겠습니다. 그 이유는 더위가 시작되려는 계절이기 때문에 조후에 따라서 물이 좋아보이고, 그렇다고는 해도 금의 생조가 없이는 시간의 癸水를 용하기는 불가능하므로 엄밀히 나눈다면 함께 봐서 식신생재격(食神生財格)이라고 해야 옳겠습니다. 이러한 이름은 둘이서 서로 보완을 하면서 격국을 이끌어 간다는 의미로 이해를 하면 좋을 듯하군요.

처성은 용신입니다만, 처궁은 기신이로군요. 이거 큰일 났습니다. 남의 사주야 아무렇게 생겼거나 말거나 남의 일입니다만, 자신의 사주에서 처궁이 기신이라고 하는 판정을 내려야 하는 이 마음, 참 딱하군요. 하하.

그렇다고 어거지로 일지의 未土는 유금인 희용신을 생해주므로 좋은 것이라고 억지를 쓰다가는 욕을 바가지로 얻어먹기가 십상이지요. 그래서 그냥 기신은 기신이라고 하는 것이 상책이라고 생각이 되어서 아예 기대를 하지 않을 참입니다. 일지에 희용신이 존재하지 못하는 사주에서는 자신의 일신이 고단하게 됩니다. 아내의 도움을 태산같이 입기는 애초에 글러버린 것이지요. 오로지 스스로 자수성가를 해야 하는 입장이라고나 할까요. 그래서 남의 도움을 입을 생각은 애시당초 하지를 말고, 그냥 자신의 능력대로 모든 일을 꾸려가는 것이 상책이라고 하겠군요.

다만 재성이 희용신에 해당하므로 내가 하는 일에 아내의 협조력은 얻을 수가 있다고 봅니다. 이것만 해도 참으로 다행인 셈이지요. 그나마 아내조차도 도움이 되지 않고서 짐으로 다가온다면 이 인생은 참으로 따분하게 되겠군요. 다행히도 아내는 남편의 하는 일에 대해서 협조를 하는 마음을 갖고 있으니 더 이상 바라는 것은 자신의 욕심일 뿐이라고 생각합니다.

남자의 사주에서 일지에 비견이나 겁재가 있는 사주들은 대개가 자수성가를 하는 경우가 많아 보입니다. 일단 자신의 주관대로 일을 처리하는 것이 타고난 숙명이라고 해야 할까요? 더구나 신왕한 사주라면 당연히 그래야 할 것으로 판단이 되는군요. 물론 신약한 사람은 일지의 비견겁재가 희용신에 해당할 것이므로 당연히 처의 탁월한 능력으로 만사가 편안하게 흘러갈 가능성이 많겠지만요.

여기서 한 가지 정의를 내려본다면 처궁이 희용신인 사람은 처가 나보다 앞에 나서서 일을 좋은 방향으로 처리하고, 처궁이 기신인 사람은 처가 나보다 앞에 나서서 일을 곤란한 방향으로 처리한다는 말을 해볼 수가 있겠습니다. 아울러서 처성이 희용신인 사람은 아내가 내 뒤를 따르면서 나를 보조하고, 처성이 기신인 사람은 아내가 내 뒤를 따라다니면서 재를 뿌린다고 하면 어떨까 싶군요.

일지가 비견이므로 아내는 친구처럼 행동한다고 하겠네요. 그리고 가정환경이나 품질은 같은 비견겁재에 속하므로 비슷하다고 해도 되겠다는 생각이 드는군요. 그리고 이번에는 특별히 지장간(支藏干)의 사정까지 한번 생각해보도록 하겠습니다. 未土 중에는 기토의 비견을 제외하고 乙木과 丁火가 있습니다. 비견의 성분은 앞에서 말씀을 드렸으므로 그만두고서 乙木은 편관에 해당하므로 가끔은 아내의 주장이 강렬하고 거역하기 어려운 때가 있습니다. 뭔가 수긍이 되지 않는 일을 하려고 할 적에 특히 나타나는데 보통 때는 잘 따르고 수긍을 하다가도 이렇게 한 번씩 반발을 할 적에는 꺾기가 어렵더군요. 그 이유를 일지의 을목인 편관작용일 거라고 생각해봅니다.

그리고 가끔은 잔소리를 듣습니다. 역시 보통은 잘 지내는데, 어쩌다가 한 번씩은 어머니와도 같은 잔소리를 들으면서 달리 대들 수가 없어서 조용히 있기가 일쑤입니다. 또 다른 남자들도 그런지는 잘 모르겠습니다만, 낭월이는 아내에게서 어머니의 모습을 가끔 느끼거든요. 이러한 감정이 발생하는 이유는 바로 미중에 있는 丁火 편인의 작용으로 인해서가 아닐까 하는 생각을 해봤습니다.

이렇게 지장간의 작용까지도 처궁의 영역에 있는 글자는 그 영향력을 갖고 있는 것으로 생각이 됩니다. 아직은 좀 더 세상을 살아보고 나서 뭐라고 분명한 말씀을 드리는 것이 확실하게 생각이 되기는 합니다만, 우선 아직까지의 하는 형태를 봐서 이렇더라는 말씀을 드리고 싶어서 말이지요. 이 정도로 해서 실제상황에 따르는 몇 가지의 실례를 줄이겠습니다.

다시 보는 아내 모습

◇ 낭월이의 이야기

이번에는 약간 다른 주제를 갖고서 이야기를 나눠보려고 합니다. '자신의 팔자에서 나타나는 아내의 암시를 바꿀 수는 없을 것인가' 하는 문제를 함께 생각해보려고 합니다.

팔자를 고칠 수가 있을 것인가 하는 문제를 생각해보지 않은 벗님은 없으셨을 것으로 생각됩니다. 낭월이의 사주를 들여다보면서 아내에 대한 생각을 한번 더듬어봅니다. 과연 팔자를 고칠 수가 있는지 없는지는 한마디로 단정을 할 수가 없겠습니다만, 이렇게 하는 것은 팔자를 고친 것과 비교해서 어떨까 하는 생각을 해봅니다.

잠시 낭월이가 아내에 대해서 생각을 했던 이야기를 해드리려고 합니다. 20대 중반까지만 해도 중물(불교사상)이 꽉 들어서 독신주의자로서 주체성이 빵빵 했습니다. 아무리 예쁜 아가씨가 옆에 와서 집적거려도 까딱도 하지 않을 거라고 큰소리를 하던 시절이었군요. 물론 당시에는 자신의 운명을 들여다볼 줄도 몰랐고 제대로 감명을 해보지도 않았기 때문에 그야말로 순수한 자신의 마음이었다고 생각됩니다. 그래서 나중에 어느 철학원에서 팔자에 결혼을 할 인연이 있다는 말을 들었을 적에도 '팔자야 그렇거나 말거나 난 혼자 살란다.' 하고 편하게 마음을 먹었던 기억이 나는군요.

그러다가 20대 중반을 넘어 가면서 라즈니쉬의 책을 접하게 되었습니다. 그러면서 속세에 살면서 수행을 하는 사람들을 만나기도 했습니다. 당시에 만났던 사람들 중에는 여승이 되었다는 사람도 있고, 요가원을 운영하던 사람도 있었습니다. 그들은 모두 열렬한 깨달음에 대한 생각들로 가득

했던 신자들이었다고 생각이 되는 사람들이었습니다. 그러면서도 이성(異性)이라고 하는 것을 적대시하거나 동물시(?) 하는 마음은 없더군요. 모두 신성한 부처님들이니 함께 서로 의지하면서 공부를 한다면 더욱 좋은 일이 아니겠는가 하는 마음들이었던 것 같습니다.

물론 라즈니쉬가 미국의 아쉬람에서 혼음(混淫)을 조장했다는 이유로 해서 추방을 당했다는 말을 들으면서도 미국 사람들이 남녀가 함께 수행하는 것을 잘못 이해를 해서 그렇게 곡해를 했을 거라는 생각을 할 정도 까지 되었습니다. 그렇게 생각이 조금씩 밖으로 향해 나갈 적에 한 아가씨를 만났습니다. 그 시기가 불교계에서는 소위 '10.27 법란' 이라는 시련기를 맞이하고 있던 시절이기도 했습니다. 그래서 연일 고승들의 축첩(蓄妾) 과 축재(蓄財)에 대한 소식들이 터져 나왔고, 이러한 내용들에 대해서 염증을 느낀 낭월이가 조용하게 시골에서 농사일을 하면서 도를 닦을 궁리를 하게 되었던 그 와중에 만난 아가씨는 자신도 그렇게 사는 게 좋다는 의견을 보였지요. 그래서 둘이는 배짱이 맞아서 산골로 들어가서 일을 시작 했습니다. 그야말로 세상에 살면서 도를 닦는 농부가 되어보려고 작정을 했던 것입니다.

그러나 농사일을 한다는 것도 그리 간단하지는 않더군요. 능력이라고는 책장이나 넘기고, 목탁 두드리면서 불공하고 걸망을 짊어지고서 이절 저절로 돌아다니던 것이 전부인데, 긴긴 여름날의 폭염 속에서 일을 한다는 것이 그렇게도 힘이 들더군요. 체력도 체력입니다만, 가장 못살게 하는 것 중에 하나는 공부를 할 시간이 없다는 점이었습니다. 처음에 생각을 했던 것이 얼마나 달콤했던가 하는 것을 절감하는 순간순간이었지요. 연일 거센 태평양의 파도처럼 다가오는 일거리의 압박 속에서는 낮에는 일하고 밤에는 도를 닦는다는 것이 얼마나 허울 좋은 명분이었는가 하는 것이 현실로 다가왔습니다.

그리고 더욱 마음을 괴롭히는 것은 아내에 대한 실망감이었습니다. 물론 일이라는 거대한 상대를 놓고서 수행을 한다는 것이 어려운 줄은 알겠습니다만, 저녁만 먹으면 그냥 쓰러져서 잠 속으로 곯아떨어지는 아내를 보면서 나 자신은 지금 무엇을 하고 있는가 하는 생각에 잠기는 일이 많아졌습니다. 과연 이것이 처음에 마음을 내어서 둘이 동행을 하기로 한 모습일까 하는 생각으로 마음이 괴롭더군요. 상대를 잘못 골랐다는 생각과 속았다는 생각까지도 들 적에는 아내를 버리고 다시 혼자의 몸이 되는 것을 생각하기도 했습니다. 그렇지만 아내 역시 부모님의 반대를 무릅쓰면서 낭월이와 동거를 선택했기 때문에 이러한 부담감으로 인해서 그렇게 할 수도 없었던 것이 솔직한 그 당시의 마음이었습니다.

　그러다가 우찌우찌해서 결국은 다시 재입산을 하게 되었고, 낭월이는 남의 절에서 불공을 해주고서 월급을 받는 일을 하게 되었던 것입니다. 처음에는 빈 절이 있으면 그곳에서 자신의 터를 잡으려고 생각했었습니다만, 막상 찾아다녀보니까 역시 빈 절은 어째서 빈 절이 되었는지를 이해할 만한 형상이더군요. 한마디로 한다면 '굶어죽기 딱 좋은……' 것이 빈 절이라고 하는 결론을 내리게 되었지요. 또 남의 절에 들어가서는 늙은 주인의 일을 봐주다가 나중에 그네들이 돌아가시고 나면 뒤를 계승하는 방법이 있었는데, 그렇게 찾아간 몇몇 절에서는 하나 같이 자신의 이익을 생각하고 젊은 내외를 부려먹으려는 속셈만 들여다보이더군요. 아마도 상습적으로 절을 물려준다는 명분 아래 이렇게 박복한 인간들을 이용해먹고는 나중에는 적당한 구실을 달아서 내팽개쳐버리는 일을 하는 곳도 있을 법 하다는 생각이 들었습니다. 그리고 괴팍한 그네들의 비위를 맞추기도 힘들더군요. 생전 처음 보는 그들에게 아버님, 어머님 해가면서 쉴 틈도 없이

고생하는 아내가 보기에도 참으로 민망했습니다. 그래서 빈 절을 구한다는 계획은 포기를 하고서 돈을 모아서 절을 만든다는 계획으로 바뀌게 되었던 것입니다.

이야기가 엉뚱한 데로 흘러갔군요. 중요한 것은 그렇게 수행을 하자고 계획했던 아내는 공부한다는 점에 대해서 별로 관심을 기울이지 않았던 것입니다. 하긴 우선 당장 목구멍이 포도청인데 공부는 무슨 공부냐고 한다면 달리 할 말은 없습니다만, 그래도 처음에 먹은 마음이 없어지는 것을 보면서 서서히 낭월이의 불만이 생기기 시작했습니다. 아무래도 속았다는 생각이 드는 것으로 시작해서, 결국은 이번 생은 버린 것이라는 생각이 들자 참으로 갈등이 많더군요. 남들은 잘도 헤어지던데 나도 차라리 각자의 길을 가는 게 더 좋겠다는 생각도 들고, 이런저런 궁리는 언제나 갈등만 남긴 채 매듭 없이 흐트러지더군요.

그렇게 생각이 한번 드니까 예전에 독신이라는 것 하나만으로 많은 불자들의 대우(?)를 받던 시절이 그리워지더군요. 어린 사람에게 나이 드신 할머니들이 절을 3번씩 하면서 스님 스님 하는 모습에서 스스로 무슨 큰 도인이라도 된 것처럼 묘한 성취감을 맛보기도 했던 것 같고, 행자시절에 고생을 한 결과가 겨우 이렇게 되고 마는 것인가 하는 생각이 드는 것도 견디기가 어렵더군요. 더구나 그렇게 무시를 하던 대처승(帶妻僧)이라는 대열에 서게 된 입장은 더욱 마음을 초라하게 만들었습니다.

이러한 여러 가지가 한 덩어리로 뭉쳐져서는 아내에게 화살이 돌아가는 것이었습니다. '이게 모두 네 탓이다' 하는 마음이었지요. 아내만 아니었다면 나는 좀 더 잘 될 수가 있었는데…… 하는 아쉬움이랄지. 그런 마음이 많이 있었던 것이 사실이거든요. 그래서 다시 원래대로 돌아가는 것이 상책이라는 유혹도 많이 받았지요. 그러면서도 그렇게 하지 못했던 것은 역시 기본 마음이 여린 탓이었던 것으로 생각됩니다. 그래서 함께 있기 보다는 자꾸 마음이 밖으로 겉돌기 시작하는 것이었습니다. 그러던 와중에 아들이 태어 났습니다. 그러자 이제는 이러지도 저러지도 못하는 상태에서 에라 될 대로 되라는 마음이 일단 갈등을 정리하는 매듭이 되었습니다. 기왕에 이렇게 된 것이니 가는 데까지 가보자는 생각이 들었던 것이지요. 그러다가 서울에서 철학원을 찾게 되었고 그 이후로 이렇게 명리연구가라는 이름을 달게 된 것입니다.

그런데 자신의 사주에 대해서 연구를 하기 시작하면서 마음이 달라지게 되었습니다. 세월이 흘러가면서 나 자신에게 존재하는 문제를 읽게 되었고, 나 자신이 나쁘다는 결론을 얻어내게 되었습니다. 그리고 적천수를 보면서 '네 심보를 고쳐라' 하는 생각이 자꾸 머리를 때리는 것입니다. 모든 것은 내가 전생에 만들어놓은 것이 그대로 재연될 뿐인데 남을 원망한다는 것은 참으로 어리석은 책임전가일 뿐이라는 생각이 문득문득 들더군요. 그래서 자신의 사주와 아내의 사주를 놓고서 많은 시간을 보내게 되었습니다. 낭월이의 사주를 보면 아내에 대해서 불만이 나오는 이유가 명백합니다. 일지의 처궁이 기신이기 때문입니다. 여자는 좋지만 아내에 대해서는 불만이라는 답을 냈습니다. 그러니까 아내가 아무리 이쁜 짓을 하더라도 낭월이의 눈에는 못마땅하게 비친다는 결론을 내리게 되었던 것입니다.

그래서 다시 사주연구가의 눈으로 아내가 하는 행동을 관찰하게 되었습니다. 아내는 우선 천성이 착합니다. 이런 소리 한다고 해서 팔불출이가 어떻고 하시더라도 달리 도리가 없습니다만, 객관적으로 바라다볼 적에 내리는 답이라는 것만 말씀드리지요.

천성이 착한데다가 남편의 군소리에도 별 토를 달지 않고 묵묵히 자신의 일을 합니다. 그러면서도 아들을 낳아서 잘 키웁니다. 그리고 시부모에게도 자신이 해야 할 일을 충분히 다 하고 있었습니다. 비록 학교 공부는 많이 하지 못했지만, 자신이 해야 할 일이 무엇인지는 잘 알고 있었습니다. 그야말로 현모양처의 역할을 하고 있었다는 것을 깨닫게 된 것이 바로 이 명리학을 공부하고 나서였습니다.

그 전에는 그러한 것이 전혀 눈에 들어오지 않았는데 자신의 팔자를 이해하고 나니까 그러한 객관적인 안목이 생기더군요. 이렇게 한 번 생각이 들자 과연 나는 아내에게 요구를 할 만큼의 남편 노릇을 했는가 하는 의문이 들고, 결국 '전혀 아니올시다.' 하는 답변이 스스로의 머리를 때리더군요. 나 자신은 아내에게 남편의 역할을 해주지 못하면서 아내가 자신의 능력껏 일을 하는데도 불만을 갖는 마음 자체가 죄업을 쌓아가는 것이라는 생각이 들기도 하더군요.

이때부터 마음을 고쳐야겠다는 생각이 들기 시작했습니다. 이렇게 이기적인 욕심을 갖고서 참선을 하면 뭘하고, 명상을 하면 무슨 공덕이 있겠는가 하는 생각도 들었습니다. 객관적으로 볼 적에 분명히 나 자신에게 문제가 있다는 것을 인식하게 되었던 것이지요. 그래서 많은 식구들의 빨래를 하는데 매일 한나절이 걸리는 것을 보면서 세탁기를 한 대 들여놓았습니다. 그러니까 아내는 그렇게 좋아할 수가 없더군요. 이 순간이 아마도 팔자를 고치는 순간이 아닐까 하는 생각을 해봤습니다. 자신의 아내에게 불만을 갖게 되는 사주인데 한 마음을 고쳐먹으니까 불만이 사라지는 것이라면 아마도 팔자를 고쳤다고 생각을 해도 될 것이라는 생각이 드는군요.

이 글을 읽으시는 벗님도 한번 잘 생각해보시기 바랍니다. 자신의 운명과 자기 아내의 행동을 잘 관찰해보면 생각보다 아내는 착하다는 생각을 하시게 될지도 모릅니다. 그래서 마음의 불만이 제거된다면 그 또한 다행스러운 일이겠지요? 뭐든지 억지로 되지는 않습니다. 이렇게 한발 한발 깨달아가면서 보다 진화해가는 것이 아닐까 하는 생각을 해봅니다. 5년 동안에 37회의 이불보따리를 옮기는 이사를 한 덕분에 이곳 서니암에서 1년 정도 생활을 하니까 큰아들 녀석(당시 8살)이 하루는 심각하게 아빠를 부르더니

"아빠! 왜 이사를 안 가요? 이사 가야지요?"

라고 하는 겁니다. 하도 보따리를 싸다 보니까 이 녀석도 어느덧 그 분위기에 젖어서는 일 년이 되도록 이사를 하지 않는 것이 이상했던 모양입니다. 그 바람에 주민등록등본에는 주소록만 추가로 5매가 붙어다님에도 불구하고 군소리 한 번 하지 않으면서 성실하게 뒷바라지를 해준 아내에게 그동안 고생만 시킨 '남편 실격자'로서 참회를 하고 싶은 마음이 사무치게 들더군요.

낭월이는 생각합니다. '진실로 명리학을 연구해서 자신의 운명을 읽는다면 이것은 수행을 하는데 필요한 방편으로서도 좋은 길이 되겠다.' 라고요. 무엇보다도 자신을 알게 해주는 데는 타의 추종을 불허하는 학문이라는 생각이 드는군요. 자신을 알고 나면 정신계는 한 단계 발전할 것이 분명하고, 그렇게도 되지 않으면서 30년간 참선을 했다고 해봐야 수행에 무슨 보탬이 되랴 하는 생각도 해봅니다. 이렇게 명리학은 자신의 주제를 파악하는데 탁월한 효력이 있는 것으로 생각됩니다.

만사는 자신의 마음먹기에 달렸다는 말을 떠올려봅니다. 언제나 문제는 자신에게 있다는 말도 이해를 하게 되었고, 이러한 생각을 하게 되면서는 궁합이라는 것도 볼 필요가 없다는 생각이 드는 것입니다. 이미 결혼생활을 하면서 배우자에게 불만을 갖고서는, '만약에 이혼을 하면 어떻겠는가?' 하는 질문을 하는 사람을 보면서 나 자신도 자칫 그러한 질문을 할 뻔했다는 생각을 하면서 참으로 그렇게 질문을 하는 사람이 가련하다는 생각을 떠올립니다.

그러한 사람들의 운명을 들여다보면 그렇게 배우자에게 불만이 생기도록 구조가 되어 있습니다. 물론 이혼을 하는 것은 스스로 가능하겠지만 그렇게 돌아갈 수밖에 없는 사주를 고칠 요량은 하지 않고서 배우자만 바꿔봐야 또 '그 나물에 그 밥' 이겠지요. 이것을 뻔히 알면서 이혼을 권할 기분은 전혀 들지 않는 것입니다. 스스로 문제가 있다는 것을 인식시키는 것이 오히려 두 사람 사이에서 태어난 아이들에게 죄를 짓는 추가 죄업이나 면하게 해주는 것이 될 것으로 생각되기 때문입니다.

이렇게 학문을 연구하면서도 그 사실을 깨닫는데 많은 시간이 걸렸는데 그야말로 아등바등 세간에서 살아가는 사람에게 있어서야 더욱 시간이 걸릴 것이니 마음만 안쓰러울 뿐입니다. 스스로 그 팔자를 알게 된다면 아마도 훨씬 편안한 마음이 될 것을 생각해서 이렇게 말이 되는지 마는지도 분간 못하고서 마음을 닦는 도구로서의 사주공부를 권하는 것입니다.

비록 너절한 낭월이의 푸념입니다만, 낭월이의 입장에서 한번 생각해 보신다면 뭔가 생각할 것이 약간은 있지 않을까 싶어서 이렇게 아내에 대해서 생각하는 말미에 잠시 넋두리를 첨가해봤습니다. 모쪼록 아내를 잘 섬기셔서(!) 보다 행복한 나날이 되시기를 기원하겠습니다. 이렇게 낭월이의 강의를 읽으시는 인연으로 말이지요. 하하.

여편(女便)의 심리

여성 벗님께서는 지루하셨겠네요. 남자들에 대한 이야기만 늘어놓고 설명하느라고 시간이 다 흘러가 버리게 생겼으니 말입니다. 예? 그래서 남자들에 대한 것은 뛰어넘어서 바로 이곳으로 왔다고요? 그러셨군요. 참으로 머리가 잘 돌아가시는 편이로군요. 하하.

이번에는 여성의 입장에서 남편에 대한 여러 가지를 살펴보도록 하겠습니다. 그냥 여성심리라고 하면 미혼여성도 포함이 되겠어서, 일단 결혼을 한 여성이라는 의미에서 여편이라고 했다는 점을 말씀드립니다. 어쩌면 남자에게 있어서의 아내의 역할보다도 아내에게 있어서의 남편의 역할이 더욱 중요할 것으로 생각이 됩니다. 오죽하면 '여자 팔자는 뒤웅박 팔자' 라는 말이 생겼겠어요? 뒤웅박이란 것이 누구의 허리에 매달리느냐에 따라서 길흉이 결정나버린다는 이야긴가 본데, 참으로 여성의 운명을 따분하게 만드는 속담이로군요.

아무리 시대가 달라져서 여성의 권위가 높아졌다고 하지만, 그래도 모든 일에 대해서 주장을 하는 데는 남편의 힘이 영향을 미칠 것입니다. 여성의 능력이 탁월하다고 해도 가정과 사회라는 두 가지의 일을 앞에 두고서 갈등하는 것은 여자 분들의 몫이거든요. 그리고 보면 아직은 '여필종부 (女必從夫)' 라는 말이 아직 유효한 것인지도 모르겠군요. 아무리 사회적으로 인정을 받더라도 역시 한 남자의 아내라는 것은 면하기가 어려우니 말입니다. 물론 이러한 굴레가 싫어서 독신을 주장하는 여성분도 많습니다. 자유롭게 연애도 하고, 자신의 일을 남자의 간섭이 없이 꾸려나가는 당당한 여성분들은 참으로 용기 있는 분들입니다.

그러면서도 어느 한쪽 귀퉁이가 허전한 느낌이 든다는 말을 할 적에는 여자는 역시 여자인가 보다는 생각을 떨쳐버릴 수가 없더군요. '병든 서방이라도 없는 것보다는 낫다.'는 말이 생각나기도 합니다. 이렇게 영향력이 크다면 클 수밖에 없는 남자를 자신의 팔자에서 읽어낼 수가 있다면 일평생의 설계를 하는데 있어서 분명히 영양가가 있을 것으로 생각되는군요. 그래서 이제부터 하나하나 남자에게 있어서의 아내 작용처럼 똑같이 여자에게 있어서의 남편 작용에 대해서 분석을 해보도록 하겠습니다.

남편성(男便星)과 남편궁(男便宮)

남편성(男便星) — 사주 중에서 정관(正官)을 남편성으로 본다. 다만 정관이 한 자도 없고 편관이 있다면 편관을 남편으로 본다. 그리고 흔하지는 않지만, 정관도 편관도 없는 경우에는 용신을 남편으로 본다. 그러니까 사주에 관살이 전혀 없다고 하더라도 남편이 없다는 말은 할 수가 없다.

남편궁(男便宮) — 월지를 일러서 남편의 궁이라고 한다. 남편은 월지에 머무른다. 여자에게 있어서 남편은 모든 환경의 열쇠이기 때문에 사주에서 환경을 나타내는 월지를 남편궁으로 삼는 것이다. 그리고 직업을 갖고서 결혼을 하지 않는 여성의 경우에는 직업을 남편 대신의 환경으로 정한 것으로 본다.

이렇게 간단하게 정의를 해봅니다. 옛말에 '홀아비는 이가 서말이요, 과부는 은이 서말' 이라는 말이 있습니다만, 실제로 혼자 사는 여성은 알뜰하게 살림을 꾸려갑니다. 그러나 여자가 없는 남자는 가정이 엉망이지요. 아내의 자리인 일지가 비어 있으므로 그런 현상이 생기는 것이 아닐까 하는 생각을 해봅니다. 만약에 여자도 남자처럼 일지를 남편궁으로 정한다면 남편이 없는 여자도 주변이 엉망이라야 하는데 반드시 그런 것만은 않은 것을 보면서 남편궁을 월지에서 찾는 것이 타당하다는 생각을 해봅니다.

남편성의 글자 수에 대해서도 아내성의 글자와 마찬가지로 많으면 여성의 남편에 대한 집착력이 견고하지 못하다는 생각을 해봅니다. 이 남자 저 남자 넘어 다니면서 저울질을 할 수가 있습니다. 그렇지만 이것도 기본적인 이야기라고 봐야 하는데 사주 전체의 격국 상황에 따라서 남편성이 많아도 정숙한 여성이 있다는 것을 간과하면 곤란합니다.

여기서 부록 비슷하게 고래로부터 전해 내려오는 설을 덧붙입니다. 정관이 무조건 용신이라는 설이 있는데, 그 사정을 좀 살펴보고 다시 검토를 해보도록 하고요. 또 한 가지는 용신이 무조건 남편이라는 설이 있는데 그러한 이야기도 한번 생각을 해보고 넘어가는 것이 좋을 듯합니다.

◇ 정관이 무조건 용신이라는 설

이러한 이야기는 좀 더 오래된 이야기인 것으로 생각이 됩니다. 왜냐면 편견이 강한 이론이거든요. 이러한 이론은 진작에 없어졌어야 하겠습니다만, 책이란 것이 그렇게 간단하지가 않아서 한 번 나온 이야기는 두고두고 문제를 제기하는 것 같습니다. 물론 배경은 있습니다. 여성의 모든 일이 오로지 남편에게 달렸다는 조건이 전제한다면 이 이론도 전혀 아니라고 주장을 할 성질의 것이 못됩니다. 사실 얼마 전까지만 해도 그러한 실제상황은 얼마든지 있었거든요.

봉건주의 사회에서는 아내가 남편이 하는 일에 대해서 간여를 하면 그대로 친정행이었다지요? 남편이 두 번째 부인을 데리고 와도 그냥 웃으면서 반겨야지 질투의 눈길을 보냈다가는 역시 친정행이었던 것입니다. 너무도 당연히 '칠거지악(七去之惡)'의 죄목에 해당하였기 때문이랍니다. 이러한 사회에서라면 남편이 주인이겠습니다. 이런 상황에서는 남편이 용신이라는 말을 해도 타당하다는 견해가 나오겠습니다.

그러나, 아무리 남편에게 매여 사는 봉건사회에서도 여자에게 있어서 남편이 전부가 아닌 경우도 많이 있거든요. 다만 사회 분위기가 그렇게 오로지 남편만 쳐다보면서 삶을 살도록 강요한 것은 있습니다만, 아내를 노예정도로 생각한 것이 아니라면 아마도 남편성을 무조건 용신으로 삼을 수는 없을 것입니다. 만약에 노예의 신분이라면 오로지 주인이 용신이겠지요? 따라서 이 이론은 합리적인 내용이 되지를 못합니다. 다만 용신은 아니더라도 그만큼 중요하게 여길 수는 있겠습니다. 어쩌면 예전에 태어난 사주들은 모두 남편이 용신이 되도록 타고 났을까요? 만약에 그렇다고 하더라도 일단 이치에는 맞지 않으므로 여기서는 사용하지 않는 이론으로 접어둡니다.

요즘은 남편이 오히려 아내의 눈치를 봐야 하는 경우가 많다고 합니다. 오죽하면 '간 큰 남자 시리즈'라는 것이 다 생겨났겠어요? 자다가 물을 달라고 하는 것도 간이 큰 남자라는군요. 남편이 하는 짓거리가 변변치 않으면 마구 두들겨 패는 아내가 있다고도 하더군요. 그리고 남편이 시원치 않으면 갈아 치워버리는 용감한 여성도 있습니다. 이러한 상황에서 남편이 용신이라는 말을 한다는 것은 참으로 시대에 어울리는 않는 발상이라고 생각이 되는군요.

어쨌든 지금의 시대에는 어울리지 않는 이론입니다. 생각해보고서 이치에 합당하지 않으면 그대로 덮어두면 상책입니다. 괜스레 꺼내놓고서 고민을 할 필요는 없지요. 다만 그러한 정황을 이해하고 넘어가는 것이 중요 할 뿐입니다.

◇ 용신이 남편이라는 설

이렇게 주장을 하는 설이 있습니다. 용신이 남편이라는 설은『적천수』에서도 보이고 있습니다. 그리고『궁통보감』에서는 희신이 남편이라고 매우 강경한 말로 주장을 합니다. 이러한 설을 보면서 벗님들은 어떻게 답변을 하시겠습니까?

용신이 남편이라는 말은 일리가 있습니다. 사주에서 만약에 남편을 나타내는 정관이나 편관이 한 자도 없을 경우에는 용신을 남편으로 봐야 하는 경우가 있습니다. 이때는 분명히 이 이론이 대입되는 장면이군요. 그렇지만 무조건 용신을 남편으로 보는 것에는 문제가 있다고 생각되는군요. 그래서 이 주장에 대해서는 경우에 따라서 그렇다는 부제를 달아야 하겠군요. 이렇게만 한다면 훌륭한 이론으로서 자신의 몫을 다할 것으로 생각됩니다. 그렇지만 관살이 엄연하게 있는데도 오직 용신이 남편이라고 하는 것은 확대 해석을 한 듯한 감이 있군요.

용신이 남편이라는 말은 아직도 남편이 여인에게 있어서 소중하다는 이야기가 되는군요. 만약에 남편이 소중하지 않고 자식이 더욱 소중한 사람에게는 뭐라고 말을 해야 할는지 모르겠군요. 자식이 전부인 여인도 있는데 말입니다. 그러한 여자에게 남편이 용신이라는 말은 또 어떻게 답이 나올는지 궁금하군요. 자식이 아니라 사회의 일이 전부인 여자도 없다고는 못하지요. 과연 용신이 남편이라는 설이 언제까지 유효할는지는 모르겠습니다만 당분간은 용신이 남편이라는 설을 인정해야 하겠습니다. 또 언젠가 남편이 용신이라는 말이 쓸모가 없어지듯이 용신이 남편이라는 말도 없어질 가능성이 있습니다만, 아직은 전체를 부정할 단계는 아니로군요.

만약에 사주에 관살이 전혀 없는 여자를 만난다면 용신이 남편이라고 보고서 남편에 대한 이야기를 하면 되겠습니다. 남편의 길흉을 어떻게 이야기하느냐고요? 그야 물론 용신의 상황에 따라서 이야기를 하면 되겠지요. 일단 남편이 용신이라는 말도 되니까 아무래도 좋은 말이 나오기 쉽겠군요. 나중에 사주의 예를 보일 적에 남편성이 전혀 없는 사주를 찾아보겠습니다.

◇『적천수징의』에서 보는 남편성

이번에는『적천수징의』에서 여명장(女命章)에 나오는 남편을 보는 방법에 대한 글을 간략하게 정리해서 설명 드립니다. 부분적으로는 이치에 어울리지 않는 면도 있다고 생각이 됩니다만 전반적으로 흐르는 분위기는 '용신이 남편이다.' 하는 의미가 강하다고 보겠습니다.

"…만약 관성이 지나치게 왕한데 견겁이 없다면 인성이 남편이 된다. 비겁이 있고 인수가 없다면 이번에는 식상이 남편이 된다.

관성이 지나치게 약한데 상관이 있다면 재성이 남편이 되는데, 재성이 없고 견겁이 왕하다면 또한 식상이 남편이 된다.

사주에 견겁이 가득하고 관인(官印)이 없다면 또한 식상이 남편이 되고, 인수가 가득하고 관도 상관도 없다면 재성으로 남편을 삼는다.

상관이 지나치게 왕하고 일주도 약하다면 인성이 남편이 되고, 일주가 왕하고 식상도 많다면 재성이 남편이 된다. 관성이 약하고 인수가 많으면 또한 재성이 남편이 된다."

이렇게 몇 개의 항목을 만들어서 상황에 따라서 남편이 달라진다는 이야기를 담고 있습니다. 그런데 내용을 잘 음미해보면 모두 용신을 남편으로 삼고 있다는 점을 알 수가 있습니다. 다만 사주 내에서 관살이 있고 없고는 전혀 고려를 하지 않고 있는 점이 특이하군요. 낭월이가 임상을 해본 바로는 대체로 원국의 남편성이 있다면 상황의 용신을 고려하지 않고서 그 남편성이 그대로 남편의 형태로 나타난다고 생각됩니다. 그러면 『적천수징의』에서 임철초 선생님은 어째서 이렇게 용신을 남편으로 삼았을 것인가 하는 점에 대해서 생각을 해봤습니다만, 그 이유는 아무래도 당시(청나라시대)에는 여성이 운이 좋아지고 말고는 남편이 출세를 하는가 마는가에 달려있다고 해도 과언이 아니었을 것입니다. 그래서 자신의 용신운에 남편이 발전을 하는 것으로 본다면 당연히 용신이 남편이라는 결론을 유도해낼 수도 있을 것이라는 생각을 하게 되었습니다.

그러나 당시의 내용과 지금 시대의 내용이 부분적으로 엇갈리는 것이 있지 않을까 하는 생각을 해보게 되었습니다. 그러므로 낭월이의 이 생각이 타당하다면 앞으로 남편이 아내에게 복종을 하는 확실한 여성 상위시대가 온다면 그때는 남편을 용신으로 볼 게 아니라 남편사주에서 재성을 용신으로 봐야 하는 경우가 발생하지 말라는 보장도 없군요. 하하.

부(夫)의 희용기구한

남편성과 남편궁으로 알 수 있는 것은 남편에 대한 모든 것이겠군요. 한

소리를 또 하는 것 같아서 좀 걸쩍지근하기는 합니다만, 남자에 대한 항목과 형평성을 유지하려니까 할 수가 없군요. 이해력이 많으신 벗님은 이렇게 너절하게 재연을 하지 않더라도 능히 아내에 대한 항목을 미뤄서 남편에 대한 것도 이해를 할 수가 있겠습니다만, 모든 벗님들이 다 그렇다고는 볼 수가 없으므로 부득이 재연함을 양해바랍니다.

부성으로 알 수 있는 기준도 역시 희용기구한(喜用忌仇閑)에 따라서 정해진다는 것은 변함이 없군요. 그래서 우선적으로 희용기구한에 대한 분석을 해놓은 다음에야 비로소 적용이 가능하겠습니다.

◇ 용신일 경우

남편은 내가 하고자 하는 대로 매우 적극적으로 응하게 됩니다. 내가 장사를 하고 싶다면 가게를 얻어줄 것이고, 살림을 사려고 하면 주방세트를 들여놓아 줄 것입니다. 그야말로 입 안의 혀처럼 뭐든지 척척이로군요. 『왕초보 사주학』 입문편에서 말씀드린 상등남편이 되겠습니다. 처갓집에 가서 말뚝을 보고서 절하는 남편이 될 것이므로 항상 마음이 편안한 삶이 되겠습니다. 남편에 관한한 말이지요.

◇ 희신일 경우

용신보다야 못하겠지만 협조를 최대한으로 하겠다는 것은 틀림이 없군요. 자신의 모든 것을 아내에게 헌신하지는 않는다고 하더라도 적어도 반대를 하지는 않습니다. 가능하면 아내의 원하는 바를 이뤄수도록 하려고 애쓰는 정성이 있는 남편이 되겠군요. 이 정도면 행복하지요. 더 이상 바라는 것은 욕심이 될 것입니다.

◇ 기신일 경우

하는 일마다 토를 달고, 시비를 걸겠군요. 툭하면 욕설에다가 손찌검을 하는 것도 어렵지 않을 것입니다. 관살이 기신이라고 한다면 사주는 신약하게 될 공산이 큰데, 신약해서 남편이 기신이 된다면 두들겨 맞으면서도 찍 소리도 못하고 지내는 입장이 되는지도 모릅니다. 원하지 않는 바이지만, 이 또한 운명의 사슬인 것을 어쩌겠어요. 그저 전생에 지은 죄를 받는 것이려니…… 하고 마음이나마 편히 먹는 것이 상책이겠군요.

◇ 구신일 경우

구신이나 기신이나 비슷하다고 하겠습니다만, 그래도 좀 나은 셈이라고 스스로 위안을 삼아야겠지요. 아내가 하는 일에 대해서 눈곱만큼의 이해심도 갖고 있지 않는 남편이니 이나저나 불만이 있기는 같은 셈이라고 하겠군요. 다만 정도 문제일 뿐 남편에게 만족을 하지 못하는 것은 같다고 보겠습니다.

◇ 한신일 경우

남편이 건달인 여성이 종종 있습니다. 자신이 몸으로 벌어서 남편을 먹여 살리는 사람도 아마 팔자인 모양이군요. 그래도 아내가 하는 일에 대해서 간섭이나 하지 않으니까 다행이라고 해야겠군요. 그냥 돈이 필요하면 와서 얻어가고, 대단히 긴급한 일이나 발생하면 남편 노릇을 하는 남자로군요. 그래도 없는 것보다는 나은 것이라는 말을 주변에서 듣게 될 가능성이 많습니다. 본인은 없는 게 차라리 나을 거라는 생각을 하거나 말거나 말이지요.

남편궁의 분석

여성이 자신의 남편에 대한 생각을 어떻게 하고 있는지는 남편궁에 무슨 글자가 있는가에 따라서 영향을 크게 받는다고 봅니다. 그 글자의 작용을 읽을 수 있게 되면 남편에 대한 생각이 어떻게 되는지를 짐작할 수 있으니 참으로 재미가 있는 부분이라고 생각이 되는군요. 상세하게 하나하나 살펴 보도록 합니다.

◇ 월지가 정관이나 편관일 경우

남편궁에 남편이 들어 있으면 제자리를 찾았다고 봐야겠군요. 남편은 올 바르게 남편의 역할을 할 것으로 보입니다. 올바른 자리에 주인이 들어 있 는 것은 어느 모로 보나 아름다운 일입니다. 더구나 남편자리에 남편이 들 어 있다는 것은 좋은 징조임에 틀림이 없습니다. 적어도 남들에게 무시를 당하는 남편은 아닐 것입니다.

일반적으로 양 같은 아내의 마음을 갖고 있을 가능성이 많습니다. 어떻 게 보면 일반적인 남자들이 가장 원하는 여성일 것입니다. 남자는 아무리 못생겼더라도 아내에게만은 황제 대접을 받고 싶어 할 테니까요. 하하.

◇ 월지가 정재나 편재일 경우

남편자리에 재성이 들어 있다는 것은 남편을 약간은 물질적으로 취급할 가능성도 있다고 하겠군요. 요즘은 돈만 잘 벌어다 꼬박꼬박 바치면 좋은 남편이라는 말도 농담 삼아서 하는 모양이지만, 그래도 아내에게 저자세로 나오는 남편이라면 멋은 없다고 할지도 모르겠군요. 아무렴 어떻겠어요. 하늘같은 부인이니 조심조심 해야지요.

남편을 돈 벌어오는 기계로 생각한다면 참으로 세상을 살아갈 마음이 나지 않을는지도 모르겠습니다. 모든 가정의 결정권을 여성 자신이 갖고 있으려고 할 암시가 있습니다.

◇ 월지가 식신이나 상관일 경우

남편의 자리에 자식의 성분인 식상이 있다면 이것은 뭔가 문제가 생길 수도 있는 조짐이라고 하겠군요. 남편은 항상 뭔가를 만들어 낼 궁리를 하느라고 가정에 소홀할는지도 모릅니다. 자신의 일에 집착을 한 나머지 아내가 있는지도 모르면 어쩌나 걱정이군요. 그렇지만 신세대에 어울리는 새로운 감각으로 활발하게 움직이는 것이 신선한 생동감으로 다가올 것입니다.

또 그러한 남성에게 매력을 느끼게 될 가능성도 높습니다. 고리타분한 남자보다는 항상 생동감 있고 센스 있는 남자가 좋다고 생각하게 되어서 자칫 바람둥이 남편을 만나게 될 가능성도 있다고 봐야겠네요.

◇ 월지가 비견이나 겁재일 경우

남편을 친구처럼 대하겠군요. 남편도 아내를 무시하지는 않겠습니다. 같은 동격으로서 항상 의좋게 살겠군요. 그렇지만 일단 트러블이 발생한다면 또한 와장창 싸움을 하겠으니 친구라고 하는 분위기에 어울리는 남편이라고 하겠습니다. 존경한다든지 하는 것을 원하지는 않을 것입니다.

또 경제적으로 알뜰하지 못할 가능성이 있는데, 그 이유는 월지가 비견 겁재이니까 근본적으로 재성을 극하게 되기 때문이지요. 두 부부가 즉흥적으로 의견이 일치되면 내일 먹을 끼니가 없더라도 오늘은 일류 레스토랑에 칼질을 하러 가게 됩니다.

남편이 미주알 고주알 잔소리를 하면 아내는 피곤합니다. 그러한 남편을 좁쌀영감이라고 부르기도 하는 모양입니다만, 월지에 인성이 있는 남편이라면 아무래도 그렇게 나올 가능성이 많군요. 아내를 보면서 항상 어린아이처럼 염려가 되는 것일까요? 그래서 걱정이 많은 모양입니다.

이러한 구조를 갖고 있는 여성은 남편의 잔소리 정도는 자장가로 듣는 것이 아예 속이 편할 것입니다. 또 그만큼 아내를 알뜰하게 보살피는 애정도 있는 남편이니 미워할 수만도 없는 일이네요.

남편궁과 남편성의 결합

용신이던 기신이던 상관없이 기본적인 남편에 대한 생각을 설명해 봤습니다만, 이번에는 다시 희용기구한에 대한 개념을 삽입시켜서 좀 더 구체적으로 생각을 해보도록 합니다.

◇ 남편궁과 정편관이 희용신일 경우

더 이상 말을 할 것도 없이 '서방복이 미어지는' 여성이로군요. 뭘 더 원하시겠어요? 그냥 남편이 벌어다주는 돈으로 알뜰하게 살림하시면서 아들딸 잘 기르시기만 하면 만사형통이로군요. 남편성이 용신이 되면 이렇게 자신이 원하는 대로 남편이 해주게 됩니다. 혹 스스로 무슨 장사라도 해보고 싶다면 남편은 그러한 공간을 마련해 주겠지요. 물론 먹고 살기가 어려워서가 아닌 심심풀이 정도로 하겠지만 말이지요. 사주의 상황에서 남편성이 워낙이 무력하다면 또 다른 판단을 해야겠습니다만, 아무리 그렇다고 하더라도 자신이 관계하는 인간관계 중에서는 남편의 인연이 가장 좋을 것이 분명합니다.

　그런데 이렇게 말씀을 드린다고 해서 이러한 여성이 장관부인이거나 대통령부인일 거라고 단정하시면 곤란합니다. 아마도 이러한 부인은 그냥 평범한 중상류 가정의 아낙일 가능성이 더 많을 거라고 생각이 됩니다. 그 이유는 정치가의 부인이 결코 행복한 삶이 아니기 때문이지요. 그냥 평범하게 가정을 꾸리면서 물질적으로 구애를 받지 않고 살아가는 여성이 가장 행복한 여성일 것입니다. 무엇이든지 그렇지만 결혼생활도 변화가 적은 평범한 것이 가장 좋은 것이지요. 사주가 좋다고 해서 반드시 장관부인의 사주라고 단정을 하실 것은 없다는 것입니다. 어떤 장관은 한 달도 하고, 보름도 하는 것을 보면서 과연 그 사람의 부인들은 얼마나 열을 받을까 하고 생각해보면 짐작이 가거든요.

◇ 남편궁과 남편성이 기신일 경우

　'어허~~! 쯧쯧…' 이라고만 하고서 더 이상 말을 말아야지요. 아마도 '뭣 주고 빰 맞는다' 는 말이 있는데 어쩌면 이러한 여성에게 해당이 되는 말인지도 모르겠습니다. 내딴에 신명을 바쳐서 최선을 다했건만 남편은 오히려 바람을 피우고 첩이나 거느리고 집에는 들어오지도 않으면…… 참으로 독수공방이 따분하겠네요.

　생활비도 부족해서 품팔이를 해서 연명을 해야 하는 운명이 되는지도 모릅니다. 중요한 것은 남편으로 인해서 자신은 한이 많다는 것입니다. 이렇게 생긴 사주를 타고 난다면 아예 결혼을 하지 말고, 그냥 독신으로 살아가는 것이 훨씬 나을 것입니다. 그렇지만 인연은 그렇게 마음대로 편안하라고 두지를 않지요. 참으로 세상사는 것이 재미가 없고 피곤하기만 할 가능성이 많습니다. 이러한 것은 아마도 전생에 그 남성에게 무슨 악연을 지었기 때문에 이번 생에서 보복을 받는 것이라고 생각이 들기도 하는군요. 그러기에 남편이 그렇게 못돼먹었어도 훌훌 털어버리지 못하고서 썩은 새끼줄에 목을 매어놓고서 항상 죽을 맛으로 살아가지요. 여기서 인연에 얽힌 설화를 한 토막 들려드리겠습니다. 얼핏 생각이 나기에 지나는 길에 양념으로 이야기를 해볼랍니다.

〈집 나간 아내 이야기〉

어쩌면 이 이야기는 아내를 이야기하는 곳에다가 끼워 넣어야 제격이 될는지도 모르겠습니다만, 아무 데 있으면 어때요. 어차피 다 읽을 건데요 뭐. 그래서 이곳에서 한번 생각을 해보도록 하겠습니다.

예전에 부잣집에서 부러운 것이 없이 잘사는 부호가 있었습니다. 부호라고 하면 일개의 도에서는 내로라 하는 부자가 되겠군요. 이 정도로 잘 사는 가정이니 무엇이 아쉽겠어요? 세상에 아무것도 부러울 것이 없는 그러한 호사스러운 가정이었더랍니다.

그런데 어느 날 안방마님께서 행방불명이 되어버린 것입니다. 집안의 안주인이 온다간다는 말없이 증발되어 버렸으니 집안이 발칵 뒤집힌 것은 너무나 당연하군요. 온 식구들과 종들이 마님을 찾아서 갈 만한 곳이라면 어디든지 찾았습니다만 행방이 묘연했습니다. 그렇게 3년여를 찾았지만 도무지 행방을 알 수가 없자, 남편은 이유를 알 수 없어 백방으로 찾아보고 연구도 해봤습니다. 그렇지만 도저히 그 연유가 짐작이 되지를 않았던 것입니다. 그리고 사랑하는 아내가 없이는 세상을 살맛이 나지를 않아서 살림은 아들에게 맡기고서 자신은 홀로 여행을 떠났습니다.

여기저기 명승 유적지를 둘러보면서 여행을 하는 도중에도 항상 여인만 지나치면 얼굴을 유심히 살폈습니다. 사람의 마음은 이렇게 없는 것에 관심을 기울이게 되어 있거든요. 항상 집을 나간 아내의 모습에 대해서 생각을 하기 때문에 거의 습관적으로 여자만 보이면 얼굴을 확인하고서야 걸음을 재촉하였던 것입니다. 그렇게 몇 년을 돌아다니는데, 어느 외지의 조그마한 동네 어귀에서 아내의 모습으로 보이는 여인을 발견했습니다. 옷감을 사가지고 집으로 돌아가는 형색인데 아무리 눈을 비비면서 살펴봐도 틀림없이 수년 전에 집을 나간 자신의 사랑하는 아내가 분명 했습니다. 그래서 반가움에 얼른 뛰어가려고 하다가 멈칫 자신의 몸을 가누었습니다.

그 순간에 떠오른 생각이 있었는데, '도대체 아내는 그렇게 호사스러운 가정을 버리고서 왜 이 궁색한 기운이 감도는 시골에 나타난 것일까? 자신에게 한 마디 말도 없이 집을 떠나서 이러한 곳에서 살고 있는 이유가 도대체 무엇일까?' 하는 것이었습니다. 의혹이 들자 남편은 조용하게 아내의 뒤를 밟았습니다. 미행을 해서 어디로 가는지를 확인해보고 싶었던 것이지요.

아내는 행색이 남루했습니다. 참으로 오랫동안 머릿속에 그려온 아내길래 망정이지 그렇지 않았더라면 지나는 길에 잠시 보고서 자신의 아내일 것이라고는 생각도 하지 못했을 정도였거든요. 그렇게 뒤를 밟아가면서 생각에 젖어 있는 사이에 아내는 산 속의 조그마한 움막으로 들어가는 것이었습니다.

잠시 망설인 남편은 문간에서 헛기침을 했습니다. 주인을 불렀지요. 그러자 안에서 남편으로 보이는 남자가 나타났습니다.

"누구시우?"

"예 지나가는 나그네인데요."

"아하, 산중에서 길을 잃으신 게로구랴."

"예. 그렇습니다."

"누추하지만 하루 저녁 쉬어가시구랴."

"예 그럼 실례를 하겠습니다."

이렇게 해서 그 남자를 따라 방으로 들어갔습니다. 잠시 후에 보잘 것 없는 저녁상을 차려들고 아내가 들어왔습니다. 그 아내를 보면서 남편은 목이 메었지요. 멍하게 부인을 바라다보고 있었습니다. 움막에 사는 남자는 손님이 왜 그러는지도 모르고 저녁을 먹는 것이었습니다. 남편은 자신도 모르게 부인의 손을 잡았습니다. 그렇지만 부인은 전혀 모르는 사람에게 대하듯이 냉정하게 손을 뿌리치고 부엌으로 가버리는 것입니다.

길손이 하는 행동을 보고서 이상하게 여기는 남자에게 남편이 자초지종을 설명했지요. 그랬더니 남자가 하는 말이, 수년 전에 여자가 자신을 찾아와서는 함께 살고 싶다고 하기에 그때까지 장가도 못 들고 혼자서 숯을 구워 팔던 시절이었는데, 난데없이 귀티가 흐르는 여인이 나타났으므로 주변에서도 횡재를 했다고 온 동네가 떠들썩했다는 것입니다.

"거참, 이야기를 듣고 보니 딱합니다만, 내가 나서서 이러구 저러구 할 입장이 아니구랴. 한번 나가서 이야기를 해보시오."

이렇게 남자의 허락을 받고서는 밖에 나가서 아내를 찾았습니다. 그렇지만 아내는 이미 예전의 아내가 아니었지요. 차갑고 쌀쌀하게 던지는 한 마디는

"난 이제 당신의 아내가 아닙니다. 당신과의 인연은 마쳤기 때문이지요. 아는 척도 하지 마세요."

라고 말하는 것이 아닙니까?

이 말을 들은 남편은 가슴이 미어지고 피가 거꾸로 흐르는 듯 했습니다. 그저 멍하게 서 있다가 자신도 모르게 걸음을 옮겼습니다. 그렇게 걷다가 절벽의 앞에 도달했고 더 이상 길도 없었습니다. 그 자리에 털썩 주저앉은

남편은 곰곰 생각에 잠겼지요.

그렇게 생각에 잠긴 채로 며칠이 흘러갔습니다. 어느 날 그는 비몽사몽 간에 하나의 영상을 추적하게 되었습니다.

넓디 넓은 초원이었습니다. 그 초원으로 수행자가 한 사람 지나갑니다. 자기 자신이었지요. 길을 걷다가 날이 저물어진 수행자는 바위를 의지하고 하루 저녁잠을 자려고 누웠습니다. 그런데 가슴에서 뭔가 꼼지락거리는 것이 있어 가려웠습니다. 아마도 이라는 녀석이 저녁 식사를 하고 있는 모양이다 생각하고, 옷을 벗어서 뒤집어보니까 큼지막한 보리쌀만한 이가 꼼지락거리고 있는 것이 눈에 들어왔습니다. 그 녀석을 집어 들고 생각에 잠겼지요.

'이 녀석을 버리면 여기서 굶어 죽어버리겠지. 그냥 몸속에 두면 가려워서 공부하는데 지장은 되겠지만, 내가 조금만 참으면 생명을 살릴 수가 있으니 그냥 넣고 다니는게 좋겠다.'

하는 생각을 하고서는 도로 집어넣고 다시 잠을 청했습니다. 이튿날도 수행자는 초원을 걸었습니다. 그러다가 한 무리의 염소들이 풀을 뜯고 있는 모습을 보게 되었습니다. 그래서 잠시 생각을 한 수행자는 '저 녀석들은 감각이 둔하므로 이가 한 마리 몸에 붙어 있어도 별로 고통을 못 느낄 것이다. 내가 부지런히 수행을 해서 너희들을 모두 제도해주마.' 하는 생각을 하고서 옷을 뒤져서 그 이를 염소에게 넣어주고는 길을 떠났습니다.

이러한 영상이 겹치면서 그 이는 자신의 아내로 변신을 하고 염소는 움막의 남자로 변신을 하는 것이었습니다. 이렇게 삼매에서 전생의 한 도막을 보게 된 남편은 그제서야 모든 상황을 이해할 수 있게 되었습니다. 그러니까 아내가 자신에게 반평생을 의지한 것은 전반부의 반평생을 뜯어먹은 것에 대한 보답이고, 냉정하게 자신을 떠난 것은 전생에 자신의 몸에서 냉정하게 염소에게 옮겨준 마음의 갚음이고, 이곳에 와서 살아가는 것은 나머지의 반평생을 염소에게 얻어먹고 살았던 것에 대한 빚을 갚기 위한 것이었다는 상황이 이해되었습니다.

물론 그길로 자리에서 일어나 움막의 남자와 과거의 아내에게 그러한 이야기를 해주고 모두 도를 깨닫게 했다는 이야기가 이어집니다만, 이후의 이야기는 줄여도 좋을 듯해서 생략합니다.

이 이야기를 생각해 보면서 부부의 숙명적인 인연에 대해서 생각을 해보게 되거든요. 어떤 부부는 살아가면서 새록새록 정이 깊어지는가 하면, 또 어떤 부부는 하루하루를 서로 잡아먹을 듯이 앙앙거리면서도 그냥 살아가는 것을 보면서 알지는 못하지만 이러한 이야기처럼 뭔가 복잡하게 얽힌 인과관계가 있는 것이나 아닐까 하는 생각이 자연스럽게 들어서 이야기를 들려드렸습니다.

물론 사주를 공부하는 입장에서는 남편이 용신인지 구신인지를 확인하는 것으로 정황을 판단하게 됩니다만, 이렇게 이번의 항목처럼 남편성도 남편궁도 모두 기신이라고 한다면, 그 이면에는, 즉 전생에는 그러한 인연이 엉클어지게끔 뭔가 모종의 사건이 있었을 것이라는 생각을 혼자 해보는 낭월입니다. 하하.

◇ 남편궁은 희용신인데 정편관은 기신일 경우

이번에는 월지에 희용신이 있다는 이야기로군요. 그렇지만 남편성이 기신이라고 한다면 얼핏 생각해볼 적에 비견겁재가 용신이고 월지에 있을 가능성이 많군요. 물론 신약할 것이라는 것은 말씀을 드리지 않더라도 능히 짐작을 할 수가 있을 것입니다. 이렇게 되면 관성은 용신을 극하기 때문에 나쁘다고 보게 되겠군요. 남편성이 기신이라고는 하더라도 그 정도 문제는 또 있게 마련입니다. 용신에 정면으로 충돌하고 있는 기신도 있고, 그냥 멀리서 흘겨보고만 있는 기신도 있지요. 그리고 그 기신이 사주에 끼치는 영향도 이 상황에 따라서 달라지게 됩니다. 남편이 기신이라고 해서 모두 여성의 신세를 망치는 것은 아닙니다만 중요한 것은 도움이 되지 않는 것은 분명하다는 것입니다. 남편성이 도움이 되지 않는다면 이것은 여성에게 있어서 비극이지요. 그렇지만 월지에 희신이 있다는 것은 속마음으로는 아내를 도울 의사가 있다고도 볼만 하겠네요. 남자들의 마음에 그런 것이 있지요. 속마음으로는 아내를 도와서 설거지를 하고 싶지만 주변의 분위기를 볼 때에 그랬다가는 변변치 못한 놈이라는 꼬리표가 따라다닐까 봐서 실행을 하지 못하는 남자들 말입니다.

이러한 경우에도 아내가 느끼기에는 남편이 도움 되지 않는다고 생각할 것입니다. 아직 실행이 되지 않은 행동은 아무 의미가 없기 때문이겠지요. 궁(宮)에서 돕는 것은 속마음으로 돕는 것이고, 성(星)에서 돕는 마음은 나타나는 행동이라고 볼 수 있으나 더욱 중요한 것은 행동이겠지요? 표현되지 않은 것은 인정을 받지 못하기 때문입니다. 그러나 이 사실을 아시는 여성분들은 그 속마음을 행동으로 이끌어내도록 연구를 하셔야겠습니다. 그냥 팔자 한탄만 할 것이 아니라 열심히 남편을 구워삶아서 행동으로 나올 수가 있도록 만들어가는 것이지요. 비록 남편성이 기신이라고 하더라도 일단 남편궁이 희용신이라면 가능성은 있는 것입니다. 힘을 내세요.

◇ 남편궁은 희용신인데 정편관은 한신일 경우

앞의 경우보다는 훨씬 수정을 할 수 있는 가능성이 많겠습니다. 한신이라면 하기에 따라서는 희신으로 조정을 할 수도 있거든요. 적어도 나쁜 행동을 하지는 않는다는 것이 희망적이군요. 이미 절반은 내 편이니까 나머지 절반도 아내가 할 나름이겠습니다. 전에 광고를 보면 그런 말을 하는 젊은 여성이 있더군요.

"남편은 아내가 할 나름이에요~~!"

하면서 말을 듣지 않는 남편에게 청소를 시키는 장면이었던가 싶은데, 아주 보기가 좋은 장면이었습니다. 그 아내처럼 이러한 상황에 해당하는 여성께서도 용기를 내시기 바랍니다. 그냥은 뜻대로 되지 않을 가능성이 많습니다. 뭔가 연구가 필요하지요. 그러한 연구를 잘 해보시는 것도 인생 공부라고 하겠네요.

◇ 남편궁은 기신이지만 정편관은 희용신일 경우

미워도 행동은 곱게 한다고 읽을까요? 남편의 입장에서는 속마음으로는 아내가 맘에 들지 않지만, 실제로 행동은 좋은 쪽으로 하는 경우에 해당한다고 보겠습니다. 주변에서도 그러한 남편이 많이 있을걸요?

남보기에는 전혀 부러울 것이 없는 부부라고 칭송들을 하는데, 정작 아내는 뭔가 속이 비어버린 듯한 느낌으로 인해서 괜히 방황하는 그런 부부 말입니다. 그러한 상황은 아마도 이렇게 남편궁은 기신이고 남편성은 희용신이 되는 경우가 아닐까하고 생각해봅니다. 물론 남들은 호강에 겨운 넋두리라고 하는 소리라고 하겠지만 자신의 마음에 느끼는 충족감은 대단한 것이어서 이러한 마음이 들지 않고 공허한 마음이 든다면 이것도 또한 보통 일이 아니지요.

◇ 남편궁은 기신이고 정편관은 한신일 경우

남편이 한신이라면 아무래도 스스로 벌이를 해서 남편의 노름 밑천을 대어줘야 할 듯싶네요. 남편성이 한신에다가 남편궁이 기신이라면 아무리 돈을 벌어다가 대어줘도 한계가 없을 것입니다. 무한정으로 들어가겠지요. 한 많은 우리의 어머니 세대들에서 좀 많았던 남편 타입이 아닐까 하는 생각을 해봅니다. 요즘 같아서는 이러한 남편은 아내가 꼴을 보려고 하지 않을 듯싶어서 말이지요.

그런데 요즘도 매를 맞고 사는 여성이 있기는 있더군요. 낭월이에게 와서 하소연을 하는 이야기 중에서는 매를 맞고 살아가는 여성도 있습니다. 참으로 딱한 일인데, 그러면서도 그 속박에서 벗어나지 못하는 이유 중에 가장 큰 것으로는 자식 때문이라고 하더군요. 그런 의미에서의 자식이라면 참으로 짐 덩어리라고 생각이 들 듯 싶습니다. 자식만 없어도 아주 편하게 돈을 모아가면서 혼자 잘 살텐데 말이지요. 그런 생각을 하면서 자식을 대하는 어머니라면 아무래도 제대로 정성이 들어갈는지 의문스럽기도 합니다만, 그러나 그것은 나중 문제지요. 우선 남편에 대한 감정이 곱지를 못하니 결과적으로 자식에 대한 배려가 좀 거칠게 될 수도 있겠다는 생각이 드는군요.

◇ 남편궁과 남편성이 한신일 경우
이것은 정말로 백수건달을 남편으로 두게 될 가능성이 많다고 하겠습니다. 어쩌면 다행히도 각자 자기 좋을 대로 살아가는 무덤덤한 관계가 될 가능성도 크겠고요. 예전에 어느 가정을 보니까 그야말로 부부는 계약관계에 의해서 형성되는 관계라는 생각이 들 정도로 각기 자기 자신이 좋을 대로 살아가더군요. 남편도 애인이랑 놀러가고, 아내도 자기 애인이랑 놀러가고, 각기 자기가 벌은 돈으로 자신의 삶을 위해서 사용하는 셈이더군요. 물론 공동생활비는 서로 분담을 하겠습니다만, 낭월이의 상식으로는 참으로 재미없게 산다는 생각이 들더군요. 요즘같이 사주공부를 약간이나마 하고 난 상태라면 물론 그럴수도 있겠다는 생각을 하겠습니다만, 당시로서는 뭐하러 함께 사나 하는 생각이 들었던 기억이 나는군요.

이러한 항목을 정리하면서 생각해보면 두 부부는 서로 이렇게 한신의 형태로 존재하는 배우자의 암시를 갖고 있을 것이라고 생각을 하게 됩니다. 그 부부의 사주를 확보했더라면 이런 때 한 번 써먹어 보는 건데 참 아쉽습니다.

열 가지 남편

남편이 아내를 생각하는 기준이 다 각각이듯 여성도 남편을 생각하는 기준이 다 각각일 것은 너무나 뻔하군요. 그러한 차이를 읽어보려고 만든 것이 이번 항목입니다. 어떤 여성은 남편을 하늘처럼 받들고 어떤 여성은 남편을 종을 부리듯이 합니다. 그러한 차이가 과연 어디서 나타나는지 살펴보면 재미있는 것을 발견하게 되는데 물론 크게 나눠서 열 가지입니다만, 구체적으로 세분화시켜 본다면 더욱 미세하게 나눠볼 수도 있겠군요. 일단은 낭월이가 처음 시도하는 것인지도 모르겠습니다만, 벗님께서 읽으시고 생각하신 후에 미비하다고 느끼시는 것은 다음에 또 추가하고 보완해 주시기를 부탁드립니다.

◇ 월지가 정관이면 ─ 남편은 하늘

여자는 남편의 그늘아래에 있는 것이 가장 행복하다고 생각하는 입장입니다. 남편이 없으면 바람을 탄다고 생각해서 병든 남편이라도 없으면 불안합니다. 그래서 남편이 좀 허하더라도 곁에 있어주기를 원합니다. 그래야 든든하거든요. 자신을 보호해준다고 생각하기 때문이지요. 정관이라는 것은 보호를 하는 것이 기본적인 성분이니까요. 그렇지만 상황에 따라서 오히려 스트레스로 존재할 수도 있습니다. 다만 여기서는 그냥 가장 기초적인 것만 생각하기 때문에 더 이상의 구체적인 것에 대해서는 각자의 실제 사주에 맡기게 됩니다.

웬만하면 남편이 하는 것을 거역하지 않으려고 노력을 합니다. 기본적으로 아내는 남편이 하는 일을 보조하는 역할이 어울린다고 생각하기 때문이지요. 그래서 혹 실수를 하더라도 감싸주려고 하는 마음이 앞섭니다. 참으로 모든 남성들이 좋아할 형태라고 생각이 되지요? 아내의 이러한 마음을 남편이 알아준다면 남편도 아내를 더욱 사랑하게 될는지도 모르겠군요. 그렇지만 결국은 자신이 타고난 사주에서 암시하는 남편의 상황대로 돌아갈 것이라고 생각을 합니다. 월지가 남편궁이기 때문에 남편궁에 남편이 들어 있다면 그만큼 남편에 대한 태도가 공손할 것이라고 생각합니다. 그렇지만 만약에 일지(日支)에 상관(傷官)이 있어서 남편을 극해버린다면 아마도 이 여성은 남편에 대해서 공경해야 한다는 마음을 먹다가도 일단 남편을 만나면 그 마음이 사라지고 오히려 명령조로 나올는지도 모르겠군요. 이러한 것은 각자의 상황에 따라서 달라지므로 구체적으로 설명을 드릴 수는 없겠습니다.

◇ 월지가 편관이면 — 절에 간 색시

여권운동가들이 가장 싫어하는 타입이군요. 남편이라면 팥으로 메주를 쑨다고 해도 믿어야 하는 것이라고 생각하는 여성입니다. 남편의 분부에 거역을 한다는 것은 이 여성의 사전에는 없습니다. 오로지 복종만이 최선일 뿐입니다. 이렇게 남편의 분부에 충성을 하는 것은 마치 부하가 상관에게 복종을 하는 것과도 닮았습니다. 편관이라는 것이 그렇게도 어려운 존재인가 봅니다.

남편이 내리는 분부라면 선악의 구별도 없습니다. 그냥 실행만 하면 됩니다. 컴퓨터의 파일에서 EXE.인 셈이지요. 실행만 하고 그 이상의 군소리는 없어야 하거든요. 이러한 마음을 갖고 있는 여성이라도 상황에 따라서는 얼마든지 다른 행동이 나올 수가 있습니다. 그 상황이라는 것은 일주와 일간의 양 옆에 있는 글자들의 영향이겠습니다만, 이러한 상황에 대해서는 나중에 심리학에 대해서 다룰 적에 좀 더 구체적으로 분석을 해보도록 하겠습니다.

◇ 월지가 정인이면 ─ 포근한 당신

뭔가 분위기가 근사하게 나올 듯한 제목이로군요. 어머니의 가슴을 남편에게서 느끼는 여성일 듯 싶네요. 어리광이라도 피울 듯한 모습입니다. 즉 남편에 대해서 모정을 느낀다고 하겠군요. 그리고 이에 따르는 반작용으로 약간은 버릇이 없기도 하겠습니다. 이러한 추리는 정인(正印)이라는 성분이 어머니를 나타내기 때문입니다.

자신이 해야 할 일도 남편에게 곧잘 떠넘기겠군요. 그리고서도 전혀 죄책감도 없습니다. 당연하다는 듯이 남편에게 양말 어디 있냐고 물어볼 듯합니다. 그래서 남편을 잔소리꾼으로 만들 가능성도 있겠습니다만, 그 선악은 역시 희용기구한에 따라서 다르겠지요.

◇ 월지가 편인이면 ─ 아내 좀 도와주면 덧나남?

은근히 바라는 마음이로군요. 그러면서도 약간은 조심스럽습니다. 아무래도 음양이 같기 때문일까요? 속마음으로는 매달려서 아양을 떨고 싶으면서도 막상 실행을 하지 못하는 마음도 있어 보입니다. 바라면서도 요구를 못하는 마음이 한편으로는 고독의 씨앗이 되기도 합니다. 그래서 편인을 고독한 성분으로 보게 되었을는지도 모르겠군요. 남편이 새벽 1시에 귀가를 해도 겉으로는 웃는 얼굴로 대합니다. 속으로는 불만이 있지만 노골적으로 표현을 할 정도는 아닌가 보군요.

◇ 월지가 겁재면 — 군림하지 말거래이~

남편에게 오빠라고 하는 사람이 가끔 있더군요. 겁재라는 것이 월지에 있으면 이것은 오빠로군요. 사주의 앞쪽에 있다는 말입니다. 그리고 겁재라는 성분의 기본은 돈을 먹는다는 것입니다. 알뜰살뜰 살림을 하는 형태는 아니라고 생각이 되는군요. 그래서 돈이 있으면 놀러가고 맛있는 거 사먹으러 가자고 보챌 가능성이 있습니다.

◇ 월지가 비견이면 — 같이 먹고 같이 놀자

겁재와 큰 차이는 없겠습니다. 초록은 동색이라고 같은 형상이로군요. 그렇지만 음양이 같기 때문에 접착력이 좀 떨어집니다. 그래서 힘이 필요할 적에는 서로 돕지만 그 나머지 일상적인 일에는 덤덤하게 넘어갈 분위기로군요. 월지에 비견이 있다면 아무래도 이 여성은 주관적인 면이 강하다고 생각됩니다. 여기에다가 일지에도 이와 같은 성분이 있다면 아무래도 만만치 않겠는걸요.

◇ 월지가 상관이면 — 까불지 말어!

상관이라……. 상관이라는 글자를 봐서는 남편을 얕잡아본다는 암시가 있군요. 그렇지만 상관도 상관 나름입니다. 요조숙녀인 상관도 있거든요.

다만 일반적으로 월지에 상관이 있으면 정숙하기보다는 자유분방한 사고 방식의 소유자입니다. 많은 사람과 교제하기를 좋아하는 여성일 가능성이 많지요. 그로 인한 가정의 불화도 없다고 못합니다. 여성이 나돌아다니면 가정이 깨어진다는 속담을 믿는 남편이라도 된다면 참으로 애로가 많을 듯 하군요. 일단 그렇거나 말거나 남편이 열심히 교훈적인 말을 하더라도 덩치 큰 아들의 넋두리 정도로 생각을 해버릴지도 모릅니다.

◇ 월지가 식신이면 — 여보야 ~ 양말 갈아 신어야지

남편을 어린애 취급을 한다고 남편이 아내에게 불평을 하게 될 가능성이 많군요. 이 부인의 눈에는 남편이 아이로 보이기 때문에 그렇게 편안하게 대하는데 그 마음을 헤아리지 못하고서 대발이처럼 '남편은 하늘이다'를 복창시키려고 하면 참 고단하겠군요. 숨김없이 터놓는 것은 좋습니다만, 남편의 입장도 생각해주셔야지요. 가끔은 남편 대접을 깍듯이 해보세요. 훨씬 효과가 좋을 것입니다.

◇ 월지가 정재면 — 내놔 월급봉투. 어서!

살림살이를 알뜰하게 하는 여성입니다. 가게에서 거스름돈 20원 받은 것도 빼놓지 않고 가계부에 기록을 하는 알뜰한 여성이로군요. 그런 부인에게 뭉텅이 돈을 잘라먹기는 낙타가 바늘구멍으로 통과하는 것보다도 더 어려운 숙제입니다. 아예 포기하시는 것이 신상에 이롭겠군요. 그렇지만 아내는 알뜰하게 재산을 증식시켜서 남보다 먼저 집칸을 마련할 테니 속 모르는 이웃들은 각시가 알뜰해서 살림이 짭짤하다고 하겠군요. 영화 구경을 가본 지가 언젠데…….

◇ 월지가 편재면 — 오늘 밤 한 잔 하지

그렇군요. 편재가 월지에 깔리면 아무래도 알뜰살뜰한 살림은 아니라고 생각됩니다. 남편이 벌어오는 돈은 내가 쓰는 게 정상이라고 생각하는 아내입니다. 어쩌면 남편과 함께 쓴다고 생각하면서 남편은 10만원짜리 옷을 사주고 자신은 100만원짜리 옷을 사면서도 공평하다고 생각할지도 모르지요. 더군다나 돈이 없으면 살맛이 나지 않습니다. 꼬박꼬박 모으는 돈보다도 모양내면서 쓰는 돈이 더 매력적이지요. 한푼 두푼 콩나물 값을 깎는 것은 스타일 구긴다고 생각합니다. 그까짓 돈 마음만 먹으면 한 뭉텅이 벌어볼 텐데 뭘…… 하는 마음이 깔려 있기 때문일까요? 남편이 힘겹게 벌어온 돈을 너무나 쉽게 써버릴 가능성이 많습니다.

이러한 열 가지의 가설을 세워봤습니다. 아직 철저하게 임상을 해보지 않았으니 가설이라는 토를 달아놓는 것이 좋겠군요. 그러니까 실제로 임상을 해보시고서 그 상황을 헤아려보시기 바랍니다. 이렇게 적어보는 것은 어떤 방향 제시는 되지 않을까 해서입니다. 항상 확인된 자료만 기록한다면 그만큼 시간이 걸리지 않겠어요? 그래서 실제로 확인은 되지 않았지만 이렇게 통변이 가능하다고 문제를 제기하면 다음에 연구를 하시는 분은 또 그에 따르는 평가를 해서 추가할 것은 추가하고 삭제할 것은 삭제를 해서 완전한 이론으로 정리를 해나갈 것이라고 생각이 됩니다.

남편성이 없는 사주는요?

남자 사주에서 재성이 전혀 없는 사주가 있으니, 여자 사주에서도 관살(官殺)이 전혀 없는 사주가 없으란 법이 있겠어요? 당연히 여자 사주에서도 남편성이 없는 사주가 있게 마련입니다. 이러한 사주는 또 어떻게 취급을 해야 할지 생각을 해보지 않을 수가 없네요.

가장 기본적으로 생각해볼 것은 곤명(坤命)에서 관살이 전혀 없다면 사주의 용신이 남편이 된다는 점입니다. 여기서 곤명이라는 단어를 사용했습니다만, 혹 무슨 뜻이냐고 물으시는 벗님이 계실는지 모르겠군요. 이 말은 땅의 운명이라는 풀이를 할 수가 있겠습니다만, 실은 그렇게 해석을 할 필요도 없이 그냥 여자의 사주를 일러서 하는 말이라는 것으로 아시면 되겠습니다. 그리고 아울러서 건명(乾命)이라고 한다면 이번에는 남자의 사주를 말한다는 정도는 눈치로라도 아실 수가 있을 것으로 생각합니다. 혹 잘 아시지 못했다면 이런 기회에 분명하게 알아두시면 되겠습니다. 책에 따라서는 곤명(坤命), 여명(女命) 등으로 표시를 합니다만, 모두 같은 뜻이라고 알고 계시면 되겠군요.

남자의 사주에서는 희신(喜神)에 해당하는 글자가 부인을 의미한다고 봤습니다만, 이번에는 희신이 아니라 용신에 해당하는 글자를 남편성으로 봐야 한다는 점이 다릅니다. 이렇게 하늘의 도[男子]와 땅의 도[女子]가 차이가 있는가 봅니다. 아무래도 동양역학에서는 요즘 말하는 남녀평등은 없을 모양이로군요. 그렇지만 또 모르지요. 시간이 좀 더 흘러서 가장 평범한 보통의 여인들이 남편이나 자신이나 완전하게 동격으로 봐버리고 사회의 구조도 그렇게 되어서, 결혼을 해도 자녀의 이름을 지을 적에 남편의 성씨를 따르든 아내의 성씨를 따르든, 혹은 두 사람의 성씨를 모두 사용하던 전혀 문제가 되지 않는 시대가 온다면 이 문제는 또 한 번 신중하게 생각을 해봐야 하게 되는지도 모르겠습니다.

그렇지만 지금의 시대에서는 천상 용신을 남편으로 봐야 하는 것으로 배위두셔야겠습니다. 물론 분명히 기억을 하여야 할 것은 사주에서 전혀 관살이 없어야 한다는 점입니다. 지장간에 있는 미약한 관살이라도 있기만 하다면 그 글자가 남편을 나타낸다고 봐야 하기 때문이지요.

그런데 『적천수』에서는 관성이 있더라도 경우에 따라서는 용신을 남편으로 삼아야 하는 경우도 있습니다. 이러한 것은 좀 더 시간을 두고서 연구를 해봐야겠습니다만, 실제로 임상을 하면서 느끼는 점은 아무리 미약한 관성이라도 있기만 하면 그 글자의 형태를 남편이 취하는 것으로 생각이 되더군요. 참고로 삼기 위해서 『적천수』에 나오는 여자의 사주 중에서 관성을 남편으로 보지 않았던 사주를 올려봅니다. 잘 살펴보시기 바랍니다.

坤命 : 癸丑 庚申 戊午 己未 (『滴天髓徵義』에서)

己	戊	庚	癸
未	午	申	丑

戊	丁	丙	乙	甲	癸	壬	辛
辰	卯	寅	丑	子	亥	戌	酉

이 사주에서는 관살이 겉으로 나타난 것은 없군요. 다만 未 중의 乙木이 있습니다. 그런데 임철초 선생님은 이 사주에서 남편을 월주의 식신(食神)으로 보신 듯하네요. 본문의 내용을 풀어보겠습니다.

戊土가 가을에 나서 사주에 비견겁재와 인성이 첩첩하게 많다. 그런데 월령에 식신을 얻었으니 이 식신을 남편으로 삼는다. 토의 왕성한 기운을 설기시키는데 다시 기쁜 것은 계수가 토를 촉촉하게 적셔주어서 토생금을 잘 할 수 있도록 하는 점이다. (이로 인해서) 빼어난 기운이 유통되니 이 여인의 인품이 단정하고 대의를 아는 사람이었다. 비록 농가에서 태어났지만 가난한 것을 자신의 분수로 알고서 남편을 보좌하고 시부모에게도 좋은 며느리가 되었다. 계해대운이 되자, 남편이 향시에 장원을 하여 벼슬이 황당에 이르렀고 네 아들을 낳아서 모두 빼어나게 길렀는데 수명은 병화대운에 마치니 이것은 병화가 경금 식신을 극하기 때문이다.

이렇게 설명을 하고 있습니다. 내용을 보건데 미중에 을목에 대해서는 전혀 언급이 없군요. 혹 어쩌면 시지의 未土는 일지의 午火랑 합을 이뤄서 남편성이 전혀 밖으로 나오지 못함으로 인해서 없는 것으로 봤는지도 모르겠군요. 만약에 관성을 남편으로 본다면 벼슬을 하는 것은 고사하고 아주 무능한 남편이 될 가능성이 많다고 보겠습니다. 그런데 여기서 주목을 해야 할 것은 남편궁인 월지에 용신이 있었다는 점이로군요. 남편궁이 용신이므로 남편의 품질에는 좋은 암시가 있다고 볼 수가 있겠습니다.

다음의 사주도 『적천수징의』에 나오는 명식입니다. 임철초 선생님의 해석을 보면, '을목에 늦가을에 생하고 묘목이 둘씩이나 지지에 깔려 있는데다가 또 亥卯의 반합으로 인해서 목국이 형성된다. 그리고 사주에 금이 없으므로 일주가 왕한 것이 분명하다. 반가운 것은 丙丁火가 투출되어 있는 것이니 화는 목의 기운을 설해다가 토를 생해주기 때문이다. 그래서 이 사주에서는 재성을 남편으로 삼는다. 사람됨은 단정하고 성격은 화순했다. 남편은 향방출신으로서 벼슬이 황실에서 근무하는 데까지 올랐고, 아들 셋에 수명은 壬水대운까지였다.' 라고 되어 있습니다.

坤命 : 乙卯 丙戌 乙卯 丁亥 (『滴天髓徵義』에서)

丁亥	乙卯	丙戌	乙卯

甲午	癸巳	壬辰	辛卯	庚寅	己丑	戊子	丁亥

　　여기서는 재성이 남편이라고 했으니 재가 용신이라는 뜻으로 봐도 되겠습니다만, 신왕한 사주에서 식상을 두고서 어째서 재성을 용신으로 삼았는지는 얼른 이해가 되지 않는군요. 이렇게 목이 많은데 재성을 용신으로 삼을 절대적인 이유는 없어 보입니다. 오히려 식상으로 용신을 삼는 것이 자연스러운 것이 아닐는지요?

　　물론 철초 선생님의 보다 높은 견해가 있을 것으로 생각은 됩니다만, 중요한 것은 남편성이 없는데도 결혼을 잘해서 남편이 출세를 했다는 것이니까 좀 더 어려운 이야기는 덮어두겠습니다. 다만 술 중에 들어 있는 남편성은 무시되고 있군요. 낭월이의 기분 같아서든 술 중에 있는 남편성에 대해서 언급이 있었더라면 더 좋겠다고 생각됩니다만, 그냥 넘어가는 것으로 봐서 별로 중요하게 보지 않았던가 봅니다.

坤命 : 丁未 壬寅 乙卯 己卯 (『滴天髓徵義』에서)

己	乙	壬	丁
卯	卯	寅	未

庚	己	戊	丁	丙	乙	甲	癸
戌	酉	申	未	午	巳	辰	卯

역시 『적천수』에 있는 사주를 살펴봅니다. '봄의 나무가 빽빽하게 늘어서 있으니 왕함이 극에 달했다. 시간의 기토는 뿌리가 없으니 丁火를 남편으로 삼는다. 丁壬이 합을 하고 물의 기운을 제거시키는 것이 묘하지만, 정화가 목으로 화하는 것은 또한 반갑지 않은 형상이다. 이런 이유로 해서 출신은 가난한 가정이었는데, 운세가 남방의 불이 힘을 내는 지지로 향하니 남편을 도와서 가문을 일으켰을 뿐만 아니라 또 자식도 많았다. 이 사주에서는 운세가 워낙이 좋았기 때문에 행복한 삶을 누렸던 것이다.' 라는 설명을 붙이셨군요.

己土를 남편으로 삼아야 하지만 무력하므로 정화를 남편으로 삼는다고 했습니다. 그런데 감명을 하면서 느끼는 점은 약하거나 말거나 남편은 남편이라는 생각이 들었습니다. 그렇다면 이 사주에서 비록 기토가 약하기는 하지만 그냥 남편이라고 볼 수도 있지 않을까 싶습니다. 다만 약하므로 운에서 도와주는 것을 받아서 발전했다고 볼 수도 있겠다는 생각이 드는군요. 물론 이 사주도 앞의 사주처럼 식상이 용신이고 그래서 식상이 남편이라는 것에 동의합니다. 역시 남편이 용신이라는 말에는 이의가 없습니다.

이렇게 적천수징의에서 보이는 여자의 사주 중에서 관성이 남편이 되지 않고, 용신을 남편으로 삼는 몇 개의 사주를 살펴봤습니다. 물론 설명은 드리지 않았지만 관성이 분명하게 나와 있는데도 관성을 남편이라고 하지 않는 사주도 끼어 있습니다. 이러한 사주를 **빼는** 이유는 함께 섞어 놓음으로써 공부하시는 벗님들께서 혼동을 하시게 되지 않을까 하는 노파심으로 인해서 입니다. 그러한 사주에 대해서 궁금하신 벗님은 후일에 『적천수징의』를 직접 보시면서 연구를 해보시기 바랍니다.

坤命 : 戊寅 甲子 乙亥 丁亥 라윤숙(가명, 서울 자양동)

丁	乙	甲	戊
亥	未	子	寅

77	67	57	47	37	27	17	07
丙	丁	戊	己	庚	辛	壬	癸
辰	巳	午	未	申	酉	戌	亥

이 사주는 역학을 연구하시는 벗님이 자신의 친척 중에서 유형을 골라서 보내준 사주 자료입니다. 사주를 살펴보면, 子월 乙木이 인성과 견겁이 왕성하군요. 그리고 한습한 사주에서 가장 중요한 글자는 시간에 투출된 식신이라고 봐야겠습니다. 그렇다면 이 사주도 앞의 사주들처럼 식신이 용신이고 또 남편이 되기도 하는군요.

결혼은 3.15 부정선거가 있던 해에 했다고 하기에 뒤져보니까 1960년 이었습니다. 그때는 경자년에 해당하는군요. 물론 정관의 남편에 해당하는 해에 결혼을 했다는 이야기지요. 재성이 없는 남자의 사주에서도 재성의 운에 결혼을 했었는데 이러한 점은 여기서도 공통점이 되는 것을 알 수가 있겠습니다.

坤命 : 乙酉 甲申 癸酉 甲子 정영화(가명, 서울 신촌)

甲 子	癸 酉	甲 申	乙 酉

72	62	52	42	32	22	12	02
壬 辰	辛 卯	庚 寅	己 丑	戊 子	丁 亥	丙 戌	乙 酉

역시 역학을 사랑하는 벗님이 보내주신 주변의 자료입니다. 申月의 癸酉일주가 인성이 상당히 강하군요. 그리고 관살은 아무리 뒤져봐도 없습니다. 申金 중에 무토가 있기는 합니다만, 申, 亥 중에 있는 토는 생각하지 않거든요. 너무나 무력해서 주변의 원조 없이는 스스로 토의 노릇을 하기가 불가능하다고 보는 까닭입니다. 이렇게 관살이 없으니 이 사주도 용신이 남편에 해당하겠습니다. 자료에서는 언제 결혼했다는 내용이 없습니다만, 일평생을 아무 걱정하지 않고 좋은 남편 만나서 행복한 결혼생활을 하고 있다고 합니다. 남편은 대기업의 상무라고 하는군요. 대기업의 상무 정도가 되면 경제적으로는 전혀 걱정을 할 필요가 없는가 봅니다.

대략 이 정도로 남편성이 없는 여자 사주에서도 얼마든지 남편이 있다는 것은 충분히 이해가 되셨을 것으로 생각이 되는군요. 그리고 기본적으로 관살이 없는 여명에서는 용신이 남편이므로 남편 인연이 보통 이상이라는 결론을 내릴 수도 있겠습니다. 그렇다면 역설적으로 말해서 '여자 사주에는 관살이 전혀 없는 것이 좋은 사주이다.' 라는 말을 할 수도 있을까요?

실제상황

뭐니뭐니 해도 역시 실제의 상황에서 어떻게 적용이 되는가 하는 것이 가장 중요하다고 하겠습니다. 온갖 종류의 남편에 대한 암시를 모두 보여 드릴 수는 없겠고, 대략적으로 몇 가지를 보여드림으로써 이러한 내용을 자료 삼아 각기 더욱 많은 자료를 구해서 검토해보시기 바랍니다. 상담을 하러 오시는 손님들 중에서도 남자보다는 여성분들이 더 많기 마련입니다. 그러다 보니까 자료도 풍부한 편이지요. 우선 고전에서 두어 개 골라 보고 실제로 감정을 했던 사주를 보겠습니다. 그럼 잘 참고하시기 바랍니다.

坤命 : 乙亥 癸酉 甲辰 丙寅 (『滴天髓徵義』에서)

丙寅	甲辰	癸酉	乙亥

辛巳	庚辰	己卯	戊寅	丁丑	丙子	乙亥	甲戌

고전에서 여성의 사주를 찾는 것은 쉬운 일이 아니네요. 『적천수』에 있는 몇 개의 여자 사주가 그래도 많은 자료인 셈이로군요. 그 중에서 하나를 골 랐습니다. 풀이를 해봅니다.

'8월의 정관(正官)이 재성의 도움으로 힘을 얻고 있다. 갑목이 인시에 나고 또 년에는 해수가 도움을 주고 있으며 인시에 통근을 하고 있다. 또 丙 火와 癸水가 나란히 투출했는데, 서로 극하는 형세라기보다는 상생으로 흐르는 분위기로서 정이 있는 모습이다. 재성도 일지의 진토에 뿌리를 내리는 형국이니 사주 전체가 통근이 되어서 오행이 서로 어그러지지 않았으니 기세가 화평하고 또 순수한 모습이다. 남편은 영화를 누렸고, 자식은 귀하게 되어서 일품의 작위를 받게 되었던 것이다.'

이렇게 설명이 되어있습니다. 예전에는 여자의 사주는 크게 강하지 않아도 좋다고 본 듯합니다. 물론 이 사주는 약하다고 하지 못하는 분위기입니다만, 경우에 따라서는 신강신약을 떠나서 무조건 관살을 용신으로 삼은 경우도 있습니다. 책에 따라서는 여자 사주는 약간 약한 것이 좋다는 말까지 하고 있습니다. 지금 시대에서는 이해가 되지 않는 면도 있습니다만 예전에 여성의 할 일이라는 것이 안방에서 남편을 기다리는 것이 전부라고 볼 적에 약간은 약해도 충분했을 것이라는 이해를 해봅니다.

다만 약간 신약했다고 하더라도 다행히 운세가 인겁의 운으로 방향을 잡았습니다. 북에서 동으로 흘러가주는 것은 약간 약해 보이는 일주를 보조하기에 충분하다고 하겠습니다.

어쨌든, 이 사주는 남편궁과 남편성이 모두 용신에 해당합니다. 월지 정관을 용신으로 삼았으니 마음도 오롯하겠고, 관성은 사주 전체에 한 자밖에 보이지 않으므로 남편을 향한 마음도 흔들리지 않고서 일심으로 보필을 했다고 보겠습니다. 일품이라는 작위를 받았다는 것은 아마도 추측컨대 정경부인이나 그런 종류의 칭호를 받게 되었던 것이라고 생각됩니다. 하여튼 남편에 대해서 더 이상 바랄 것이 없었던가 봅니다. 참으로 복이 많은 부인이셨군요.

'다음의 사주는 관성과 식신이 모두 녹을 얻었고, 인성은 월령을 얻었으니 생을 만났다. 재성이 관성을 생조해주는 형국일 뿐 인성을 손상하지 않는다. 인수가 월령을 잡고서 일주를 생해주는 것이 넉넉하고 식신도 또 한 뿌리를 얻었으므로 기운이 한 가지로 상생하는 모습이라 오행이 균형을 이루고 있다. 편안하고 순수한 모양이니 남편은 영화를 누리고 자식은 귀하게 되었다. 그리고 2대에 걸쳐서 일품의 지위를 받았던 것이다.'

坤命 : 丁巳 戊申 癸丑 乙卯 (『滴天髓徵義』에서)

乙 卯	癸 丑	戊 申	丁 巳

丙 辰	乙 卯	甲 寅	癸 丑	壬 子	辛 亥	庚 戌	己 酉

이렇게 설명이 되어 있습니다. 결론은 좋다는 이야기인데, 약간은 신약해 보이지요? 그래서 월령의 인성을 용신으로 삼았으면 싶군요. 그리고 화생토하고, 토생금, 금생수, 수생목으로 기운이 흘러가는 모습이 참으로 볼 만하다고 하겠습니다. 년주의 불이 용신인 인성을 극하려고 하는 형상이 되겠는데 다행히도 월간에 있는 戊土가 화생토하여 금을 보호하고 있는 형국이라 희신으로 삼게 됩니다.

이렇게 되면 남편궁은 용신이고 남편성은 희신이 되는 셈이지요. 다행히 운도 북방으로 흘러가주니 모든 일이 자신이 원하는 대로 흘러갔습니다. 만약에 운이 남방으로 갔다면 글쎄요……. 반드시 남편이 영화를 누리지는 못했을 것이라고 생각을 해봅니다.

이번에는 잘 안다고 생각되는 사람을 올려보겠습니다. 사주를 살펴보면 申월의 계해일주가 매우 신강하다는 것을 한눈에 알 수가 있습니다. 그렇다면 인성이 전반적인 사주의 형태로 봐서 화가 있었으면 좋겠다는 느낌이 드는군요. 화라는 것이 있으면 물이 넷이나 되는 어두운 사주를 밝게 가꿔가는 아주 좋은 형상이 되겠습니다. 그런데 사주에는 불이 지장간에만 숨어 있고 밖으로 나오지는 않았다는 것이 매우 아쉬운 점이라고 하겠습니다.

坤命 : 癸未 庚申 癸亥 壬戌 고영숙(가명, 경기 부천)

壬戌	癸亥	庚申	癸未

72	62	52	42	32	22	12	02
戊辰	丁卯	丙寅	乙丑	甲子	癸亥	壬戌	辛酉

우선 남편이라는 성분을 찾아봅니다. 남편이 년지와 시지에 있군요. 토를 용신으로 하기는 해야 할 모양입니다. 그렇지만 가을에 金水의 기운이 강한 상황에서 화의 성분도 없는 토를 용신으로 삼기에는 약간 껄끄러운 면이 있어 보입니다. 달리 용신을 삼을 만한 글자가 없으니 도리 없군요. 그리고 남편궁은 구신 정도가 되겠군요. 좋지 않다는 것은 분명합니다. 그래서 이 사주는 남편성은 용신이고 남편궁은 구신이라고 하면 되겠습니다. 그렇다면 남편의 협조력은 좋다고 하겠군요. 물론 품질이야 별 수 없을 것이고 남편에 대한 만족도는 낮은 편이 되겠군요.

이 여인의 남편은 목수입니다. 물론 사람 좋은 남편이지요. 그리고 가정에도 충실해서 아내에게 할 수 있는 것은 다한다고 생각이 됩니다. 그래도 아내는 만족을 하지 않더군요. 남편이 아무리 애를 써서 벌어다줘도 자신의 양에는 '간에 기별도' 입니다. 그러니 어쩝니까? 항상 남편의 무능함을 탓하고 스스로 나서서 돈벌이를 해보겠다고 동분서주합니다만, 그래봐야 별 수가 없더군요.

사주가 신강하다 보니까 관성을 하늘처럼 떠받드는 것이 아니라 무시하는 분위기로군요. 일반적으로 여자 사주에서 식상이 강해야 남편을 무시한다고 되어있습니다만, 반드시 그런 것만은 아니라고 생각됩니다. 이 사주에서는 식상이 전혀 없는데도 남편을 무시하거든요. 일단 무시한다는 것은 신강하고 관성이 무력하면 그런 것이 아닌가 하는 생각이 듭니다. 더구나 대운조차도 사주와 엇갈려서 돌아가다보니 참으로 되는 것이 없습니다. 어렵게 어렵게 집 한 칸을 마련했더니 도시계획이라나 뭐에 걸린 집을 사는 바람에 빼앗기다시피 하고 다시 셋방으로 전전하게 되니 얼마나 짜증이 났겠어요? 이렇게 운이 불량하다 보니까 항상 하는 일이 뜻대로 되지를 않는 것인가 봅니다. 더구나 사주에서 절대로 필요하다고 생각되는 재성인 불이 너무나 미약하니 항상 재물에 마음이 가 있는 것이지요. 그래서 돈돈 하고 있습니다만 그놈의 돈이 원한다고 오는 것이 아니니 딱한 노릇이지요. 남편성과 남편궁에 대한 이론이 잘 적용되는 사주라고 생각이 되는군요.

坤命 : 癸亥 辛酉 癸卯 丙辰 김경순(가명, 대구 원대동)

丙辰	癸卯	辛酉	癸亥

74	64	54	44	34	24	14	04
己巳	戊辰	丁卯	丙寅	乙丑	甲子	癸亥	壬戌

역시 잘 아는 여성입니다. 酉월의 癸卯일주라 묘유충이 얼핏 눈에 들어오는군요. 사주는 신강하다고 보입니다. 그러면 불이 용신이 되겠군요. 시간의 丙火가 좋아 보입니다. 그리고 희신은 약한 병화를 생조해주는 卯木이 되겠군요. 이렇게 희용기구한을 먼저 찾아놓고 나야 다음 이야기가 진행이 되지요.

남편궁인 월지는 구신(희신을 극하고 있으므로) 이로군요. 거기다가 남편성은 한신입니다. 시지에 있는 정관은 무력하기 짝이 없군요. 그러면 남편에 대한 암시가 어떻겠나요? 얼른 책을 '빠꾸 오라이' 하시는 벗님은 눈치가 빠르시군요. 앞에서 남편궁이 기신이고 남편성이 한신이면 어떻겠다는 설명을 보러 가시는 거지요. 하하.

그렇게 하셔야 내 것으로 소화가 됩니다. 소화가 되지 않으면 금세 잊어버리고 말거든요. 참 잘하시는 것입니다.

남편에 대한 생각은 어떨까요? 남편궁이 구신이니 별로 좋을 리가 없군요. 이 여인은 영매자로서 일찍부터 신을 받아서 잘 나가는 여인입니다. 그러니까 돈도 많이 벌었지요. 엄청나게 벌었다고 말하더군요. 하지만 남편이 사업한다고 가져가서는 없어지는 겁니다. 남편이 돈을 갖다 주는 게 아니라 자꾸 가져가는 것이지요. 이런 상황이 몇 십 년 진행된다면 누구라도 남편에 대한 생각이 좋을 리가 없겠지요? 그리고 놀음을 하는 것입니다. 도박을 하면 돈이 있는 게 한정이지요. 그래서 하는 말이 '가만히 놀고만 있어도 도와주는 것' 입니다. 살림에 보태겠다고 남편이 말하면 이 부인은 그 말을 바꿔서 '또 돈 갖다 버릴 연구를 하고 있구나' 로 새겨 듣습니다.

그런데 진토가 워낙이 약해서 그런지 오래 살지를 못하고 남편이 죽었습니다. 그런데 남편이 죽고 나자 큰아들이 또 사업을 한다면서 돈을 갖다 버리더랍니다. 그래도 아들은 남편보다는 나은 셈인데 아들이 하는 일도 잘 풀리지를 않으니까 해봐야 신통치를 못하지요. 사실 묘유충으로 인해서 식신이 깨어져 있는 상황이거든요. 이거 남편 이야기 하다 말고 자식까지 넘어갑니다만, 흐름이 그렇군요. 그래서 줄이겠습니다. 중요한 것은 남편이 살아가는데 도움이 되지를 않더라는 점이지요.

坤命 : 丁亥 癸卯 丙申 辛卯 곽윤희(가명, 전북 전주)

辛卯	丙申	癸卯	丁亥

76	66	56	46	36	26	16	06
辛亥	庚戌	己酉	戊申	丁未	丙午	乙巳	甲辰

이 사주는 어떻게 보이세요? 첫눈에 봐서 무정(無情)하다고 생각이 되시면 좋을 텐데요. 卯월의 丙火인데 신약해 보이는군요. 거기다가 년간의 정

화는 계수와 해수에 막혀서 도움이 되지를 못하고, 시지의 묘목은 辛金과 申金에 꺾여서 도움이 되지를 않는 형국입니다. 이것이 바로 무정하다는 말의 의미입니다. 도움을 받고 싶어도 도움이 되지 못하는 형상은 항상 마음속에 한(恨)을 저장합니다.

거기다가 또 일간은 마음이 용신으로 향하는 것이 아니라 기신으로 향하고 있군요. 바로 병신합(丙辛合)을 말씀드리는 것입니다. 이렇게 모든 것이 무정하게 돌아가는 사주도 참 흔치 않은데 이 사주는 그렇게 생겼군요. 그럼 남편에 대해서나 살펴보지요. 남편궁은 용신이로군요. 그리고 남편성인 관성은 구신 겸 기신이로군요. 그래서 남편이 하는 분부는 잘 지켜야 한다고 생각합니다. 그렇지만 남편이 하는 행동은 '전혀 아니올시다' 로군요. 남편은 아내를 어지간히도 구박하는 모양입니다.

거기다가 남편은 어딘가에 애인을 두고 있다는군요. 능력이 있는 남편이라 부동산과 건축업을 해서 돈을 벌기는 합니다만, 이렇게 자신에게 향하는 마음이 불량하다 보니까 모든 것이 곱게 보이지 않을 것입니다. 하긴, 상하좌우가 이렇게 무정해서야 어디 무엇 하나 마음 편하게 돌아가겠어요. 항상 마음속이 공허할 뿐이지요. 남편에게 맞기도 많이 맞았다는데, 이 부인은 운세가 남방을 통과했는데도 별로였던 모양이군요. 흔히 식상이 관살을 극하면 남편에 게 맞는다는 말도 합니다만, 이 경우에는 전혀 식상이 없는데도 불구하고 맞은 것을 보면 구체적으로 그 사주의 형상에 따르는 것이지 단편적으로 어째서 그렇다고 하는 것은 다 믿을 것이 못된다는 생각이 드는군요.

坤命 : 壬辰 壬子 壬子 戊申 주은경(가명, 서울 면목동)

戊申	壬子	壬子	壬辰

79	69	59	49	39	29	19	09
甲辰	乙巳	丙午	丁未	戊申	己酉	庚戌	辛亥

이 사주는 예전에 처음으로 사주를 배울 적에 선생님께서 어디서 물어 오신 사주였습니다. 어느 요릿집에 저녁을 드시러 회원들이랑 가셨던 모양인데 어떻게 이야기가 나오다가 보니까 주인마담의 사주가 등장을 하게 되었던가 보군요. 그래서 만세력으로 확인을 한 결과 위와 같은 사주가 나타나게 되었겠지요. 어떠세요? 보시기에 술장사를 하는 사주처럼 보이시나요? 형상을 한번 살펴본다면 참으로 물의 세력이 대단하군요. 申子子辰 이라는 지지에서는 출렁이다 못해서 범람을 하는 물의 분위기가 느껴질 정도로 그 세력이 대단하군요. 그렇다면 설기시키는 목이 있으면 참 좋을 상입니다만 어느 구석에도 목은 없군요. 아니 진 중에 을목이 있기는 있습니다만 여기서는 목이라고 할 수가 없는 상태로 보면 되겠습니다. 그렇다면 부득이 시간의 무토로써 용신을 삼아야 될 모양인데 소위 말하는 용신무력(用神無力)에 해당하는 모습입니다. 남편이라는 구조를 살펴보니까 남편은 용신에 해당을 합니다만, 용신이라는 것이 이렇게 무력해서야 어디 한 가지인들 할 수 있는 일이 있겠어요? 가진 것이라고는 물밖에 없으니 오로지 물장사나 해서 자신의 입에 풀칠을 해야 하는 것이 이 여인의 운명일까요? 『사주첩경』 2권에서도 술장사에 어울리는 사주로 水가 태왕(太旺)하고 관

살이 무력한 경우를 들고 있습니다만, 그 말에도 틀림없이 부합이 되는 사주라고 하겠군요.

남편은 실제로 무력하고 무능해서 자신이 벌어주는 돈이나 쓰고 다닌다고 합니다. 이렇게 남편이 용신에 해당한다고 해도 남편성이 자신을 돌볼 겨를도 없는 상황에서는 역시 도움이 되지 않는다는 것을 알 수가 있겠군요. 사주의 형태로 봐서는 차라리 무토가 없었다면 종격으로 봐서 격국이나 깨끗할 텐데 오히려 결과적으로는 기신의 형태가 되어버리는 꼴이로군요. 이렇게 남편성이 없는 것이 오히려 도와주는 경우도 있다는 것입니다.

당시에 선생님의 설명을 들으면서 그 주인은 눈물을 흘리면서 자신의 신세를 잘 알아주는 사람이 있다는 것에 고마워했다고 합니다. 그 바람에 그날 저녁에 과음을 하게 되었던 것은 말할 필요가 없겠지요? 하하.

부부의 침실궁합

이거…… 좀 쑥스럽네요. 명색이 출가자가 부부의 성생활에 대해서 가타
부타 떠벌릴 생각을 하니까 모양새가 여영~ 사납군요. 하하.

그렇다고 해서 그냥 입을 다물고 있으면 뭔가 아쉽게 느끼실 벗님이 많
을 거라는 생각이 들고, 말씀을 드리려니까 눈치가 보입니다만, 그냥 두둑
하지 못한 배짱으로 진행을 하겠습니다.

사실 다시 생각해보면 성(性)이라는 것은 가장 아름다운 것 중에 하나입
니다. 모든 역사는 성이 있음으로 해서 이뤄지는 것이니까 말이지요.

이렇게 중요한 성이 언제부터인가 추악한 모습을 하고 종종 신문의 사회
면에 등장하게 되면서 이미지가 이상하게 되어갑니다만 원래의 성은 얼마
나 건강하고 활기찬 것인지 모르지요. 병들면 성에 대해서도 생각을 할 수
가 없으니까 말입니다.

성에 대한 이야기라고는 해도 체위가 어떻고 주기가 어떻고 하는 것하고
는 전혀 상관이 없습니다. 다만 숙명적으로 타고나는 성욕에 대한 문제를
좀 더 집중적으로 생각해보는 시간을 갖도록 하겠습니다. 성욕만 있다면
체위든 주기든 아무 상관이 없습니다. 그런데 부부가 잠자리를 하면서 한
쪽은 성욕이 넘치고 한쪽은 성욕이 메말라버린다면 이것은 참으로 심각한

문제가 됩니다.

　이러한 상황이 발생한다면 그 가정은 이미 붉은 신호등이 깜박이기 시작하는 것으로 봐도 충분합니다. 성욕이 넘치는 쪽은 뭔가 다른 대상을 찾아나설 것이고, 없는 쪽은 또 의심의 눈초리를 하고서 감시를 할 테니까요. 이러한 악순환이 오래 가지 못하고 폭발하면 당연한 순서로 이혼법정에 나란히 서게 되는 것이지요. 그래서 이러한 상황을 결혼하기 전에 미리 막을 수는 없을지 하는 생각도 듭니다만, 글쎄요……. 그렇게 만만한 일은 아니군요.

　우선 성욕이 많은 사람은 상대적으로 성욕이 강한 사람을 만나는 것이 최선입니다. 그러면 서로는 아무 문제가 없이 행복한 생활을 하게 되겠지요. 그리고 성욕이 적은 사람도 적은 사람끼리 결혼을 하면 됩니다. 역시 무슨 문제가 있을 것이 없겠군요. 이러한 것을 일러서 속궁합이라는 말도 합니다만, 참으로 중요한 문제로군요.

　요즘은 다행히도(?) 미리 속궁합을 맞춰보고서 맞으면 결혼을 하고 맞지 않으면 그만두기도 한다니까 참으로 영리한 세상입니다만, 이것도 그렇습니다. 총각시절의 능력(?)과 유부남이 된 후의 능력이 차이가 나고 여성도 마찬가지로 처녀적의 기교(?)와 아기를 낳고 나서의 욕구가 달라지는 경우가 왕왕 있다고 하니까 결혼 전에 미리 보는 속궁합도 다 믿을 것은 못된다고 하겠네요.

　그러면 문제는 사주팔자에는 이러한 암시가 어느 정도 등장을 하는가 하는 것이겠는데 아무래도 연관이 있을 것이라는 결론을 내려봅니다. 즉 이러한 결론을 내리는 것은 사주로 그 사람의 건강상태를 체크할 수가 있기 때문이지요. 연구편에서도 언급을 했습니다만 사주에서는 타고난 건강의 부조화를 읽을 수가 있기 때문입니다.

그렇다면 과연 자신의 절반을 함께 보낼 잠자리의 파트너는 과연 어떤 능력을 소유하고 있을 것인가 하는 문제는 아무리 할인을 해서 생각을 한다고 해도 결코 사소한 문제가 아니로군요. 그렇다면 최선을 다해서 분석을 해봐야 할 일입니다. 부끄럽고 쑥스러운 것이 문제가 아니지요. 사실 아침마다 활기에 넘치는 부부와 기가 죽은 부부를 생각해본다면 밥을 먹는 것만큼이나 이 문제는 중요하고 또 중요한 문제입니다.

이러한 생각으로 이번 항목을 마련했거니와, 아직도 성에 대해서 쑥스러움이 있으시다면 좀 더 과감하게 자신을 사랑하는 마음으로 자신의 모든 것에 대해서 긍정적으로 받아들이고 자신의 특징이 무엇인지를 분석해서 보다 행복한 결혼생활이 되어야 하겠네요. 우선 자신을 알아야 남을 알게 되는 이치는 이렇게 잠자리에 대해서도 훌륭하게 적용이 되는가 봅니다.

십성(十星)과 오욕(五慾)의 연관성

인간의 근본 욕망을 다섯 가지로 나눠서 오욕이 라고 합니다. 부처님의 말씀입니다만 이러한 근본 욕망이 십성이라는 구조와 어떤 연관성이 있지 않을까 해서 궁리를 해보려고 합니다. 이렇게 해서 타당한 이론이 나온 다면 자연스럽게 색욕(色慾)의 범주에 속하는 부부 애정의 근본문제를 이해하는데 보다 쉽게 접근을 할 방법이 될 수도 있을 법해서 이러한 망상을 일으켜봅니다. 그러면 우선 오욕에 대한 생각을 해보도록 하겠습니다.

◇ 음식욕(飮食慾) — 나를 생해주니 인성(印星)으로 본다.

음식이라는 것은 나를 길러주는 성분이니까 십성에서는 인성으로 보면 적절할 듯합니다. '사흘 굶어서 남의 집 담장을 넘지 않을 사람이 없다.' 라고 하는 말을 통해서 알 수 있듯이 어떻게 보면 가장 긴급한 욕망이라고 해야겠군요. 먹어야 산다는 명제는 인간을 예나 이제나 처참하게 만듭니다. '목구멍이 포도청'이라는 말도 그렇고 '수염이 열 자라도 먹어야 양반'이라는 말도 그렇습니다. 아무리 뭐니뭐니 하고 모양을 잡아도 먹지 않으면 살아날 방법이 없으니까 이러한 속담이 생겨난 것이겠지요.

어떻게 보면 가장 긴요한 사항이라고 생각이 되어서 오욕 중에서도 가장 기본이 되는 생존의 욕망이라고 하겠습니다. 이러한 성분은 십성에서 인성의 성분과 흡사하다고 보겠군요. 우선 사주를 볼 때 가장 먼저 찾는 것이 인성이니까 말이지요. 우선 내가 강한가 약한가를 판단하고 나서 비로소 여러 가지 조건에 대한 연구를 하게 되는 것을 보면 인성과 식욕(食慾)의 연결은 매우 밀접하다고 생각이 되는군요. 물론 음식을 먹는데 정편인을 나눌 필요는 없다고 봅니다만 연구를 하시는 벗님들을 위해서 낭월이의 생각을 말씀드린다면 정인은 생존을 위한 음식이고 편인은 유희를 위한 음식이 되지 않을까 하는 생각을 해봤습니다. 생존을 위한 음식이라면 밥이 되겠고, 유희를 위한 음식이라면 비타민이나 보약이 이에 해당하지 않을까 합니다.

◇ 색욕(色慾) ― 감정을 즐기는 것이니 식상(食傷)으로 본다.

색욕이라면 바로 이 항목에 적용이 될 성분이로군요. 사실 앞의 『적천수징의』에 있는 사주 예에서도 볼 수 있듯이 식상이 많은 사주는 색욕이 강하다는 느낌이 드는군요. 특히 남성보다는 여성에 있어서 그러한 변이 두드러진다고 하겠습니다. 식상을 함께 색욕으로 본다면 음양이 다른 상관은 신체적인 접촉을 통한 색욕으로써 그야말로 실제적인 쾌락이 된다고 보겠습니다. 어쩌면 거의 본능적으로 이끌리는 욕망이라고 하겠군요. 상관의 성분은 이렇게 직접적인 성욕이 된다고 보겠습니다.

다음으로 식신적인 색욕은 어떨까에 대해서 생각을 해봅니다. 요즘 하는 말로 '플라토닉 러브' 라는 말이 있군요. 이 말이 바로 식신적인 사랑이라고 봅니다. 낭월이가 영어가 짧아서 정확한 뜻은 모르겠습니다만, '분위기로 즐기는 사랑'이라던지, '정신적인 사랑' 을 의미하는 것이 아닌가 하는군요. 이러한 성분은 신체적인 결합을 하지 않고서도 얼마든지 색욕의 만족을 가져올 수가 있다고 보는 것이지요. 이것이 바로 식신적인 애욕이라고 보는 것입니다.

물론 둘 다 한쪽으로 치우치면 병이 될 것으로 보이는군요. 적절하게 식상이 배합을 이룬 정신적 사랑과 신체적 결합이 된다면 가장 아름답지 않을까 싶습니다. 그런데 신체적인 애욕을 중시하는 사람은 정신적인 결합에 대해서는 별로 탐탁하게 생각하지 않습니다. 용기 없는 못난이들의 사랑방법 정도로 보는 것 같군요. 그런가 하면 정신적인 사랑이 중요하다고 주장하는 식신파(?)들은 또 육체적인 사랑을 추구하는 사람들을 동물시(?)하고 있습니다. 물론 이 둘은 모두 한 가지만 추구한다면 합당한 사랑법이 아니라고 생각이 됩니다. 정신적인 결합과 육체적인 통합이 잘 이뤄지면 이것이 바로 '영혼과 육체의 결합'이 되지 않을까요?

◇ 재물욕(財物慾) — 재물로 보니까 재성(財星)으로 본다.

인간의 재물욕에 대해서는 더 이상 설명이 필요 없을 정도로 집요한 목적을 갖고 있지요. 어떻게 보면 모든 사회생활의 근본 바닥에는 재물의 획득을 위한 목적이 있다고 봐도 과언이 아닐 것으로 생각이 됩니다. 이러한 재물에 대한 욕망은 참으로 오래전인 원시 시절부터 있어 왔던 인간의 근본 욕망이라고 보겠습니다.

이러한 재물욕을 십성에 집어넣어 보면 당연이 재성이 차지하게 되겠군요. 재성은 이름에 걸맞게 더 이상 설명이 필요 없을 정도입니다. 사주에 재물욕이 많다면 그 사주를 끌고 다니는 주인공은 틀림없이 재물에 대한 유혹이 많습니다. 그래서 항상 재물창고를 채워야 한다는 강박관념으로 살지요. 그러다보니까 자연적으로 한 탕 해야 한다는 생각이 들기 쉽고 그래서 계획을 세워도 언제나 떼돈을 벌수가 있는 계획에 관심이 가기 마련입니다. 떼돈을 벌지 않으면 살아가는 목적이 없다는 듯이 말이지요. 사주용어로는 재다신약이라고 합니다만 이렇게 재성이 사주의 분위기를 이끌어 가는 사람은 재물욕이 구체적으로 나타난다고 보겠습니다.

　혹 남자에 있어서는 여자를 재성으로 본다는 생각으로 혼동이 되실지도 모르겠습니다. 재성이 여자가 되는 것은 사랑과는 별개로 오로지 여자이기 때문에 취하는 재성이라고 하겠습니다. 여자와 사랑이 밀접한 관계가 있는 것은 사실이지만 '여성=사랑'이 되는 것은 아니라는 생각으로 드리는 말씀입니다.

　그럼 사주에 재성이 없는 사람은 재물욕이 없겠는가 하는 점입니다. 그런데 사주에 재성이 전혀 없으면 재물에 대한 관념이 좀 희박한 것이 사실인 것 같습니다. 역시 사주에 강하게 이끌리는 성분의 영향을 받는다고 봐야 하겠군요. 다만 없는 것을 구하는 사람의 욕구가 있기 때문에 항상 재물에 대한 생각은 하고 있다고 보는 것이 타당합니다. 다만 실행이 잘 되지 않는 것이 다르겠군요. 그리고 보면 누구나 재물에 대한 욕망이 있는 것은 동일하지만 비교적으로 사주에 재성이 많은 사람이 그 욕망이 강하다고 보면 합당하겠습니다.

◇ 수면욕(睡眠慾) — 원기보충이니 견겁(肩劫)으로 본다.

일단 하루 종일 열심히 살고 난 다음에는 휴식이 필요합니다. 이 휴식은 에너지 재충전의 시간으로 설명을 하기도 합니다만, 일생을 통해서 볼 적에 모든 욕망보다도 시간을 많이 사용하는 것이 이 수면욕이 아닐까 하는 생각을 해봅니다. 낭월이는 이것을 비견과 겁재의 성분으로 보고 싶습니다. 왜냐하면 이 수면의 성분을 인성으로 볼 수도 있는데, 인성으로 볼 경우에 음식이 더 중요한가 잠자는 것이 더 중요한가 하는 문제를 생각해 보게 되는데, 아무래도 음식이 먼저라는 생각이 들어서 말이지요. 먹지 않고 잠을 자면 잠도 오지를 않는다고 합니다. 그리고 음식을 먹으면 자동으로 잠이 오기도 하지요. 이러한 연관성에서 볼 수가 있는데 음식은 인성의 작용으로 보고 이 수면욕은 견겁의 성분으로 봐도 되겠다는 것입니다.

또 한 가지는 사주에 견겁이 많은 사람은 게으름이 많은 편입니다. 게으름의 대표는 잠을 자는 것이라고 할 수도 있겠지요? 게으른 놈이 하는 일은 방구석에서 요를 두둑하게 깔고 24시간을 잠 속에 빠져 있는 것이 떠오를 정도니까요. 이러한 연유로 해서 견겁은 수면과도 통한다고 생각이 되는군요.

고문을 할 적에 잠을 재우지 않는 고문이 있다고 하더군요. 낭월이는 하루만 '올 나이트'를 하면 3일 간은 맥을 못추겠더군요. 물론 사람에 따라서는 며칠 밤을 새워도 거뜬할 수도 있겠습니다만 참으로 대단한 체력이라는 생각이 들었습니다. 이런 사람은 제쳐두고서 보통사람에게 잠을 못 자게 한다면 정신이 돌아버린다고 하더군요. 일주일 정도만 재우지 않으면 헛것이 보이기도 한다니까 잠이라는 에너지 충전도 참으로 중요하다고 밖에 할 수가 없군요.

◇ 명예욕(名譽慾) — 사회공헌도이니 관살(官殺)로 본다.

다섯 가지 욕망 중에서 그래도 나중에 나올 수 있는 성분입니다. 사실 우선 목구멍에 풀칠을 못해서 배가 고픈 사람은 명예도 돈도 다 싫을 것 입니다. 배가 부르고 나서야 비로소 명예라는 것에도 마음이 가게 될 것이므로 명예라는 것은 맨 나중에 둡니다. 그렇다고 해서 그 가치가 낮다고 볼 수는 없습니다.

어느 스님에게 들은 이야기인데요. 색욕(色慾)도 이길 수가 있고 식욕도 이길 수가 있는데 이 명예욕에 대한 것은 참으로 이기기가 어렵다고 하시더군요. 그만큼 대단한 위력을 갖고 있는 것이 명예욕인 모양입니다. 어떻게 보면 사회에 봉사를 하는 것도 이 명예욕이 있기 때문일 거라는 생각을 해봅니다. 봉사를 하고서 얻어지는 것은 오로지 명예입니다. 그 외에 다른 것은 없지요. 밥이 나오나? 돈이 나오나? 오히려 돈과 밥이 들어가야 봉사가 되니 말입니다. 그러면서도 명예를 버리지 못하고 매달리는 것은 그 이면에 이 욕망이 숨을 쉬고 있기 때문이 아닐는지요?

이렇게 오욕과 십성의 구조를 연결해봤습니다. 혹 읽으시면서 억지라고 생각이 되신다면 더욱 좋은 연결방법이나 그 이치를 궁리하시기 바랍니다. 낭월이의 궁리는 여기까지가 한계로군요. 하하.

남자의 성욕

우선 남자의 성욕이라는 것으로 이름을 달기는 했습니다만 어디서부터 언급을 해야 할는지 방법이 묘연하네요. 책을 뒤져봐도 어느 구석에서도 남자의 성욕에 대해서는 언급이 없습니다. 아무래도 낭월이가 또 쓸데없는 망상을 일으켜서 스스로 두통거리를 만드는 것이나 아닌지 모르겠습니다.

◇ 남자 성욕의 본질

기왕에 마음을 내었으니 말이 되든 말든 몇 마디 하기는 해야겠군요. 그래서 먼저 생각을 해본 것이 신체적으로 어떠한 오행이 성욕을 만들어 낼 것인가 하는 것에 초점을 맞춰보려고 합니다.

오행에서 생식기는 수가 관할합니다. 수는 저장과 창조의 통과장소니까요. 우선 성욕의 본질은 종족번식의 사명을 그 목표로 하는 것이지요. 그렇다면 자연히 종자(種子)의 번식에 대한 방향으로 화살을 돌리게 되고 그 결과 子水에게 가장 밀접한 관계가 있을 것으로 생각이 됩니다. 신체에서 생식기는 子水에게 그 몫이 돌아가게 되는데 천간으로는 癸水도 해당이 되겠습니다.

그렇다면 사주에서 가장 우선적으로 바라다봐야 할 것이 수의 동태가 될 모양입니다. 불길이 거센 사주보다는 습기가 많은 사주가 그 분위기에 어울리거든요. 성욕을 대칭해서 정력(精力)이라는 말로 사용하기도 하는데 여기서의 정(精)이라는 말은 역시 子水의 의미가 강하다고 생각되는군요.

◇ 성욕의 강약

참으로 유감스럽네요. 변강쇠나 금병매의 사주를 입수할 수가 있었다면 뭔가 힌트가 있을 법도 한데 말입니다. 천상 궁리를 통해서 추측을 해볼 도리밖에 없음을 아쉽게 생각합니다.

성욕도 건강해야 발생하는 것은 분명합니다. 건강이 약해지면 예쁜 미녀를 봐도 별로 마음이 동하지 않는다고 하는군요. 이렇게 본다면 오행의 기운이 상생으로 잘 짜여진 사주가 성욕도 좋을 것으로 생각되는군요. 반대로 서로 막혀서 기운이 통하지 않는 사주는 성적으로도 많은 문제점을 내포하고 있다고 추측을 할 수가 있겠습니다.

사주가 허약하고 수의 기운도 부족하고 충되고 혼탁한 사주는 여러 가지로 살아가는데 애로가 많겠습니다만, 우선 부인으로부터도 존경(?)을 받지 못하여 아침마다 찬밥이 된다면 사회에 나가서도 무슨 일이든지 의욕적으로 하기가 어려울 것이니 참으로 세상을 살아갈 맛이 나지 않을 가능성이 많겠습니다.

그러니까 스스로 이러한 상황에 처하신 남자 벗님들은 단단히 마음을 먹고 오행이 순일하게 흐르도록 최선을 다해야 하겠습니다. 그렇다고 해서 플레이보이들처럼 치마만 둘렀으면 달려드는 병적인 성욕도 문제는 문제입니다. 항상 사회에서 문제를 일으키는 것은 성욕이 과잉으로 넘치는 사람들이 주체를 못하고 방출하기 때문이라고 생각이 됩니다.

여자의 성욕

남자 벗님들 어지간히 등을 떠밀고 들어오세요. 여자의 성욕에 대해서 말씀드린다고 하니까 갑자기 방문이 미어터지는군요. 천천히 들어오셔도 앉을 자리는 충분합니다. 하하.

남자의 성욕에 대해서는 별로 이야기를 한 곳이 없는데 『적천수징의』에서 임철초 선생님이 여성의 성욕에 대해서 언급을 해주셨기 때문에 낭월이도 엄두를 냈습니다. 아주 넉넉하게 설명을 해두셔서 이제 낭월이는 이것부터 상세하게 해설을 해볼 참입니다. 그리고 남자의 경우에도 여자의 경우를 기준으로 해서 연구를 해본다면 어떤 방향이 삽히지 않을까 생각도 드는군요. 설명을 잘 들어보시고 그 핵심을 파악해주신다면 그 공덕은 낭월이 것이 아니라 임철초 선생님 몫이 되겠습니다.

(1) 일주가 왕하고 관성은 미약한데 재성이 없어서 일주가 능히 관성과 대항을 할 수 있는 사주

[설명] 일주가 왕하다는 말은 견겁이 많아서 신강이 되는 경우이겠습니다. 관성이 미약하다면 재성이 있어서 재생관을 해줘야 사주가 반듯하게 되고 기운이 통하게 되는데 그렇지를 못하고 일주에게 기운이 모여 있어서 관살을 무시하게 된다면 이러한 사주의 주인공은 음란하다는 말을 합니다.

(2) 일주가 왕하고 관성이 미약한데 또 식상이 많고 재성이 없어서 일주가 족히 관성을 속일 수 있는 사주

[설명] 역시 앞의 예와 비슷한데 신왕하고 관성이 미약한데, 이번에는 식상이 많이 있기도 하다는 말입니다. 그렇게 되면 더구나 재성이 관성을 보호해야 할 임무가 막중해지는데 재성이 없어서 일주가 관성을 속이게 되는 사주라고 합니다. 관성을 속인다는 말은 남편을 무시한다는 의미로서 앞의 예에서와 비슷하다고 하겠습니다. 그러면서도 좀 더 탁하겠군요.

(3) 일주가 왕하고 관성은 약한데 일주의 기운이 다른 글자를 생조해주러 가는 사주

[설명] 이 말은 약간 애매합니다. 일주가 왕하고 관성은 약하다는 말은 이해가 되는데 일주의 기운이 다른 글자를 생조해주러가는 글자가 뭘까요? 이 말은 아무래도 합의 작용을 말하는 듯합니다. 일주의 기운이 합의 작용으로 인해서 다른 오행을 생조해주려고 하는 분위기를 이렇게 말하신 것으로 이해가 되는군요. 결국 관성을 도우려고 하는 마음이 없다는 뜻인데, 그렇게 되어도 음란하다는 뜻입니다.

(4) 일주가 왕하고 관성은 약한데 관성의 기운이 일주와 합해서 화하는 사주

[설명] 이 말도 앞의 말과 비슷한 뜻으로 보입니다. 이번에는 관성의 기운이 일주와 합해서 일주의 기운으로 화하려고 하는 성분이 된다는 의미로 해석이 됩니다.

(5) 일주가 왕하고 관성이 약한데 관성의 기운이 일주의 세력에 의지하는 사주

[설명] 이러한 이야기라면 앞의 항목에 집어넣어도 될 듯한 상황입니다만 굳이 별도로 설명을 했군요.

(6) 일주가 왕한데 재성이 없고 식상이 있는데 인성을 만나서 일주가 스스로 더욱 왕성해지는 사주

[설명] 책에는 일주가 약한데······ 로 설명을 했습니다만 그래놓고 보니까 말이 되지를 않는군요. 아마도 일주가 약한데에서 '弱 = 旺' 의 잘못된 글자인 듯싶습니다. 이렇게 봐야 말이 되거든요. 식상이 있어서 일주의 왕한 기운을 설기하려고 하는 마당이라 다행이다 싶었는데 이번에는 또 인성이 있어서 식상을 극해버리고 설하는 기운을 제거시켜버린다는 의미로 보면 되겠습니다. 아무래도 이렇게 된다면 사주가 탁하겠군요.

(7) 일주가 왕하고 재성이 없는데 관성은 가볍고 식상은 중하여 관성이 의지할 곳이 없는 사주

[설명] 일주가 왕한 상황에서 관성을 용신으로 삼는데, 재성은 없고 식상만 강하다면 관성이 몸둘바를 모르겠군요. 이러한 상황은 관성이 용신인데

용신이 식상에게 깨어진 상황을 설명하는가 봅니다. 역시 이러한 명식도 음란하다고 말하는군요.

(8) 일주가 왕하고 관성은 무근(無根)인데 일주가 관성을 돌아다보지 않고 재성과 합하여 가버리는 사주

[설명] 역시 일주는 왕하고 보는군요. 그리고 관성이 무근하다는 것은 뿌리가 약하다는 말로 볼 적에 아마 천간에 무력하게 떠 있는 모양입니다. 그런데 일주는 관성을 무시하고 재성과 합해서 가버린다고 하는데 가버린다는 말은 재성이 관성을 생하지 못하도록 차단한다는 의미로서 가버린다고 말한 것으로 생각됩니다.

(9) 일주가 약한데 식상이 중하고 인수는 약한 사주

[설명] 일주가 강하기만한가 했더니 이제 약한 일주도 나옵니다. 일주가 약하다면 인성이 생조를 해야 하는데 인성은 약하고 식상은 강해서 약한 인성으로는 식상을 제압하지 못하게 되는 형상을 말합니다.

(10) 일주가 약한데 식상이 많고 인성은 없는 상태에서 재성이 있는 사주

[설명] 일주가 약하고 식상이 많다면, 인성이 있어야 함에도 불구하고 인성이 없다면 일주는 견디기가 어렵게 됩니다. 더구나 재성까지 있다면 일주로서는 자신의 본분을 지키고 있기가 매우 힘이 들겠군요.

(11) 식상이 월지를 잡고 재관은 세력을 잃어버린 사주

[설명] 이번에는 신강신약을 떠나서 이야기하는 것인가 봅니다. 식상이 월지를 장악하고 있는 상황에서 재성이나 관성은 세력을 잃고 있는 경우라

고 합니다. 역시 관성을 남편이라고 생각할 적에 식상이 월지를 장악하고 있고, 더욱이 재관까지 무력하여 남편이 발을 붙이지 못한다면 이것은 음란한 사주라고 보는 것입니다.

(12) 관성이 재성의 도움도 못 받고 있는데 비겁은 식상을 생조하고 있는 사주

[설명] 이렇게 생긴 사주라면 역시 관성을 깔보고 자기 멋대로 일을 할 가능성이 있겠습니다. 물론 옛날의 학자께서 보신 견해라서 요즘 시대에는 약간 수정을 해서 설명해야 될지도 모르겠습니다.

(13) 사주에 상관이 가득한데 재성이 없는 사주

[설명] 사주에 상관이 좌악 깔렸다면 재성으로 그 강한 기운을 유통시켜 주는 것이 반갑다고 하겠습니다만, 아쉽게도 그 재성이 없다면 역시 음란한 사주라고 보는 것입니다.

(14) 사주에 관성이 가득한데 인성이 없는 사주

[설명] 앞에서는 상관이 가득 깔렸다고 했는데 이번에는 관성이 좌악 깔린 상태입니다. 그렇다면 인성이 있어서 관생인(官生印)을 해줘서 일주를 보호해야 하는데 그 인성이 없는 경우로군요.

(15) 사주에 비겁이 가득한데 식상이 없는 사주

[설명] 이번에는 또 비겁이 가득 깔린 모양입니다. 이렇게 되면 어설픈 관살이 와도 다스리기 어렵겠는데, 그 흔한 식상도 하나 없다면 참으로 기운이 탁하겠습니다.

(16) 사주에 인성이 가득한데 재성이 없는 사주

[설명] 13, 14, 15, 16번에 해당하는 사주들은 모두 용신이 없는 형태라는 의미로 보면 되겠습니다. 이번 항목에서도 인성이 가득하다면 재성이 인성을 극해서 소통을 시켜줘야 하는데 그렇지가 못하면 기운이 탁해지는 것이로군요.

(17) 상관은 지나치게 많으면 못 쓰는데 상관이 첩첩하면 반드시 얼굴은 아름다우면서 색욕이 많고 상관에 신약한 상황에서 인성이 있거나 또는 신왕한데 재성이 있는 사주는 반드시 총명하면서도 얼굴도 곱고 또한 정조를 지키는 여자이다.

[설명] 이렇게 볼 적에 얼굴이 예쁘다고 해서 모두 인물값(?)을 한다고 볼 것도 아니라는 이야기입니다. 예쁘면서 정조를 지키는 여성도 있고 예쁘면서 헤픈 여성도 있다는 이야기로군요. 이러한 것들도 사주의 상황에 따라서 결정지어진다는 말씀으로 끝을 맺었습니다.

이렇게 여러 가지 사주의 상황에 따라서 설명을 해놓았습니다. 그리고 사주에 대해서도 예문이 많이 있군요. 이제 그러한 사주를 생각해보도록 하겠습니다. 물론 이러한 사주들을 실례로 들어두었기 때문에 여기에서도 인용을 해서 생각해볼 것입니다.

대개의 상황들을 한마디로 한다면 남편성이 무력하거나 너무 강하거나 용신이 탁하거나 또는 용신이 무력한 상황이면 음란하고 하천한 사주라고 생각을 하신 듯한데, 이러한 사주들과 함께 낭월이에게 상담을 했던 사주들을 살펴봄으로써 이러한 형상들에 대해서 감을 잡아보도록 하겠습니다.

◇ 불감증(不感症)도 생각해야 할 시대

그런데 『적천수』에서는 불감증에 대한 이야기는 전혀 보이지를 않는군요. 하기사 예전에는 아내가 불감증이면 감각이 예민한 첩을 들이면 되었으니까 크게 문제가 되지 않았을지도 모릅니다만, 요즘 같이 작은 부인을 두는 것이 금지가 되어 있는 시대에 있어서는 아내의 불감증도 보통 심각한 문제가 아닙니다. 예전에 일찍이 남편을 사별하고 일생을 홀가분(?)하게 살아가는 불감증의 여인에게 나라에서는 정절비를 세워줬습니다. 그래서 참으로 수지가 맞기도 했지요. 세상의 분위기가 이런 마당에 불감증은 오히려 귀부인이 될 수도 있는 행운(?)이라고 할 수도 있겠습니다. 수절을 하고 산다는 것을 낭월이는 그렇게 보고 있습니다. 물론 가끔은 참으로 자신의 성욕을 참아내고 일생을 혼자서 살기도 하겠지만 정욕이 넘치는 여성이라면 일생을 혼자서 산다는 것은 생각을 할 수도 없을 것입니다. 그래서 만들어진 방편이 바로 '보쌈'이라는 것이 아닐까 하고 생각해봅니다.

인간답게 살고는 싶은데 사회의 규범은 그러한 것을 용납하지 않고, 그래서 궁리를 하다가 만들어낸 것이 '수절 과부 보쌈하기'라는 절묘한 비법(!)을 만들어내게 된 것입니다. 그 속에 흐르는 마음은 이런 것이 아닐까요?

'나는 정절을 지키려고 했는데 보쌈을 당했으니 우짜면 좋노? 기왕에 버린 몸이니 새로운 마음으로 열심히 살아봐야제……'

아마도 이러한 핑계거리를 만들어주면서 인간이 인간답게 살아갈 방편을 열어준 것입니다. 그래서 일단 눈이 맞으면 보쌈이라는 방법을 강구하게 되는 것이지요. 물론 이러한 방법이 있었음에도 불구하고 오로지 혼자서 살기를 원한다면 아무도 말리지 못합니다. 이런 상태에서 만약에 보쌈을 한다면 스스로 칼을 물고 자결이라도 하겠지요. 그래서 수절을 하는 것도 불감증이 있을 적에 가능하다는 것입니다.

'이거야 말로 꿩먹고 알먹고네. 남편이 옆에 와서 귀찮게 하면 아프기만 하고 정말 재미없었는데 이제 그렇게 사람을 피곤하게 하던 남편도 죽고 재산은 많고 다시 남편을 맞아들이랄까 봐 겁나는데 혼자 살면 수절과부라고 표창까지 받으니 이거야 말로 수지맞는 장사네……'

설마 이렇게 까지야 생각을 하겠습니까만 전혀 이런 생각을 하지 않았다고 말하지도 못할 겁니다. 실제로 낭월이가 살아가면서 그러한 이야기를 하는 사람을 만나기도 했었거든요. 그 부인의 말로는 남편은 자꾸 옷보따리를 싸서 마당에 팽개치면서 친정으로 가라고 호통을 치고 시어머니는 자꾸 들어다 안방에 집어던지는 장면이 종종 연출되었다더군요. 결국 남편은 집을 나가서 새 부인을 맞이하여 동거하고 자신은 아이들의 교육상 서울로 올라가게 되었다는 이야기를 해주면서 자신의 불감증으로 인해서 남편이 고심하는 것을 나이 50이 넘어서야 알게 되었다고 하였습니다. 그러니까 실제로 불감증의 여인은 남자의 생리에 대해서 전혀 이해를 못하고 있다는 말도 되는군요.

요즘이야 교육수준이 높으니까 대략 짐작은 하겠습니다만, 참으로 불감증의 여성이 있기는 합니다. 그러니 그러한 여성을 아내로 맞이한 남편은 아마도 많은 갈등을 해야 할 것입니다. 이 사회는 여성의 과잉성욕은 지탄을 하면서도 불감증의 아내를 데리고 살면서 성적으로 스트레스를 받는 남편에 대해서는 또한 너그럽지 못하더군요. 그런데 묘하게도 이 전통(?)은 참으로 오랫동안 지켜지고 있군요. 즉 이 말씀을 드리는 이유는요……

'바람피우는 남편도 할 말은 있다.'고 하는 역성을 들어드리려고 그러는 것입니다. 이렇게 모든 사람의 심리에 대해서 공평한 생각으로 접근을 하고 평등한 안목으로 결론을 내려야 할 것이라는 생각이 드는군요. 윤리적이라느니 도덕적이라느니 하는 사회적인 관습을 떠나서 그야말로 본래 타고난 그대로의 모습에 의한 답을 찾아보고 싶은 것입니다.

결국 다시 생각해보면 모든 세상의 이치 중에서 가장 아름다운 것은 '중용(中庸)', '중화(中和)', '균형(均衡)'이라고 다시 말씀을 드리게 되는군요. 뭐든지 지나쳐도 밉상이고 부족해도 아쉽습니다. 항상 적절하게 균형을 이루면서 유지를 하고 있는 것이 참으로 아름다운 모습이라고 생각을 할 수밖에 없군요. 마치 외줄타기의 명수가 가느다란 줄 위에서 자신의 마음을 조절하면서 나아가고 물러나는 것이 아름다워 보이듯이 그렇게 모든 것에 대해서 지나치지도 부족하지도 않는 마음이야말로 참 행복으로 이끄는 열쇠라고 생각이 됩니다.

실제상황

坤命 : 戊申 甲寅 壬寅 丁未 (『滴天髓徵義』에서)

丁 未	壬 寅	甲 寅	戊 申

丙 午	丁 未	戊 申	己 酉	庚 戌	辛 亥	壬 子	癸 丑

이 사주는 임수가 초봄에 났는데 식상인 목이 너무 강해서 관성인 년간의 무토는 무력해졌습니다. 인신충은 본시 금극목이 되는 것이지만, 이 경우에는 오히려 목극금이 되어버린 상황이로군요. 그래서 관성인 무토는 의지할 바를 잃고 있는 상황입니다.

일주의 임수는 관살의 제함을 받지 않고서 그 성질대로 흘러가는 모습인데, 재성의 세력을 보고서는 자연스럽게 재성을 따라서 가는 형상이 됩니다. 실제로 남편은(아내로 인해서) 죽고 사업도 망해버렸는데, 아내는 자식을 버리고서 다른 남자를 따라서 가버렸답니다. 즉 사랑을 따라서 가버렸다는 말인가 본데 이 말을 보면 여자가 잘못 들어오면 남편을 죽일 수도 있다는 말이 헛말만은 아닌 모양입니다. 참으로 운명의 사슬이 무섭게 느껴지는군요.

坤命 : 丁未 乙巳 甲午 丁卯 (『滴天髓徵義』에서)

丁卯	甲午	乙巳	丁未

癸丑	壬子	辛亥	庚戌	己酉	戊申	丁未	丙午

이 사주는 갑오일주가 巳월의 화왕지절에 태어났군요. 천간에 정화가 둘이 있고 화의 세력도 맹렬하기 때문에 목의 기운을 지나치게 설기하고 있는 것이 보이는데도 사주에서는 물이 없기 때문에 어찌할 바가 없으니 부득이 시지의 겁재를 용신으로 삼습니다.

어려서 남방운에서 남편을 여의고 청상과부가 되었는데, 사람이 극히 총명하고 얼굴도 미모에다가 정조를 가볍게 여기는 마음으로 수절을 하지 못하더니 무신대운에는 木火와 전쟁을 하는 형국이니 더욱 그 욕망을 참지 못하였다고 합니다.

어쩌면 아내의 과잉성욕으로 인해서 남편이 조사(早死)를 했는지도 모르겠습니다. 식상이 성욕을 나타낸다고 생각했습니다만. 특히 상관은 육체적인 접촉을 중시하기 때문에 이러한 사주의 경우에도 정조를 지키기가 어려웠겠습니다. 우리 속담에도 음란한 여자를 보고서는 '남편을 넷은 잡아먹을 년' 이라는 말로 악담을 하는데 그러한 말을 듣는 여성은 '화냥끼' 라고 말하는 성욕과잉의 여성이 됩니다. 그런데 오행으로는 水가 성욕이라고 본다고 했습니다만, 수의 성욕은 종족보존을 위한 성욕이라고 하겠고, 식상은 쾌락을 위한 성욕이라고 할 수가 있겠네요.

坤命 : 戊午 乙丑 戊戌 丙辰 (『滴天髓徵義』에서)

丙辰	戊戌	乙丑	戊午

丁巳	戊午	己未	庚申	辛酉	壬戌	癸亥	甲子

무토가 축월에 나서 매우 왕합니다. 그리고 목은 상대적으로 시들어 있군요. 또 축토는 금의 창고이니까 辛金이 숨어있기도 하군요. 그래서 을목이 뿌리를 내리기가 만만치가 않습니다. 더구나 진술충으로 인해서 진중의 을목인 관성조차도 제거된 상태로군요. 더구나 인성은 또 일주를 생하고 있으니 일주로서는 족히 용신인 남편을 무시할 정도가 된다고 봅니다. 그래서 남편을 두고서 또 샛서방을 두고 외도를 했다는군요. 그리고 중간에 운이 서쪽 방향인 金으로 향하자 식상의 기운이 강화되어서는 그 음란함을

참을 수가 없어서 많은 스캔들을 만들었다고 합니다.

　요즘 같으면 참 대단한 여성이라고 하겠습니다만, 당시로서는 얼마나 많은 여인들로부터 멸시를 받았을는지 짐작이 되는군요. 아니 어쩌면 영화 '주홍글씨'에서처럼 그렇게 남의 스캔들에 관심을 보이는 것 자체가 자신도 그렇게 하고 싶으면서 막상 하지를 못하는 사람들이 이렇게나마 입방아를 찧음으로써 대리만족을 하는 것인지도 모르겠습니다. (너무 정곡을 찔렀나? 흐흐~.)

坤命 : 丁未 癸丑 庚子 丁亥 (『滴天髓徵義』에서)

丁亥	庚子	癸丑	丁未

辛酉	庚申	己未	戊午	丁巳	丙辰	乙卯	甲寅

　이 여성은 겨울에 태어난 금이라 불을 반기게 생겼습니다. 그런데 지지에는 해자축이 모여 있어서 과습한 것이 원하는 바가 아니로군요. 더구나 월간의 癸水는 丁火를 극하고 있고 丑未沖은 또 정화의 뿌리를 제거시키는 데 한몫을 한다고 봐야겠습니다. 오행에서 목이 없으니 생화(生化)의 정이 없는 구조라고 봅니다. 시간에도 정화가 있어서 반가운데 역시 뿌리가 없어서 허탈한 상황이로군요. 그러니 경금을 극제하기는 애초에 글렀다고 하겠습니다.

　이러한 연고로 해서 일간의 마음이 정화로 향하지 않을 것이라는 것을 알 수가 있는데, 역시 이 여인은 남편을 쳐다보고서 정갈하게 일생을 산 것이 아니라, 양화(楊花) 즉 노류장화(路柳墻花)의 직업여성이 되었다고 합니다. 노류장화는 길가의 버들가지나 담장의 꽃처럼 아무나 쉽게 꺾을 수가 있는 여성을 말하는 것이니 결국 화류계(花柳界)라는 말과도 같은 의미로군요. 이 여성은 한 남편을 의지하고 살기보다는 자신의 성욕을 따라서 식상의 흐름을 좇은 셈이 되는 것입니다. 물론 인성이 전혀 없으니 스스로 자제하는 마음이나 죄책감도 없었을 가능성이 많겠군요.

坤命 : 丁丑 壬子 辛巳 丙申 (『滴天髓徵義』에서)

丙 申	辛 巳	壬 子	丁 丑

庚 申	己 未	戊 午	丁 巳	丙 辰	乙 卯	甲 寅	癸 丑

이 사주의 주인공은 또 어떤 인생일까요? 년월간에서는 정임합으로 년월지에서는 자축합으로 천지합이 되어 있는 상황이로군요. 또 일시간은 병신합이 되고 일시지는 사신합으로 천지합이 되어 있는 상황이라서 특이하게도 사주 전체가 합으로 이뤄진 사주입니다. 합이라고 하는 것은 정이 많다는 의미인데, 사주에 관살은 또 셋이나 있군요.

원래 출신은 명문가의 소저였는데 남편이 과로로 인한 폐결핵으로 죽었다는데 역시 정이 많음으로 해서 남편을 밤마다 혹사시킨 것은 아닌지 콜롬보로 하여금 의문을 갖게 만드는 원인이 제공되는군요. 남편이 죽은 후로 음란하고 더러움을 참지 못하여 몸은 망가지고 이름은 찢어졌답니다. 그래서 시가에서도 쫓겨나고 친가에서도 받아들여주지 않아서 한 몸을 의탁할 곳이 없자 스스로 목을 매고 죽었는데 이 사주의 특징인 합이 많은 까닭이라고 결론을 내리게 되는군요.

천간 오합 중에서도 丙辛합은 유독 관성을 화해서 식상으로 만들어버리는 작용을 합니다. 그리고 사신합(巳申合)은 또 식상인 물로 변하는군요. 정임합은 재성인 나무로 화하는 성분이니까 이 여인의 마음 속에서는 남편인 丙火를 두고서 丁火를 생각하게 되니 이것이 실제적으로는 외도(外道)로 나타날 것이 분명하다고 보지요. 또 간지가 모두 합을 하고 있으니 다른 남자를 찾아가지는 않더라도 그 마음속에 품고 있는 남자가 있기 마련입니다.

이러한 연유로 해서 양갓집의 과부가 담장을 넘을 언약을 했다면 틀림없이 당시의 관습으로 봐서 스스로 자살을 할 수밖에 없는 환경의 압력이 있었을 것으로 미루어서 짐작이 되는군요.

坤命 : 戊子 戊午 癸酉 戊午 (『滴天髓徵義』에서)

戊午	癸酉	戊午	戊子

庚戌	辛亥	壬子	癸丑	甲寅	乙卯	丙辰	丁巳

이 사주도 한번 구경을 해봅시다. 계수가 오월에 생해서 천간에 있는 3 戊土와 합을 하고 있는 묘한 상황이로군요. 또 지지에서는 2午火가 용신인

유금을 극하고 있는 형상이 불길합니다.

세 명의 남자들 중에서 년간의 무토는 월시의 무토에 비해서 뿌리를 얻지 못했으므로 무력합니다. 그래서 본 남편을 버려두고서 돌아보지를 않았지요. 운이 乙卯가 되자, 목생화가 되어서 월시의 양 무토가 생을 만나지만 년간의 무토는 오히려 생조를 받지 못하고 극을 받게 되는 형상이 되어서 남편이 병들어 죽게 되는 원인이 되었답니다. 그 후에는 거리낄 것도 없이 이 남자 저 남자의 품을 전전해서 더러웠다는 말이 적혀 있는데 지금의 말로 한다면 더럽다는 말 대신으로 자유로웠다는 말을 하는 것이 어울릴 듯하군요.

이와 같이 『적천수징의』에 예문으로 들고 있는 사주를 몇 가지 간추려서 살펴봤습니다. 가장 두드러지는 것은 식상의 과잉이로군요. 다음으로는 합이 많은 것도 주의를 해봐야 할 대목인 것 같고 또 관살이 무력한 것도 여성이 염문을 퍼뜨릴 수 있는 소지가 된다는 점은 일말의 인간적인 이해가 되기도 합니다. 남편이 자신의 임무(?)를 충실히 해주지 않으면 다른 곳에서 그 대상을 찾게 되는 것이 일단 본능이라고 해야 할 테니까 말입니다. 그래서 마누라가 바람을 피우는 것에도 할 말이 있다고 하는 것일까요?

아마도 모든 것이 이유가 있다고 생각을 합니다. 절대적으로 한쪽만 나쁜 경우는 없거든요. 교통사고를 내도 대개는 쌍방과실이라고 하는 말을 들어볼 적에 남녀의 문제에 있어서도 이 이야기는 적용이 되어야 할 듯싶군요.

이번에는 낭월이가 만나본 여인들 중에서 몇 개의 사주를 찾아보겠습니다. 아무래도 부끄러운 이야기가 될 수도 있기 때문에 본인의 실체가 노출되지 않도록 각별히 주의를 해서 설명을 할 참입니다. 그렇다고 해서 실제적인 내용을 거짓으로 말씀드릴 수는 없는 일이고 다만 이름은 사실과 다르더라도 상관이 없겠기에 허위로 기재를 하렵니다.

坤命 : 己亥 戊辰 丙戌 戊戌 정상희(가명, 경남 밀양)

戊戌	丙戌	戊辰	己亥

71	61	51	41	31	21	11	01
丙子	乙亥	甲戌	癸酉	壬申	辛未	庚午	己巳

우선 이 사주를 살펴보건대 辰월의 丙火가 식상이 태왕(太旺)하군요. 남편성인 亥水는 년지에 있으므로 부부간에 연령 차이가 좀 날 수 있겠다는 말을 합니다. 7살의 차이가 나는데 이 정도면 적지 않은 연령 차이라고 봐도 되겠군요. 그리고 관성이 무력한 상황에서 재성의 생조가 없습니다. 이렇게 되면 (11)번 항목에 영락없이 해당이 되고 있습니다. (11)번에는 '시상이 월지를 잡고 재관은 세력을 잃어버린 경우'라고 했거든요. 낭월이가 『적천수징의』를 매우 존중하는 이유가 바로 이러한 곳에 있습니다. 너무도 자세하게 그 내용에 대해서 핵심을 짚어내고 있으니까 말입니다. 이 사주의 주인공은 남편을 과히 존중하지 않더군요.

항상 남편이 돈을 적게 벌어오는 것에 대해서만 불평을 하고 자신은 어디로 그렇게 쏘다니는지 항상 분주합니다. 남편도 눈치는 채고 있는 것 같은데, 시끄럽게 해봐야 창피스럽다고 생각을 하는지 그냥 덮어두는 모양입니다. 그렇게 살아가는 형상이 두 부부간에 비치는 모습입니다.

이 부인은 병화일주로서 식신과 상관이 태왕한데, 이렇게 강한 식상으로 인해서 허영기가 상당히 있습니다. 형편이 되거나 말거나 자신의 장신구는 고급으로 해야 합니다. 낭월이가 보기에도 과분하다고 생각될 정도로 사치스럽게 느껴지더군요. 사치라는 것은 남에게 잘 보이겠다는 희망인데 이러한 마음은 식상에서 드러난다고 보입니다. 눈웃음을 살살 치면서 이야기하는 것을 보면서 정말 끼가 있다는 생각이 들게 되더군요. 사주를 들여다보면서 '역시 팔자는 속일 수가 없구나.' 하는 생각을 해본 사람입니다.

그런데 식신은 가깝고 상관은 먼 것으로 봐서 실제로 육체적인 방탕함보다는 정신적안 향락을 지향하는 면이 더 강하다고 생각이 됩니다. 그렇다고는 해도 식신이 많으면 상관처럼 행동한다고 했으니 귀하지 않은 것은 역시 어쩔 수가 없군요. 워낙에 남편이 원만한 사람이라서 잘 컨트롤하고 살아가는 듯합니다.

坤命 : 甲辰 丙子 甲午 丙寅 김명옥(가명, 충남 보령)

丙寅	甲午	丙子	甲辰

71	61	51	41	31	21	11	01
戊辰	己巳	庚午	辛未	壬申	癸酉	甲戌	乙亥

이 여인은 다방을 전전하는 여인이었습니다. 물론 앞의 사주와 마찬가지로 상담을 통해서 이야기를 들었는데, 사주를 보면 도덕성을 나타내는 관살이 전혀 없군요. 사실은 관살이 없다고 해서 도덕적이시 않다는 것은 아닙니다. 관살이 전혀 없더라도 착실하게 가정을 돌보면서 남편을 출세시키는 사주는 이미 앞에서 봤습니다.

그런데 이 사주는 신약한 甲木이 인성의 보살핌을 받아야 하는데도 불구하고 자오충으로 인해서 인성을 거부하고 있네요. 이렇게 되면 용신을 멀리하는 상황이 되므로 일단 흉상으로 봐집니다. 거기에다가 식상이 왕성한 것은 이미 앞의 사주와 비슷하다고 하겠습니다. 앞의 사주는 그래도 가정을 꾸리고 있는데 비해서 이 사주는 아예 가정을 생각지 않고 다방으로 전전하면서 생활을 하는 모양입니다. 여기에는 충맞은 상관(傷官)이 일지에 있다는 점이 한몫을 하는 것으로 생각이 됩니다.

용신은 약하고 자신의 욕망은 가깝다 보니까 결국 몸을 이용해서라도 돈을 벌어볼 궁리를 하는 것이 아닐까 하는 생각을 해보게 되는군요. 그런데 낭월이는 이러한 사주를 보면서도 분명히 다방에서 차를 나르지만 몸을 팔지 않는 여성이 더 많을 것이라고 생각을 합니다. 그래서 직업이 문제가 아니라 자신의 타고난 사주팔자가 문제라고 생각하는 것이지요. 이 여인도 인성이 충돌만 되지 않았더라도 타고난 미모와 재능을 십분 발휘해서 가정을 가꾸는 데에 전념을 하게 되었을 것입니다. 다만 이렇게 사주가 암시를 하는 대로 이끌려가는 운명이 안쓰러울 뿐이지요.

坤命 : 戊子 丙辰 乙丑 丙戌 우영실(가명, 충남 천안)

丙 戌	乙 丑	丙 辰	戊 子

72	62	52	42	32	22	12	02
戊 申	己 酉	庚 戌	辛 亥	壬 子	癸 丑	甲 寅	乙 卯

이 여성도 직업여성입니다. 나이 42세가 되어서도 차를 들고 배달을 다

니는 신세였습니다. 이 사주는 辰월의 乙木이로군요. 을목의 마음은 화초와 같은 마음이라고 볼 수도 있는데 과연 이 여성을 보면서 '남들이 예쁘다고 해주는 말을 먹고 사는 여성' 이라는 생각이 들었습니다. 을목의 좌우에 丙火상관이 버티고 있으니까 자신의 잘난 맛에 산다고 말을 할 수도 있겠습니다.

목마른 나무가 물을 찾아야 하는 것이 오행의 균형입니다만, 인성은 멀고 재성은 가까우니 학교에서 배운 윤리관보다는 현장에서 배운 돈의 위력에 더 매력을 느끼는 마음이지요. 더구나 관살은 축 중에 辛金, 술 중에 辛金이 있지만 모두 흙 속에 파묻혀서 전혀 나타날 기미가 없으니 도덕관념도 땅에 떨어져 있다고 생각이 됩니다. 그냥 자신의 미모를 이용해서 돈이나 벌면 되겠다는 생각이 이 여인의 사전을 온통 장식하고 있는 것인지도 모르겠군요. 그래서 '내 사전에는 미모와 돈밖에 없다.' 하는 마음으로 오늘도 주름이 늘어가는 얼굴을 거울에 비춰보면서 한숨을 쉬고 있지나 않을는지 모르겠다는 생각이 문득 드는군요. 금년 병자년으로 나이도 마흔아홉이나 되었군요. 아무래도 아직까지 차를 팔지는 못할 거고…….

坤命 : 庚戌 癸未 丙申 己亥 강갑숙(가명, 강원도 정선)

己	丙	癸	庚
亥	申	未	戌

73	63	53	43	33	23	13	03
乙	丙	丁	戊	己	庚	辛	壬
亥	子	丑	寅	卯	辰	巳	午

이 사주는 참으로 감사를 해야 할 사주입니다. 낭월이가 역학동호회의 명리마당에다가 '스스로 불감증이나 성욕이 지나치다고 생각되는 벗님들 중에서 자료를 공개해도 좋다고 생각되시는 분께서는 개인적인 메일로 보내주시면 고맙겠다.'고 공지를 했었는데 그 글을 보고서 이렇게 자료를 보내주신 사주입니다.

부끄럽지만 낭월이의 사주연구에 도움이 된다면 기꺼이 드리겠다는 말씀이 얼마나 고마운지 낭월이를 이렇게 믿고 계시는 벗님들이 있으시구나 하는 생각을 하게 되었던 기억이 납니다.

물론 이러한 소중한 자료들은 명리학의 연구를 위해서 좋은 자료로 활용이 될 것입니다. 이 자리를 빌어서 이렇게 어려운 자료를 보내주신 벗님들께 깊은 감사의 마음을 표합니다. 그렇지만 잠시 성욕이라는 것에 유혹을 받았다가 금년부터는 주변을 정리하고 다시 자신의 위치를 찾으셨다는 말씀을 주셨군요.

사주를 보면 未月의 丙火로서 월지상관이로군요. 그리고 시간에도 상관이 투출한 것으로 미루어봐서 상당히 얼굴도 미인일 것으로 생각이 됩니다. 그리고 정편관이 있기도 하니까 아마 주변에서 남성들이 가만히 두지를 않았을 거라는 생각도 드는군요. 여기서도 중요한 것은 어김없이 식상이 강하다는 점입니다. 그리고 관살이 중복되어 있는 것도 그러한 암시가 될 수가 있다고 생각되는군요. 물론 중요한 것은 스스로 타고난 운명을 어떻게 컨트롤하면서 자신의 삶을 살아갈 수가 있을 것인가가 중요하겠지요. 그냥 생긴대로 이끌려갈 것인가 아니면 스스로 조정을 해서 살아갈 것인가 하는 것은 전적으로 자신의 몫입니다.

경술생이라면 이제 27세인데 벌써 사주공부를 이 정도로 하고 있을 수준이라면 아마도 보다 멋지고 행복한 결혼생활을 할 수가 있는 실마리를 분

명히 찾아낼 것으로 낭월이는 믿습니다. 자신의 사주도 모르고서 운명을
개척한다는 말은 뜬구름이라고 생각하니까요.

坤命 : 庚戌 己丑 丙辰 辛卯 오혜령(가명, 강원도 정선)

辛 卯	丙 辰	己 丑	庚 戌

78	68	58	48	38	28	18	08
辛 巳	壬 午	癸 未	甲 申	乙 酉	丙 戌	丁 亥	戊 子

역시 게시판에서 글을 읽고서 보내주신 자료입니다. 이 사주를 소개하신
분의 말씀으로는 본인이 자신의 성욕이 매우 강하다고 이야기를 해주었답
니다. 사실 낭월이가 이렇게 여성의 성욕에 대한 자료를 구하려면 스스로
몸을 던져야(!) 하는데 허준 선생님처럼 불타는 연구심으로 자신의 몸을 던
져서라도 연구를 해야 하겠습니다만, 금전적인 문제도 그렇고 직업이 명색
이 스님인데 자료를 구한다고는 하지만 남들이 어디 그렇게 순수하게 봐주
겠어요?
"중이 염불에는 마음이 없고……."
라는 말로 탓을 한다면 낭월이로서는 어디가서 변명이라도 해보겠어요?
정말 낭월이는 이러한 것을 핑계 삼아서 즐거움을 찾을 엄두는 나지 않거
든요. (근데 누가 이 말을 다 믿을까. 흐흐~.)
그런데 이 사주도 어김없이 식상이 참으로 강하다고 생각이 되는군요.
더욱이 丙辛합까지 있는 상황이로군요. 앞의 사주처럼 월령상관이라는 점

이 서로 공통인데 미월보다도 축월에는 불의 설기가 심하므로 자신의 욕구를 표현하는 데에도 더욱 적극적으로 되는 것이 아닐까 싶습니다. 그리고 앞의 사주는 그래도 관살이 옆에 버티고 있어서 윤리감이 앞선다고 한다면 이 사주는 관살이 지장간에 숨어 있으니 그러한 마음도 부족할 것으로 생각됩니다.

坤命 : 癸巳 乙丑 辛巳 己亥 고영순(가명, 경기도 안성)

己	辛	乙	癸
亥	巳	丑	巳

80	70	60	50	40	30	20	10
癸	壬	辛	庚	己	戊	丁	丙
酉	申	未	午	巳	辰	卯	寅

이 사주는 어떻게 보이시는지요? 하도 성욕이 강한 사주만 보여드려서 벗님들 눈을 버릴까봐 염려스러운 낭월이가 이번에는 불감증이 분명할 것으로 보이는 사주를 골라서 마무리 겸 내놓아 봤습니다.

상황을 들어보면 첫 번째의 남편은 이혼을 한 후에 자살을 했다고 합니다. 불감증이 너무 심하다는 것을 스스로도 판단을 하고서 여러 가지 방법을 활용해봤습니다만, 별로 신통한 효험이 없었나 봅니다. 지금도 성생활은 거의 하지 않고 두 번째 남편은 그 스트레스를 밖에서 해소하느라고 애인을 두고 있는 듯하다고 합니다.

이러한 상황을 알고서 사주에 대입해서 설명을 해보려고 합니다만 얼핏 떠오르는 장면이 없군요. 이것 참 난감합니다. 뭔가 힌트를 얻어내야 이렇게 자료를 보내주신 벗님들께 보답이 될 터인데 어디서부터 손을 대야 할지 만만치가 않군요.

다만 느낌은 이렇습니다. 축월신금인데 관성과 인성이 가까이 붙어 있군요. 관성은 도덕감이고 인성은 윤리감이라고 보고 시지에 있는 해수는 여지껏 다뤄온 대로 성욕이라고 보겠습니다. 그런데 도덕감과 윤리감은 비슷해 보이지요? 낭월이도 그렇게 생각을 하면서도 구분을 해봅니다. 구태여 풀이를 해본다면 도덕감은 공개념으로서의 규범 또는 공공의 법이나 질서를 의미한다고 생각하고 윤리감이라는 것은 공공의 개념보다는 주관적인 개념으로서의 도덕을 의미한다고 보면 되지 않을까 싶습니다. 그리고 윤리는 가정적인 도리이고 도덕은 사회적인 도덕이라고 봐도 될 듯싶군요. 그런데 너무 어려운 말을 나열하는 듯해서 좀 면구스럽구먼요. 낭월이의 표현능력의 한계라고 이해를 해주시기 바라겠습니다.

각설하고 이 여인의 경우에는 월지가 인성이로군요. 상관을 극하는 성분이기 때문에 어떻게 보면 반대의 오행이라고 해도 되겠습니다. 그리고 식상은 극제를 받고 있기 때문에 욕구는 있으면서도 실제로는 그 능력이 발휘되지 못하는 것이 아닐까 하는 생각을 해봅니다. 그리고 합은 전혀 없고 오히려 충돌이 있군요. 바로 사해충이 버티고 있기 때문에 어쩌면 성욕을 일으키는 데 장애가 되는지도 모르겠습니다.

대충 이러한 정도의 추측만 해봅니다. 그렇지만 전혀 근거가 없다고는 생각되지 않는군요. 이렇게 실제로 불감증이라고 판단되는 자료가 또한 흔하지를 않는 것이 아쉽습니다만 어쩔 도리가 없군요. 남편이 바람을 피운다고 해서 그러한 남자의 부인이 모두다 불감증이라고 볼 수는 없는 일이니 말입니다.

다음에 소개하는 사주도 역시 불감증에 해당하는 여성입니다. 사주의 형상을 살펴보면 진월의 계수가 약하다고 봐야 하겠군요. 그리고 식상도 없고, 조열한 분위기가 맴돌고 있습니다. 이러한 상황에서의 성욕은 '별로'라고 봐도 좋을 듯합니다. 앞의 불감증에 대한 상황을 설명드리면서 이야기를 했던 부인입니다. 과연 그러한 분위기가 느껴지는군요. 인성이 용신이라고 볼 적에 난잡하게 행동을 하기는 어려울 것으로 보입니다. 스스로

坤命 : 庚午 庚辰 癸巳 丁巳 고순영(가명, 충남 예산)

丁巳	癸巳	庚辰	庚午

73	63	53	43	33	23	13	03
壬申	癸酉	甲戌	乙亥	丙子	丁丑	戊寅	己卯

고단한 운명으로 힘겹게 살아가는 사주라고 봐야겠군요. 자식들하고 서울로 이동을 해서 온갖 노동을 해가면서 공부를 시켰는데 그러면서도 한눈을 팔지는 않았다고 하더군요. 그래서 자식들에게는 당당한 어머니가 되었습니다만 그렇게 한눈을 팔지 않을 수 있었던 것은 스스로 성욕이 없어서였다는 것을 생각해보지 않을 수가 없군요. 아마도 밤마다 남성이 그리웠다면 그렇게 당당하게 살 수만은 없었을 것입니다. 하긴 그랬다면 애초에 남편에게 버림을 받지도 않았겠지요?

이 부인께서 이야기를 해주신 것 중에 생각나는 것이 있는데, 나이 50이 넘어서 애인을 만났는데, 그때야 비로소 쾌락이 무엇인가를 알게 되었다는

말을 하더군요. 그 당시의 운이라고 한다면 甲木대운이라고 하겠는데 묘하게도 상관에 해당하는 글자가 대운에 버티고 있군요. 이것이 아마도 무슨 연관이 있을 것으로 생각해봅니다. 즉 상관의 운이 되어서야 자신의 설하고자 하는 욕구가 눈을 떴다고 생각을 해보자는 것이지요.

다만 여기서는 상관이 없으면서 인성이 강하다는 것이 중요하다고 말씀을 드려야겠는데 상관이 없더라도 인성이 약하면 또한 음란하다는 설명이 『적천수징의』에 보이기 때문입니다. 이러한 여러 가지의 정황을 생각해보면서 참으로 행복한 가정을 꾸리는 데는 어떠한 조건이 있어야 하는지를 생각해보게 됩니다. 학식, 재산, 자식, 능력 모두 필요합니다만 그 중에서도 가장 기본적인 성욕에 대한 비중은 대단히 크다고 할 수 있겠군요.

부부간의 노력

이제 이 항목도 마무리를 해야 할까 봅니다. 각기 타고난 운명의 작용을 잘 활용해서 어떻게 하면 보다 행복하고 의미 있는 삶이 될 것인가를 진지하게 생각하고 연구합니다만, 실제로 행복하다고 느끼는 사람도 있겠지만 대개는 왠지 자신의 배우자에 대해서 불만족한 마음을 품고 살아가고 있을 것으로 봅니다. 그 바닥에는 기대심리와 현실의 차이에서 오는 오차가 있겠지요. 그리고 또 한 가지는 자신의 사주구조를 바로 이해하지 못한데서 오는 망상도 분명히 한 몫을 하고 있을 것으로 생각됩니다.

즉 자신이 타고난 선천적인 구조를 무시하고서 항상 불화의 화살을 배우자에게만 돌리다 보면 결국 그 결합은 깨어지는 도리밖에 없지요. 모든 일이 다 그렇겠습니다만 부부관계의 일은 특히나 참으로 자신의 상황을 바로 이해하고 상대방의 상황을 이해한다면 아마도 지금보다 훨씬 화목한 가정이 되지 않을까 생각해봅니다.

　이렇게 낭월이가 아는 것 모르는 것을 모두 동원해서 설명을 드리고 있는 이유도 어떻게 하면 보다 행복한 삶이 되는데 도움이 될까 하는 마음이 앞서기 때문입니다. 그래서 특별히 부부의 장에 대해서는 지면을 많이 할애했습니다. 가장 중요한 인생의 항로에 동반자로서 그 역할은 지대하다고 믿기 때문입니다. 이러한 노력이 나중에는 더욱 깊이 있는 부부 애정학에 좋은 윤활유가 되어서 보다 행복한 인생의 삶에 보탬이 되었으면 하는 것이 낭월이의 조그마한 바람이라는 것을 말씀드리면서 이번 항목을 마무리합니다.

제3부

사주
심리학

사람이라고 하는 몸뚱이를 이끌고 다니는 실체가 바로 마음이라고 흔히 말합니다. 그리고 이 마음이라는 구조에 대해서는 다각적으로 연구를 해 오고 있기도 합니다만 아직도 실체를 정확하게 파악했다고는 볼 수가 없을 것입니다. 그 이유는 여러 가지가 있겠습니다만 가장 큰 이유는 그 실체를 보고 만질 수가 없다는 점이겠지요. 이 마음이 시시각각으로 변화를 일으키다 보니까 어느 것이 본래의 참마음인지 알기가 여간 어려운 것이 아니지요. 이 점이 본질에 접근하는데 매우 난해한 장벽이라고 생각을 해 봅니다.

불교에서 수행을 하는 것도 이 마음을 파악하려고 하는 면이 많다고 생각됩니다. 불교의 가르침은 원래는 몸과 마음을 함께 균형 있게 다스려야 한다는 가르침이었던 것 같습니다만, 세월이 흐르다 보니까 이제는 마음만이 중요하다고 생각하는 사람들이 모여서 연구하는 선불교(禪佛敎)가 있기도 하군요. 참선을 하면 자신의 본래 면목을 알아내게 되고 그러면 견성(見性)을 했다고 합니다.

이렇게 여러 방면에서 이 마음의 본질을 파악하려고 심혈을 기울이고 있는 와중에 낭월이도 사람의 마음을 알아보겠다고 창을 들고 풍차로 달려들고 있는 것입니다. 음양오행의 학문이 사람의 본질을 다루는 학문인 바에야 당연히 사람을 움직이는 그 마음에 대해서도 뭔가 힌트를 삼을 것이 있을 것이라는 생각으로 이렇게 궁리를 하게 되었네요. 사주학을 연구하면서 특히 심리적인 면에 대한 관심을 갖고서 항상 살펴보게 되었는데, 사주심리학이 체계적이고 현실적인 설명이 부족해서 학문으로서 대접을 받기에는 부족함이 있었다고 해야 하겠습니다.

그런데 대만에서 나온『팔자심리학』이라는 책을 구해서 읽으면서 뭔가 가닥이 잡힐 것 같다는 생각이 들어서 한동안 궁리와 실험을 하였던 것이 이러한 이야기를 하게 된 계기가 되는군요. 이 부분에 관계된 좋은 서적으로는 하건충(何建忠)의『팔자심리추명학(八字心理推命學)』, 화제관주(花提館主)의『명학신의(命學新義)』, 이철필(李鐵筆)의『팔자심리학(八字心理學)』 등 이라고 봅니다. 이러한 좋은 자료를 얻을 수 있었기 때문에 낭월이의 심리학에 대한 접근이 가능했다고 생각되는군요. 이러한 연구를 해주신 여러 선생님들의 노고에 감사를 드리는 마음을 항상 갖고 있습니다.

앞에서 이미 '사주심리학 맛보기' 겸해서 부부간에 대한 생각을 이리저리 둘러봤습니다. 배우자라는 것을 응용해서 기본적으로 움직이는 마음의 구조가 어떻게 반응을 하는가에 대해서 먼저 생각을 해본 다음에 그 마음이 움직이는 근원에 대해서 생각해보도록 하려고 했습니다. 그런데 서론 삼아서 이야기를 꺼낸 것 치고는 너무 말이 길어진 듯하군요. 그 이유는 워낙 부부간의 문제는 중요하기 때문에 말을 꺼내기만 하면 그칠 줄을 모르는 모양입니다. 이제부터는 본격적으로 인간이 태어날 직에 갖고 오는 근본성격을 구체적으로 파헤쳐 봐야겠는데, 이것도 그리 간단한 문제가 아니어서 항상 고민에 싸여 있기도 합니다.

마음이라는 물건은 양파의 껍질과도 같아서 벗겨도 벗겨도 그 속을 알기가 어려운 것이니까요. 그리고 하루에도 열두 번씩 변하는 것이니 이 녀석의 본색을 파악한다는 것은 참으로 만만한 일이 아니라고 생각이 되기는 합니다. 따라서 불가에서는 예로부터 이 마음이 무엇인지를 알면 도를 통했다고 하는가 봅니다. 마음을 보았다고 하는 말이 '견성(見性)' 인데, 자신의 본성품을 보았다는 뜻인가 보군요. 이것만 알면 생노병사(生老病死)의 굴레로부터 벗어난다고 하는 것인데 과연 이러한 본성품을 사주학이라는 구멍을 통해서 어느 정도나 살필 수가 있을는지는 장담을 못하겠군요.

선가(禪家)에서는 그 마음에 대해서 알아보려고 제자들이 스승께 질문을 하면 "마음이 부처" 라느니, "똥 젓는 막대" 라느니, "뜨락에 잣나무" 라고 하는 등 온갖 알 수 없는 말씀으로 답변을 해주신 것이 1700가지나 있다고 합니다. 만약에 마음이 무엇인가를 묻는데 "죽이나 먹었는가?" 라고 한다면 벗님들은 어떻게 나오실는지 궁금하기도 하군요. 하하.

그렇지만 여기에서는 그런 현학적인 선문답(禪問答)은 하지 않습니다. 그러한 문답은 선방에서 정진하시는 스님들의 몫으로 남겨두고서 우리는 얄팍한(?) 지식에 의지해서 마음이라고 하는 물건이 어떻게 움직이고 있는지를 파악해보는 것을 그 목적으로 삼겠습니다. 그렇지만 그 내용적인 면에서는 결코 얄팍하지 않다는 것을 스스로 느끼시게 될 것이라고 확신합니다. 그렇게 마음의 이치를 궁구하다가 자신의 본마음을 깨달아버리면 그때는 이미 부처라고 하겠습니다. 부디 그러한 변화가 벗님께도 일어나기를 빕니다.

마음이라는 구조가 대단히 복잡하고 다양한 구조를 갖고 있다고 하겠는데 비록 복잡하기는 하겠지만 그 바닥을 흐르고 있는 그 어떤 질서는 있을 것입니다. 이제 그 질서를 찾아서 틀리지 않게 읽어보는 방법에 대해서 생각해보는 마당이로군요. 이 책의 본론에 해당하는 항목이기도 합니다. 물론 낭월이의 주된 관심사이기도 하다는 것은 더 말할 것도 없지요.

※ 심리학이 필요한 이유

낭월이가 항상 생각을 하는 것이 바로 사람의 몸을 움직이는 것의 주체에 대해서입니다. 절에서 다리를 틀고서 궁리를 해보는 것도 바로 이 스스로도 알 수가 없는 마음의 정체를 파악하기 위해서였는데 이제 음양오행의 이지를 궁구하면서 또다시 그 마음을 읽어볼 방법이 있다는 것을 발견하고서는 얼마나 반가웠는지 벗님들은 모르실 겁니다.

낭월이가 일찌거니 절밥을 먹다가 보니까 불교의 사상이 유심론인 성향이 많다는 것을 알게 되고, 그러한 영향인지는 몰라도 몸을 움직이는 것이 마음이라는 것을 항상 염두에 두고 있습니다. 그러다 보니까 운명의 영향을 가장 먼저 받아들이는 것이 마음이라고 생각을 하게 되는 것입니다. 마음이 우선 운명에 대한 흐름을 감시하고서 몸에게 명령을 내리게 되고, 그렇게 해서 비로소 길흉이라는 작용이 나타나게 되는 것이지요. 그러니까 다른 말로 한다면

'길흉의 작용이 이미 마음에서 먼저 일어나고 실제의 길흉은 그 결과를 확인하는 것에 불과하다.'

는 의미입니다. 이 몸이라는 것은 마음이 시키는 대로 움직이는 허수아비에 불과하기 때문이지요. 그러니까 만약에 이 마음이 움직이는 형태를 미리 알 수가 있다면 인간을 이해하는데 더욱 유리할 것이라는 생각을 하게 됩니다. 그래서 이 분야에 대한 이론에 관심을 갖게 되었고 심리학에 대한 서적도 약간 읽어보았습니다. 그러면서 심리학이라는 이론이 사주학에다가 연관을 지어도 설명이 가능하겠다는 생각을 하게 되었는데, 이미 명학의 선배님들도 인간의 심리구조를 사주학이라는 이론으로 표현을 하였던 것입니다.

처음에 사주공부를 했을 적에는 사주라는 것이 기껏 미래의 길흉에 대해서나 생각하는 것이 고작이라는 생각을 했습니다만, 시간이 흐르면서 생각이 바뀝니다. 요즘은 사주공부가 인간의 본성을 이해하는 학문이라는 생각을 하고 있습니다. 자기 자신도 미쳐 못 느끼는 잠재의식까지도 미리 알 수가 있을 것이라는 생각을 해보기도 합니다. 물론 낭월이의 망상이 될런지는 모르겠습니다만, 겉으로 나타나는 마음이라고 하는 구조와 겉으로 나타나지 않고 있는 본성이라고 하는 구조를 읽어볼 수가 있을 것이라는 생각을 하게 되었습니다.

이제부터 이러한 원리를 이해하기 위해서 설명을 드릴 참입니다. 잘만 연구한다면 자신의 이성친구가 어떠한 이성에게 성적인 매력을 느끼게 되는지도 알게 될 수 있을 것입니다. 어떤 여성은 우람한 체격의 남성을 보면서 성적인 매력을 느낍니다만 또 다른 여성은 병약해 보이는 남성에게서 이성의 매력을 느끼기도 합니다. 이러한 것도 미리 읽어볼 수가 있는 것이 바로 사주학이라는 생각을 하고서 오늘도 연구를 하고 있습니다.

이렇게 기초이론을 정리하면 벗님들께서는 각자 이러한 이론을 실제로 인간에게 적용시켜보면서 더욱 치밀하게 연구를 하셔야겠지요. 낭월이가 떠벌여놓은 것이 차차로 인간심리에 접목이 되어서 불행해지는 이웃의 고뇌를 이해하도록 하는데 자그마한 밑거름이 되기를 바라는 마음입니다. 그럼 차근차근 그 근본 원리를 생각하시면서 다음 공부에 임해주시기 부탁드립니다.

마음의 음양오행

마음의 음양

어차피 이 학문의 본질이 음양오행인 바에야 철두철미하게 하나에서부터 열까지 모두 음양오행의 눈으로 보고 듣고 생각해야 하겠군요. 그리고 눈에 보이지 않는 것조차도 이 음양오행의 그물을 벗어나지는 못할 것이라는 용감한 투쟁정신으로 세심하게 관찰을 해야 하겠습니다. 그렇게 하지 않고서는 이 베일에 싸인 음양오행의 심오한 이치는 하늘에 뜬 구름과도 같이 우리의 주위를 스치고 지나가고 말 것 같군요. 이번에는 다시 음양의 이치로서 마음을 조명해보고 싶어서 서두에 잔뜩 기운을 넣고 있는 낭월입니다. 하하.

(1) 양간(陽干)의 구조 — 감정형
양간은 항상 직선적이고 거취가 분명한 특징이 있습니다. 그리고 물욕도 상당하고 자신의 의사를 명확하게 표현하는 것도 대체로 양호하다고 생각이 되는군요. 이러한 상황을 고려해 볼 때 그 바탕에는 감정적인 성분이 숨쉬고 있다는 생각이 드는군요. 그리고 남의 지배를 받기 싫어하는 면도 역시 양적인 성분이라고 볼 적에 이러한 궁리는 타당성이 있어 보인다는 생각입니다.

그래서 양간은 크게 나눠서 감정형이라는 기준을 세워봅니다. 감정형이라는 것은 자신의 의도대로 모든 것을 처리하는 면이 있습니다. 즉 '기분이 내키는 대로' 하는 가능성이 많지요. 기분이라는 것은 수시로 변화를 하는 것인데 그러한 기분에 따라서 행동을 하는 사람과 하지 않는 사람이 있습니다. 그리고 그러한 기분대로 행동을 하는 사람을 다분히 기분파라는 말로 표현합니다. 그 기분파라는 사람들은 대개가 양간의 형태를 띠게 된다는 점이 흥미롭습니다.

갑목의 적극성이나 병화의 맹렬함, 무토의 고집, 그리고 경금의 강인함과 임수의 활발함도 모두 적극적인 면이 강하다고 생각이 되는군요. 이러한 구조를 보면서 양간의 특징이 공통적으로 있겠다는 생각을 하게 되는 것입니다. 그 공통적이라는 것은 바로 五合에 대해서 생각을 해보는 것입니다.

※ 양간은 재(財)와 합(合)한다.

이것이 그 특징입니다. 재성이라는 것은 내가 마음대로 조정을 하는 것인데 양간은 자신의 주장대로 일을 처리하려고 하는 성분이 강한 반면에 남의 지배를 받으려고 하는 성분은 떨어지는 것이 보통입니다. 그러한 면에서 자신의 관심사인 간합에 대한 생각을 해볼 때 모든 양간은 재와 합한다는 것을 알 수가 있겠는데, 과연 지배를 하는 것에 매력을 느낀다는 점에 공통점이 있다는 것이 분명하군요. 양간은 자신의 감정대로 일을 처리하려고 하는 성분이면서 물질에 대해서 지배를 하려고 하는 성분이라고 보겠습니다. 이러한 면은 감정적인 형태로 나타나게 되는데 그래서 양간의 기본 구조는 감정형이라는 말로 대신해보게 됩니다.

(2) 음간(陰干)의 구조 — 이성형

양간과 상대적인 안목으로 음간을 관찰하면 답은 이미 나와 있을 것입니다. 음간의 다소곳함이라든지 소극적인 면은 항상 행동에 앞서서 생각을 하게 되는 성분이라고 하겠습니다. 양간이 생각하기 이전에 행동을 하는 성분이라고 보는 것도 물론 당연하지요. 여기에서 두 음양의 성격이 드러난다는 생각이 드는 것입니다.

음간은 이성적입니다. 남이 약을 올리면 즉시로 분통이 터지는 것은 음간이나 양간이나 다를 것이 없습니다. 양간은 당장에 코피가 터지더라도 '오냐 ~! 그래 나도 사람이니 한 번 해보자~!' 하는 기분으로 대항을 하게 됩니다.

그런데 음간은 약간 다릅니다. '그래 분통은 터지는데…… 내가 지금 대항을 하다가 더 큰 상처를 받으면 오히려 더욱 손해를 보게 되는 것이 아닌가…… 그러니까 우선은 가만히 있다가 저 녀석이 잠을 잘적에 냅다 코를 한방 때리고 도망가면 안전하게 복수를 할 수 있을 거야.' 하는 궁리를 하게 됩니다. 이렇게 궁리를 한 후에는 화를 내지 않고 그냥 참습니다. 이러한 성분은 목에 칼이 들어와도 할 말은 해야 하는 성분과는 상당히 대조적이라고 하겠군요.

이러한 말씀을 드리다 보니까 문득 낭월이의 어린 시절이 생각나는군요. 안면도 창기초등학교를 다니는데, 타관으로 이사를 가서 살다가 보니 항상 주눅이 들었던 모양입니다. 우선 언어부터가 충청도에서도 가장 느리다는 서산에서, 가장 빠른 경상도 사투리를 사용하려다 보니까 항상 이방인 취급을 받기가 일쑤였거든요. 하루는 혼자서 집으로 돌아오는 중인데 앞쪽에 한 학년이 낮은 친구가 친구들 서너 명과 쉬고 있는 곳을 지나치게 되었습니다. 그 친구는 학년은 낮았지만 당시에는 입학하는 연령이 통일이 되어 있지 않았던지 저보다 더 위였던 것 같군요. 그 녀석이 덩치는 황소처럼 큼 직해 가지고 기운도 꽤 센 편이었습니다. 평소에는 별로 나를 괴롭히지 않 았는데 그 날은 이 친구도 심심했던지 길가에 떨어진 막대기를 주워서는 집적거리기 시작했습니다.

처음에는 그냥 내 갈 길만 재촉했지요. 원래가 어려서도 약골이었으니 분명히 대항을 해봐야 코피가 터지는 도리밖에 없다는 간단한 답이 나오더 군요. 이 녀석도 조금 하다가는.재미가 없으면 그만둘 거라는 생각으로 그 냥 걸음을 재촉했습니다. 그런데 자꾸 따라오면서 집적이니까 슬그머니 부 화가 나더군요. 그래서 쳐다봤습니다. 그만 했으면 좋겠다는 마음으로 말 이지요. 그런데 이 녀석이 갑자기 가방을 집어던지더니 하는 소리가, "얼 라~! 째려보네 ~~!" 하는 것이었습니다. 물론 당장에 한 주먹 날아올 기세 였지요.

'에고 오늘은 일진이 사납구나……. 조용히 얻어맞자…….' 하는 마음으 로 걸음만 재촉했는데 이 녀석이 뒷덜미를 잡더군요. 그래서 멈추는 도리 밖에 없었습니다. 그런데 바로 그때 기가 막히게도 어머니께서 마주오고 있다가 그 장면을 목격했습니다. 그 친구는 어머니를 몰라보지요. 자꾸 추 근거리다가는 된통으로 야단을 맞았습니다. 그제서야 나는 어머니를 보면 서 싱긋 웃었지요. 참기를 잘했다는 마음으로 말입니다.

그러나 그 장면을 어머니께서 멀리서 보셨을 테니 얼마나 마음이 아프셨 겠습니까? 그렇지만 그냥 조용히 집으로 돌아갔습니다. 아마도 그때의 어 머니 마음은 '에구, 박복한 녀석……. 가난한 부모 만나서 이렇게 천리타향 에 끌려와서는 학교를 다니면서 타관을 타는구나. 고향에서만 같아도 감히 어느 녀석이 그라랴……. 불쌍한 것. 쯧쯧.' 이런 생각을 하셨다는 것이 원 래부터 감수성이 예민한 제 눈에 여지없이 포착이 되더군요.

한동안 그때의 장면을 생각하면 울화가 치밀었습니다만 어쩔 도리가 없었지요. 그 녀석은 힘이 세고 나는 약했으니 달리 도리가 없었던 것입니다. 그래서 또한 이렇게 비겁한 자신이 미웠지요.

지금 와서 생각해보면 참으로 환경도 중요하겠습니다만 그 근본적인 것은 음간이었다는 점입니다. 음간이기에 그러한 치욕(?)을 당하면서도 꼼짝없이 죽은 척하는 것이지요. 아직도 그때의 장면을 생각하면 눈에 선하게 떠오르거든요. 이렇게 저장성이 좋은 것이 음간인가 보군요.

물론 음간도 음간 나름이겠습니다만 낭월이에게는 음간의 특성이라고 생각을 하게 되었습니다. 나중에 근 20년 후에 그 친구를 만났습니다. 웃으면서 인사를 했지요. 그러면서도 속으로는 그 장면이 즉시로 떠올랐습니다. 그러니 만약에 그 친구가 더욱 심한 모욕을 가했다면 20년이 지났다고 해도 그러한 순간에 칼로 찔렀을 가능성도 전혀 없다고는 장담 못하겠군요. 20년이 지나도 잊지 않는 것이 기토일까요? 아니면 낭월이만 그럴까요?

이러한 특성을 '이성적(理性的)'이라는 말로 미화시켜 봅니다. 기분에 따라서 행동을 하지 않는 것이지요. 그래서 남들은 얌전하다는 말을 합니다만 생각을 먼저 하고서 행동을 하는 것이 바로 음간이라는 구조라고 생각을 하게 되는 것도 물론 자신의 마음을 살펴서 궁리를 하는 것이지요. 소설가의 소설이 많이 팔리는 것은 자신의 이야기를 썼을 때라고 하더군요. 그 속에는 생명력과 현실이 있기 때문일 것입니다. 낭월이도 음양오행을 궁리하는데 가장 먼저 자신의 사고방식에 대입을 하게 됩니다. 그리고서 타당성이 있다고 판단되면 비로소 이웃에게 접목을 시켜서 확대해나가지요.

※ 음간은 관(官)과 합한다

양간이 재와 합하는데 반해서 음간은 관과 합을 하는군요. 이 정관이라는 것은 보나마나 이성적인 구조로 짜여져 있습니다. 정관이라는 것이 일간과 합을 하는 성분이니까 당연히 그 본성에는 정관적인 성분이 있게 마련이라는 생각을 해보는 것입니다. 물론 사주 내에서는 전혀 정관하고 합이 되어 있지 않더라도 말이지요. 기본적으로 음간은 정관, 즉 이성적인 구조와 합이 되어있다고 보자는 것입니다.

이러한 이유에서 양간은 감정적이고 음간은 이성적이라는 생각을 하게 됩니다. 어쩌면 이렇게 학문을 연구하고 정리하고 발표하는 것도 음간이기에 더욱 유리한지도 모르겠습니다. 만약에 양간이라면 생각나는 대로 행동을 하게 될 가능성이 높고 그렇다면 이렇게 치밀한, 어떻게 보면 자잘하고 시시콜콜한 상태로 하나하나를 살펴나가는 것과는 전혀 다른 결과가 될 것입니다. 음양이라는 성격의 구조를 이렇게 행동파와 이성파로 나눠서 생각을 해보는 것도 심리의 구조를 크게 살피는 대목에서는 유익함이 있을 것으로 생각되어서 잠시 수선을 피워봤습니다.

마음의 오행

마음의 음양에 대해서 생각을 해본 김에 이번에는 마음의 오행에 대해서도 정리를 해버리자고 이런 항목을 만들어봤습니다만 약간의 망설임이 있군요. 별것은 아니고요.

가령 목의 마음에 대해서 이야기를 하면서 목의 마음에서도 음에 속하는 마음과 양에 속하는 마음이 있을 법한데, 그러한 상황으로 전개가 된다면 결국은 십간의 마음이 되고 말거라는 말씀입니다. 그렇다면 별도로 십간의 마음에 대해서는 생각을 할 필요가 없어지는데, 그렇다고 십간의 마음에 대해서 생각을 해보지 않을 수는 없는 일이니……. 그래서 오행의 마음은 생략을 하고 십간의 마음에서 분석을 해보는 것이 좋을 것이라는 생각이 드는군요.

그렇지만 그냥 지나가기에는 서운하다고 생각이 되시는 벗님들을 위해서 간략하게 한번 오행에 대해서만 생각을 해보고 넘어가도록 하겠습니다. 오행의 마음과 십간의 마음은 다소 차이가 있다는 점을 말씀드려야겠군요. 그 이유는 십간이 이미 어떤 형태로 고정이 되어버린 상황이라고 본다면 오행의 마음은 아직 특별한 형태로 고정이 되어버리기 이전의 오행이 갖는 마음이라고나 해볼까요? 반드시 일치하는 이야기는 아니라고 하더라도 십간이 생각하지 않는 상태에서의 오행이라는 점을 염두에 두시고서 생각을 해보는 것이 좋을 것이라는 생각을 해봤습니다.

(1) 木의 마음 — 하늘 끝까지 자라고 싶다

이러한 생각이 목의 속에 자라고 있을 거라고 전제를 해봅니다. 목의 마음이라는 것이 별다르겠습니까? 나무가 어떻게 행동을 하고 있는가 하고 살피면서 뭔가 떠오르는 느낌이 있다면 그것이 바로 목이 품고 있는 마음이 아니겠는가 하는 생각을 해보는 낭월입니다.

목이라는 성분은 앞으로만 나가는 성분이라는 것을 주변의 산천초목에서 읽어봅니다. 자연은 항상 정직하거든요. 그래서 자연에서 그 형상을 취할 적에는 그대로를 믿어버립니다. 인간은 기기묘묘한 계산속에서 이해타산이 개입되어 얄궂은 형상으로 변형이 되기도 하기 때문에 모델로 사용하기에는 적합지 못한 존재라고 생각이 되어서 말이지요. 그리고 또 한 가지는 인간의 구조는 오행 중에서 어느 한 가지만의 작용이 아니라는 점입니다. 단순히 일간(日干)을 그 사람의 본체로 본다고 한다면 여기에는 자칫 실수를 범하게 될 가능성이 매우 높습니다.

그 사람의 기본적인 구조에서는 일간이 지대한 영향을 미치는 것이 사실입니다만, 중요한 것은 일간만이 정신적인 구조에 영향을 주는 것이 아니라고 하는 점입니다. 일간이 주변의 어느 글자와 합이 되어 있거나, 극이 되어 있다면 그 마음은 일차적으로 왜곡이 됩니다. 그리고 일지에 있는 글자의 모양에 따라서도 분명히 영향을 받을 것입니다.

그뿐만이 아니지요. 월지와 일지 혹은 시지와 일지와의 관계에서도 합을 하거나 충을 하는 관계에 의해서 당연히 변화가 있게 마련입니다. 이것을 이차적인 변화라고 보겠습니다. 이러한 모든 변수를 생각한다면 기본적인 일간의 마음은 글자만 같을 뿐이고 실제적으로 갖고 있는 현실적인 마음은 다종다양할 수밖에 없다는 결론을 내는 데 모순을 느끼지는 않을 것입니다.

이러한 문제는 결국 십간의 성격구조를 이해하는데 혼동을 초래하게 될 소지가 충분하다고 보는 것입니다. 그러면서도 일간의 마음을 헤아려 보는 것은 그 기본골격은 갖고 있기 때문입니다. 그런데 여기서는 다른 모든 상황에 대해서 생각을 하지 않고 오직 순수한 오행의 기본적인 마음에 대해서만 생각을 해보자는 것이지요. 이 정도로 설명을 드리면 충분히 헤아리셨을 것으로 생각되는군요. 그럼 또 이야기를 진행해보겠습니다.

목의 행태를 볼 석에 '미래지향적' 이라는 생각이 듭니다. 목은 항상 앞을 내다보고서 진행을 하고 있는 형상이거든요. 가장 목을 대표하는 용어라고 생각이 되는군요. 미래를 중시하는 사람에게는 마무리를 요구하면 싫어합니다. 미래라고 하는 성분에는 마무리를 하라는 명령 체계가 수용될 공간이 없기 때문입니다.

입으로는 지금의 현실을 이야기하면서도 마음은 5년 혹은 10년 후의 일에 대해서 생각을 하고 있습니다. 방문하는 분들 중에서도 그러한 성격이 나타나는 경우를 왕왕 봅니다만 목에 해당하는 성분의 일주들은 항상 먼 미래에 대한 상황까지도 설명을 해드려야 좋아합니다. 당장 눈앞의 문제만 해결하면 된다는 생각으로 이야기하면 계속 앞으로는 어떻게 될 것인가를 묻습니다.

현실보다는 미래에 더욱 관심이 가는 성품이 목이라는 성분에 존재하고 있다는 것을 느끼게 하는 것이지요. 그러한 고객에게는 과거에 어떻게 살아왔겠다는 이야기 정도는 별로 감흥을 주지 못합니다. '그야 아무렴 어떤가? 중요한 것은 미래지…….' 하는 마음이기 때문입니다. 그래서 목의 마음은 미래지향적이라는 말로 대표자를 정해보는 것입니다.

(2) 火의 마음 — 콩이야 팥이야

불을 보면서 불의 마음을 생각해봅니다. 불은 가장 강열하게 자기 자신의 에너지를 소모하는 성분이라고 하겠군요. 자신의 에너지를 태워서 주위를 밝히는 성분이라고 보겠습니다. 요즘은 더욱이 전기의 역할이 불을 밝히는 것이 전부가 아니지요? 날이 더울 적에는 에어컨을 가동시키는데 사용됨으로 이때의 전기는 오히려 동결시키는데 작용하는군요. 냉장고에 사용되는 전기도 같은 이치겠지요.

그렇지만 그렇게 인간이 만들어놓은 것을 갖고서 본원을 살피려고 하면 항상 착오를 일으킬 가능성이 높다는 것을 주의해야 합니다. 자연의 본체에서는 불이 얼음을 만드는 이치가 없으니까 말이지요. 언제나 현상을 관찰할 적에는 그 이치가 자연에도 부합이 되는지를 살피는 것에 소홀히 하면 곤란하겠습니다.

자연에서의 불이라는 성분을 보면서 그 밝음을 취합니다. 불은 밝은 것이므로 어두운 것을 없애주는 작용을 하는 것이로군요. 그러한 성분의 속마음도 역시 밝음이라고 봐야 하겠습니다.

밝음이라는 것은 세세하게 분류를 합니다. 그래서 콩인지 팥인지를 가리는 것이지요. 사돈에 팔촌까지 시시콜콜하게 분류를 하는 것도 불의 특징이라고 볼 적에 남의 상에 무엇을 어디에 놓는가 하는 것은 불에게 있어서는 매우 중요한 대목입니다. 다른 성분이야 그러한 것에 신경을 쓰지 않습니다만, 유독 불이라는 구조는 그러한 것을 살피는데 탁월한 재능이 있습니다. 그래서 오상(五常)에서도 불은 예(禮)를 담당하게 되었을까요? 이러한 성분에서 불의 마음을 살피게 됩니다.

우선 그 자리에서 결말을 봐야 합니다. 나중에 생각해보는 것은 있을 수가 없습니다. 그래서 때와 장소를 가리지 않고서 아랫사람을 나무라는 상사는 항상 남들에게 두려운 존재로 비치게 마련이지요. 그러한 상사의 옆에는 가려고 하지 않습니다. 옆에 있다가는 갑자기 무슨 지적을 받을지 모르기 때문입니다.

이러한 성분을 보면서 낭월이는 불이라는 구조는 '현실적' 이라는 생각을 하게 됩니다. 앞에서 목은 미래지향적인 마음이라고 했습니다만 이 불은 미래라는 것에는 미련도 없습니다. 오직 지금 여기에서 모든 것을 인식하고 있는 성분이라고 하겠군요. 그래서 불은 현실적인 성분이 매우 강하다고 봅니다. 불의 마음을 갖고 있는 사람도 그러한 영향을 받겠지요. 생을 모든 지금 이 순간의 연속이라고 보는 것입니다. 불가의 선사(禪師) 중에서 운문스님이란 분이 계신데 그 스님의 노래를 들으면서 낭월이는 '아마도 불의 영향을 많이 받았을 것이다' 하는 생각을 해보게 됩니다.

오늘 하루 즐거우면 그만인 것(日日是好日)

오늘이 즐거우면 한 달도 즐거운 것(月月是好月)

한 달이 즐거우면 일 년도 즐거울거니…(年年是好年)

이러한 노래를 읽으면서 낙천적이라는 생각을 해봅니다. 어쩌면 불의 영향을 받고 있다는 생각이 듭니다. '오늘을 즐겁게 살자. 아니 지금 이 순간을 즐겁게 살자. 지금 이 시간을 즐겁게 살지 못하면 오늘 하루도 재미있게 살기는 글렀다.' 하는 의미가 되겠군요. 이것이 불의 마음이라고 생각해보았습니다. 불의 성분은 발산하는 것이거든요. 그래서 기왕이면 즐거운 발산을 하자는 것입니다.

흔히들 불교는 죽은 다음에 복을 받기 위해서 믿는 내세적인 종교라고 말하는 사람이 있습니다. 그런데 막상 불교를 공부해보면 그것은 선입견에 불과하고 실은 가장 지금 이 순간에 어떻게 하면 즐겁게 살 수가 있을 것인가를 연구하는 종교라는 생각이 듭니다. 운문선사의 노래를 읽어보면서 과연 내세에 대한 종교라는 느낌이 드시는지요?

그래서 불교일까요? 불교는 불을 좋아하는지, 처음에 출가를 해서 계를 받을 적에도 팔에다가 촛불로 지져버리더니 기도를 할 적에도 촛불과 향불을 피우고 합니다. 그런데 더욱 묘한 것은 나중에 죽고 나면 아예 장작을 쌓아놓고서는 불로 태워버리는 것이지요. 이렇게 불을 좋아하니까 불교라고 하는 것이라는 말이 된다는 농담이었습니다. 하하.

(3) 土의 마음 ― 니 좋을 대로 하세요

토는 수수방관을 하는 분위기에 어울리는 마음을 갖고 있습니다. 목이 미래지향적이라고 하고 화는 현실적이라고 하는 특성이 있다고 한다면 토는 '아무렴 어떤가?' 하는 분위기의 마음이라고 하겠습니다. 중간에 있다는 것만으로도 그러한 형상은 느낄 수가 있겠습니다만, 토의 구조는 원래 일정한 특색이 없는 성분이기에 그런 것이 아닌가 하는 생각을 해봅니다.

토의 마음은 상황 따라서 형편 따라서 지켜본 후에 결정을 내리겠다는 느긋한 마음이 깔려 있습니다. 그래서 서두르는 것을 좋아하는 사람이 볼 적에는 답답해서 못 보겠다는 말을 하게 됩니다. 이쯤에서 슬그머니 지역 감정을 한번 부추겨볼까요? 망국의 병이라고 하면서도 선거철만 되면 어김없이 등장을 하는 지역감정이지요? 그런데 출마를 한 사람은 지역감정을 부추기면 몰표가 나오기 때문에 그 좋은 미끼를 그냥 두고 사용하지 않기란 참으로 어렵다고 하더군요. 그래서 역시 목적에 따라서는 뭐든지 활용을 하는 정치꾼들에게는 어쩔 수 없는 현실이로구나 하는 생각을 해봤던 적이 있습니다.

한반도에서는 충청도를 일러서 토라고 하고 충청도에 있는 계룡산은 중악(中岳)이라는 말로 표현합니다. 그리고 그 계룡산에 산신제단이 신원사 경내에 있는데 이름하여 중악단(中岳壇)이라고 합니다. 그래서 충청도가 중간인 토의 형상을 갖고 있다고 하는데 여기에서 충청도 사람의 심성을 한번 살펴봅니다. 낭월이가 살고 있는 곳이 충청도 논산땅이니까 아마도 충청도의 마음에 대해서 약간은 거론을 할 자격이 있다고 생각이 되는군요. 하하.

충청도를 일러서 멍청도라고 했대서 한참 시끌시끌했습니다만 사실 멍청도라는 말을 들을 적에 참으로 중간이라는 말에 어울린다고 생각했습니다. 남 보기에 서둘지도 않고 자신의 의견이 강력하게 있는 것도 아닌 사람이라고 한다면 충청도 사람일 것입니다. 반면에 화의 성분이 많다는 경상도 사람을 생각해보세요. 그 활발함과 솔직함과 거침없음이라는 구조는 참으로 불의 마음이라고 하기에 전혀 손색이 없다고 해도 낭월이가 허풍을 떤다고 하실 벗님은 계시지 않을 것입니다.

충청도 사람이라는 특색은 물에 물 탄 듯이 술에 술 탄 듯이 그렇게 개성이 없어 보이는 것입니다. 이렇게 개성이 없는 성품이 바로 토의 마음이라고 생각을 해볼 요량이지요. 충청도의 진미는 사투리입니다. 느긋~ 하게 늘어지는 충청도의 말은 경상도 사람을 갑갑하게 만듭니다. 이야기를 듣다가 질식해버리겠다고 투덜대는 사람은 보나마나 경상도 사람입니다. 충청도의 마음은 이렇게 느긋하고 한가해서 분주할 겨를이 없는 것이지요. 이러한 대목에서 토의 마음을 헤아려보면 좋겠군요.

이상하게도 사람은 다 다르고 성격도 다 다른데 그 고장의 고유한 특성이 있다는 것은 참으로 묘하거든요. 중국사람을 만만디라는 말로 표현합니다만 한국의 중국사람은 충청도사람이라고 하겠습니다. 그런데 중국이라는 말도 오행의 관점에서 보면 토라는 개념이 포함되어 있거든요. 토를 중앙이라고 보니까 말이지요. 그리고 보면 중국사람들의 만만디나 중국의 국명은 서로 연관이 되어 있다는 이야기도 되는군요.

토의 이야기를 하면서 온갖 사람들을 다 끌어다 넣습니다. 그 이유는 바로 토의 마음을 헤아리기가 어렵다는 점도 있다는 것을 말씀드리지 않을 수가 없군요. 일단 이 정도로 해서 토의 마음에 대한 항목을 마감할까 합니다.

(4) 金의 마음 — 의리에 살고 의리에 죽자

木火土를 거쳐서 이제 金의 언저리에 도달했습니다. 금에 오면 앞으로 나가는 성분이라기보다는 머무름에 더 어울립니다. 그래선지 한번 자리를 잡은 바위덩어리는 천년만년이 지나가도 자리를 옮길 줄 모르고 그 자리에 박혀 있군요. 앞으로 가봤자 별 수가 없으니 그냥 그 자리에 있는 것인가 요? 바위는 물이 필요한 것도 아니고, 나무가 필요한 것도 아니고, 전혀 필요한 것이 없습니다. 그래서 아무데나 앉으면 그곳이 내 집이요 내 고향인 셈이군요. 이러한 현상을 보면서 금이라는 오행은 두고 보자는 속셈이 있다고 하겠습니다.

'세월은 길고 인생은 짧으니 지금 당장에는 잘잘못을 가리기가 어렵다. 그러니까 좀 더 시간을 두고서 생각해보자. 그러면 더욱 분명해질 것이다. 내가 세상을 살아오기를 오천만년인데 아직도 일정한 이치를 모르겠으니 말이다······.' 하는 마음을 먹고 있는 것이 바로 금이라는 구조라고 생각해 봤습니다.

'긴 세상을 살다 보니까 인간들이 희구하는 부귀나 명예는 모두 뜬구름 과 같고 남는 것은 오로지 의리뿐이더라 그러니까 세상에서 의리 밖에 남 는 것이 없더라.' 하는 결론을 내는 것이지요. 그래선지 금의 오상(五常)에 서는 의(義)를 내세우고 있습니다.

이러한 연유에서 금의 성분이 의리를 중히 여기는 마음이 있다는 것을 찾 아내어 보는 것입니다. 크게 보면 목화는 감정형이라고 보겠고 금수는 지성 형이라고 보겠군요. 그러한 맥락은 여전히 마음의 음양론과 같은 맥락을 유 지하고 있습니다. 물론 토라고 하는 성분이 있어서 태도를 분명히 하지 않 고 있다는 것이 달라졌습니다만, 토는 또한 그렇게 태도가 명백하지 않는 자체로서 자신의 본분이기에 마음을 쓸 필요가 없다는 생각을 해봅니다.

결론은 금의 성분은 감정의 동요가 미미하고 냉정한 이성을 중시하는 마 음입니다. 의리라는 성분도 잠시 생각해보면 감정적으로 처리를 하는 것과 는 거리가 있습니다. 의리는 내게 해롭게 되는 결과가 예상되더라도 중지 하지 않고서 계속 진행하는 구조거든요. 감정이라는 것은 조금 전까지는 후원을 해주기로 했더라도 기분이 상하면 방향을 바꾸는 것입니다. 물론 이러한 사람에게 의리가 없다고 말은 합니다만, 지금 이 순간에서 항상 최선을 찾는 사람의 마음이라면 그렇게 할 가능성도 있겠군요. 그런 면에서는 금의 오행은 불리함을 갖고 있습니다.

그 불리함의 이면에서는 또한 자신이 곤경에 처했을 적에 그와 같은 도움을 받게 될 것이므로 이것도 장단점의 한 양면이 되겠군요. 여기서는 더 복잡해지기 전에 이 선에서 이야기를 줄이고 요약하는게 좋겠습니다. 냉정하고 이지적인 생각으로 판단하고 행동한다는 점을 금의 특징으로 삼아보고서 물러갑니다.

(5) 水의 마음 ─ 정리하고 요약하고

인생을 담백하게 사는 사람이 있습니다. 어떤 사람은 번잡하게 살기도 하지요. 그렇게 자신의 원하는 대로 자신의 삶을 살게 되는 것이 자연의 모습이겠지요. 여기에서 담백하게 살 수가 있는 사람이 있다면 수에 해당하는 성분이 많은 사람이 아닐까 싶습니다. 물이라는 것은 그렇게 담백한 성분이거든요.

물에서 여러 가지 냄새가 난다면 그 물은 실격입니다. 한계령을 넘어서 오색 약수터에 가보시면 맛이 색다른 물을 만나시게 됩니다. 이른바 탄산수인가요? 약간의 사이다 맛이 깃들어 있는 묘한 맛이 있는데, 이것을 일러서 오색 약수라고 합니다. 그리고 그 주변에서는 비닐 병을 팔고 있습니다. 그 통을 사서 물을 담아가지고 집으로 가라는 것이지요. 이 약수는 몇 모금 마시는 데는 그럭저럭 견딜만합니다만, 이 물을 평생 먹고 살라고 한다면 문제가 있습니다. 이렇게 순수하지 않은 물은 물이 아니라 약입니다. 물은 물로서 존재할 때 물이지 그 속에 뭔가 특이한 것이 섞여 있다고 하면 이미 물의 본래 모습은 사라지고 없는 것입니다. 이러한 물을 보면서 물의 마음은 담백하다는 생각을 해봅니다. 사고방식이 유연할 거라고 생각해봅니다. 사실 오행 중에서 가장 유연한 성분이 물이로군요. 어떤 오행도 물처럼 유연하지는 못하니까 말입니다.

세간에서 도인을 기준 삼을 적에 어디에서나 잘 어울리면 도인으로 보기도 합니다. 모나고 튀는 사람은 도인이라고 하지 않습니다. 둥글둥글 누가 욕을 해도 그냥 웃고 누가 칭찬을 해도 그냥 미소를 머금는 모습에서 도인을 느낀다고 합니다. 그런데 물이라는 성분을 보면서 그러한 느낌이 듭니다. 그런 이유에서 '물은 도인이다.' 하는 생각을 해봅니다. 무엇 하나 고정되어 있는 형상이 없습니다. 물의 형상을 만들라고 하면 참으로 난감합니다. 물은 무엇으로든지 변화가 가능하기 때문이지요. 그러한 자유자재의 신통력(!)은 물이 아니고서는 불가능합니다. 그러면서도 언제나 자신의 모습을 유지합니다. 나무속에 들어 있거나 저수지에 갇혀 있거나 또는 황토흙 속에 스며들어 있거나 증발이 되어서 수증기로 변해 있거나 간에 언제나 자신의 모습을 갖고 있지요. 그러한 모습을 보면서 세간에 응하지만 자신은 전혀 변하지 않는 무심도인의 모습을 떠올려 봅니다. 오상에서의 물의 덕목은 지(智)입니다. 지혜라는 것이지요. 이렇게 지혜로운 자만이 아무 데에서나 무엇으로나 변화가 가능한 것이지요. 어리석은 자는 항상 자신의 모습을 강조하다가 일평생 그 모습에 갇혀서 그렇게 죽어가는 것이고요. 물은 그렇게 자신의 모습을 고집하지 않으면서 모두가 필요로 하는 성분이 되어서 덕을 베풉니다. 물이 없이는 잠시도 살아갈 방법이 없다는 것이 결론이거든요.

모든 생명의 원천이라는 것은 다시 말할 필요도 없겠습니다. 이러한 구조를 생각해보면서 물의 역할이 참으로 이 세상을 구제하는 것이라는 생각을 해봅니다. 가장 지혜로운 오행이기에 오행의 왕이라고 하겠습니다. 원래 왕은 맨 나중에 나오는 법이잖아요?

이렇게 오행의 마음을 논하면서 물에 와서는 참으로 할 말이 없군요. 그 자체가 지혜요 마음인데 여기에 더 무슨 말씀을 덧붙여봐야 모두 군더더기에 불과하다는 것을 알겠기 때문입니다. 마음은 물과 닮았습니다. 그래서 마음과 물은 어디로나 스며들어 갑니다. 아주 미세한 틈만 있으면 파고들지요. 사람의 마음도 그렇거든요. 아주 작은 틈만 있으면 그 사이를 비집고 들락거리는 것이 이 마음이지요. 그래서 물에 대해서 생각하면서 물과 지혜의 닮은꼴을 연결해봤습니다.

이렇게 음양과 오행의 마음을 정리해봤습니다. 여기에서 오행과 음양이 결합을 하여 발생하는 제3의 이야기는 또 장을 달리해서 논해야 할 이야기입니다. 다만 木火는 양(陽)의 마음을 많이 받았고, 그 중에서도 화는 양의 마음이 매우 강하고, 목은 약간 강하다는 것도 아울러서 말씀을 드리겠습니다. 그리고 金水는 음(陰)의 마음을 많이 받았는데, 그 중에서도 물은 참으로 군소리 하나 하지 않는 순음이라고 하겠고 금은 약간 양의 성분이 포함된 음이라고 보겠습니다. 그리고 土라는 성분은 어디를 가던지 중용의 성분이니 만큼 물처럼 너무 부드럽지도 않고, 불처럼 너무 맹렬하지도 않는 것이 본성이라고 하겠습니다.

대략 이러한 정도로 오행의 마음에 대해서 생각해보는 것을 줄입니다. 항상 생각하지만 음양오행이 모든 역리(易理)의 근원이라고 생각합니다. 부디 심사숙고하셔서 명리의 이치를 빙자한 우주의 소식에 마음이 열리시기를 기원드립니다.

십성의 심리구조

마음구조를 이해하는데 가장 기본이 되는 구조가 십성의 마음이라고 생각이 되는군요. 그래서 십성의 마음구조를 상세하게 생각해보려고 합니다. 이러한 십성의 심리는 기본적인 형태에 더하여 주변의 상황에 따라서 변화하게 됩니다. 그 변화는 이루 생각할 수가 없을 정도로 다양하게 되는데 가령 합이 되는 경우에도 달라질 것이고 합이 되어서 화(化)하게 되는 경우에도 달라질 것입니다. 그런가 하면 또 충이 발생하는 경우에도 달라질 것이 뻔하고 충이 있더라도 내가 충을 맞았을 경우와 충을 가했을 경우에도 또한 달라질 것이라고 생각해볼 수가 있겠군요. 그리고 충과 합이 좌우에 있다면 물론 그러한 상황에 의해서도 기본적인 십성의 마음은 달라질 수가 있다는 생각을 하게 됩니다.

더구나 그 십성이 갑목에 해당하는 경우와 신금에 해당하는 경우에도 또한 마음은 딜라질 것입니다. 가령 일간의 오른쪽에 정관이 있다고 할 경우 그러한 사주구조는 많겠습니다만, 갑목의 입장에서 정관은 辛金이 되고 병화의 입장에서 정관은 계수가 됩니다. 십성의 이름으로는 같게 됩니다만, 그 글자의 색깔은 분명히 다르지요. 그러한 차이점을 생각하지 않고서는 심오한 심리학의 핵심을 파악하기가 어려울 것이라고 생각되는군요.

이렇게 세분하기로 든다면 그 종류를 이루 다 말할 수가 없을 것이라고 생각됩니다. 그래서 여기서는 가장 중요하고 핵심적인 마음구조의 열 가지 형태에 대해서 크게 분류를 하는 것이 순리라고 생각이 됩니다. 그 열 가지는 십성의 심리구조가 되겠는데, 여기에다가 서양에서 생각하고 있는 현대 심리학의 이론을 접목시켜서 함께 생각해보도록 할 참입니다.

서양 심리학에서는 융의 심리학 이론을 대입해 보겠습니다. 아무래도 낭월이가 생각하기에 프로이드의 심리는 병이 들어 있는 듯한 느낌이 들어서 맘에 들지 않거든요. 마치 병든 사람이 병자를 관찰하면서 연구한 듯한 느낌이 드는 것입니다. 그래도 융의 이론은 비교적 객관적이면서 수준이 있는 이야기라는 느낌이 드는데 혹 산골 무지렁이인 낭월이가 이렇게 이야기를 했다고 해서 프로이드 학파에 속하시는 분들이 시비를 걸고 나오지는 않겠지요? 학자간의 견해도 자유이듯이 학자에 대한 선택도 자유라고 생각이 되어서 잠시 낭월이의 견해를 말씀드렸을 뿐이니까 말이지요. 그리고 또 다른 연구가들에 대해서는 낭월이의 안목이 좁은 관계로 인해서 잘 알지를 못한다는 점도 아울러서 말씀드립니다.

하기야 사주학에 따른 심리를 연구하는 마당에 서양 심리학에 대한 이론이야 언급을 하지 않아도 전혀 문제가 되지 않겠습니다만, 가능하면 좀 더 폭넓은 이해를 하시라고 끼워 넣어 봅니다. 요즘은 공부를 하시는 벗님들도 합리적이고 객관적인 이론이기를 원하는 풍조라서 말이지요. 하하.

그냥 이론을 무시하고서 "이러니까 그리 알아~!"라고 한다면 아무도 귀를 기울이려고 하지 않을지도 모릅니다. 그래도 남 보기에 근사하게 꾸며놓고 어느 대학교 교수님이나 무슨 전문가인 박사님이 한 이야기라고 하는 부제를 푸짐하게 달아줘야 비로소 "그 강의는 과학적이네~"라고 한다는 것이지요.

시대가 이렇다 보니까 대학교는 고사하고 고등학교에도 못 가본 낭월이가 미주알고주알 떠들어봐야 "지까짓 게 뭘 알어~" 하고 쳐다보지도 않을지 누가 알아요. 그러나 이제 이러한 한국적인 고질병이 서서히 치유의 빛을 보이는 모양이더군요. 모 그룹에서는 학력을 불문에 부치고서 신입사원을 뽑는다고 해서 화제가 되었던 적이 있습니다만 이렇게 각자의 능력이 그만한 대우를 받게 되는 시대가 빨리 오면 올수록 그만큼 국력은 향상될 것이 분명하다고 생각됩니다.

특히 현대의학이 불치의 병이라고 포기를 해버리는 말기의 암 환자 등을 거뜬하게 치유시키는 면허증 없는 돌팔이 신의(神醫)가 대우를 받아야 한다는 생각을 해봅니다. 일본이나 필리핀에서는 그러한 의사가 면허증을 갖고서 능히 사람의 질병을 치료하는 공식적인 의사로 활동한다는 것을 볼적에 한국에서도 머지않아서 그렇게 될 거라는 희망을 갖기는 합니다만, 현재의 의사 선생님들이 밥그릇 가지고 싸우는 것을 볼 적에는…….

글쎄요, 아마도 좀 더 시간이 걸려야 할 것으로 생각이 되는군요.

낭월이는 틈만 나면 말이 엉뚱한 곳으로 새어나가는군요. 하긴 강의라는 것이 이렇게 헛소리도 해가면서 들어야 지루하지 않겠지요? 혼자 장구치고 북치고 다 할 요량이군요. 웃자고 한 소리 입니다.

참고로 도표를 하나 보여드리겠습니다. 심리적으로 서로 대립되는 관계를 표시하는 것인데 표에 익숙하신 벗님들께는 참고가 될 것입니다.

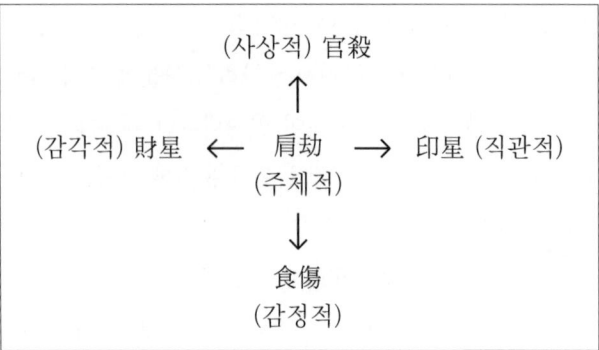

　이 표에서 보이는 것은 인성과 재성이 대립되고 있는 동시에 직관적인 심리구조와 감각적인 심리구조가 서로 대립을 하고 있는 점입니다. 이러한 구조에 바탕을 두고서 융의 심리학과 십성의 심리에 대한 연관성을 찾아보려고 합니다. 또 식상의 성분인 감정적인 구조와 관살의 성분인 사상적인 구조가 서로 대립을 하게 되는 것도 재미있는 현상입니다.

　이렇게 볼 적에 감정적인 마음과 사상적 혹은 사고력의 대립도 어쩔 수가 없는 숙명인가 봅니다. 앞으로 십신의 심리를 연구하면서 이러한 도표를 책상머리에 그려놓고 비교해가면서 읽으시면 더욱 이해를 하시는데 도움이 될 것으로 생각되어서 보여드렸습니다.

비견(比肩) 심리학

　비견이라는 글자를 써놓고서 '요놈의 본래 모습이 뭘까?' 하고 궁리를 해봅시다. 모든 사물은 그 본래의 모습이 있고 또 왜곡된 모습도 있습니다. 우선은 본래의 모습을 알아야 그 변화한 형상을 봐도 어디서 나왔는지를 알게 되겠지요? 그래서 심리구조에서도 가장 본래의 모습에 가까운 형상인 심성의 심리구조에 대해서 정리를 해봐야겠습니다.

가장 기본적으로 떠오르는 영상은 '주체성' 이로군요. 비견에게서 주체성을 빼면 시체라고 해야 할 것 같습니다. 그래서 최우선으로 생각하게 됩니다. 그런데 이러한 성분도 상황에 따라서 얼마든지 다른 성분으로 변화를 하기도 하므로 한가지로 고집을 부릴 것은 아니라고 봐야 합니다. 주체성이 지나치면 옹고집으로 변하니까 말이지요. 이러한 정황은 오로지 그 해당하는 사주에서의 형상에 의해서 증감을 해야 할 것입니다.

비견은 주체적인 성분이면서도 그 성향은 내성적이라는 것이 특색입니다. 내성적인 주체성은 스스로 줏대를 갖고 있으면서도 오만하지는 않은 점이라고 하겠습니다. 내성적이라는 것이 오만한 것과는 차이가 많다고 봐서 그렇게 생각을 하는 것입니다.

일을 처리하는 능력이 풍부하면서도 급하게 서두르지도 않는다고 봐야겠군요. 그리고 어떤 일을 만나든지 두려워하지 않는 것도 비견의 특성이라고 하겠는데, 그렇다고 해서 흉폭하다는 것은 더구나 아닙니다. 이렇게 강경하게 자신의 주장을 밀고 나가는 성분인데 만약에 사주에 비견이 다수 있다면 상황은 약간 달라지겠지요? 뭐든지 지나치면 문제를 일으키거든요. 비견이 지나쳐서 나타날 수 있는 부작용이라면 옹고집이 될 가능성이 있다는 점입니다. 뭐든지 그렇겠습니다만, 자신의 중심력도 어느 정도껏 지켜야지 너무 지나쳐서 옹고집으로 흐르면 언제나 이에 대항하는 적을 만들게 되기가 십상이거든요. 고집이라는 것과 주체성이라는 것은 어찌 보면 비슷한 면이 있네요. 둘은 아마도 사촌간은 되는가 봅니다.

어디까지나 '나는 나다.' 하는 생각을 갖고 있는 것이 비견이라고 보는데, 이러한 면에서는 낭월이도 해당이 되는군요. 낭월이의 일주가 己未이니까 당연히 일지는 비견에 해당하는군요. 그래서 특히 비견의 성분에 대해서 느끼는 것이 많다고 하겠습니다. 이러한 비견의 성분이 있다고 하더라도 주변의 상황에 따라서 달라지는 것은 당연한데, 그래서 무조건 나쁘기만 한 십성이나 무조건 좋기만 한 십성은 없는 것이라고 해야 정답이 될 것입니다.

고전에서는 사길신(四吉神)이니 사흉신(四凶神)이니 하면서 구별을 하고 있습니다만 세상의 이치가 그렇듯이 결정적으로 선악(善惡)이 정해지는 것은 아무것도 없다는 것을 이 오행공부를 하면서 느끼게 되는군요. 모든 선악은 상황에 따라서 달라진다는 것이 가장 자연스러운 진리라고 생각이 됩니다.

비견을 내면적인 주체성이라고 했는데, 내면적이라는 것은 감정적이라고도 말을 할 수가 있습니다. 감정이라는 성분은 내성적인 사람에게 더욱 많은 영향을 주거든요. 비견은 자신의 주체성에 대해서 감정적인 형태로 유지를 한다고 봅니다. 그러한 결과로 인해서 자신의 감정을 속이면서 마음에 없는 소리로 남들과 헤헤거리면서 어울리는 수단이 부족하다는 것을 느끼거든요. 이러한 성분은 타협을 하는 재주가 없다고 보는데 십성의 구조에서 음대양이거나 양대음이면 모두 견(偏)으로 구분이 되어 있습니다.

편이라는 말은 어딘가로 치우쳐 있다는 의미인데 비견이라는 말도 그 의미는 한쪽으로 치우쳐서 보게 되므로 올바른 견해가 되지 못하는 것을 일러서 하는 말이니까요. 그리고 사실 편에 해당하는 십성인 편관, 편인, 비견, 식신, 편재의 다섯 가지는 남과의 교제력이 서툴다고 보게 됩니다. 모두 자신의 마음속에 느끼는 감정에 치우쳐 있기 때문이라고 생각이 되지요. 비견도 예외가 아니어서 남들이 감정의 자극을 주지 않으면 내면적으로만 주체성을 갖고 있는데 만약에 누군가 자존심에 자극을 주게 되면 그 감정이 요동을 치게 되는 것이지요. 그래서 사소한 일에도 자신의 목숨을 걸고 대항하기도 합니다. 이러한 성분이 바로 비견이 자신의 주체성을 표현하는 수단이 부족하다고 보는 이유지요.

내 자신이 생각한대로 움직이는데 남들이 이래라 저래라 하면 그만 마음이 상합니다. 비견이라는 성분이 그러한 감정적인 주체성이라고 보는 이유가 바로 이러한 면이 강하기 때문입니다. 그래서 자존심을 어떻게라도 세워보려고 매달리게 되지요. 감정이라는 것은 항상 직선적이거든요. 뭔가 타협을 하고 우회를 해서 자신의 주체성을 표시한다는 면과는 너무도 어울리지 않는군요. 이러한 성분을 일러서 비견과 같은 구조라고 보게 되는 것입니다.

◇ 심리학의 접목 — 내향적 주체파〔自主獨立〕

심리학에 대해서 관심을 가져보신 벗님은 아시겠습니다만, 융의 심리학에서는 그 분류를 8종류로 나눴습니다. 그리고 그 8가지 종류도 4가지 음양으로 나눈 것이라는 점도 오행공부를 하시는 벗님은 능히 아실만할 겁니다. 8가지 심리학적인 분류를 갖고서 십성에 대입을 시키려면 필히 뭔가 빠지게 되어있습니다. 그 두 가지는 과연 어떠한 성분일까 하는 것에 관심을 갖고서 궁리를 해봤습니다만, 아무리 봐도 비견겁재의 항목에 해당하는 심리분석이 없다는 결론을 내렸습니다.

8정격(八正格)이라는 격국에서도 비견겁재는 외격(外格)으로 특별취급을 당합니다만, 이렇게 수억만리에 떨어져 있는 융도 비견겁재에 대한 심리를 배려하지 않고 빼버렸다는 것은 참으로 묘하다는 생각이 드는군요. 이렇게 오나가나 푸대접(?)을 받는 것이 비견겁재들입니다. 그래서 낭월이도 일지에 비견을 깔고 있는 마당에 그 소외감을 견딜 수가 없어서 서양 심리학에서는 빠졌지만 이렇게 낭월이의 심리학책에서나마 만들어서 채워 넣어야 하겠다는 사명감을 갖고 궁리를 한 끝에 '내향적 주체파'라는 전무후무한 이름을 지어서 붙였습니다. 그리고 보완적으로 '자주독립(自主獨立)'이라는 부제까지 달았네요.

이렇게 해놓고 보니까 뭔가 그럴싸~ 해보입니다. 이제 비로소 십성의 구조와 심리학의 구조에 서로 연관지어서 생각을 해볼 실마리가 되지 않겠어요?

'비견겁재가 고전명리학에서도 외격으로 특별취급을 당하고 격에도 들지 못할 뿐만 아니라, 이렇게 융도 소외를 시킨 것은 도대체 무슨 까닭일까?' 하는 생각으로 그 연유를 궁리하다가 묘한 것을 발견했습니다. 동양의학에 대해서 생각을 해본 것이지요. 동양의학은 바로 음양오행의 근원에서 탄생한 의학인데 어디를 뒤져봐도 뇌(腦)에 대한 이야기는 보이지를 않습니다. 그렇게 중요한 오장육부(五臟六腑)에도 뇌는 끼어들지를 못하거든요. 그리고 뇌를 치료하는 방법도 없다고 어느 조예가 깊은 분께서 말씀하는 이야기를 들었던 기억도 나는군요.

그렇다면 인체에서 자기 자신이라고 할 만한 것은 정신이 깃들어 산다는 뇌라고 할 만한데, 과연 뇌에 대한 상황설명이 빠져 있는 것은 견겁을 외격으로 취급해서 정격으로 잡아주지 않았던 정황과 서로 통하는 점이 있다는 생각을 해봤던 것입니다.

이러한 생각으로 융의 이론을 대입시켜보니까 역시 관찰자는 설명이 없었더라는 점입니다. 그러니까 그렇게 8가지로 심리분석을 하면서도 주체적인 심리구조에 대해서는 언급을 하지 않고 관찰되는 대상에 대해서만 생각을 했다는 점이지요. 그렇게 관찰을 하는 주체에 대해서는 관심을 기울이지 않았다는 생각을 하게 되었지요.

그 결과는 서양인들의 관점이 아무래도 안을 살피기보다는 바깥에 더 관심이 많다는 점에 착안해서 볼 적에 그러한 상황을 살피는 주체성에 대해서는 생각을 하지 않았을 수도 있다는 생각을 하게 되었습니다. 그렇다면 낭월이의 이야기가 그 결점을 보완하는 셈이 될까요? 이거 심리학자님 들로부터 돌 날아오는 소리가 들리네요. 사람 살류 ~ 하하.

◇ 사주학에 대입 ─ 자주국방 박정희

'우리는 민족 중흥의 역사적 사명을 띠고…… 안으로 자주독립의 자세를 확립하고 밖으로 인류공영에 이바지할 때다… 운운.'

무엇이 생각나세요? 국민학교 시절에, 아니 요즘은 초등학교라고 해야 한다고 부산을 피더군요. 요즘이야 그러거나 말거나 그냥 국민학교라고 해야 실감이 나는군요. 예전에 낭월이 어렸을 적에 부모님들이 보통학교라고 말씀하시면 국민학교라고 해야 한다고 따지곤 했는데 금년에는 낭월이가 자식에게 그 과보를 받는다고 하면서 웃었던 적이 있습니다.

그 당시에 국민교육헌장을 못 외워서 교실 청소도 많이 했군요. 어쩌면 그렇게 간단한 내용인데도 머리에 들어가지 않았는지……. 그렇게 외워 놓아서인지 잠시 생각해보니까 그래도 아련하게 그 구절이 기억이 나서 한마디 적어봤습니다. 20대의 벗님들은 전혀 모르실 거고, 30대 중후반이시라면 대략 나름대로 국민교육헌장에 대한 생각이 있으실 걸로 미뤄 짐작이 됩니다. 각설하고,

여기서는 잘 외우고 말고가 중요한 것이 아니라. 자주독립이라는 성분에 대해서 연구를 해보는 것이 중요합니다. 박정희 전 대통령의 사주에서 과연 내향적 주체성이 있었을 실마리가 있을 것인가 하는 문제를 생각해 보

자는 것이 낭월이의 속셈이거든요. 낭월이도 일지에 비견이 있다 보니까 남의 이야기에 무조건 따르는 것에는 대단히 거부감을 느낍니다. 물론 이치에 합당하다면 두말도 필요 없이 수용을 합니다만, 이치에 합당하지도 않은 이론을 그냥 '고명하신 어른의 말씀이니까 무조건 따라야지' 하는 식으로 받아들이는 친구들을 보면 참으로 비위가 상하거든요. 그런 면에서는 낭월이의 생각에 비춰볼 적에 부처님도 실언을 할 수가 있다는 식이라고나 할까요? 아무리 도인이라도 그의 말이 이치에 합당한지 부당한지는 생각을 해보고 따르던지 말던지 해야 한다는 주장이거든요.

실은 이러한 고집으로 인해서 각종 신살이라던지 십이운성에 대한 이론들을 과감하게 거부하고 있기도 합니다만, 만약에 이후에라도 어느 어른이시던지 그에 대한 합당한 이론을 제시해준다면 적극적으로 검토를 해 보고 수용을 할 마음자세는 되어 있습니다.

그런데 아직도 십이운성에 대한 반론에 전혀 시비를 해오시는 선배님이 계시지 않군요. 물론 전혀 상대할 가치가 없어서 무시를 해버린다면 말은 되겠습니다만서도……. 그렇더라도 낭월이의 왕초보 강의를 읽으면서 십이운성을 무시하는 관계로 명리학에 퇴보를 하면 곤란하다는 노파심으로라도 한 말씀 따끔하게 해주셔야 하는데 말이지요. 어쨌든 낭월이는 아직까지 여기에 대해서 어떤 이야기도 듣지를 못하고 있습니다. 그러니까 결국 저의 생각이 옳았다는 오만함(?)이 자꾸 자라고 있을 뿐이로군요.

이거 아전인수 격으로 자꾸 낭월이 이야기만 하고 있는 듯하네요. 그렇지만 이러한 사고방식의 바닥에는 비로 비견이라고 하는 특성이 숨을 쉬고 있다고 하는 점을 감 잡아주시면 좋겠고, 이렇게 너절하게 떠버리는 것도 그러한 비견의 특성을 이해하는데 참고가 되시라고 하는 마음입니다. 다시 본론으로 들어가서,

우선 박대통령의 사주를 적어놓고 말씀을 나누도록 하겠습니다. 이미 역학계에는 대대적으로 공개된 사주이기에 아마도 이 방면에 관심이 있으신 벗님이라면 노트의 한쪽에 적어둔 사주일 것으로 생각을 해봅니다.

乾命 : 丁巳 辛亥 庚申 戊寅 (故)朴正熙(경북 선산 출생)

戊寅	庚申	辛亥	丁巳

72	62	52	42	32	22	12	02
癸卯	甲辰	乙巳	丙午	丁未	戊申	己酉	庚戌

여기에서는 다른 것은 모두 보류합니다. 오로지 비견에 대한 암시만을 생각해보도록 하겠습니다. 이 사주의 일지에는 어김없이 비견이 박혀 있군요. 박대통령이 그렇게 자신 있게 자신의 계획대로 일을 밀고 나갔던 것은 바로 이 내향적 주체성이 아니었겠느냐고 생각하는 것입니다. 앞서 국민교육헌장의 한 도막을 생각해본 것도 바로 이 '자주독립' 이라는 말이 떠올라서 입니다.

강건한 성품은 비견의 특성이라고 확신을 하게 되는 실마리가 되기도 합니다. 그런데 여기서 의문이 생길 수도 있겠습니다. 과연 비견은 모두 그렇다면 己未나 庚申이나 모두 일시에 비견인데 낭월이도 그와 같겠는가 하고 질문을 하신다면 그렇지 않다고 말씀을 드리겠습니다. 기토의 비견과 경금의 비견이 같을 수가 없다는 것이지요. 물론 다음 장에서 각기 일간의 특성과 또 그에 따르는 60갑자의 차이점을 생각해보려고 합니다만, 분명히 차이가 있게 마련입니다. 그러니까 庚申이라고 하는 특성의 비견이 또 다르 겠다는 점은 고려를 한다는 것입니다.

　미세하게 나누면 그렇지만 크게 봐서 일단 비견적인 성분은 모두 동등하 게 통한다고 봅니다. 여기서는 그러한 점에 대해서만 생각을 함으로써 기 본적으로 비견이 갖는 구조를 이해하는 것으로 충분하다고 생각이 되는군 요. 카터 대통령이 약을 올리니까 미군 철수 하라고 큰소리를 치기도 했지 요? 아마도 이러한 강경성은 비견이 '내면적인 감정의 주체성' 이기 때문 일 것으로 생각됩니다. 기분 나쁘면 그대로 밀고 나가는 성분이지요. 타협 하고 중재를 하는 데에는 서툴다는 점이 비견의 약점이라면 약점이겠군요. 낭월이가 남들과 이야기를 나누다가 의견이 대립되어서 상대방이 흥정을 하려고 하면 그만 비위가 상합니다. 그래서 하는 말이

　"싫으면 말어~~!"

　입니다. 이 말 한마디에는 비견적인 내향형의 기운이 담겨 있다는 생각 을 해봅니다. 타협을 잘 못하는 사람이지요. 협상을 하는데서 싫으면 말라 는 말은 참으로 '썰렁' 그 자체입니다. 따라서 강경함으로 인해서 손해를 보게 되는 경우도 있습니다. 국회의원들이 서로 손해를 보지 않으려고 욕 도 해보고 싸움도 해보고 타협도 해보고 하면서 서로를 견제하는 것을 보 면 서 '참으로 불쌍한 인생들……' 이라는 생각을 해버립니다. 그렇게 자 신의 감정을 숨기면서 줄다리기를 하는 것 그 자체를 거부하는 것이 비견 의 특성이라고 이해를 해보고 있습니다. 이런 사람에게는 협상의 일을 맡 기면 보나마나 실패를 하고 말겠지요? 또 하나의 참고자료로 생각을 해볼 사주가 있네요.

乾命 : 乙亥 庚辰 戊辰 戊午 징기스칸(몽고국)

戊午	戊辰	庚辰	乙亥

77	67	57	47	37	27	17	07
壬申	癸酉	甲戌	乙亥	丙子	丁丑	戊寅	己卯

징기스칸이라고 하면 모르시는 벗님이 안 계시리라고 생각됩니다. 그만큼 세계를 정복하는 강력한 파워를 자랑하는 일세의 호걸이라고 하겠습니다. 여기서도 강력한 지도자의 형상으로서의 자주독립의 형상을 느낄 수가 있네요. 일지에 비견이 버티고 있으니까 말입니다. 징기스칸에 대한 자세한 이야기는 또 다른 책에서 살필 수가 있겠습니다만 그렇게 강력한 통치력은 아무래도 주체성의 영향이 있었다는 생각이 드는군요.

참고적으로 이름을 대면 누구나 알만한 위인들로는 링컨(己未일주), 이성계(己未일주), 한신(乙卯일주), 주자(甲寅일주), 마릴린몬로(辛酉일주) 등이 있습니다.

◇ 비견심리의 긍정적인 면

앞에서 다양한 예를 들어서 설명을 했으니까 대략은 짐작이 되었을 것으로 생각이 됩니다만 그래도 총정리를 하면 좀 더 일목요연하게 이해가 되시려나 해서 다시 정리를 해봅니다. 설명은 생략하고 요약만 해보겠습니다.

용감하고 정직하다. 신중하면서도 강건하다. 민첩하고 통솔력이 강하다.

일을 존중하고 많은 사람들이 즐겁도록 한다. 자신을 사랑하고 또 중히 여긴다. 성실하고 담백하다. 하는 일이 분명하고 공정하다. 의리를 밝게 한다. 공익을 위해서 열심히 한다. 널리 좋은 인연을 맺는다. 말과 행동이 동일하다. 진취적 이면서 절도가 있다.

대략 이러한 정도로 비견의 좋은 면에 대해서 정리를 해봅니다. 여러 가지의 내용이 있지만 그 공통점은 주관적인 면이 강하고 자신의 의지력으로 일을 처리하려고 한다는 것이 바닥에 깔려 있다는 점을 유의해서 관찰한다면 비견의 좋은 점을 이해하는데 크게 벗어나지 않을 것으로 생각됩니다.

◇ 비견심리의 부정적인 면

고집쟁이. 자신의 생각에 대해서 맹목적이다. 자신의 사사로움과 이익에 관심을 갖는다. 깊지 않은 견해이면서도 치우쳐 있다. 성급하게 일을 처리한다. 자신이 하는 것은 모두 옳다고 판단한다. 사고방식에 융통성이 없다. 스스로를 지나치게 믿는다. 표현력이 부족하다. 인정머리가 없다.

이러한 정도로 부정적인 면에 대해서 생각을 해봤습니다. 대략 살펴보면 비견이 너무 강해서 발생하는 부작용이라는 느낌이 드는군요. 특히 깊이 생각하지 않고 성급하게 일을 처리하는 면에서는 조조가 생각납니다. 항상 직언을 하는 충신을 죽여 놓고서는 후회하는 형태가 그러한 모습을 떠올리게 하는군요.

긍정적인 면이 강하게 나타날 경우에는 희용신이 되거나 적어도 기신이 되지는 않아야 하겠습니다. 대개의 경우에 비견이 기신이 되지 않는다면 신약하다고 보기가 쉬운데 반드시 신강신약으로만 구분을 할 필요가 없이 어느 정도 있어서 지나치게 강한 것만 아니라면 적당하다고 봐야 하겠습니다.

그리고 부정적인 면이 강하게 나타나려면 기신이나 구신이 될 가능성이 높아지는데 이미 기신의 대열에 서게 된다면 대개의 경우에는 신강하거나 신왕한 상황이 되겠군요. 그것도 지나치게 강해서 용신이 미약한 상황이라면 좋은 작용보다는 나쁜 작용으로 흐를 가능성이 많다고 보면 되겠군요.

어쨌든 이러한 가감에 따르는 문제는 벗님들의 안목에 달렸습니다. 일단 기본적으로 비견이라는 성분이 갖게 되는 심리적인 영향에 대해서는 이 정도로 정리를 해둡니다.

겁재(劫財) 심리학

비견과 비슷하면서도 다른 점이 뭔가 있기는 있을 것이라는 생각으로 이번에는 겁재에 대해서 한번 분석을 해보도록 하겠습니다. 아무래도 초록은 동색이라는데, 닮기는 닮았겠네요. 역시 겁재도 주체성이라고 하는 성분이 강한 것은 사실이니까요.

다만 같은 주체성이라는 구조를 갖고 있으면서도 그 차이점은 바로 외향적이라는 성분입니다. 이름에서는 정재를 죽인다는 이유로 해서 '재물을 겁탈하는 도적'이라는 불명예스러운 대우를 받습니다만, 반드시 그런 것이 아니라는 점에서 희망을 갖게 되기도 하는군요. 예로부터 재성은 길신(吉神)이라는 선입관이 있었던 모양입니다. 그 이유는 아마도 관성을 생조해 준다는 것이 가장 두드러졌을 것이라고 생각됩니다. 그렇지만 요즘에 와서도 재성이 중요한 위치를 차지한다는 생각에는 조금도 차이가 없군요. 아니, 어쩌면 요즘은 더욱 그 중요성이 커졌다고 해야 정확할는지도 모르겠습니다. 그렇다면 겁재라는 성분의 심리는 이 사회에서 구박을 받아야 할 성분일까요?

비록 정재를 극한다는 혐의는 받고 있습니다만 겁재도 얼마든지 훌륭한 자신의 일을 갖고 있습니다. 세상이 복잡해질수록 자신의 주관은 중요한 것이지요. 지금은 잠시도 눈을 팔고 있어서는 뒤쳐지고 만다고 합니다. 그래서 어머니들도 자식들만은 남에게 뒤지게 할 수가 없다는 절체절명의 사명감(?)으로 자식들의 조기교육을 허구한 날 입에 달고 있지 않습니까?

그 결과 주체성이라고는 하나도 없는 문제아들이 양산되고 있다는 비난이 벌써부터 나돌고 있는 것이 현실입니다. 이러한 시대가 될수록 자신의 의지력으로 모든 판단을 해야 하는데 그러한 능력을 어려서부터 길러 주지 않는다면 결국 그 아이는 나중에 자라서 어머니를 탓하고 원망하는 결과를 초래하게 될 가능성이 가장 많아지게 될 것이 뻔하군요.

이러한 상황이 전개된다면 결국 주체성이 강한 녀석이 성공할 확률도 높아지게 마련입니다. 남의 의견에 따라서만 조종되는 것은 그 결과도 남의 마음대로 흐르게 될 가능성이 매우 높기 때문입니다. 따라서 이렇듯 소중한 겁재를 욕하고 비난하는 마음이 과연 이 시대에서도 해당이 될 것인지 심사숙고 해봐야 하겠습니다.

◇ 심리학의 접목 — 외향적 주체파[强硬融通]

겁재를 이해하면서도 비견에 대한 생각이 바탕에 포함된다는 점을 이해하시면 좋겠군요. 그리고 그 차이점에 대해서 생각을 해보는데 가장 중요한 점은 주체성이 강하다는 것은 동일하면서도 융통성이 있다는 것이 비견과의 차이점이라고 하겠습니다. 비견은 자신의 생각에 부합되지 않으면 강력하게 반대를 하는 면이 있다고 볼 수 있습니다. 그러나 이 겁재는 속으로는 다소 인정을 하기 싫다고 하더라도 그렇게 고집을 부려서 나에게 어떠한 이익이 올 것인가 하는 점에 마음을 쓴다고 할 수가 있겠습니다. 그래서 자신의 고집이 결과적으로 이익이 없다고 판단이 되면 상대편의 의견을 받아들이는 것처럼 하는 것이지요.

여기서 중요한 점은 '…인 것처럼' 이라는 단어입니다. 완전하게 이해를 하고서 수용을 하는 것이 아니라 여러 가지 상황에 의해서 그냥 받아들일 뿐이지 결코 자신의 주장을 포기하는 것은 아니라는 점입니다. 비견이 스스로 남의 의견이 타당하다고 생각이 되면 얼른 자신의 주장을 철회하고 상대방의 의견을 수용한다면 겁재는 겉으로만 수용을 할 뿐 속으로는 '흥~ 우선은 내가 양보한다만 어디 두고 보세…….' 하는 기분이지요. 여기에서 느낄 수가 있는 것은 '타협' 이라는 점입니다. 비견이 타협에 대해서 매우 서투른 솜씨를 보인다고 한다면, 겁재는 그보다는 나은 셈이라는 것입니다. 이 미세한 차이는 인생을 살아가는데 있어서 경우에 따라서는 대단히 큰 결과를 가져오기도 하므로 소홀히 볼 것은 아니라고 생각이 되는군요.

타협이라는 성격이 그렇듯이 상대방의 의견에 100% 동의를 하지는 않지만 '내가 양보를 함으로써 그에 상응하는 대가가 돌아온다면 한번 고려를 해보도록 하겠네.' 하는 기분이 드는군요. 혹 이러한 성격이 내성적이 아니냐고 하실는지 모르겠습니다만 내성적이라고 하기 보다는 남과의 교제를 중시하는 경향이므로 그 마음은 밖으로 향하는 성분이라고 합니다.

그런데 학문을 연구하는 입장에 있기 때문에 이렇게 구분을 해보기는 합니다만 비견과 겁재의 성향은 상당히 많이 닮아 있다는 것을 고려해야 하겠군요. 겁재의 특징 중에서도 특히 눈에 띄는 것이 있는데 모험을 좋아 한다는 점입니다. 다른 사람과 내기를 하기도 좋아하고 모험을 좋아하는 구조는 또한 끈기를 만들어내기도 합니다. 그러한 차이점이 있다고는 하겠으나 실제로 사주를 임상할 경우에는 비견과 겁재에 대해서 큰 비중을 두실 필요가 없다고 생각되는군요. 그냥 비슷한 구조로 보셔도 큰 차이가 없을 것으로 생각됩니다. 다만 비견보다 협상을 하는 수완이 발달해 있다고 보는 정도라고 하겠습니다.

◇ 사주학의 대입 — 천하문장(天下文章) 소동파

여기에 시인으로 유명한 소동파의 사주를 보면서 잠시 생각해보도록 하겠습니다.

乾命 : 丙子 辛丑 癸亥 乙卯 소동파(중국 송나라)

乙 卯	癸 亥	辛 丑	丙 子

己 酉	戊 申	丁 未	丙 午	乙 巳	甲 辰	癸 卯	壬 寅

사실 일지의 비견은 8개나 되는데, 일지겁재는 4가지뿐입니다. 그것도 丙午, 丁巳, 壬子, 癸亥로군요. 모두 불과 물로 이뤄진 간지에 해당합니다. 그리고 물과 불이 서로 겹치면 그 구조가 비슷하다는 것을 생각하게 됩니다. 이렇게 볼 때 사주에서 그 유형을 찾아보려고 해도 흔치 않다는 점이 약간은 아쉬운 점이라고 하겠습니다. 그렇게 구하기 어려운 사주에 속하는 소동파의 사주를 적어놓고서 겁재적인 일화가 뭐가 없을까 하고 기억을 더듬어 보았더니 바로 한 가지가 떠오르는 게 있군요. 소동파가 감히 천하의 도인에게 달려들어서 법력을 저울질 하겠다고 떼거리를 쓰다가 혼이 난 일화를 떠오른 김에 잠시 소개합니다.

◇ 소동파의 일화 한 도막

일지에 겁재를 깔고 태어난 소동파는(아마도 명리가 출신의 해설가라면 이렇게 서두를 시작할 듯하네요. 하하.) 천성이 어려서부터 고집불통이어서 뭐든지 자신이 하고자 하는 대로 해야만이 직성이 풀렸을 것입니다.

열심히 공부를 했겠지요. 그래야만 깝죽대는 꼴불견들의 코를 눌러 납작하게 만들어줄 수가 있었기 때문입니다. 이렇게 겁재들은 뭔가를 위해서 목적을 삼더라도 길게 보고 진행을 합니다. 자신의 주체성을 확립하더라도 뭔가 계획적이고 합리적인 방법을 취한다고 하는 의미로 이렇게 서두를 장식해봅니다. 이른바 물을 흐리고 있는 것이지요. 그래야 벗님도 이 겁재의 항목을 읽으시면서 흐흠~ 그러니까 바로 겁재의 구조를 타고났구나 하는 동조를 하실 게 아닙니까? 하하.

어느 해에 과거급제를 한 소동파가 태수의 벼슬을 얻어서는 부임지로 향했습니다. 그런데 그곳에서는 도를 깨달았다는 고승이 머물고 있다는 소식을 접하게 되었지요. 천성이 겁재의 성분이니 얼마나 아니꼬왔겠습니까? '제까짓 게 알면 얼마나 안다고 감히 중놈 주제에 도인 행세를 하고 있단 말인가!' 하는 오기가 슬며시 끓어올랐습니다. 비견 같으면 그 엉터리 도인을 관아로 불러서 사기치지 말고 조용하게 염불이나 하라고 야단을 쳤을지도 모르겠습니다만, 그래도 명색이 합리적으로 자신의 경쟁자에게 도전을 한다는 신사도를 주장하는 겁재이니 만큼 스스로 평복을 하는 나귀 등에 앉아서 그 도인이라는 스님을 찾아갔던 것입니다.

그 절로 찾아가서는 물을 청하고는 대시님이 계신가를 물었습니다. 그러자 시자는 대사에게로 소동파를 안내했지요. 그래서 마주한 주객은 잠시 눈싸움을 했을 거라고 낭월이는 힘주어 증거 없는 떼거리를 써봅니다. 잠시 후에 주인이 입을 열었습니다.

"선비 어른은 이름이 무엇이오?"

"예, 저는 칭가라고 합니다."

"칭가?"

"예 저울 칭(秤)자 칭가 말입니다."

이렇게 비아냥거리는 말투로 시비를 점잖게 걸어놓고는 눈치를 살폈지요. 아마도 속으로 그랬을 겁니다.

'자, 이놈의 늙은이야 이제 그대의 불법이 얼마나 되는지 한번 내봐 보시지……. 이 천하의 소식이에게 저울질을 당해본다면 그것만으로도 영광으로 여기시라구. 흐흐~.'

이러한 심사로 혼자 자신의 주체성을 만족시킨 웃음을 머금고 노승을 노려보고 있었지요. 그런데 물끄러미 동파를 쳐다보고 있던 노승이 갑자기

"악-!!!"

하고 고함을 지르는 것이었습니다. 전혀 예상을 하지 못하고 있던 동파는 갑자기 노승이 발광하는 듯한 고함소리를 듣자 귀가 먹먹~ 해져서 아무 소리도 들리지 않았습니다. 그저 넋이 나간 사람처럼 노승을 멍하니 쳐다보고 있었지요.

"몇 근인고?"

"예?"

"내 고함소리가 몇 근이나 나가는가 말일세."

이 말에 갑자기 정신이 퍼뜩 돌아온 동파는 잠시 생각을 해봤지만 그 노승의 목소리는 도무지 몇 근이나 되는지를 알 수가 없었습니다. 그제서야 노승의 불법이 보통이 아니라는 것을 눈치챘지만 천하의 겁재가 그 자리에서 무릎을 꿇을 수는 없는 일이었던지라 조용히 자리에서 일어나 읍을 하고는 나귀의 등에 올라서 돌아갔지요.

돌아가는 나귀등에서도 계속 그 노승의 고함소리가 귓가를 쟁쟁하게 울렸습니다.

'몇 근일까???'

'도대체 그 노승의 고함소리는 몇 근일까???'

'???'

이렇게 궁리를 하다 보니까 나귀는 고삐가 느슨해져서는 지가 가고 싶은 대로 걸음을 옮겼습니다. 그러다가 더 갈 길이 없자 나귀가 걸음을 멈췄지요. 그 순간에 소동파는 정신을 차리고서 고개를 들었습니다. 그랬더니 갑자기 폭포소리가 귓가를 진동시키는 것이었지요. 그러니까 그 나귀는 폭포가 길을 막고 있어서 멈추었던 모양입니다. 그렇게 우렁찬 폭포소리를 듣자 갑자기 머릿속이 맑아지면서 그 노승이 소리를 지른 뜻을 깨닫게 되더랍니다.

소위 말하는 '참소식'을 깨달았던가 봅니다. 참소식이라는 것은 자기 본성을 알게 되는 것을 일러서 하는 말입니다. 그래서 동파는 오던 걸음을 되돌려서 다시 그 암자를 찾아가서는 진심으로 존경하는 마음으로 절을 삼배 올렸다고 합니다. 동파가 절을 하는 모습을 물끄러미 바라보는 노승의 입가에는 자비심이 그윽~한 미소가 깃들었다고 하더구만요.

이러한 이야기를 통해서 겁재의 특성을 생각해봅니다. 참으로 대단한 문장가에다가 특출난 서예가에다가 다재다능한 사람이기에 여기에 소개를 해봤습니다. 그리고 일지에 겁재가 해당하는 사람으로 사주가 입수된 사람으로는 임 철 초 『적천수징의』(丙午일주), 강증산 증산교 교주(丙午일주) 등이 계시는군요.

◇ 겁재심리의 긍정적인 면

적극적이고 진취적이다. 용감하고 과단성이 있다. 강건하다. 민첩하고 효율적이다. 자주적이며 독립적이다. 낙관적으로 생각하면서 또한 열심히 싸우기도 잘한다. 자동적으로 움직이고 부지런하다. 모험을 좋아해서 어려움도 잘 범한다. 용감하게 일을 벌이고 또한 감당을 한다. 교제가 비교적 넓고 활발하다. 열성적인 마음으로 성의를 표한다. 솔직하고 담백하다.

이렇게 볼 적에 대략적인 것은 비견에 해당하는 것과 중복이 되는 성분이 많다고 하겠습니다. 구체적으로 약간의 차이점이 있다는 것을 잘 감 잡으시면 충분할 것으로 생각이 되는군요.

◇ 겁재심리의 부정적인 면

맹목적으로 밀고 간다. 냉정하게 다투기를 좋아한다. 가까운 것만 보기 때문에 견해가 얕다. 사사로운 개인의 이익에 집착한다. 용기가 있는 것은 좋은데 그로 인해서 왕왕 무모한 일을 벌이기도 한다. 자포자기를 잘한다. 좋아했다가 화를 냈다가 하는 것이 좀 심하다. 말하는 것이 졸렬하다. 스스로 결정하고 혼자 실행하는 면이 있다. 어리석고 무지하다.

이 정도로 정리를 할 수가 있는 것이 겁재라고 하겠습니다. 비슷하면서도 차이가 있는 점에 대해서 잘 이해를 하신다면 충분하다고 생각됩니다. 겁재에 대해서는 이정도로 하고 줄이겠습니다.

식신(食神) 심리학

이제야 비로소 서양의 심리학에 접목을 시킬만한 글자가 등장을 했습니다. 식신이라고 하는 성분에는 뭔가 해당되는 항목이 있을 법하군요. 그렇지만 우선 우리는 명리학도로서의 자존심을 걸고 오로지 식신의 성격에 대해서 먼저 연구를 해보는 것이 중요하겠습니다. 식신이라는 글자는 보기에도 좋습니다. 밥의 신이라……. 밥은 인간이 살아가기 위해서 먹지 않으면 곤란한데 바로 그 밥의 신이라니요. 그렇다면 식신은 먹고 사는 것과 무슨 연관이 있을까요? 밥이라는 것은 생존에 반드시 필요한 성분이라고 할 적에 식신도 그만큼 중요한 작용을 한다고 봐야 하겠군요. 과연 '밥의 신'이라고 할 만한 자격이 있는지 한번 생각을 해보겠습니다.

식신은 자신의 능력을 표현하는 도구라고 봅니다. 표현하는 도구라고 했습니다만, 식신 말고도 다른 성분도 역시 나름대로 자신을 표현하고 있기 때문에 이렇게 말을 하는 것은 정확한 설명이 못될 듯합니다. 식신의 기본은 파고 들어가는 성분입니다. 깊이 파고 들어가는 성분이지요. '넓게'가 아니라 '깊게'입니다. 식신의 영향을 받는 사주는 무엇이든 깊이 파고 들어가서 그 뿌리를 완전하게 파헤쳐놓아야 속이 시원합니다. 이러한 성분이 식신이라고 하겠습니다. 식신의 마음을 헤아려보건데 다분히 이기적인 면이 바탕에 깔려 있다는 것이 느껴지기도 합니다. 사소한 것에도 목숨을 걸지요. 식신의 마음은 자신의 자존심을 세상에서 가장 소중하게 생각하는 마음이거든요.

토론을 하는 장면에서 보면 그 사람의 마음에서 식신의 영향을 받고 있다는 생각이 드는 장면을 종종 보게 됩니다. 이기든 지든 별로 상관이 없는 논쟁에서도 끝까지 자신의 주장이 타당하다는 것을 고집합니다. 이러한 성분은 학자간의 고집으로 존재하게 되는군요. 사실 이러한 식신의 자아완성에 대한 집착이 없고서는 심오한 학문의 이치가 나타나질 않습니다. 이러한 식신의 특징은 어느 한 곳에 몰두를 하면 밤이 되는지 날이 새는지도 모르고 파고드는 것입니다. 그래서 늦게 배운 도둑질에 날 새는 줄 모른다는 말이 나오는 것입니다. 사실 학문을 연구하는 데는 식신의 심리가 가장 우수합니다. 머릿속은 온통 식신적인 호기심으로 가득 차 있기 때문이지요. 이러한 마음은 결국 무엇인가 한 가지의 독창적인 결과를 얻게 될 가능성이 매우 많겠군요. 몰두를 하기만 하면 그 결과에 연연하지 않고 자신의 능력을 총동원해서라도 끝장을 보려고 합니다. 이러한 심리 구조는 자칫 건강을 해치게 되는 결과를 초래하기도 하겠군요.

지금 벗님께서 연구하시는 학문도 식신적인 면으로 개발이 되고 있는 것입니다. 낭월이의 이야기 스타일이 식신적이거든요. 고래서 바닥이 나올 때까지 파들어가고 있는 것입니다. 식신은 내성적입니다. 그러한 구조로 인해서 조용히 먼 산을 바라보면서 궁리를 하지요. 쉼 없이 떠드는 것은 식신에게서는 잘 볼 수가 없는 장면입니다.

식신은 어느 한 가지를 잡고서 잠시 연구를 해보다가는 그 내용적인 면에서 정밀한 흔적이 보이지 않으면 흥미를 잃어버립니다. 그래서 고스톱이나 포카를 하는 데는 서투릅니다. 그러한 게임은 지능도 필요하지만 대개는 눈치와 배짱으로 버티는 것이 더 나은 경우가 많기 때문입니다. 그러한 방식에는 도무지 흥미를 느끼지 못합니다. 게임을 하면서도 뭔가 궁리를 하고 원리를 생각하는 게임이 재미있다고 생각하는가 봅니다. 남들은 골치 아프다고 하는 것도 식신은 흥미있게 궁리를 해나갑니다. 그러한 게임 중에서는 바둑이 대표적이라고 하겠군요. 바둑은 그 심오한 이치가 식신의 호기심을 자극시키기에 충분하거든요. '말보다 손으로.' 이것이 식신의 특기입니다. 식신은 남과의 대화에서 그렇게 탁월한 재능을 발휘하지 못하지요. 원래가 달변가의 기질은 없습니다.

내성적인 구조이기 때문에 말이 필요 없는 게임인 바둑이 재미있습니다. 비슷한 것 같으면서도 장기와는 또 다릅니다. 장기를 둘 적에는 주변이 떠들썩합니다. 식신은 그러한 소란함이 맘에 거슬립니다. 조용하게 말없이 바둑돌을 집어다놓으면 되는 게임이 오히려 매력적이라고 생각하는 것이지요. 물론 여기에서 고수가 되거나 하수가 되거나 하는 것과는 반드시 일치하지 않습니다. 그냥 그러한 게임이 맘에 든다는 정도로 인식을 하면 되겠습니다.

신선이 바둑을 둔다는데 식신은 신선의 기질이 있는 것일까요? 하긴 신선이 바둑을 두는데 갔다가 대추를 얻어먹었다고 하니까 밥신의 역할을 톡톡히 한 셈인가요? 도끼 자루가 썩었다는 이야기가 생각이 나서 말입니다. 하하.

이렇게 식신의 심리에 대해서 뭔가 실마리를 끌어내보려고 이런저런 이야기를 해봅니다. 그리고 앞의 '식신의 원리' 에서도 식신의 심리적인 면에 대해서 많은 언급을 했기 때문에 함께 참고하시면 더욱 이해를 하시기에 도움이 될 것으로 생각되는군요. 그러고 보면 밥을 먹는다는 의미는 별로 없군요. 오히려 지혜를 먹는다고 보는 것이 타당할는지도 모르겠습니다. 사실 식신은 남들이 연구한 내용을 그냥 놓치지 않습니다. 자신이 다시 읽어보고 연구하고 정리하고 나면 어느 사이에 자신의 이론이 되어 버립니다. 이러한 면에서 생각한다면 밥신은 정신적인 영양을 먹는 신이라는 뜻으로 보면 되겠습니다. 다만 외골로 파고들어가기를 좋아하는 성분의 작용으로 융통성이 결여되는 면이 있습니다. 식신은 생활능력이 그리 탁월하다고는 못하거든요. 연구를 하는 것이 밥으로 연결만 되면 더 바랄게 없는데 실은 연구한다고 해서 모두가 돈으로 연결이 되시를 않습니다. 그렇게 되면 쌀독에 쌀도 떨어지고 주머니에 돈도 떨어지고 참으로 처량한 신세가 되기도 하는 것입니다.

우리 선조들을 보면 갓이야 다 떨어지거나 말거나 시를 한수 멋들어지게 지으면 금세 서당 훈장자리는 확보가 되는 경우도 있었지요. 이렇게 식신의 부류들은 겉모습에 크게 연연하지 않는 성품입니다. 내면적인 즐거움을 더욱 중시하는 까닭이지요. 이러한 고사를 접하면서 우리 선조들의 낭만을 사랑하게 됩니다.

이러한 성분들이 식신의 구조에서 발생하는 것이라고 생각해봅니다. 깊이 깊이 파고들어가다가 보니까 한 가지 방면에서 대가가 되는 것이지요. 그리고 그렇게 얻어진 명성은 하루아침에 되는 것이 아니기 때문에 오랜 시간을 가난과 멸시 속에서 냉대를 받는 것은 기본이 됩니다. 낭월이가 이렇게 식신에 대해서 집착을 하는 것도 우연이 아닙니다. 사주에 식신이 둘이나 포진을 하고 있거든요. 그리고 이러한 성분은 결국 넓게 공부를 하는 게 아니라 깊게 하는 작용으로 결말이 날 모양입니다.

사실 동양의 역학도 그 종류를 논한다면 대단히 많습니다만 이렇게 십여 년의 결코 짧다고만은 할 수 없는 시간을 오로지 명리학이라고 하는 한 가지만을 놓고서 파고드는 것은 식신이 아니고서는 불가능하다는 생각을 해봅니다. 이렇게 명리학을 연구하면서도 또한 곁가지는 하나하나 제거해나갑니다. 12운성의 불합리성을 보고는 거들떠보지도 않습니다. 온갖 신살에 대해서도 마찬가지의 생각을 하고 있습니다.

신살에 대해서 조금만 생각해보면 그 근원이 얼마나 엉성한 것이지를 알게 됩니다. 가령 12신살이라고 하는 것이 있습니다. 이름만 나열을 해본다면, 지살 장성살 화개살 역마살 재살 월살 도화살 반안살 겁살 천살 망신살 육해살로 이뤄져 있습니다. 일례로서 도화살은 일지에 삼합에서 첫 자의 앞자라는 구조로 배치가 되어 있습니다. 일지가 寅이라고 한다면 卯가 도화가 되는 것입니다. 만약에 寅卯가 원국에 함께 있다면 그래도 일리가 있다고 하겠습니다만, 일지에 午火가 있거나 戌土가 있거나 모두 똑같이 원국의 다른 지지에 卯木이 있다면 그 글자는 도화살에 해당하도록 되어 있습니다.

삼합의 성립 자체에도 인오술 중에서 오화가 빠지면 논하지 않는 것인데 이렇게 삼합 중에서 아무 글자라도 일지에 있으면 삼합의 이치로써 신살을 대입시키는 것은 식신의 구조로써는 전혀 이해가 되지 않는 것입니다. 이렇게 이치에 합당하지 않다고 생각되는 것은 용납을 하지 못하는 것이 식신의 성분이라고 보는 것입니다. 그 이면에는 물론 이치에 합당하다고 생각이 되면 아주 쉽게 받아들입니다. 그런 면에서는 참으로 단순하다고 생각이 되는군요. 이러한 구조를 갖고 있는 식신은 아무래도 사회에서 남들과 겨루면서 살아가는 생존경쟁에는 어쩐지 어울리지 않는다는 생각을 해봅니다.

고전에 말하기를 '식신이 많으면 상관과 같이 본다.'고 합니다. 그 이치에 대해서도 심리적으로 분석을 해보았습니다. '식신은 깊이 파고 들어가는 성분이다. 그런데 그렇게 깊이 파고 들어가는 성분이 많다면 많은 것에 대해서 깊이 파고들어가야 할 것인데, 그렇게 되면 아무래도 연구에 몰두하는 성분이 깊어지기가 어려울 것이 아닌가? 그렇다면 깊이 연구하기보다는 넓게 궁리하는 상관의 형태와 닮을 수가 있겠구나……' 이렇게 궁리를 해볼 때 식신이 많으면 상관이 된다는 말의 의미를 알 듯도 합니다.

인간의 한정된 틀 속에서 많은 것에 통달하기는 참으로 어려운 것이지요. 그저 기껏해야 한두 가지에 대해서만 통달할 가능성이 있습니다. 그렇게만 되어도 성공적이라고 하겠고요. 이것저것 많은 곳에 손을 대고 있다면 아무래도 제대로 깊이가 깊어질 가능성이 떨어진다는 것에 초점을 맞춰보고서 이 고전의 말뜻을 이해했습니다.

◇ 심리학의 접목 — 내향적 감정형〔感淸包容〕

시라이시 고이찌 씨의 『성격심리학』이라는 책에서 일부를 참고해서 우리가 이해하고자 하는 식신의 성격과 어떠한 연관이 있는지를 살펴보도록 하겠습니다. 요즘은 하도 저작권이라는 것으로 인해서 복잡한 문제가 생기기도 한다고 들어서 은근히 마음이 쓰이는군요. 그래서 원문을 그대로 인용하지는 않고 다만 본뜻을 살려서 낭월이가 설명하도록 하겠습니다. 이 방면에 관심이 있으신 벗님은 책을 구입해서 한번 읽어보시는 것도 좋을 듯하군요. 이해하기 쉽게 되어 있어서 말입니다.

이런 형에 속하는 사람으로는 남자보다도 여성에게 많다고 합니다. 이런 형의 사람은 내면적으로 표현을 하게 되는데 주관적인 관점에서 관찰을 하게 됩니다. 그러니까 그 감정의 깊이는 좀체로 알기가 어렵게 되는 것입니다. 내면적으로 생각을 한다는 것은 아무래도 말보다는 궁리가 앞서는 사람이라고 해야겠군요. 더구나 이런 사람은 남과 함부로 어울리는 기술이 부족합니다. 겉으로 보기에는 무게를 잡고 있는, 접근하기 어려운 사람으로 비치게 됩니다.

때로는 우울해 보이는 면도 있는데, 그것도 정도가 지나칠 경우에는 남의 일에는 전혀 관심이 없는 사람으로 느껴지기도 합니다. 그리고 사람을 사귀면서도 아무하고나 쉽게 사귀지를 못합니다. 그래서 처음 사귀는 사람은 선뜻 정이 들지를 못한다는군요. 오히려 냉정하다는 말을 들을 수도 있겠습니다.

평소에도 자신의 감정을 밖으로 쉽게 나타내지 않는 성분이기 때문에 딱딱한 느낌이 듭니다만 경우에 따라서 참으로 이성을 잃어버릴 만큼 좋은 사람을 만난다면 자신도 주체를 하지 못하는 격정에 사로잡히기도 합니다. 처음에는 깊이 들어가기가 어렵지만 일단 인연이 맺어지면 그 후로는 오히려 누가 말려도 소용이 없는 형태로군요. 자기 자신도 어쩌지 못할 정도로 몰두를 하는 것은 분명 감정적인 심리구조라고 봐도 되겠습니다.

대략 이러한 형태를 설명하고 있군요. 여기에서 식신적인 냄새가 솔솔 나고 있습니다. 여간해서는 몰두를 하지 않지만 일단 몰두를 하면 옆을 돌아다보지 않고서 그 목적을 향해서 나아가는 성분이 바로 식신적인 성분이라고 생각이 되는 거지요. 그리고 자신의 감정을 겉으로 잘 드러내지 않는다는 점도 내성적인 식신의 구조에 어울린다고 보이는군요. 사실 식신은 부끄럼을 많이 타거든요.

중요한 설명 중에 하나가 여성적이라는 점도 식신의 구조에 잘 어울리고 있습니다. 낭월이가 왕초보 사주학을 출간한 후에 가끔 전화로 질문을 받습니다.

"낭월 박주현 씨가 여자지요?"

이렇게 물으면 그냥 웃습니다. 낭월이가 여자라고 밝힌 곳이 전혀 없는데도 문체라든지 내용을 보고서는 여자의 냄새가 난다고 판단을 해버리는 것입니다. 이렇게 낭월이의 글을 보면서 여자일 것이라고 생각을 하게 되는 것과 이러한 내향적 감정형에 속하는 사람은 여성에게서 많이 본다는 고이찌 선생의 말과는 서로 통하는 면이 대단히 크다는 생각이 드는군요.

내성적인 사람이 냉정해 보이는 것에는 자기방어적인 기능이 포함되어 있다고 생각됩니다. 왜냐하면 한 번 몰두를 하게 되면 걷잡을 수가 없이 빠져들기 때문이지요. 평소에 얌전하던 사람이 갑자지 바람을 피워서 온 동네를 시끌벅적하게 만드는 경우가 간혹 있는데 이렇게 자신의 감정이 동해 버리면 옆을 살피지 않기 때문에 난리가 나는 것이지요. 그러한 것을 자신의 내면에 존재하고 있는 잠재심리는 알고 있기 때문에 항상 냉정하게 행동하려고 노력을 하는 것입니다. 그래서 하는 말이 '바람은 피울지언정 창녀집에는 안 간다.' 하는 말을 합니다. 바람을 피우는 것과 창녀집에 가는 것 중에서 어느 것이 더 좋고 나쁘다고 말을 할 수는 없겠습니다만, 자신의 감정이 동하지 않으면 성행위도 마음에 내켜하지 않는다고 보는 것이 식신 적인 견해라고 이해를 하면 되겠습니다.

자신이 감정적이면서도 그 감정을 밖으로 활발하게 나타내지 못하고 속으로 삭이는 형태는 아무리 생각해도 여성적인 면이 강하군요. 대중이 모여 있는 곳에서 항상 말이 없는 사람이 됩니다. 그러다가는 불쑥 던지는 한마디에 대중들이 와~ 하고 웃습니다. 낭월이가 어려서 동네 아주머니 에게 들었던 말이 생각나는군요.

"주현이는 가만히 색시처럼 있다가 불쑥 한마디를 하면 그 말이 의미심장하단 말이야."

하는 말을 들었던 기억이 나는군요. 이러한 분위기를 갖는 심리상태가 바로 식신적인 형태라고 보면 상당히 적당할 것이라고 생각되어서 낭월이가 영향을 많이 받고 있는 식신에 대한 설명을 장황하게 드렸습니다. 이 정도면 충분히 이해가 되시겠지요?

◇ 사주학의 대입 — 발명대왕 에디슨

에디슨이라고 하는 이름을 떠올리면 가장 먼저 무슨 생각이 드세요? 아무래도 교과서에 등장했던 이야기가 가장 먼저 떠오를 것입니다. 병아리를 품겠다고 창고에서 밥을 굶고 쪼그리고 있었다는 이야기 말이지요. 그 뿐이 아닙니다. 저능아라는 판정을 학교로부터 받고서 퇴학을 당했다는 이야기도 역시 함께 생각이 나는군요. 그리고 기차에서 신문을 팔면서 무슨 실험을 하다가 불을 내고서 쫓겨났다는 이야기도 빼놓을 수 없는 항목에 속하는군요.

어려서 남들과 어울리지를 못하는 부끄럼타는 성격으로 인해서 어머니께 걱정도 많이 끼쳤다는데, 식신의 여성취향적 성분구조를 이해하고 난 지금에 와서는 완전히 이해가 되는 장면이로군요.

이러한 여러 가지 일화 속에서 에디슨은 식신의 파워를 발휘했습니다. 한 가지 일에 몰두를 하면 계란을 삶는다는 것이 시계를 냄비에 집어넣고는 그냥 연구에 몰두를 하기도 하지요. 그렇게 자신의 관심사에 대해서 몰두를 할 수가 있는 것은 식신적인 성분이 대단히 작용을 했다고 보아지는군요. 그래서 에디슨의 사주를 찾아봤습니다. 과연 에디슨의 사주에는 그러한 식신의 성분이 있어서 몰두를 했을까요? 아니면 미국사람은 사주가 맞지 않다고 낭월이를 꾸지람해도 할 말이 없겠습니다 그려. 하하.

乾命 : 양력 1847년 2월 11일 卯時 에디슨(미국출생)

丁未 壬寅 丁丑 癸卯

癸卯	丁丑	壬寅	丁未

73	63	53	43	33	23	13	03
甲午	乙未	丙申	丁酉	戊戌	己亥	庚子	辛丑

이렇게 생겼습니다. 영락없이 일지에 식신이 버티고 있군요. 휴~정말 다행입니다. 하하.

에디슨의 연구하고 몰두하는 성분이 결코 우연이 아니라는 것을 이 기회에 알게 되었습니다. 그리고 미국사람도 사주팔자의 영향을 벗어나지 못한다는 점도 확인이 된 셈이로군요.

그리고 일지에 식신이 있는 사람 중에서 알 만한 사람을 찾아보니까 황인용 MC〔癸卯일주〕, 나이팅게일〔丙戌일주〕 정도가 확인이 되는군요. 이외에도 수두룩하게 많겠습니다만 각자 구할 수 있는 자료가 있다면 찾아보시기 바랍니다.

◇ 식신의 긍정적인 면

별도로 긍정적인 면에 대해서 생각해본다고 항목은 설정을 했습니다만, 앞에서 좋은 점을 많이 나열했기 때문에 달리 더 식신 예찬을 할 필요가 없을 것이라고 생각이 되는군요. 그리고 모양새를 갖춰보려고 항목을 만들었습니다.

순수하게 연구하는 성분이고 청기(淸氣)가 있다고 보지요. 자신의 내면을 표현하되 정화시켜서 내놓기 때문에 어수선하게 느껴지지 않는 점도 긍정적인 면이라고 하겠습니다.

◇ 식신의 부정적인 면

부정적인 면도 반드시 있게 마련입니다. 식신의 부정적인 면이라고 한다면 사회성의 결여라고 하겠군요. 자신의 내면에 있는 잠재력을 끄집어내는 데에는 탁월하지만 세상에서 함께 어울려서 흥정하고 살아가는 데에는 '여엉~ 아니올시다.' 입니다. 나 혼자만 순수하게 살면 되지 남들이야 아무려면 어떤가 하는 마음으로 세상에 임하기 때문에 이런 사람들 선동해서 이끌기가 참으로 어렵습니다. 그래서 통솔이 잘 되지 않는 결점이 있군요. 함께 사는 사회에서 통솔이 잘 되지 않는다는 것은 결점이라면 큰 결점이라고 하겠습니다. 다행히 요즘에는 한 가지만 잘하면 먹고 사는 데에는 지장이 없는 분위기로 가고 있기는 합니다만 식신의 이 특출한 결점은 아마도 일생을 노력해도 고쳐지지 않을 것입니다. 사주구조의 주변상황에 따라서 약점이 보완되기만 하면 좋겠습니다만, 그렇지 않으면 사회에 어울려서 살아가는데 애로가 많을 암시가 있습니다.

상관(傷官) 심리학

사람의 심리 중에서도 가장 빨리 감이 잡히는 것이 바로 이 상관의 마음이 될 것입니다. 식신은 '암중모색(暗中摸索)' 이라고 한다면 상관은 '노골표출(露骨表出)' 이라고 할 정도로 그 표현방법이 차이가 나는군요. 상관 성분이 있는 사람을 슬슬 약올려보세요 그러면 30분도 지나지 않아서 약 올린 일을 후회하게 될 것입니다. 그럼 천천히 상관에 대해서 생각을 하도록 합니다.

상관의 힘은 이름에서 벌써 떠오릅니다. 인간사에서 가장 두렵고 어려운 존재가 관청입니다. 그런데 그 관청을 손상시키는 성분이니 그 힘이 도대체 얼마나 되길래 그럴까요? 이름을 지을 적에 고인들께서 무던히도 궁리를 한 후에 붙였다는 생각을 하지 않을 수가 없군요. 관을 손상시키는 작용을 하는 성분이라…….

흔히 정치인들을 보면서 '반대를 위한 반대를 한다.' 고 합니다. 여기서 반대를 위한 반대를 하는 성분이 어쩌면 상관의 구조와 닮은 면이 있다고 생각이 되는군요. 자신의 공명을 위해서 뭔가 님을 이겨야 만이 속이 시원한 것이 상관이거든요. 이러한 마음이 내면에 깔려 있으면서 또 밖으로 드러납니다. 왜냐하면 상관은 외향적인 표현력이기 때문이지요. 이런 사람은 남들이 하기 곤란한 말을 해야 할 적에 앞장세우면 아주 편안합니다. 식신의 성분으로서는 도저히 말을 못할 것도, 상관의 마음속으로 들어가면 거침없이 쏟아져 나옵니다. 자신의 의사를 분명하게 전달하고 거기에다가 내가 니보다는 훨씬 뛰어나다는 것까지 덤으로 올려서 전해줍니다. 이러한 특성이 있는 마음이 바로 상관성분이지요.

그리고 남의 이야기를 들으면서 동화가 잘 됩니다. 항상 외향적인 성분은 누구하고도 잘 어울립니다. 그래서 처음 사귀는 사람도 오래 전부터 알고 있었던 것처럼 느끼게 만드는 마력이 있지요. 그러한 성분은 보스 기질에 해당한다고 보겠습니다. 남의 이야기에 귀를 기울이는 게 아니라 자신의 하고자 하는 점을 강조하지요. 보스 기질에 속한다고 말하는 것은 바로 이점을 강조하는 것입니다.

짐짓 남이 열심히 이야기를 할 적에는 듣고 있는 것 같습니다. 그렇지만 그 이면에서는 벌써 반격에 대한 대비를 해가면서 상대방의 말 속에서 허점을 포착하고 있는 것입니다. 자신의 내면을 표현하는 능력이 이렇게 탁월한 성분은 이 시대에 있어서 성공의 필수 조건이 되기도 합니다. 그래서 상관성분에 해당하는 마음이 언제나 우선권을 차지합니다. 이 시대가 그렇게 만들어가고 있습니다.

또한 상황판단이 굉장히 민첩합니다. 그 이면에는 항상 남과의 경쟁이라는 것이 깔려 있지요. 지금은 경쟁시대라고 합니다. 지금 시대에는 상관성분이 단연 돋보이는 시대입니다. 그러한 증거를 찾아보려면 잠시만 살피면 됩니다.

물질주의 시대에는 돈을 많이 버는 사람이 유능한 사람입니다. 그럼 가장 돈을 많이 버는 사람은 누구일까요? 그야 당연히 스타들입니다. 그들은 잠깐 나와서 노래 한 곡을 부르는 데에도 노동자로서는 상상도 못할 금액을 받는답니다. 20초간 방영하는 광고를 찍는데 3억이니 10억이니 하는 말이 공공연하게 나오고 있습니다. 이러한 재능은 상관의 특권이라고 생각되는군요. 그리고 개성적입니다. 상관은 모방을 하지 않습니다. 아니 정확히 말하면 모방을 해서는 제2의 창조를 하는 것입니다. 남의 10년 간 땀 흘려 연구한 결과도 상관의 손에 들어가면 불과 수개월 내에 전혀 다른 형태로 변형이 되어서 등장을 합니다. 그래서 상관이 판치는 시대에는 모방에 대해서 보호를 받는 장치가 필요할 수밖에 없고 그래서 특허청이라는 것이 있기도 한 모양이군요. 이러한 성분이 정신적인 면으로 파고들면 또한 대단히 각광을 받는 교주가 될 수도 있습니다. 신흥 종교의 특색은 하나 같이 과거의 종교는 썩었기 때문에 새로운 종교를 찾아야 한다고 말합니다. 그러면서 기성 종교의 불합리한 면을 부각시켜서 하나하나 따지고 듭니다. 모두가 당연하고 옳은 말이지요. 그래서 과연 그 말이 옳겠다 싶어서 그 새로운 종교라는 것을 살펴보게 되면 이것은 과거의 종교에서 우수한 점을 모두 간추려서 다이제스트시킨 결합품이라는 것을 금세 알 수가 있습니다.

대개의 신흥 종교라고 나서고 있는 형태는 이러한 구조라고 생각이 됩니다. 그 이면에서는 상관적인 성분이 내재되어 있다고 보여지는군요. 기성 종교를 엎어야 만이 가능하다는 것이지요. 이것이 바로 관을 손상시키는 결과가 되는 것이 아닐까 하는 생각을 해봅니다. 정신적인 면에서는 기성 종교는 사회에서의 관에 해당할 수도 있다고 생각이 되거든요. 그래서 기성 종교는 끊임없이 상관의 도전을 받고 있는 것입니다.

상관의 마음은 감정 전달이 가장 신속합니다. 그래서 극장에서 영화나 연극을 보면서 눈물을 훌쩍이고 있는 사람은 상관의 영향을 많이 받고 있을 가능성이 있군요. 이시이(석정보웅)라는 사람이 쓴 책에 '최후의 초염력' 이라는 것이 있습니다. 아마도 정신계 쪽에 관심이 많으신 분은 한 번쯤 읽어보셨을 가능성이 많군요. 이 책에 보면 '발상즉행동(發想卽行動)' 이라는 표어가 눈에 띕니다. 이 말의 의미는 생각나면 즉시 실행하라는 것인데 이것은 글자 그대로 상관의 기능을 강화시키는 최면 역할을 하고 있는 것입니다.

항상 의기소침해 있는 현대인에게는 이러한 말이 참으로 복음이 될 가능성이 있습니다. 이 책은 그러면서 여러 가지의 용품을 소개하고 있습니다. 바로 자신이 개발한 초능력을 발휘하는 물건들이지요. 기운을 종이나 수건이나 특정한 제품에 불어넣어서 판매를 하는 것입니다. 이러한 부류를 '기사업(氣社業)' 이라고도 부릅니다만, 그 초염력을 주입한 스티커를 붙이는 것만으로도 원하는 바가 이뤄진다는 내용입니다.

그래서 낭월이도 그렇게 없던 시절에 그 말을 듣고서는 거금 20만원을 들이고서 회원에 가입을 했었습니다. 그리고서 그 단체에서 제공하는 테입을 갖다가 잘 때마다 듣고 잠을 잤습니다. 초능력을 개발하려면 그렇게 해야 한다고 했거든요. 그렇지만 얼마 후에 그 테이프를 버렸습니다. 낭월이와는 인연이 없는 것으로 생각이 되어서 말이지요. 한국에서도 그 조직이 퍼져 있어서 나름대로 활발한 활동을 하는 것으로 알고 있습니다만 인연이 없는 사람에게는 역시 소용이 없더라는 결론을 내기로 했습니다.

낭월이가 부러워하는 것 중에 하나는 수완이 좋은 사람들입니다. 낭월이는 수완이 신통치 못해서 돈이 되는 사업인줄 뻔히 알면서도 실행에 옮기지를 못하고 그냥 넘어갑니다. 그놈의 체면 때문에 말이지요. 돈을 벌려면 큰소리를 뻥뻥 쳐야 하는데 그렇게 하기에는 자존심이 허락을 하지 않는 것입니다. 이것은 바로 식신의 무능한 면이지요. 교주들을 보시면 실감이 납니다. 그렇게 확신에 차있고 자신만만한 모습에서 마음이 약한 사람들은 신처럼 보일 것입니다.

상관의 표현력은 의외로 솔직한 면도 있습니다. 마음에 들면 있는 그대로를 제공하고 간에다가 쓸개까지 빼내주는 열성이 있습니다. 그래서 보스 기질이 있다고 하는 것이지요. 이러한 주인을 섬기는 사람은 절대로 배반을 하지 않습니다.

상관은 분산되는 성분입니다. 한가롭게 한 가지 일에 몰두하는 식신과는 그 성향이 반대라고 하겠습니다. 그래서 상관은 분주한데 상관이 여러 개가 있다면 그 정도는 더욱 심하겠군요. 그렇지만 상관이 하나가 다소곳하게 박혀 있으면 식신처럼 된다는 고전의 설이 있습니다. 역시 분산되는 성분이 한 가지뿐이기 때문에 한곳으로 집중이 가능하겠다는 생각이 드는군요. 그렇다고는 해도 한 번 상관은 끝까지 상관입니다.

경쟁에서 지기를 싫어하는 성분이 또 있습니다. 누구나 지기를 싫어하겠습니다만, 특히나 상관은 그렇습니다. 힘으로 하다가 안 되면 꾀로 대항을 하고 그러다가도 부족하면 돈으로 대항을 하기도 합니다. 이렇게 승부욕이 강한 성분이기에 투사들에게는 반드시 필요한 성분입니다. 사주에 상관 하나도 없는 사람이 언론계나 정치계에 나간다면 맨발을 벗고 나가서 말려야 할는지도 모릅니다. 그만큼 불리하다는 이야기지요.

전에 선생님께서 하신 말씀이 생각나는군요. "상관을 (때려)잡으면 손님을 끌고 온다네." 하는 이야긴데, 무슨 뜻인가 하면 일단 상관 성분이 농후한 손님이 상담을 요청하면 처음에는 '네 녀석이 잘 맞춘다고 해서 오기는 왔다만 과연 그러한지 내가 직접 보지 않고서는 믿을 수가 없다 이 녀석아 ~ 그러니까 어디 한번 나를 맞춰봐라' 하는 기분을 느낀답니다. 그런 사람은 사주풀이를 해줘도 가타부타 말이 없고 그냥 고개만 끄덕이면서 "계속 하세요." 하는 투랍니다. 그러면 여러 소리 할 필요가 없다는군요. 이론으로 설명을 해서는 효과가 없다고 판단을 해야 한다는 것입니다.

"당신은 작년에 바람을 피웠네? 고생 좀 했겠구만!"

이렇게 잘라버려야 한답니다. 그러면 얼굴색이 달라지면서 과연 용하다는 생각을 하고 그 후로는 더 이상 말을 하지 않아도 스스로 술술 속에 들어있는 이야기를 다 한다는군요. 이것이 상관 성분이 많은 여성을 다루는 비법이랍니다.

그런데 중요한 것은 여기서 그치는 게 아니랍니다. 일단 보고 가서는 친구든 친척이든 만나면 추천을 하는데 원래가 말 잘하는 재주가 있는지라 상대방으로 하여금 가보고 싶도록 미화시켜서 고객을 보낸다는 점이 다른 사람과 다르다는 이야기를 하면서 웃었던 적이 있습니다만, 이러한 면에서 상관의 마음을 이해해보기도 합니다.

이러한 여러 가지의 의미가 포함되어 있는 것이 상관의 성분입니다. 한 마디로 다 말할 수가 없는 내용이로군요. 벗님들의 주위에서 상관적인 마음을 살펴보시기 바랍니다. 아마도 어렵지 않게 발견하시리라고 생각합니다. 남편에게 한 마디도지지 않으려고 하는 성분을 보시걸랑 상관성분인 것으로 생각하셔도 좋습니다. 아랫사람에게 인정 많고 윗사람에게 대항하는 성분은 가장 상관을 닮은 점이기 때문입니다.

◇ 심리학의 접목 ─ 외향적 감정형(感情發散)

십성에서의 상관은 그렇다고 치고, 심리학에서의 상관 성분에 해당하는 것은 어떻게 되어있는지 살펴보도록 하겠습니다.

이 형도 역시 여성에게 많다고 하는군요. 그리고 감정적인 형태를 취한다고 합니다. 감정적으로 생각을 한다고는 해도 주위 상황에 따라서 잘 어울리지요. 흔히 '사교계의 여왕' 이라는 말이 있는데 잘 어울리는 사람이라는 뜻도 있을 것으로 생각되는군요. 감정적이면서도 외향적이라는 면이 가미되면 그렇게 활발한 자신표현을 갖고 있다고 생각됩니다.

스스로 무슨 판단을 내릴 적에도 자기 멋대로 하는 게 아니라 남들이 어떻게 생각하는가를 살펴보고 종합한 다음에 결정을 내리지요. 특히 결혼 상대를 고를 적에는 이러한 특징이 가장 잘 살아납니다. 내게 맞는 사람인가 하는 것은 뒷전이 되기 쉽지요. 그보다는 상대방의 신분이나 외모, 학력 등등 가능한 한도 내에서는 모두를 포함하여 생각을 해보고서 최종적으로 결정을 내립니다.

그러니까 자기 자신이 좋아하는 것보다는 주변에서 내리는 평가에 더욱 관심을 갖고 있다고 봐야 하겠습니다. 그래서 사고방식은 대체로 상식적인 면이 많은데, 이런 여성을 좋아한다면 돈키호테처럼 유별나게 사랑을 할 게 아니라 평범한 사람이라면 가능성이 많다고 하겠습니다.

이러한 유형의 사람들은 눈치가 빠르고 주변의 상황을 잘 파악하기 때문에 항상 인기가 있습니다. 그러나 감정형이라는 말이 있듯이 감정이 앞서기 때문에 사고력은 떨어지기 마련입니다. 그렇다고 해서 사고력이 형편없다는 것은 아니지요. 하지만 이 사고력이라는 것도 감정표현을 위한 도구로 사용되기가 쉽습니다.

그래서 사고력을 발휘시킨다고 해도 진실성이 부족해 보이는 경우가 있고, 그렇기 때문에 상대방으로 하여금 성의가 없이 겉으로만 그렇게 행동한다고 하는 인상을 받게 되기도 합니다.

감정이 밖으로 드러나는 형태이기 때문에 남들이 항상 기분의 변화를 민감하게 느낄 수가 있겠군요. 하루에도 열두 번씩 변하는 마음을 그때마다 밖으로 드러낸다고 하면 이 사람에게 해줄 수 있는 말은 한마디 '변덕쟁이'입니다. 감정의 변화가 민감하게 일어나기 때문인데, 웃기도 잘하고 화도 잘 내는 사람으로 비쳐질 것입니다.

감정이 본래부터 지니고 있던 인간적인 면이 상실되고 인격적으로도 종잡을 수 없는 사람이 되어버리지요. 최악의 경우라고 할 수가 있겠습니다만, 원래가 감정이라는 것이 그러니까 도리 없군요.

그러한 상황이 발생하면 이번에는 그러한 인식을 고쳐보려고 또 과잉적인 행동이 따르기 쉽습니다. 이것이 반복되다 보면 결국 감정의 과장이 되고, 이러한 행동을 받아들이는 입장에서는 짐짓 딴청을 피우게 되기도 합니다. 전에는 칭찬을 잘하던 사람들이 갑자기 변해서 무관심의 행동을 보이게 됩니다.

또 자신의 이론을 들고 나올 적에는 말도 되지 않는 유치한 것으로 주변과 대립을 할 때도 있습니다. 이러한 이면에는 자신의 존재를 돋보이게 하려는 성분이 있는데 결국 이것이 강화되면 히스테리로 발전을 하게 되는 전주곡이 되기도 합니다.

십성에서 보는 상관적인 성분과 비교를 해볼 적에 같은 성분이면서도 심리학에서는 규모를 줄여서 설명한 듯한 느낌이 드는군요. 그 본바탕은 같은데 여성들에게 압도적으로 많다는 말을 전제로 해서 시종일관 여성적인 입장에 준해서 설명을 하는 분위기입니다. 그렇지만 잘 비교를 해본다면 그 규모는 달라도 상관으로서의 서로 통하는 분위기는 상당히 닮아 있다는 것을 느끼실 수가 있을 것으로 생각이 됩니다.

여기서 낭월이가 걱정하는 것은 견강부회(牽强附會)가 될까봐 염려하는 것입니다. 어거지로 명리학의 이론을 합리화시키기 위해서 근엄한 융의 심리이론을 도용하고 있지나 않은가 하는 것이 항상 조심스러울 뿐입니다. 벗님께서 이 글을 읽으시면서도 혹여나 그러한 면이나 없는지 세심하게 살펴보시면 고맙겠습니다.

◇ 사주학의 대입 — 천하모사(天下謀師) 제갈량
제갈공명에 대해서 한두 가지 일화를 모른다면 동양삼국의 사람이 아니라고 해도 과언이 아니겠지요? 삼국지연의를 통해서 인기순위 1, 2위를 다투는 인물이지요. 단연 독보적이 못 되는 이유는 관우의 막강한 인기가 있기 때문입니다. 이상하게도 사람의 마음에는 재능이 많은 사람보다는 충직한 사람을 더 좋아하는 것이 있나봅니다. 인기 순위가 어떻든지 간에 공명 선생이 과연 상관적인 성분이 있는가 하는 것을 놓고서 조용히 생각을 해봅니다.

우선 삼고초려가 떠오르는군요. 이것 자체가 상관입니다. '천하의 군주라도 내 지혜가 없이는 될 턱이 없다. 그러니까 스스로 찾아와서 나에게 애걸을 해라. 그것도 한 번 정도로는 내 자존심이 차지 않는다. 적어도 세 번은 찾아와서 애걸복걸을 해야 내 마음이 돌아설 것이다.' 이러한 성분은 상관적인 자기우월주의에 부합이 되는군요. 관우나 장비의 기분이야 상하거나 말거나 자신의 욕구는 그렇게 해서 채워지는 것이지요. 이 장면을 생각해보면서 과연 상관의 성분이 나타나 있다는 생각을 해봅니다.

다음은 라이벌이 있으면 더욱 힘을 냅니다. 조조라고 하는 재사(才士)가 있음으로 해서 공명은 더욱 흥이 나는 것이지요. 이것은 상관의 경쟁심을 이야기합니다. 그리고 경쟁에서 승리를 하기 위해서 한 치의 오차도 없는 계획을 세웁니다. 그러한 결과로 적벽대전에서의 빛나는 승리는 과연 상관다운 쾌승이라고 하겠군요.

또 한 가지의 이야기는 주유가 죽었을 때의 일입니다. 공명은 주유라고 하는 라이벌이 그래도 게임이 된다고 생각했던 모양입니다. 그런데 화병이 도져서 죽어버리자 갑자기 상대할 라이벌이 없어진 것이지요. 그러한 허전함은 상관만이 느끼는 감정일는지도 모르겠습니다. 갑자기 세상에서 상대를 할 사람이 없어지는 것이지요. 부처님도 도를 통하고 난 후에 자신의 이야기를 들어줄 신선들이 죽고 없다는 것을 알고는 그대로 열반에 들어서 육신을 버리려고 했다는데 어쩌면 공명도 그러한 비슷한 기분이 들었을지도 모르겠습니다. 그렇게 비통해하는 공명을 보면서 이러한 생각을 했습니다. 참고로 비디오 가게에 가면 삼국지 28편짜리가 있습니다. 하도 내용이 좋아서 아예 사버리려고 하니까 개당 7천원을 달라더군요. 그래서 거금 20만원을 들여야 할지 말지를 고민하고 있답니다. 하하.

乾命 : 辛酉 癸巳 庚辰 丙戌 제갈공명

丙戌	庚辰	癸巳	辛酉

乙未	丙戌	丁亥	戊子	己丑	庚寅	辛卯	壬辰

이러한 몇 가지의 정황을 볼 적에 공명에게는 상관의 성분이 강력하게 작용하고 있다는 결론을 내렸습니다. 그래서 사주를 찾았지요. 공명의 사주를 살펴보도록 하겠습니다. 제갈량의 사주를 놓고 볼 적에 선생의 상관은 일지에 있는 것이 아니라 월간에 있군요. 일지에 있으면 영향력이 크겠습니다만 월간에 있더라도 상관의 성분이 충분히 가동이 된다고 봅니다. 낭월이는 시지에 있지만 식신의 영향을 많이 받는다는 생각을 해볼 적에 월간에 있는 상관의 영향은 잘 나타나리라고 생각을 해봅니다. 사실 지지에 있는 상관보다는 천간에 나와 있는 상관의 작용이 더욱 민감하게 나타날 법도 합니다. 참으로 상관의 매력이 뚝뚝 넘치는군요.

참고로 일지에 상관이 있는 사주로는 천하의 만년 선생이신 공자님(庚子

일주), 위천리 — 명리연구가(庚子일주), 이완용(辛亥일주) 등이 있습니다.

다만 일지상관은 단지 庚子, 辛亥 甲午, 乙巳의 네 가지뿐이라는 점을 고려해볼 적에 다른 간지에 비해서 적은 숫자라는 생각이 드는군요. 그래서 다른 주변의 간지에 있더라도 그 영향력이 있을 경우에는 설명을 하는데 활용하도록 해야 할 것으로 생각되는군요.

◇ 상관의 긍정적인 면

단연 보스적인 기질이라고 하겠습니다. 아랫사람에게 인기가 있는 점도 포함이 되어야겠군요. 그리고 자신의 의견을 가장 적절하고 신속하게 표현하는 것도 역시 상관의 자랑거리라고 봐야 하겠습니다.

◇ 상관의 부정적인 면

반면에 상관의 부정적인 면이라고 한다면 아무래도 변덕스러움이라고 해야 할 듯합니다. 초지일관하는 면이 약하고 수시로 상황에 따라서 변화를 하는 것은 종잡을 수가 없다는 불평이 나올 수도 있겠군요. 그리고 지나친 경쟁심도 결점으로 포함시켜야 할 듯합니다. 이러한 심리구조만 수정을 한다면 대단한 힘을 발휘해서 크게 성공을 할 수가 있는 사람이라고 생각이 되는군요.

편재(偏財) 심리학

보통은 재성을 분류하지 않는다고 해도 이렇게 '편재 심리학' 이라고 하는 제목을 붙였으니 도리 없이 분류를 해야 하겠군요. 일단 오행의 원리상 편재는 내가 가장 만만하게 다스리는 성분입니다. 이러한 구조를 심리적인 분석으로 접근을 해보면 '물질의 내면성의 지배' 라고 하는 묘한 말을 붙일 수가 있습니다. 여기서 지배라는 말 대신에 통제라는 말로 대신할 수도 있겠군요. 여하튼 물질의 구조에 대해서 관심이 많다는 것이 편재라고 하겠습니다.

'술의 본질은 뭘까?'

'사람의 본질은 뭘까?'

'우주의 본질은 뭘까?'

이렇게 무수한 많은 객관적인 대상을 향해서 나아갑니다. 그 관심사는 그들이 갖는 내면적인 정신이 아니라 물질적인 구조라고 하겠습니다. 그리고 이 끝없는 호기심은 자칫 자료를 산더미처럼 쌓아놓는 결과를 초래하게 될 가능성이 높습니다. 편재의 기운이 흐르는지 없는지는 그 사람이 혼자 사용하는 방에 가보시면 알 수 있습니다.

우선 방 안에 발을 들여놓을 공간이 있을는지가 의문입니다. 책이니 자료니 커피 잔이니 베개니 모든 일상용품들이 좁은 방안을 점령하고 있기 때문입니다. 주인의 말로는 공간 활용이 잘 되어 있는 것이라고 합니다만, 나그네가 볼 적에는 '심란함' 그 자체일 뿐이지요. 방문객이 찾아와도 그 지저분(?)한 공간에 대해서 부끄러움도 없습니다. '사람이 사는 공간이 그렇지 뭐' 하는 정도라고나 할까요?

"이리 앉으세요."

하고는 옆에 있는 베개랑 커피 잔을 한쪽으로 치웁니다. 그러면 겨우 한 사람의 엉덩이를 넣을 만한 공간이 나옵니다. 그러면서도 지저분하다는 생각이 들지 않는 것은 참으로 기적입니다. 하하.

그러다가 또 한 사람이 찾아오면 그 옆에 깔린 책이랑 자료들이 또 한 쪽으로 쌓아집니다. 그렇게 해서 또 한 사람의 자리를 만드는 것이지요. 그러다가는 방문자가 떠나가면 다시 원래대로 자신의 자리를 차지하게 됩니다.

만약에 이러한 사람에게 깔끔한 애인이라고 생겨서 잠시 외출을 한 사이에 말끔하게 방을 치워놓았다고 한다면 이 사람에게는 별로 대단한 감동을 주지 못할 것이라는 점을 미리 알아야 합니다. 온갖 잡동사니를 정리하고 치우느라고 고생을 했지만 겨우 한다는 소리가

"제자리에 놔두지 엉망으로 만들어놨네…… 투덜투덜."

이렇습니다. 그리고서 하루만 지나면 다시 원상복구(?)가 되어버립니다. 이것이 바로 편재의 특징이라고 봅니다. 참으로 못말리는 편재로군요. 그리고 편재의 특징 중에서 빼놓을 수 없는 것 중에 하나는 있는 게 한정이라는 점입니다. 경제관념이 즉흥적이라는 것이지요. 짜임새 있게 알뜰살뜰하게 생활을 하고 먼 미래를 설계하는 형태는 애초에 아닙니다. 있으면 쓰고 없으면 마는 자유형이라고나 할까요? 예? 자유형이 아니라 낭비형이라고요? 그것도 말이 되는 이야기로군요. 이렇게 편재는 이성적인 물질의 통제보다는 감정적으로 충동구매에 이끌리는 구조를 갖고 있다고 봅니다.

이렇게 말씀을 드리면 또 벗님께서는 '그거 세상에 못쓸 편재로구만 그랴…… 끌끌' 하실지도 모르겠군요. 그렇지만 편재의 장점은 너무나 많습니다. 우선 그렇게 무질서한 가운데에서도 질서가 있음을 느낍니다. 그래서 자신이 필요하면 용하게도 그 속을 뒤지고 찾아내거든요.

특히 이러한 특징은 지도책을 살필 적에 잘 나타납니다. 지도를 보면 참으로 무질서하게 온갖 표시들이 나열되어 있습니다. 거미줄과도 같은 도로와 하천, 큰 지명 작은 지명, 온갖 기호 등등 이루 나 말할 수 없을 정도로 복잡한 그 속을 헤치고서 자신이 찾으려고 하는 위치를 잘도 찾아냅니다. 이러한 사람에게 도면상의 지도나 실제로 있는 자연이나 크게 다르지 않습니다.

사주에 편재가 없거나 약한 사람은 약도를 보고서도 찾아가지를 못합니다. 집 밖으로만 나가면 우선 동서남북의 방향이 헛갈리기 때문에 내가 지금 동을 보고 있는지 서를 보고 있는지 전혀 감을 잡지 못하는 것입니다. 이러한 현상은 학교 교육과는 전혀 상관없이 나타나더군요.

편재의 마음은 물질을 통제하는 마음이면서 그 본질적인 면에 관해서 예리하게 느끼는 감각이 있습니다. 흔히들 형이상학적인 면이 강한 사람들은 물질에 대해서 관심을 갖는 사람을 무시하는 듯한 언행을 쉽게 합니다. 그러한 사람들은 몸과 마음 중에서 어느 것이 더 중요하냐고 묻는다면 서슴없이 '마음' 이라고 힘주어 말합니다. 그렇지만 편재의 정신으로는 그렇게 말을 할 수가 없지요. 편재가 생각해볼 적에는 세상의 어떤 물질 속에도 자연의 이치가 흐르고 있다는 것을 느끼고 있기 때문입니다.

너무 추상적인 설명은 한 것이나 아닌지 모르겠군요. 비록 그렇기는 하지만 도를 통한 고승에게 후배가

"부처가 무엇입니까?"

하고 물었을 적에 농담으로서가 아닌 참으로 진실한 말로서의

"부처가 뭐기는 ~ 측간에 똥 젓는 막대기지 ~!"

라고 간절하게 일러줬을 때 그 선사의 마음에는 바로 편재적인 안목이 번뜩이고 있었던 것은 아닐까 하는 생각을 해보는 낭월입니다. 그렇게 편재의 심연에서는 물질에 대한 올바른 통찰력이 번뜩이고 있다는 것을 어슴푸레하게 느끼고 있습니다. '삼라만상이 진리 아님이 없다' 고 하는 말의 본질에 새삼 감동을 하기도 하는 낭월입니다.

이렇게 유형을 모으고 정리하고 분류는 하는 성분, 바로 낭월이가 십성의 구조에 대한 심리를 정리하는 형태도 가만히 생각해보면 바로 편재의

영향을 받아서가 아닐까 하는 생각을 해봅니다. 낭월이 사주에서 시간에 있는 계수의 편재는 영락없는 희용신의 역할을 하고 있습니다. 이 작용이 뭔가 좋은 결과를 유도하게 될 거라는 암시가 있는데 바로 이렇게 분류하고 정리하여 명리학에서 미력이나마 보태고 있다는 생각을 해보는 것입니다. 물론 말은 그렇게 하면서도 항상 변변치 못한 재주로 인해서 공부하시는 벗님들의 안목만 흐리게 하고 있지만 말입니다. 하하.

◇ 심리학의 접목 ─ 내향적 감각형(物質統制)

이러한 물질에 대한 본질적인 감각에 발전해 있는 구조는 감각형이라는 말로 대신하고 있는 융의 이론과 연결을 시켜봅니다. 감각이라는 말은 그 분위기에서 물질에 대한 느낌을 생각해보는 것입니다. 물론 편재는 음양이 같기 때문에 내성적이 될 것이고, 또 내성적이기 때문에 감정적이라는 말도 됩니다. 여기서의 감정적이라는 말은 냉정하게 실속을 따지지 못하고 그냥 기분으로 즐기는 형태의 분위기가 있다는 것을 포함합니다.

이론적으로 편재라고 하는 것과 융의 내향적 감각형이 완전히 일치를 하는 것은 아닙니다만, 그래도 비교적 서로 통하는 면이 많다는 생각이 들어서 이렇게 연결을 시켜봤습니다.

우선 이 형에 속하는 사람은 탁월한 표현능력이 있으며 대단히 주관적인 표현을 하는 예술가가 된답니다. 주관적인 표현이라고 하면 사물을 있는 그대로 보고 그리는 것이 아니라, 그 속에 내재되어 있는 본질적인 것을 표현하려고 노력한다는 것입니다. 그러니까 남이 보기에는 괴상한 그림이 될 가능성이 있다고 봐야겠군요. 피카소의 그림을 처음 대하면 그러한 생각이 드는데 이러한 형태가 주관적으로 그리는 것이라고 생각되는 군요. 샤갈이라는 화가는 사람들이 비난을 했답니다. 현실과는 동떨어진 환상의 세계를 그린다고 말이지요. 그 말에 대해서 정작 본인은 "그렇지 않다. 나는 항상 변함없이 현실의 세계, 내면적 현실을 그리고 있다."고 반박을 했답니다. 역시 내향적 감각형의 주관적인 그림이었던가 보군요.

이러한 사람을 자세하게 관찰하면 주위 사람들이나 주변에서 일어나는 일들에 대해서 무관심한 것으로 보이기도 합니다. (이 점만 생각한다면 편인적인 성분이라고도 하겠음.) 그러나 본인은 무관심으로 행동하는 것이라고 생각을 하지 않는군요. 다만 외계의 현상보다는 그 내면에서 체험되는 감각 쪽에 관심이 많기 때문입니다.

그러나 일반적으로 이러한 형에 속하는 사람들은 남들이 자신에 대해서 어떻게 생각을 하는가 하는 점에는 별로 관심이 없기 때문에 이러한 문제를 이해시키려고 하지도 않고 관심을 보이지도 않습니다. 어떻게 보면 스스로 자기만족을 누리는 폐쇄적인 면이 있다고도 하겠습니다.

이번 항목에서는 고민스러운 대목이 섞여 있네요. 편인적인 냄새가 간간이 배어 있다는 점입니다. 그러한 이유를 생각해볼 때 일단 편재의 밑바닥에서는 편인이 숨을 쉬고 있다는 이론이 성립되거든요. 여기에 대해서는 다음에 나올 십간의 심리구조에서 다루게 됩니다. 표면심리와 내면심리가 섞여 있는 이유를 설명해 드리겠습니다.

그 이유를 이 항목에서 보이는 편인적인 성분에다가 접목시키고 싶은데, 융 박사님이 이러한 것까지 관찰했다면 참으로 대단하신 안목이라고 생각이 되는군요. 하긴 그래서 낭월이가 존경을 하는 것인지도 모르겠습니다.

여기에서 가장 유사한 점이라면 '감각을 일으키게 하는 외계의 대상보다도 이에 의해 체험되는 감각 쪽이 중요하기 때문에……' 라고 하는 점이군요. 이러한 점에서 편재가 물질의 본질에 관심을 갖는 것과 서로 통하는 면이 있다고 보여집니다. 외형적인 형상에 관심을 기울이는 것이 아니라 그 본질에 대한 느낌을 더욱 중요하게 생각한다는 점입니다. 그래서 부처가 뜰 앞의 잣나무가 될 수도 있는 것이 아닐까 하는 생각을 해보는 것은 너무 불교도적인 냄새가 풍기는 것일까요?

◇ 사주학의 대입 — 물질종사(物質宗師) 아인슈타인

이번에는 이러한 편재의 영향을 가장 많이 받았다고 생각되는 실존인물을 한번 생각해 봐야겠습니다. 우선 이 항목이 물질의 본질에 대해서 생각하는 편재입니다. 그러니까 뭐니뭐니 해도 편재의 영향을 가장 많이 받는 물질에 대한 이치에 통달한 사람이라야 하겠는데 과연 그런 사람이 있을지 모르겠군요. 이러한 분야에 대해서 연구하는 학자를 우리는 물리학자라고 하나요? 물리학자들 중에서 생각나는 사람이 누가 있을지 한 번 생각해보시기 바랍니다. 무엇보다도 물질의 원리에 관심을 기울여야 하는데 그러기 위해서는 사주팔자에 그러한 암시가 있어야 가능할 것이라는 생각을 해봅니다. 스스로 매력을 느끼는 것에 대한 연구를 할 적에야 비로소 자신의 타고난 잠재되어 있는 재능을 발휘하여 그 방면에서 성공을 하게 될 가능성이 많겠기 때문입니다. 그리고 보면 아무나 되는 대로 연구를 한다고 해서 될 일이 아닌가 보군요.

그러한 인물 중에 가장 대표적인 사람이라고 한다면 '아인슈타인'을 빼놓을 수가 없겠군요. 물리학에 대해서 적어도 선생만큼 통달한 사람도 흔하지 않겠기 때문입니다. 이거 낭월이가 그냥 편재 심리학에 끼워맞추느라고 되지도 않는 사주를 만들어서 벗님들의 눈을 혼란시키는 것이라고 의심을 하실 지도 모르겠습니다. 참말로 없는 사주를 끼워 맞추기 위해서 아인슈타인 선생을 끌어넣었다면 참으로 머리는 좋은 머리라고 하겠군요. 어디 자료를 각기 구해서 확인해보세요. 제가 갖고 있는 자료에는 다음과 같이 되어 있군요.

乾命 : 1879년 3월 14일 사시 출생
己卯 丁卯 丙申 癸巳

癸 巳	丙 申	丁 卯	己 卯

73	63	53	43	33	23	13	03
己 未	庚 申	辛 酉	壬 戌	癸 亥	甲 子	乙 丑	丙 寅

이렇게 되어 있습니다. 애석하게도 컴퓨터 만세력에는 1886년부터 기록
이 되어 있어서 확인을 할 방법이 없군요. 흑 벗님께서 갖고 계신 만세력에
는 1879년이 있는지 한번 확인을 해보시기 바랍니다.

그럼에도 일지에 확률이 10%인 편재가 확실하게 박혀서 낭월이를 즐겁
게 해주는군요. 상상을 해보건대 아인슈타인 선생님도 연구실의 주변에는
이런저런 자료들이 엉망으로 널려 있었을 것으로 생각이 됩니다. 물론 스
스로 피나는 정진을 거친 결과로 물리학의 대가가 되었겠습니다만, 그 이
면에는 이렇게 사주팔자에서 물질의 원리에 관심을 갖게끔 작용을 하는 숙
명적인 그 무엇이 있었을 것이라고 생각을 해볼 적에 참으로 사주의 연구
는 생각지도 않은 많은 것을 선물할는지도 모른다는 생각이 들기도 합니
다. 저마다 타고난 재능을 발휘할 수가 있기만 하다면 말이지요. 그러한 잠
재력을 이렇게 사주를 봄으로써 미리 알아낼 수가 있다는 것이 무엇보다도
자랑이로군요.

그런데 일지에 편재가 있는 위인들을 살펴봤더니 의외로 엄청나게 많군요. 그 이유는 여러 가지가 있겠습니다만 가장 중요한 점은 물질의 본질에 대해서 연구를 잘 하다 보니까 의외로 자연에서 특별한 힌트를 많이 얻게된 것은 아닐까 하는 생각을 해봤습니다. 이름을 나열해보면, 로망롤랑(甲辰일주). 반 고호(丙申일주), 제백석一화가(乙丑일주). 임어당(庚寅일주), 밀로빠一밀교고승(丁酉일주), 노스트라다무스(庚寅일주), 종초홍一홍콩 배우(甲戌일주), 마돈나(乙丑일주), 모택동(丁酉일주), 인산 김일훈(甲戌일주)등이로군요.

특히 이 중에서도 인산 할아버님이 여기에 끼어 계시다는 것은 참으로 절묘한 느낌을 줍니다. 그분께서 일생을 기울여서 연구하신 것이 뭡니까? 신약(神藥)입니다. 일상적인 상식으로는 도저히 상상도 하기 어려운 재료를 이용해서 불치의 병을 고치는 특별처방을 연구하신 분인데 이렇게 약초의 배합에 따라서 달라지는 성질을 연구하는 것도 역시 물질의 본질을 연구하는 것과 완전히 일치하는 것입니다. 참으로 시사하는 바가 크군요. 혹 궁금하신 분은 서점에서 '신약'이나 '신약본초'라고 하는 책을 읽어 보시면 이해가 더욱 빠르시리라고 생각되는군요.

◇ 편재의 긍정적인 면

역시 긍정적인 면은 앞에서 모두 설명을 한 셈이기에 별로 특별히 추가할 말씀은 없다고 보겠습니다.

◇ 편재의 부정적인 면

세상만사가 모두 좋은 점이 있으면 반대로 나쁜 점이 있는 것이 당연하겠지요. 편재의 나쁜 점이라고 한다면 우선 경제관념이 희박하다는 점입니다. 항상 즉흥적으로 갖고 있는 재물을 탕진할 가능성이 가장 많기 때문에 언제나 주머니에는 적당한 양의 액수만 넣고 있어야 합니다. 주머니에 돈을 넣고 나갔다가 다시 넣고 돌아오기는 참으로 어렵거든요. 특히 용산의 전자상가나 좋은 서적을 만났을 적에는 말이지요. 이것은 바로 낭월이를 두고서 하는 말씀입니다. 시간에 있는 편재의 영향을 받고 있는 낭월이는 언제나 서점이나 용산을 가면 주머니의 총액과 흥정을 합니다. 연지님도 용산을 갈 적에는 아예 현금카드를 수거하고 지갑을 내어주거든요. 참 연지는 낭월이랑 함께 살아가는 벗 겸 각시입니다.

하긴…… 그러니까 편재(偏財) 즉 치우친 재물이지 달리 편재겠습니까마는, 이러한 단점은 아무래도 불리한 점이라고 하겠습니다. 항상 스스로 짜임새 있게 생활하도록 연구를 많이 해야 하겠군요. 그런데 알기는 알면서도 잘 되지 않으니 역시 팔자인가 봅니다. 하하.

정재(正財) 심리학

정재라고 하면 양간(陽干)이 합하는 성분이로군요. 글자의 의미로는 '올바른 재물'이라고 하면 되겠지요? 그렇다면 정재는 재물에 대한 마음이 올바르다는 의미가 되는 모양입니다. 여기에서 '재물 財'라는 글자를 있는 그대로 재물로 봐도 되겠습니다만, 좀 더 넓은 의미에서 구체적으로 나타나는 물질이라고 보면 더 좋을 듯합니다. 물질의 본질을 파악하는데 더 관심이 많은 것이 편재라고 했다면 정재는 본질적인 것은 아무래도 좋으니까 그냥 두고 우선 눈에 보이는 물질의 형태에 더 관심을 갖는다고 보면 적당하겠습니다.

흔히 생각하는 '물질적'이라는 말을 정재에게 적용하면 잘 어울립니다.

왜냐면 정재만큼 물질에 대해서 민감한 능력을 갖고 있는 십성은 없다고 보기 때문입니다. 그러한 특성은 심리적으로도 당연히 작용을 할 것입니다. 결국 생긴 대로 놀기 마련이니까요.

정재의 심리로서 가장 대표적이라고 한다면 '물질집착'이라고 하겠습니다. 편재와 비교를 해본다면 편재는 물질 그 자체에 집착을 하는 게 아니라 그 물질의 구조라던지 본질에 대해서 관심을 갖게 되는데 정재의 마음은 구조라기보다는 실존하는 그 자체에 관심을 갖는다고 보는 것이지요.

이 차이를 물질의 음양이라고 보고 싶군요. 마음속에서도 물질에 대한 분류를 하고 있습니다. 편재는 물질의 음적인 면에 관심을 갖고 정재는 양적인 면에 관심을 갖는다고 봅니다. 그렇기 때문에 정재는 물질에 대해서 집착을 하는 것으로 보이고 이것은 결국 물질적인 경향이 강한 사람으로 인식을 하게 됩니다. 이러한 특징을 정재의 마음으로 삼게 되지요. 비유를 들어봅니다.

여기 자동차가 한 대 있습니다. 물론 대단히 비싼 승용차입니다. 비싸다고 하면 수입되는 차를 이야기하게 되는데 대략 'BMW'나 '벤츠'라면 비싼 부류에 들어가더군요. 매월 여러 종류의 자동차에 대한 잡지가 나오기 때문에 가격 정도는 매장에 가보지 않더라도 능히 알 수가 있습니다. 병자년 여름의 가격표를 보니까 '벤츠 600'이 2억원 정도 하고, 'BMW 750'이 1억6천 정도로 나와 있습니다. 서민이라는 부류에서야 감히 상상도 하지 못할 액수로군요. 그 돈이면 집이 한 채라고 하겠으니 말입니다. 물론 지구에서는 최고급이니까 그 정도의 액수는 지불을 해야 하겠군요. 벗님께서도 명조를 잘 연구하셔서 사업에 활용한다면 아마도 10년 후에는 가능할는지도 모르겠군요.

잡담 겸해서 난데없는 서민 기죽이는 말씀을 드렸습니다만, 이 이야기를 여기에서 하는 것도 그만한 이유가 있기 때문입니다. 바로 이렇게 최고급의 승용차를 놓고서 편재와 정재의 마음을 가늠해보려고 하는 것입니다.

편재 : "차라는 게 굴러가면 되지 뭘……. 기왕이면 사고가 생겼을 적에 안전하게 보호가 된다면 좋겠지만, 그 이상이야 뭐 있으려고……."

정재 : "차는 부의 상징이야. 호텔에 가보라구 티코와 벤츠는 그 속에 누가 있던지 차로써 대우가 정해진다니깐."

이렇게 물질에 대해서 견해가 차이가 납니다. 그리고 정재의 이러한 사고방식은 가장 현실적이지요. 사실 낭월이가 모임이 있어서 소형차를 타고 갔더니 바깥에다 대라고 하더군요. 그래서 자리가 없나 했더니 수입제의 고급 승용차가 오니까 어디론가 끌고 가는데 아마도 특별히 만들어놓은 주차장이 있는 모양입니다.

이렇게 현실에 대해서 민감한 정재는 삶의 기준을 물질에 두고 있을 가능성이 많습니다. 어차피 지금의 사회가 물질적인 사회라고 하는 이름을 달고 있는 마당에 물질의 현실에 대해서 민감한 사람이 성공을 할 확률은 대단히 높습니다.

승용차에 대해서 생각하는 관점이 이렇게 다른 것은 그 사람의 교육 정도나 재력과는 상관이 없이 그렇게 자동적으로 생각이 들어가는 것이고, 그러한 것을 일러서 심리의 구조라고 말을 하겠습니다. 정재의 심리가 승용차를 놓고서 생각하는 것은 이렇습니다.

'가격은 내 형편에 적당한가, 할부로 할 것인가 아니면 현금으로 할 것인가, 이 차를 끌고 다니려면 유지비는 얼마나 들 것인가, 고장이 났을 경우에 서비스는 원활하겠는가, 남들이 어떻게 봐줄 것인가, 분수에 어울리지 않게 사치스럽다고 할 것인가, 아니면 그만한 재력을 가지고서 싸구려 차를 타니까 꾀죄죄하다고 비웃을 것인가' 하는 생각을 하게 됩니다. 특히 남들이 자신의 능력(=재력)을 어떻게 생각할 것인가 하는 것에 밑줄을 그었습니다. 정재는 그러한 관념이 강하다고 보기 때문이지요. 반면에 편재는 디자인은 어떤가, 색감은 나에게 어울리는가, 전륜인가 후륜인가, 내부의 공간은 충분한가, 힘은 달리지 않겠는가, 최고 속도는 얼마인가 하는 것들에 관심을 기울입니다. 정재를 이야기하는 항목에서 편재 이야기를 끌고 왔습니다. 웬만하면 해당항목에 대해서만 생각을 해보려고 합니다만, 이렇게 이해를 하시는데 도움이 되겠다고 판단되는 경우에는 부득이 약간의 가미를 하는 것이 나을 듯싶어서 끌어넣어 봅니다.

남에게 돈을 빌려줄 적에도 편재는 그냥 사람을 믿고서 빌려줍니다. 각서라든지 차용증 같은 것은 있으나 없으나 상관이 없다고 생각하니까요. 그렇지만 정재에게 돈을 빌릴 적에는 상황이 달라집니다. 비록 친한 친구라고 하더라도, 아니 친구가 아니라 형제라고 하더라도 이 문제에 봉착해서는 상황이 달라집니다. 물질 앞에서는 의리라는 것은 힘을 못한다고 믿기 때문일까요? 그렇게 분명하게 계산을 하고서 일을 시작합니다. 그리고 이것이 참으로 잘하는 것이라고 생각하기도 합니다. 사실 사람은 나쁘지 않은데 돈이 거짓말을 하는 경우가 많거든요. 그래서 돈을 못 갚게 되면 나중에는 오리발을 내밀 수도 있습니다. 그렇게 되면 편재는 그냥 '재수가 없어서 도둑을 맞은 셈'을 하고 포기합니다. 겨우 한다는 말이 '나중에 벌어서 갚아라.' 하는 정도이지요.

그러나 정재 성분이 강한 사람에게 돈을 빌렸다면 상황은 달라집니다. '니가 내 돈을 떼어먹고 어디 잘 사나 보자' 하고는 소송을 걸고 노력을 합니다. 그렇게 해서 그 사람의 부인 앞으로 되어있는 자갈밭이라도 기어이 빼앗아냅니다. '내가 피땀 흘려서 모은 재산인데 감히 떼어먹으려고? 흥 ~ 어림도 없지' 하는 형태가 되는 것입니다.

이렇게 돈을 떼일까봐 전전긍긍 하는 사람이라면 아예 남에게 빌려주지 않으면 될 일인데 괜히 빌려주고는 고생을 한다고 생각하게 됩니다만, 그 매력은 바로 '돈 이자'에 있습니다. 가만히 놀려두면 새끼를 치지 않지만, 잠시만 굴리면 2부의 이자를 받는 것은 일도 아니거든요. 내 돈 주고 인사 받아가면서 이자는 이자대로 챙기는 사업이니 마다할 이유가 없습니다. 물론 가져가고서 갚지 않으면 큰일이지요. 그래서 그러한 경우를 대비해서 분명하게 해두는 것입니다. 이러한 사람의 돈을 떼어먹으려면 참으로 많은 궁리를 해야 할 것이구먼요. 하하.

오랜만에 문제를 내어볼까요? '다음에서 정재에 해당하는 마음은?' 이는 제목을 달고서
  1. 재물은 있으면 편리한 물건이다
  2. 재물은 피이고 살이다
  3. 재물은 천해서 없는 것이 인간답게 사는 것이다.

이렇게 나열을 해본다면 벌써 어느 것이 정답인지를 감 잡으실 듯하군요. 이러한 마음을 갖고 있는 것이 바로 정재라고 보는 것입니다. 물론 답은 2번이겠군요. 이러한 성분이라면 사업을 하는 쪽으로 발전하면 재능을 발휘하게 되는데, 여기에도 문제는 있습니다.

사업을 해보신 분은 아시겠지만 항상 상승세만을 타는 것은 아니거든요. 될 수도 있고 안 될 수도 있는 것이 바로 사업이기 때문이지요. 그렇다면

정재의 영향을 받는 사람이 그렇게 불확실한 곳에 투자를 하기가 쉽겠느냐 하는 점입니다. 아마도 어떤 프로젝트를 놓고서 망설이기만 하다가 좋은 기회를 놓치게 되는지도 모릅니다. 잘 벌면 좋지만 그렇지 못하여 거지가 되면 큰일이기 때문에 함부로 투자를 하기가 망설여지는 것이지요.

어떻게 번 돈인데 그렇게 위험한 곳에 투자를 한단 말인가 하는 생각이 지배를 하고 있는 동안에도 주변의 경쟁자들은 돈을 벌기도 하고 망하기도 합니다. 그래서 관망을 하다가 모두가 돈을 벌게 된다면 비로소 마음을 일으킵니다. 결국 남들이 길을 내어놓으면 비로소 안전하게 투자를 하는 것이지요. 조심성이 재물에 대해서 유독 강한 것이라고 하겠습니다.

그런데 요즘은 최첨단 정보화 시대입니다. 아침과 저녁의 시세가 다릅니다. 이렇게 불확실한 상황에서는 참으로 골머리 아파지는 것이 정재로군요.

예전에 글만 읽던 박선비가 있었답니다. 과거준비 20년에 남은 것은 몸뚱이뿐인지라 비로소 정신을 차리고서 농사를 지을 궁리를 했습니다. 동네에서는 농사를 짓는다고 하면 어떻게 생각할 것인가를 고민하다가 멀리 이사를 갔습니다. 그런데 생전 농사일이라고는 해보지를 않았으니 언제 모판을 만들고 언제 모를 심어야 하는지를 알 턱이 없었습니다.

고민을 하던 박선비는 그 동네에서 가장 잘 사는 초시 어른 댁과 사귀어 됐습니다. 원래 글을 많이 읽다가 보니 말도 곧잘 하였고 초시 어른도 비록 농사일을 하지만 무시하지는 않았던 것이지요.

박선비는 초시 어른 댁에서 볍씨를 담그면 자기도 담그고 모판을 만들면 자신도 만들었습니다. 그리고 논에 콩을 심으면 사신도 콩을 심었습니다. 그러한 해에는 영락없이 가뭄이 들어서 벼는 죽고 말거든요. 그러니까 더욱더 초시 댁의 농사법이 완전히 믿을 상표지요. 하나에서 열까지 그 댁에서 하는 대로 따라서 하는 것이지요. 그게 가장 안전하거든요. 이렇게 안전하게 운행을 하는 방법을 찾아내는 것이 바로 정재입니다.

그렇게 몇 년을 하니까 어느 정도 돈도 벌었습니다. 그래서 항상 고마워하고 있었습니다. 이제 잘 만하면 내 땅도 마련할 수가 있겠다는 희망도 생겼지요. 그런데 한 해는 볍씨를 뿌릴 때가 되었는데도 초시 어른 댁 머슴들이 전혀 움직이지를 않는 것입니다. 남들은 이미 싹이 터서 파르스름한데 전혀 일을 할 기미가 없자 박선비는 속이 탔지요. 그래서 하루는 저녁에 초시 어른을 찾아갔습니다.

"어르신, 못자리 하셔야지요?"

"못자리 하지 않으려네~.'

"예?"

"올해는 놀고 싶으이~."

이 말을 들은 선비는 난감했습니다. 필시 무슨 곡절이 있을 것이라고 여기고서 그 연유를 물었지요.

"어째서 그러십니까요?"

"나도 가끔씩은 놀고 싶다네. 허허."

"그게 아닐 것입니다. 그 연유를 말씀해주시지요."

"연유는 무슨……"

"초시 어르신이야 곳간에 양식이 많으시니까 놀으셔도 됩니다만 소생은 일 년 농사를 하지 않으면 굶어 죽습니다요."

"그럼 농사를 지으면 될 거 아닌감. 허허."

"그러시지 말고 그 연유를 설명해주시기 바랍니다. 이렇게 간절히 부탁을 드립니다. 초시 어른……."

이렇게 하도 애걸을 하면서 그 연유를 묻자 초시는 선비를 가까이 다가오게 해서는 귓속에다가 대고서 조용히 말합니다.

"올 여름에는 서리가 와."

"옛? 그럼 다 죽지 않습니까요?"

"그래서 농사를 하지 않으려고 하는 걸세. 허허"

"그럼 소생 같은 빈한한 사람은 어찌 하면 좋습니까?"

"글쎄…… 방법이 있기는 있는데……."

"그 방법을 좀 일러주십시오."

"근데 좀 힘이 들어……."

"힘들어도 좋습니다. 빨리 그 방법을 알아야 못자리를 하겠으니 얼른 말씀해주십시오."

"논두렁을 높이 쌓게."

"얼마나 높이요?"

"두어 자 되게 쌓게나."

"그리고서요?"

"오월 14일과 15일 사이의 밤에 서리가 올 걸세. 그러니까 14일 저녁에 그 논에다가 물을 가득 채워야 하네."

"그러니까 벼가 물속에 있는 동안에는 서리가 와도 상관이 없다는 이야기로군요."

"자네가 말귀를 참 잘 알아듣네 그려. 허허.'

"그럼 초시 어른도 그렇게 하시면 될 것 아닙니까?"

"나야 먹을 것도 넉넉하고 또 논이 어디 한둘인가. 그 많은 논에 두렁을 지으려면 그 일이 보통일이라야지……. 그래서 아예 한 해의 농사를 쉬려는 것이네."

"예. 그러셨군요. 정말 고맙습니다."

다음날 볍씨를 담가서 논에 모내기를 해놓고서는 열심히 흙을 날라다가 논두렁을 높였습니다. 밥만 먹으면 하는 일이 그 일이었습니다. 그러자 동네 사람들은 아무래도 머리가 잘못된 것이라고 수군거리기도 했지요. 그러거나 말거나 입을 굳게 다물고서 두렁만 올렸습니다. 그렇게 하고서 5월 13일부터는 물을 부지런히 대었습니다. 그러자 동네 사람들은 또 벼를 다 죽이려고 한다고 만류를 했습니다만, 들은 척도 하지 않고서 열심히 14일 저녁까지 물을 가뒀습니다. 겨우 볏잎의 끝이 보일락 말락하는 정도까지 물을 채웠습니다.

문제는 다음날에 발생했습니다. 밤사이 일진광풍이 불면서 우박과 서리가 내려서 모든 농작물이 죽어버린 것입니다. 물론 박선비의 논은 안전했지요. 논두렁의 흙을 치우기만 하면 되었습니다.

그제서야 동네 사람들이 와서 물었습니다. 어떻게 알았냐는 거지요. 공부를 하면 알게 된다고 얼버무렸습니다. 초시 어른이 일러준 것이라고는 하지 않기로 애초에 약속을 굳게 했었거든요. 그러자 동네 사람들이 박 선비를 원망했습니다.

"그렇게 알았거든 일러줘서 함께 피해를 막도록 했어야지 자기만 피해가면 되는감."

"아니 저도 함께 이야기를 하려고 했습니다만, 그런데 오월 염천에 서리가 온다고 하는 말을 하면 과연 믿겠습니까? 미친놈이 되기만 하겠지요. 그래서 가만히 있을 수밖에 없었던 것이지요."

이거 약간의 이야기를 한다고 한 것이 소설이 되어버렸군요. 그러거나 말거나 이야기 속에서 정재의 맛을 느끼기만 하면 되겠습니다. 책장이 늘어나는 것은 출판사의 사정이고, 읽으시는 벗님은 이미 종이값은 지불한 다음이니 기왕이면 재미있게 이해를 해보는 것이 남는 장사가 될 거라는 생각을 한 낭월이가 잠시 양념 삼아서 이야기를 들려드렸습니다.

여기서의 정재는 실수를 하지 않으려고 조심하는 성분입니다. 그리고 일 년의 생산을 위해서 논두렁을 높이 쌓는 수고 정도는 달게 여기는 마음이 기도 합니다. 정재가 아니라면 서리가 오거나 말거나 그냥 가는 데까지 가 보자는 마음이 있겠지요. 이 선비처럼 돈 되는 일을 위해서라면 내 몸이 고 단한 정도는 얼마든지 달게 여기는 것이야말로 정재다운 면모라고 하겠습 니다.

◇ 심리학의 접목 — 외향적 감각형(物質執着)

이번에는 심리학에서 볼 적에 정재와 어떻게 연결을 시키게 될 것인가를 생각해보는 순서로군요. 이 형에 속하는 사람은 객관적인 사실에 대한 감 각이 잘 발달되어 있답니다. 그래서 중요하게 생각하는 것은 구체적인 사 실이지요. 감각의 구체적인 현실에 민감하다고 하는데 자신이 살아있다는 점에 대해서 항상 느끼면서 즐긴다는 것입니다.

이 사람은 항상 현재의 처해있는 상황에 대한 인식이 풍부하다고 보겠습 니다. 그림을 그린다면 풍경이 보이는 그대로 사실대로 사진을 찍은 듯이 그리게 될 가능성이 많겠군요. 또 저녁식사에 나온 특별요리가 맛이 있었 다던가, 드라마에서 재미있는 화젯거리가 있었다던가 하는 것이 매우 중요 하게 됩니다. 입으로 느끼는 음식 맛뿐만 아니라 눈으로 보는 것과 귀로 듣 는 것까지도 모두 포함해서 현재의 상황을 즐기는 것이라고 하겠습니다.

'외향적 사고형'처럼 도식화된 복잡한 설계도라던가 이념 따위 같은 것 에는 별로 흥미를 갖지 않습니다. 오로지 지금 처해 있는 현실이 중요하고 또한 즐기는 것이지요.

이렇게 감각이 발달해 있다는 것은 이 사람에게는 당연한데, 그 정도를 넘어서게 되면 무의식 속에 들어 있는 직관(直觀, 정인적인 성분이 잠재되어 있음)이 의식에 반영하게 됩니다.

그렇게 되면 인간이 타고난 고상한 능력인 직관은 시시콜콜한 일까지 간섭을 하게 되고 시기하는 마음도 발생하는데, 이것이 이성문제로 발전하면 질투심을 유발하게 됩니다. 이것이 심하게 되면 질투망상증에 걸리기도 합니다. 반드시 이렇게 까지는 되지 않는다고 해도 소심하고 옹졸한 사람이 되는 경우도 있습니다.

여기서도 잠재되어 있는 성분 속에서는 정인의 성분이 포함되어 있다는 의미로 해석해야 할 부분이 나타나고 있습니다. 역시 십간의 심리구조에서 다루겠습니다만. 표면심리에 정재 성분이 작동하는 이면에는 잠재되어 있는 내면심리의 정인 성분이 있다는 것은 참으로 의미심장한 점입니다. 실로 놀랍습니다. 이러한 심리구조를 십성의 구조로 설명을 할 수가 있다는 것도 놀랍습니다만, 융 박사의 이론이 이렇게 일관성 있게 표면심리와 내면심리, 즉 잠재심리에 대해서도 체계적으로 설명을 할 수가 있게 합리적이면서도 조직적으로 되어 있다는 것이 놀랍군요. 학문의 심연(深淵) 속으로 들어가면 갈수록 신묘한 도리가 숨을 쉬고 있는 것처럼 느껴집니다.

◇ 사주학의 대입 — 육체애착(肉體愛着), 음란한 여인

정재가 일지에 합되어 있는 상황은 기껏해야 戊子, 己亥, 壬午, 癸巳 뿐입니다. 그러다 보니까 자료가 많지를 않군요. 물론 반드시 일지에 있을 필요는 없지만 그래도 기왕이면 일지에 있는 것이 더 좋지 않을까 하는 생각을 해보았습니다. 『명리정종』이라는 책에서 발견한 사주인데 구경 좀 하고 넘어가도록 하겠습니다. 정재라는 성분은 눈에 보이는 현상에 대해서 관심이 많다는 설명을 드렸습니다만, 그로 인해서 자칫 육감적인 면에 치중을 하

게 될 공산이 크다고 볼 수도 있습니다. 여기에 그 좋은 본보기가 있습니다.

坤命 : 丙子 甲午 己亥 乙亥 음란한 여인 (『命理正宗』에서)

乙	己	甲	丙
亥	亥	午	子

丙	丁	戊	己	庚	辛	壬	癸
戌	亥	子	丑	寅	卯	辰	巳

명리정종에서는 부성범중격(夫星犯重格)이라는 이름을 부여했군요. 즉 남편인 관살이 혼잡되어 있다는 의미로 보입니다. 설명을 보면 '관성과 칠살이 쟁권(爭權)함이 많은바 부성(夫星)이 많고 아신(我身)을 극제함이 과다하다. 따라서 음란하고 방탕한 천한 사주에 불과하다'고 했습니다. 음탕한 것도 알고 보면 육체적인 쾌락에 탐닉하는 것이니까 촉감에 대해서 민감한 결과라고 하겠군요. 단지 일지에 정재가 있다는 것만으로 그 사람이 음란하다고는 할 수가 없습니다. 이 경우에는 관살이 과다하고 정재도 많으므로 인해서 육체적인 쾌락에 빠져들게 되었던 것으로 생각이 되는군요. 더구나 대운조차도 동방의 목왕지로 흐르니 관살의 혼잡을 부추겨서 남자를 탐했던 것으로 보입니다.

그러니까 격국이 탁한 상황에서 정재기 왕한 경우에는 이렇게 될 가능성도 있다고 봐야 하겠군요. 중요한 것은 전체적인 상황이라고 하는 전제를 하고 있는 것이지요. 사실 가깝게 지내는 친구 중에 壬午일주로 태어난 친구가 있는데 매우 성실하거든요. 그 친구의 사주는 중화에 가깝게 조화가 되어 있다고 보는데 그러한 상황이기 때문인지 품격이 있습니다. 그런데도 불구하고 정재적인 면이 보이는데 모임에서 총무일을 보도록 하니까 그렇게 돈을 알뜰히 사용할 수가 없는 것입니다. 그리고 짜임새 있게 계획하고 실제적으로 유익한 방향으로 이끌어가는 것을 보면서 '어쨌거나 재물에 대해서 알뜰한 것은 정재의 성분이구나' 하는 생각을 했습니다.

다만 정재로 인해서 탐심이 많은 사람이 되던지, 알뜰한 사람이 되는 것은 오로지 전반적인 사주의 형상에 의해서 결정이 난다고 하는 것을 이 자리를 빌어서 추가 말씀을 드리는 것입니다.

◇ 정재의 긍정적인 면

계산이 빠르고 분명합니다. 주고받을 것을 분명히 하지요. 그리고 가장 현실에 민감하기 때문에 적응을 잘 하는 편입니다. 식도락과 같은 취미가 있겠고 경제방면에서 탁월한 재능을 발휘할 수도 있겠습니다.

◇ 정재의 부정적인 면

부정적인 면이라고 한다면 탐심이 많은 사람이 될 가능성이 있다는 것이지요. 물질적으로나 정신적으로나 인간적으로 절제하기 힘든 탐욕이 있을 가능성이 있습니다. 항상 현실적이기 때문에 멋이라고 하는 낭만이 결여되기 쉽습니다. 경우에 따라서는 수전노가 될 가능성도 있다고 하겠군요. 지나치게 재물에 신경을 쓰다 보면 항상 쌓아두는 것에 관심이 가기 마련이지요. 불로초를 찾기 위해서 혈안이 되어있는 진시황도 어쩌면 정재의 영향을 받았을 것입니다.

편관(偏官) 심리학

오행의 생극으로 볼 적에 가장 껄끄러운 것이 바로 이 편관입니다. 나를 극하면서 또 무정하게 극하는 성분이지요. 그래서 사주에 편관이 많은 것을 가장 꺼리기도 합니다만 이러한 성분이 심리적인 영역으로 들어와서는 또 어떠한 결과를 나타내는지가 궁금하군요.

우선 가장 대표적으로 말할 수 있는 성분은 이타적인 마음이 가장 많은 성분이라는 것입니다. 흔히 말하기를 편관은 그릇이 크다고 말합니다만, 그러한 말이 나오는 이유도 공익을 생각하는 사고방식으로 짜여져 있기 때문입니다. 자기 자신에게 냉정한 심리구조를 갖고 있습니다. 모든 문제를 공익이라는 저울에 올려놓고서 생각하게 되는거지요. 이러한 심리는 누가 봐도 대단히 특별한 심리구조라고 하겠습니다.

보통은 자기 이익을 생각하는 것이 기본적으로 인간이 갖고 있는 구조입니다만, 이 편관의 성분은 좀 별나다고 하겠군요. 이렇게 자기에게 냉엄한 사람은 주로 극기심(克己心)이 많습니다. 자신의 욕망을 잘도 억제하고 있지요. 물론 고문을 해도 많은 사람이 손상을 당할 비밀이라면 절대로 입을 열지 않을 것입니다.

그런데 남을 생각하는 마음이면서도 감정적인 성분이 있습니다. 감정적이라는 것은 합리적인 것과는 반대적인 입장을 취하게 되는데 감정적이라는 형태의 결과로는 독선적(獨善的)인 상황에 처하게 될 공산이 크지요.

"우리 고을 백성을 위해서는 당연히 모두를 허리띠를 졸라매야 한다. 지금은 그래야 하는 시기이다. 누구든지 낭비를 하는 사람은 목을 베어서 일벌백계의 본보기로 삼을 것이다!"

하고는 커다랗게 방을 붙입니다. 그리고는 자기 자신부터 철저하게 이

규칙을 준수합니다. 감정적인 면이 매우 강하지요. 예외라고 하는 것은 있을 수가 없습니다. '절대로 어떻게 해서는 안 된다'고 하는 기준이 있습니다. 그리고 융통성은 질서를 어지럽힌다고 생각을 해서 절대로 용납을 하지 않습니다. 한번 법을 만들면 누구든지 그 기준에 따라야 하는 엄격함이 있는 것이지요.

그리고 이 기준은 공익을 위해서는 반드시 필요하기 때문에 소수의 사람들은 그 불편을 감수하는 것이 너무나도 당연하다고 생각을 합니다. 이러한 성분이 전형적인 편관의 심리구조라고 하겠습니다.

자기 자신에게 엄격한 성분을 발휘하는 사람은 항상 절도가 있습니다. 줄을 맞춰서 행군하는 병정들처럼 말이지요. 그네들은 항상 공익을 위한다는 명분 아래에서 그렇게도 힘든 훈련을 받으면서도 잘 견디고 있습니다. 흔히 주변에서 군인체질이라고 말하는 사람이 있다면 그런 사람에게는 선천적으로 편관의 성분이 사주구조에 영향을 주고 있을 가능성이 농후합니다.

자기에게 엄격하다는 말씀을 드리다가 보니까 칸트가 생각나는군요. 칸트는 참으로 자기에게 엄격했다고 하더군요. 항상 자기 나름대로의 규칙을 정해 놓고서 그 규칙에 따라서 하루하루를 생활했다고 합니다. 그래서 밭에서 일을 하던 아낙네는 일하러 가더라도 시계를 가지고 가지 않았습니다. 칸트가 산책을 하는 시간이 되어 지나가면 틀림없이 저녁을 지으러 가는 시간으로 활용하고 있을 정도였다고 하니까 말이지요.

그리고 그의 책을 읽어보면 참으로 냉정합니다. 번역을 그렇게 했는지는 모르겠지만 딱딱하기가 이루 말할 수가 없지요. 낭월이도 한참 심리학에 심취되어 있을 적에 칸트의 『순수이성비판』이나 『순수오성비판』 등을 읽어봤는데 그 맛이 특별하더군요.

한줄 한줄을 읽으면서 정신을 바짝 차리고 있어야지 잠시라도 망상을 하면서 읽었다가는 두 줄도 읽기 전에 다시 원위치를 찾지 않으면 안 되겠더군요. 금세 이해가 되지 않는 것입니다.

그런데 차근차근 읽어가면서 뭔가 배어나오는 맛이 있더군요. 마치 웃지 않으면서 미소가 느껴지는 그런 기분이었다고나 할까요? 극도로 자신의 사적인 감정을 통제하면서 오로지 사고적(思考的)으로 또는 사상적(思想的)으로 주도면밀하게, 가능하면 군더더기는 없애가면서 중요한 내용만을 적지 않으면 안 된다는 법칙이라도 준수하는 것처럼 그렇게 적혀있는 글이었다고 생각이 됩니다.

당시에는 낭월이가 20대 중반이었기 때문이기도 했겠습니다만, 한동안 그 특별한 분위기에 적응을 하느라고 고생깨나 했던 기억이 어렴풋이 나는군요.

그리고 이러한 분위기는 『사주정설(四柱精說)』에서도 느껴지는 분위기더군요. 『사주정설』을 보면 참으로 군더더기가 없습니다. 정확히 말하면 없는 것처럼 보인다고 해야 하겠지만요. 당시로서는 참으로 대단한 핵심만을 적은 책이라고 생각이 되거든요. 이 책의 분위기에서도 칸트의 느낌이 들었는데 『사주정설』을 저술하신 백영관 님은 법조계에 종사하시는 분이었다고 하니까 아마도 편관적인 성분이 많이 작용을 했을 것이라고 생각해봤습니다. 이 책을 구입한 많은 독자들은 그 간결함에 매력을 느끼기도 했겠지만 더 많은 독자들은 딱딱한 내용에 정이 들지 못하고 자주 책장을 덮었을 것입니다. 물론 낭월이도 그 중에 한 사람이지만요.

이러한 여러 이야기들이 편관의 이해하시는데 도움이 되는지 모르겠군요. 제 딴에는 도움이 되시라고 너절하게 떠벌리고 있습니다만, 벗님들 중에서 편관적인 기질이 계신 분이 읽으시면 그러실 겁니다.

"이거 책이야, 소설이야, 말장난이야? 이렇게 시끄럽게 떠들어서야 핵심이 보이나 ~ ! 에구 쯧쯧……. 좀 간단하게 요점만 요약을 해야지 원~."

이렇게 꾸지람을 하실 겁니다. 그러리라는 것을 생각하면서도 지 생긴 대로 산다고, 그냥 떠벌려 볼랍니다. 읽으시면서 새겨 읽으시라고요. 이것 도 또한 낭월이의 특징이겠지요. 하하

◇ 심리학의 접목 ― 내향적 사고형[理智强迫]

이러한 성분이 심리학에서는 어떻게 차이가 나는지 또 생각해봅니다. 일 단 관살(官殺)의 성분은 사고형이라고 하는 분류가 가능한데, 사고형이라 는 것은 이성적이라는 성분이 포함되어 있군요. 그러면서 내향적이라고 하 는 분류에 속하는 점은 감정적이라는 의미가 포함되어 있다는 의미라는 것 도 함께 생각해볼 수가 있겠습니다.

이 형에 속하는 사람은 이념적인 형태를 따른답니다. 그리고 그 방향은 바깥쪽이 아니라 안쪽이라고 하겠군요. 이 사람은 자신의 내면에서 이념의 세계를 만들어서 발전시키는 능력이 뛰어나다고 합니다. 그리고 자신이 목 적한 일에 대해서는 적극적으로 행동을 하기 때문에 귀찮다거나 위험하다 거나 이단시(異端視)하거나 남의 감정을 상하게 할 우려가 있다거나 하는 이유로 해서 포기하는 일이 없다고 합니다. 이런 성분은 역시 이타적이라 고 하는 편관의 심리와 직결되는군요.

그렇지만 그 이념을 현실에 적용시키는 데에는 매우 서툴답니다. 그래서 실제적인 능력이나 실행력은 그다지 뛰어나지 못한 경우가 많다는군요. 그 결과로는 이론을 위한 이론이 될 가능성으로 발전을 하기도 하겠고, 또 이 념을 추구하는 방법은 남의 의견을 받아들이려고 하지 않고 주관적이면서 완고하고 또한 고집도 세다고 합니다. 그 고집도 역시 남을 위한다는 성분 이 깔려 있기 때문에 용감할 수가 있는 것이 아닌가 생각됩니다.

주위 사람들에게는 소극적이라는데 이것이 심할 경우에는 전혀 무관심한 것처럼 냉담하답니다. 그래서 상대방으로 하여금 귀찮은 방해자 정도로 대접을 받고 있다는 생각을 갖게 하기도 할 정도지요. 비록 그 정도는 아니라고 하더라도 이런 사람은 주위 사람들로부터 오만하고 버릇이 없다는 인상을 받기가 쉽습니다. 역시 편관적인 성분이 다분히 느껴지는 대목 이라고 생각됩니다.

반대로 오히려 주위 사람들에게 공손하고 친절하게 행동하는 경우도 있는데 그러한 행동을 하는 태도가 어쩐지 어색한데도 불구하고, 그렇게 행동하는 이유는 남들로부터 오만하고 버릇이 없다는 오해를 받을는지도 모른다는 생각으로 불안해하기 때문입니다. 그 때문에 그것을 미리 방지하는 목적으로 그런 행동을 하게 됩니다. 따라서 자세히 보면 공손한 것 같으면서도 은근하게 무시하는 느낌이 드는 것을 알 수가 있다는군요. 이러한 행동은 오히려 어울리지 않는 것인데, 그래서 옆에서 보기에도 민망한 경우가 있다고 합니다.

또 사교성이 부족해서 상대로부터 호감을 사지 못하는데 이 사람과 가까운 사람들은 그의 친숙한 태도나 훌륭한 내면성을 높이 평가하지만 잘 모르는 사람들은 무뚝뚝하고 상대하기 어려운 거만한 사람이라는 느낌을 갖게 된다고 합니다. 역시 처음에 사귀기가 어려운 사람이라는 느낌이 드는군요. 그러한 것은 식신적인 성분과도 통한다고 하겠습니다. 식신도 처음에 사귀기가 어려운 성분이 있거든요.

그러나 사실은 거만한 것이 아니라 내면적으로 용기도 있고 과감한 모험심도 있지만 외적인 현실과의 관계에서 겁쟁이처럼 울타리를 치고 있는 것이랍니다.

이 형의 사람은 무엇보다도 자기선전을 싫어한다는데, 그 까닭은 본래 남들의 자신에 대한 평가에는 무신경하기 때문이지요. 그 대신 어쩌다가 잘 이해를 해주는 사람을 만나면 이 사람을 무조건 믿어버리는 것이 있습니다. 왜냐하면 이 형이 갖고 있는 열등기능인 무의식이 그렇게 만들기 때문이라고 합니다. 여기에서 또 무의식에 대한 이야기가 나오는데, 십간의 성분에서 표면심리에서 편관적인 구조는 잠재심리에서는 비견의 심리구조를 갖게 됩니다. 그래서 믿고 의지하는 성분이 나타난다고 보는데, 비견이라는 것은 같은 오행으로서 서로 의지하는 성분이기 때문입니다.

그런데 이 형의 사람도 그 정도가 지나치면 융통성을 상실하고 고집스러운 사람이 되어버려서 결국 독단적인 편견을 갖게 되는 단점이 있다고 합니다.

이러한 여러 가지의 성분을 볼 때 너무나도 편관을 닮아있다는 느낌이 드는군요. 어떠한 일이든지 한 번 생각해서 그대로 하는 것이 아니라 두 번이고 세 번이고 열 번이고 깊이 생각을 한 다음에 그 결론이 나오면 그 때는 그냥 밀어붙이는 특성이라고 하겠군요. 어쩐지 사색적이고 사상적인 분위기가 맘에 드는데 낭월이는 사주에서 일지에 있는 未 중의 乙木이 전부로군요. 그래선지 이렇게 강경하게 밀고 나가는 성분이 미약한 듯합니다.

편관이 글을 쓰면 문체도 딱딱한 것이 당연할 것입니다. 그래서 가능하면 잉크를 덜 들이고 자신의 의사를 표현하는 요령을 연구하게 될 것 같군요.

◇ 사주학의 대입 — 인내성자(忍耐聖者) 마하트마 간디

편관의 영향을 많이 받는 사주로 생각해볼 수 있는 사람을 찾아봐야겠는데, 마땅한 사람이 보이지 않는군요. 칸트의 사주를 입수했더라면 좋았을 텐데 유감스럽게도 아직 낭월이의 노트에는 보이지 않습니다. 다음 기회에 소개를 드리도록 하겠습니다. 참으로 대단한 극기심과 인내심으로 잘 알려진 사람이어야 이 항목에 어울릴 텐데……. 과연 그러한 분이 있으려나 모르겠군요.

아참, 마하트마 간디 옹은 어떨까요? 인도의 민중을 위해서 단식도 밥 먹듯이 하고 항상 비폭력으로 대항하는 모습에서라면 적어도 편관적인 성분이 보인다고 해도 될 것 같군요. 어디 사주 속에서는 그러한 성분이 느껴지는지 살펴보도록 하겠습니다.

그런데 혹시라도 간디와 같은 성자가 사주의 영향을 받겠느냐고 낭월이에게 따지지는 마세요. 그냥 단지 '개 눈에는 똥만 보인다.'고, 사주쟁이의 눈에는 모든 사람들이 사주팔자로만 보이거든요. 혹 이러한 점에서 낭월이에게 유감일랑은 갖지 마시기를 부탁드리겠습니다.

乾命 : 己巳 癸酉 乙丑 辛巳 마하트마 간디(인도 출생)

辛	乙	癸	己
巳	丑	酉	巳

乙	丙	丁	戊	己	庚	辛	壬
丑	寅	卯	辰	巳	午	未	申

이렇게 사주가 나와 있습니다. 월령이 편관에다가 시간에도 편관이 버티고 있군요. 물론 일지에는 편재가 있고요. 일지의 편재가 월지의 편관이랑 합이 되는 형상이니까 더욱 영향을 많이 준다고 보겠습니다. 이렇게 강력한 편관의 영향을 받았기 때문에 민중을 위해서 온몸을 던질 수가 있었던 것이라고 생각되는군요. 그렇지만 편관의 성분이 대체적으로 처세술이 서

투르기 때문에 비교적 사회에서 성공할 확률이 적다고 보여집니다. 편관보다는 식상(食傷)쪽의 영향을 받는 사람들이 자신의 재능을 잘 표현하기 때문에 높은 가능성을 갖고 있다고 생각되는군요.

그러다 보니 편관의 영향을 받는 사람이 사회에서 성공을 할 경우에는 매우 대단하게 히트를 치는 모양입니다. 그의 담백하고 숭고한 희생정신에 감동한 많은 대중들이 꾸역꾸역 모여들기 마련이거든요. 그렇지만 일상적으로 평범한 사회에서는 이렇게 별난 성품들이 대우를 받기가 만만하지 않습니다. 어떻게 보면 난세의 영웅이라고나 할까요?

그리고 보면 제갈공명의 사주에서도 시간(時干)에 편관의 영향을 받고 있군요. 앞부분의 상관 심리학의 항목에서 써먹기는 했습니다만 그래도 편관의 영향은 분명히 있었습니다. 다만 그의 무용담에는 상관적인 이야기들이 더욱 많이 배어 있기에 짐짓 묻혀서 드러나지 않았을 뿐이겠지요. 이렇게 자신의 목숨보다도 남을 먼저 생각하는 사람들의 사주 속에서는 어렵지 않게 편관을 발견하게 되는군요.

그런데 일지에 편관이 있는 사주들 중에서 이름을 알 만한 사람은 흔하지가 않군요. 우선 보이는 사주는 브룩 실즈(乙酉일주), 탤런트 박순애(乙酉일주), 대원군(壬辰일주) 정도입니다.

◇ 편관의 긍정적인 면
뭐니뭐니해도 봉사와 희생정신이로군요. 자신의 욕망을 버리고 사회를 위해서 먼저 생각하는 특징은 가장 편관다운 장점이라고 하겠습니다.

◇ 편관의 부정적인 면
아무래도 대인관계가 원만하지 못한 점이라고 해야겠군요. 그리고 자칫 독선적인 방향으로 흘러버릴 위험도 있겠습니다. 이러한 면을 잘 극복한다면 대단히 찬사를 받는 사람이 되겠습니다.

정관(正官) 심리학

정관의 성격구조도 편관과 대동소이할 것은 뻔한 것이라고 짐작을 할 수가 있습니다. 그 중에서 크게 봐서 비슷한 점은 이성적이라는 것이지요. 다른 말로 하면 사고적이고 사상적이라는 뜻입니다. 이렇게 크게 봐서는 사상 쪽으로 관심이 많은 사람이라는 점이 닮았다는 것을 알 수가 있겠군요.

그렇지만 세세하게 나눠 본다면 역시 커다란 차이점이 있습니다. 편관의 '내성적인 사상'에 비한다면 정관은 '합리적인 사상'이라는 점이 바로 큰 차이라고 하겠습니다. 편관의 강제적인 봉사정신에 비해서 정관은 합리적으로 설득을 하는 수단이 뛰어난 것이지요. 그렇게 설득을 합니다. 물론 느긋~한 어조로 말이지요.

흔히 관물을 먹는다고 말하는데 관공서에 일을 보러 가신 경험이 있으시면 잘 아실 겁니다. 아무리 바쁘다고 독촉을 해도 끄떡도 하지 않습니다. 그렇게 천천히 순서에 따라서 일을 봐주지요. 손님이 바쁜 것이야 자기의 개인적인 사정일 뿐이라는 생각입니다. 그리고 어디까지나 미리 정해진 기준에 따라서 일을 봐주기 때문에 매우 합리적인 방법을 취한다고 하겠습니다. 즉 누가 봐도 이의를 제기할 수가 없는 거지요. 이치에 합당하게 처리를 하는 데에야 무슨 시비가 발생하겠이요? 시비의 발생은 항상 편법을 사용하는 곳에서 발생하기 마련이거든요. 그래서 정관의 성분을 받은 사람이 관공서에 근무를 하는 동안에는 전혀 말썽의 소지가 없는 것입니다.

바로 이러한 심리구조가 정관의 바탕에 깔려 있다는 점을 유의해서 보게 됩니다. 항상 모두가 이치에 합당한 방향으로 일을 처리합니다. 몇몇 사람에게는 유리하고 대다수의 사람에게는 불리하게 되는 일은 정관에게 내키지 않는 것이지요. 물론 그 몇몇 사람 속에는 자신이나 자신의 가족이 포함되었다고 하더라도 같은 생각을 하고 있는 것입니다.

이러한 성분은 한반도의 고래로 전해 내려오는 통치이념이라고도 하겠습니다. '홍익인간(弘益人間)' 이라는 말을 항상 하고 있습니다. 많은 사람에게 넓게 이익을 주자는 이야기로군요. 항상 많은 사람에게 이로움을 먼저 생각하는 성분은 십성의 눈으로 보면 틀림없는 정관에 해당한다고 보겠습니다. 그리고 무슨 일을 하든지 언제나 먼저 깊이 생각을 해보고 나서 결정을 합니다.

견겁(肩劫)이 항상 주관적으로 생각을 한다고 보면 이 관살은 객관적으로 생각을 하는 것이 습관화되어 있습니다. 그래서 언제나 소견이 넓습니다. 자기 혼자만 생각하는 견겁의 사고방식과는 비교가 되지 않습니다. 그중에서도 정관은 합리적으로 객관성을 갖고 있습니다. 가장 바람직한 사람이라고 생각되는군요. 이러한 사람이 통치를 한다면 사회는 보다 건강하고 발전하는 사회가 될 것이 너무나도 뻔합니다.

예로부터 명리학의 고전에서는 정관을 가장 중요하게 생각해왔습니다. 이 생각은 최근에 이르기까지도 유효했지요. 현재에는 다소 생각이 달라졌습니다만, 그렇다고는 해도 그 대우가 낮아진 것은 아닙니다. 항상 귀(貴)라고 하는 위치에는 이 정관이 제1위(第一位)로 높은 자리를 지키고 있습니다. 그리고 이 대우는 당연하다고 생각되는군요. 사실 이기적인 사람보다야 객관적이고 합리적인 사람이 상대하기에 편안하거든요.

이기적인 사람과는 대화가 이뤄지지를 않습니다. 자신에게 이로우면 말을 잘 듣습니다만, 약간이라도 해로운 방향으로 흐르면 즉시에 거부를 합니다. 그러한 상황은 동네 앞을 지나는 확장도로를 만들려고 할 적에 첨예하게 드러납니다. 처음에는 땅값을 많이 받아내려고 무조건 내어놓지 않습니다. 그래서 앞쪽과 뒤쪽을 모두 확장해놓고서 그 견겹의 집이 있는 위치만 두고서 계속 흥정을 벌입니다. 그래서 서로가 만족한 결론이 나온다면 문제는 해결이 되고서 마무리를 하게 됩니다만, 사실 이기적인 사람의 욕심을 채워주기에는 국가 예산이 그렇게 넉넉하지 않은 것이 너무나 뻔하기 때문에 결국은 이 사람의 요구조건을 다 채워줄 수가 없는 것이지요.

어딘가를 지나다가 보니까 길 가운데에다가 낡은 집을 두고서 그 좌우로 상하행 차도를 만들어서 포장해버렸더군요. 그러니까 길 가운데에 집이 있는 것입니다. 한눈에 봐도 틀림없이 이기적인 사람이 사는 집이라는 것을 알 수가 있더군요. 그 사람이 정관적인 성분이 있는 사람이라면 그렇게 위험한 위치에 자신의 집을 두고 있는 일은 하지 않았을 테니까요.

이러한 형상을 보면서도 십성의 눈으로 관찰을 하게 되는군요. 이것이 소위 말하는 '프로정신'일까요? 그렇게 관찰을 하다가 보니까 또 덤으로 많은 것을 발견하게 됩니다.

모든 사람들이 항상 주변 사람들의 눈치를 봐가면서 공명정대하게 일을 처리하려고 하는 마음들로만 뭉쳐진 사회가 된다면 얼마나 맑고 신선하겠습니까만, 역시 이것도 팔자에 타고난 것인지라 그렇게 원한다고 해서 되는 것이 아니로군요.

세상을 망치는 것 중에서 하나는 '요령을 피우는 것'이라고 생각됩니다. 어떻게 하면 많은 돈을 벌 수 있을까? 하는 제목 아래에는 참으로 많은 사람들이 모여듭니다. 그리고 결론을 내릴 적에는 모두 같은 목소리지요. '열심히 노력하면 된다'는 것이지요. 그런데 과연 실제로 그런가요? 항상 요령이 좋고 꾀가 많고 관리와 결탁을 잘 하는 사람만이 돈을 많이 벌수가 있다는 결론 앞에서 윤리니 도덕이니 하는 것이 참으로 부질없다는 생각을 하게 됩니다.

참으로 세상은 요지경 속이군요. 얼마 전에 이러한 노랫말이 유행을 했었습니다만, 어쩌면 그 시대를 반영하는 노랫말에 참으로 감탄을 하게 되기도 합니다. 결국 이 요지경 속인 나라에서는 원리원칙대로 하는 일은 돈을 벌기는 고사하고 망하지 않으면 다행이라는 생각이 가장 일반적인 결론이 되어 버린지가 이미 오래 되었습니다.

사업하는 사람에게 물어봅니다. 어떻게 하면 돈을 벌 수 있는가는 낭월이도 궁금하거든요. 낭월이도 프라이드보다는 소나타가 좋아 보이고 그 보다는 벤츠가 좋아 보이거든요. 그러니 돈에 대해서는 돈 전문가인 사업가에게 물어봐야지요.

그러면 열이면 아홉은 그렇게 말합니다. "세금을 안 내는 사업을 해야합니다." 이게 무슨 말인가요? 세금을 내면서 사업을 하면 돈을 벌수가 없다고 하더군요. 그렇다면 세금을 너무 많이 받아간다는 이야긴가요, 아니면 세금을 내는 돈도 아깝다는 의미인가요?

그렇지만 세상을 더 살아보니까 세금을 내고 항상 정직하게 사는 사람은 부자가 되기 어렵겠다는 생각이 자연스럽게 드는 것입니다. 사업을 하면서 세금을 안 낼 수는 없으니까 바로 이러한 때에 그 문제의 요령이 필요한 것이지요. 요령을 부려서 세금을 내지 않는 방법을 찾지 못하거든 아예 사업해서 돈 벌려는 생각은 버려야 한다는 극단적인 말을 하는 사업가도 있더군요. 참으로 묘한 요지경 속입니다. 하하.

좀 극단적으로 말씀을 드렸습니다만 실은 대다수의 사람들은 선량합니다. 이렇게 요령만 피우는 사람을 경멸하지요. 그래서 상대적으로 원리원칙대로 살아가는 사람을 존경하게 되는 것입니다. 청백리라고 하나요? 벼슬을 하면서 가난하게 살면 그러한 이름을 지어서 칭송을 하기도 하더군요.

공평무사하게 처리해야 이 나라가 부강하고 깨끗해진다고 말을 하면 모두는 그 말이 옳다고 합니다. 그렇지만 말이야 옳지만 과연 그렇게 하다가는 결국 나는 껍데기만을 차지하게 될 것이라는 불안한 생각을 동시에 하는 것은 과연 무슨 까닭일까요?

정관 성분이 강한 사람은 취미생활이나 예술 감상에 너무 몰두하는 것도 경계합니다. 혼자만 즐거운 것은 사회발전에 도움이 되지 않을 거라는 생각을 하기 때문이겠지요. 이렇게 능동적이면서도 종합적인 사고방식은 외향성을 갖게 되므로 정관과 사고형이 같은 자리에 존재를 하는 것입니다.

순종과 준법정신이 강한 것은 물론이고 자기의 강박관념도 강합니다. 그 이유는 역시 세상의 보편타당한 결론으로 자신에게 실행을 하기 때문이지요. 일상적인 법을 준수해야 사회가 아름다워진다고 보며, 경우에 따라서는 악법도 지켜져야 한다고 생각하기도 합니다. 그리고 지나간 경험은 언제나 유용하게 활용이 됩니다. 경험에서 오는 지혜를 아끼는 것이지요. 일반적인 상식은 언제나 가장 중요한 경전이 됩니다. 그리고 그러한 경험의 결과들은 항상 경험의 상자에 저장이 됩니다. 그리고 결과가 잘못되면 반성을 합니다. 항상 책임감이 강하기 때문에 어영부영 하고 넘어가는 사람은 봐주지를 못하는 것도 어쩔 수가 없겠군요.

항상 자기 자신을 낮추고 사회의 공론을 중시하는 것도 역시 빼놓을 수가 없는 성관 성분이라고 하겠습니다.

관성이 없으면 자기밖에 모른다.

이런 신기한 원리를 발견하게 된 것입니다. 여러 사람을 상대하다 보면 별의별 사람을 다 만나게 됩니다만, 그 중에서도 특히 자기만을 생각하는 사람은 얼른 눈에 띄게 마련이지요. 낭월이가 사는 이웃에 한 남자가 있는데 그 사람도 동네에서 내놓은 사람이랍니다. 그 사람에게서 남을 생각하는 마음이 전혀 없다는 점을 발견하고서 '거참~ 묘하다' 하는 생각을 늘 했었습니다. '아니, 그래도 사람인데 어떻게 남을 생각하는 것이라고는 눈을 씻고서 찾아볼래도 찾을 수가 없습니까. 그래…….'

이렇게 생각을 하다가 문득 위의 제목이 떠오른 것입니다. 그래서 수소문을 해서 사주를 입수했습니다. 생각이 났으니까 확인을 해봐야겠어서 말이지요. 그야말로 실험용으로 사용하기 위해서 사주를 구해본 것입니다. 그랬더니 사주는 다음과 같이 생겼더군요.

乾命 : 甲申 戊辰 辛亥 己亥 오근식(가명, 충남 논산)

己	辛	戊	甲
亥	亥	辰	申

76	66	56	46	36	26	16	06
丙	乙	甲	癸	壬	辛	庚	己
子	亥	戌	酉	申	未	午	巳

그렇게도 남의 입장이라는 것에는 전혀 생각을 할 줄 모르는 사람이라서 이상하다고 생각을 했는데, 사주를 살펴본 순간 깜짝 놀랐습니다. '아니 이렇게 관살이 하나도 없다니…….' 이런 사주라면 현상금을 걸어도 자신이 있겠습니다. 이 사주에서 관살을 찾아내시면 상금 1억 원을 드리겠습니다. 1억 원이 있지도 않습니다만, 1억 원이 아니라 100억 원을 드린다고 해

도 도저히 찾아낼 도리가 없는 일이니 참으로 자신 있게 헛소리를 하게 되는군요. 하하

이러한 사주구조에서 가장 특징적인 것은 관살이 없다는 점이로군요. 그리고 상관이 있는 것으로 봐서 자신에게 이익이 되는 일이라면 무리를 할 가능성도 높군요. 더구나 인성이 많아서 신강한 사주가 되니, 인성은 받아먹는 것에 능숙한 구조이니 말입니다. 견겁만 해도 주관적이나마 남을 생각하는 성분이 있겠습니다만, 이렇게 생긴 사주를 보면서 드는 생각은 '역시 생긴 대로 노는구나……' 하는 기분이었습니다.

이렇다 보니까 세상에 아무리 허물이 많은 사람도 모두 이해를 하게 되는 단점(?)이 있더군요. 사주팔자가 생긴 대로 살아가는 것이니 그 사람을 욕해봐야 소용이 없다는 생각이 들어서 말입니다. 다만 이런 사람과는 흥정을 하지 않아야겠다는 생각 정도나 하고서 주의를 하는 것이 고작이겠습니다.

이렇게 관살과 봉사정신과의 연관성을 확인하고 나서는 실제로 임상에 대입을 하게 됩니다. 우선 역학동호회에서 관살이 미약한 사람을 살펴보았습니다. 그 전에는 게시판에 무슨 강의라던지 일을 맡아 달라고 하면 거절을 하기에 그냥 바빠서 그런가보다 하는 생각을 했었습니다만, 이러한 이치를 생각하고 나서는 다시 새로운 각도에서 확인을 해봤습니다. 그리고는 '역시 그렇구나!' 하는 생각으로 고개를 끄덕이게 되었습니다.

사실 통신동호회라는 것은 봉사하는 성분입니다. 전혀 생기는 것이 없기 때문이지요. 아니 생기는 것은 고사하고 욕을 얻어먹는 것이 십상입니다. 내 전화세 내가면서 말이지요. 그러니 관살의 성분이 없는 상태라면 틀림없이 거절을 하게 되는 것은 너무나 뻔한 일이지요.

게시판에 어떤 강의를 해달라고 의뢰를 했을 때, 즉각적으로 반응이 오는 것이 있습니다.

"그까짓 것 해서 무슨 돈이 되는 일이라고 신경을 써?"

바로 이러한 말이 뒤를 이어서 나온다는 점입니다. 몇 번인가의 확인을 거쳐서 최종적으로 관성의 영향을 확인하게 되는 것입니다. 낭월이는 이런 식으로 진리를 찾아나갑니다. 그리고 겸해서 관살이 일간으로부터 멀리 떨어져 있는 경우에는 봉사할 마음은 먹지만 자신의 이익을 먼저 생각한다는 것을 읽어내게 되었고, 반대로 일간과 가까이 연결되어 있으면 생기는 것도 없는 일에 발 벗고 나선다는 이치를 확인하게 되었습니다.

사실 관살이 일간과 연결되어 있는 사주는 낭월이 사주이기도 하기 때문이지요. 낭월이가 역학동호회에서 약간의 봉사를 한 것이 있다면 이것은 오로지 월간의 甲木 정관 성분의 영향이 컸다고 생각되는군요. 일간과 합이 되어 있으니까 항상 남의 입장에서 생각을 하게 되므로 해서 스스로는 막대한 전화요금이라든지 시간낭비를 달게 감수하는 마음이 드는 것이라고 이해를 해봅니다.

처음에는 이러한 성분이 '주기 좋아하는 식신의 성분'일 것으로 생각했으나 식신의 성분은 이기적이기 때문에 수익이 되지 않는 일에는 적극적으로 나서지 않을 가능성이 있다는 결론을 내었습니다. 그리고 정관의 봉사심에 대해서 생각이 미치자 이번에는 일간이 정관과 합이 되어 있는 구조에 주목을 하게 되었고 결국 그로 인해서 쓸데없는 일에 시간낭비를 하게 될 수도 있다는 암시를 발견하게 됩니다.

그럼에도 불구하고 그냥 게시판에서 이야기를 하다가 보니까 원하지도 않았던 자신의 책을 갖게 되는 인연이 되는 것이지요. 그래서 아마도 뿌린 대로 거둔다고 하는가 봅니다. 사실 처음에 무슨 이익이 있느냐고 했던 벗들은 아직도 그냥 그렇게 지내고 있는 것을 보면서, '역시 베푸는 대로 거두는구나……' 하는 생각을 하게 되는군요. 그리고 책을 내도록 권유를 해준 벗들도 뭔가 느끼는 게 있어서 그랬을 것이라고 생각해봤습니다. 하늘은 스스로 돕는 자를 돕는다는 말이 생각나는군요.

◇ 심리학의 접목 ─ 외향적 사고형〔理智合理〕

다시 서양심리학에서 정관의 성분과 연관이 되는 것이 있는지를 찾아봐야 하겠군요. 사실 이렇게 서로 다른 학문끼리 줄을 긋는 일은 재미있기도 하고 조심스럽기도 하거든요. 잘 되면 충신이지만 못되면 역적이 될 가능성이 높기 때문입니다. 사실 낭월이가 이런 작업을 하면서도 항상 조심스러운 것이 바로 이 점입니다. 혹시라도 처음에 줄을 잘못 그어놓음으로 해서 후학으로 하여금 잘못 이해를 하는 혼란을 초래할 수도 있다는 점을 소홀히 할 수가 없거든요.

외향적 사고형에 속하는 사람은 지적인 생활을 좋아한답니다. 자신의 활동 전체를 지성(知性)이 주는 결론에 따르려고 한다는데, 그 지성이 주는 결론이라는 것이 바로 객관적이고 이성적이라는 결론이 나오겠군요. 자기 마음대로 기준을 세우고 판단을 하는 것이 아닌 점은 아무래도 관성의 심리구조와 서로 통한다고 봐야 하겠습니다. 이렇게 객관적으로 연구하고 분석한 결과에 따라서 행동을 하는 성분입니다.

또 자기 자신만이 이러한 기준으로 행동하는 것이 아니라 주위 사람에 대해서나 선악을 구별할 경우에도 동등하게 이 기준을 적용시킨다는군요. 이 결과는 완전히 정관적인 성분과 일치하는 면이 있다고 보여 집니다.

요즘의 시대상황이나 경제환경, 주변 여건 등을 모두 종합해서 지금 어떻게 하는 것이 좋겠다는 판단을 한답니다. 이러한 것은 같은 시대에서 가장 올바른 판단이 될 가능성이 높습니다. 그래서 남들에게도 그 기준을 따를 것을 권유하지요. 이러한 성분은 법률을 제정하고 그 기준에 따라서 통치를 하려고 하는 현인과도 서로 통한다고 보여집니다.

대략적인 상황으로 볼 적에 이 사람의 의식기준은 공익을 최우선으로 한다는 점과 최대한 감정적인 강제력을 배제하고 절대적으로 이성적인 안목에 의해서 가장 합리적인 결론을 내리려고 노력한다는 점입니다. 이것은 결국 정관적 성분과 완전히 일치한다는 점에 흥미가 있습니다.

이렇게 감정적이고 즉흥적인 결론을 무시하고 항상 지성적이고 이성적인 판단만이 사람다운 결론이라고 주장을 하는 마음이로군요. 이러한 성분으로 인해서 때로는 시류에 뒤지는 고리타분한 사람이라고 인식이 될 수도 있겠습니다. 그렇지만 남들이 뭐라고 하든지 간에 자신은 자신이 세워놓은 가장 많은 사람에게 유익하다고 생각하는 결론을 기준으로 남들도 그렇게 하기를 바라고 또 권합니다. 경우에 따라서는 상당히 강경한 어조로 말을 하게 되는데 이러한 성분은 관성의 작용이 더욱 강화되었을 경우가 되겠군요.

기본적으로 사고력을 최우선으로 하고 감정적인 것은 최하위에 둠으로써 자신의 개인적인 사생활에서 등장하는 취미라든지 예술 감상 등은 모두 억압하게 될 가능성이 높아집니다. 이렇게 감정의 억압이 지나치게 되며 자칫 무의식계에 잠재되어 있는 이기심이 출현을 하게 되기도 한답니다. 이기심은 봉사정신의 형태를 변질시켜서 이기적인 봉사로 발전하는데, 이러한 면을 다른 사람이 보게 되면 너무 자신의 주장대로 일을 하려고 한다는 비난을 듣기도 합니다.

평소에는 도덕적이라고 알려진 사람이 어느 날 갑자기 파렴치한 행동을 함으로써 사회적으로도 큰 충격을 던져주는 경우가 있는데 이러한 부작용도 지나친 억압으로 인해서 발생한다고 합니다.

이러한 사고방식은 능동적이면서도 종합적인 두루 원만한 성품을 소유하게 되는데 그것의 장점은 여성보다도 남성에게서 더욱 두드러진다고 하겠군요. 이렇게 뛰어난 점을 갖고 있지만 자신의 계획이 중도를 넘어서 지나치게 되면 역시 단점과 결점이 많은 형태로 드러나게 되겠습니다.

이렇게 외향적 사고형에 대해서 연결을 시켜볼 적에 아무리 객관적으로 보려고 해도 정관의 형태라는 것을 부인하기가 어렵군요. 그래서 이렇게 연결을 시켰습니다. 역시 예로부터 정관을 양반으로 취급하고 귀하게 여겨온 마음을 알 듯도 합니다. 이렇게 남과 나를 공평하게 객관적으로 보면서 함께 이로울 방법을 항상 생각하는 사람은 언제라도 환영을 받게 될 가능성이 높을 수밖에 없다는 생각을 하게 됩니다. 시대가 달라져서 요즘의 식상 시대가 되었습니다만, 그래도 정관의 성품이 귀하다는 것은 변할 수 없다고 생각되는군요.

◇ 사주학의 대입 — 청대(淸代) 파워 건융황제

정관의 영향을 받는 사람이라면 아무래도 뭔가 큰일을 할 사람으로 생각이 되기도 하는군요. 혹 어쩌면 정관이라는 '쟁쟁한 위명(?)'으로 인해서 미리부터 뭔가 사회적으로 큰일을 할 사람일 거라고 생각을 해봅니다. 일지에 징관이 위치하는 것도 간지의 음양이 다른 몇 개의 상황과 같우 4개뿐입니다. 丙子, 丁亥, 庚午, 辛巳의 간지만이 지지에 정관을 놓고 있습니다.

乾命 : 辛卯 丁酉 庚午 丙子 건융황제 중국 청나라 시대

丙子	庚午	丁酉	辛卯

己丑	庚寅	辛卯	壬辰	癸巳	甲午	乙未	丙申

  이러한 간지를 갖고 있는 사주를 찾아볼 적에 다행히도 황제를 지낸 사람의 사주가 있어서 이 자리에 올려놓고 함께 생각을 해보도록 하겠습니다. 건융황제(乾隆皇帝)가 바로 그 주인공입니다. 사주가 좀 특이하다고 해서 많은 명리가들이 한두 번은 살펴본 사주가 될 가능성이 많겠습니다.

  이 사주는 지지에 자오묘유가 완전하게 구비되었다고 해서 매우 흥미를 끄는 사주입니다. 그리고『적천수징의』에서도 이 사주는 거론이 되기도 하는군요. 얼핏 사주를 살펴보면 참으로 불량한 사주처럼 보입니다. 여기저기에서 대가 선배님들이 연구 자료로 삼았던 흔적이 많습니다만, 여기서는 적천수징의에 나와 있는 임철초 선생님의 설명을 인용해봅니다.

  '천간은 庚辛丙丁이니 불이 가을 금을 단련하는 위치가 바르고, 지지에는 子午卯酉이니 또 감리진태(坎離震兌)라서 네 가지의 바른 기운이 완전하니 그 기운은 팔방을 관통한다. 그러나 오행에 土가 없고 가을의 계절에 임하였으니, 왕하다고는 할 수가 없다.
  가장 좋은 것은 子午가 충을 만난 것인데, 수극화하니 午火로 하여금 酉

金을 깨뜨리지 못하여 일주를 돕기에 만족스럽다. 다시 묘한 것은 卯酉의 충을 만난 것이니, 금극목이 되어서 卯木이 午火를 도울 수가 없는 상황이라서 누르고 항복 받는 것이 올바름을 얻었다. 앉은 자리에는 午火가 있어서 水火 기제(旣濟)를 이뤘다. 또 卯酉는 東西되고 子午는 南北이 되니 소멸되는 것이 전혀 없는지라. 하나는 밝게 하고 하나는 윤택하게 한다. 이는 전청(前淸)의 건융황제의 사주이다.'

건융황제에 대해서 특별히 생각나는 장면은 마지막 황제 부의에서 입니다. 13국을 통일시킨 황제라는 암시를 항상 하고 있고, 또 건융황제의 위패 앞에서 항상 청나라의 복원을 기원하던 장면이로군요. 그러한 것을 보면서 청에서는 이 황제가 가장 대표할 만한 사람이었던 모양이구나 하고 생각했습니다.

그만큼 중국대륙을 공정하고 객관적인 이성적 판단으로 통솔했다고 보겠는데, 통솔이라는 것이 자신의 사리사욕에만 급급해서는 잘 되지를 않는 성분입니다. 얼핏 생각해보면 그럴싸하게 위장을 하면 무지한 사람들이 잘도 따라올 것처럼 생각되지만, 실제로 '민심은 천심' 이라고 하는 속담이 결코 헛된 말이 아니라는 것을 알 수 있습니다.

우선 삼국지를 뵈도 덕으로 다스리는 유비의 산하에는 많은 백성들이 모여들고 있는 것을 보면서 당연하다는 생각을 해봅니다. 그리고 이 황제의 일지에 있는 정관의 성분은 더욱 클로즈업 되어서 부각되는군요. 애석하게도 일지에 정관이 있는 사주 자료는 쉽게 눈에 띄지를 않는군요. 그래서 부득이 건융황제에 대한 사주만 올리고 일지에 정관이 있는 인물의 예는 줄이겠습니다.

◇ 정관의 긍정적인 면

봉사정신과 합리적인 사고방식이 가장 우수한 성분이라고 보겠습니다. 여기에 추가해서 자신의 사욕을 자제하는 성분이라고 보겠군요.

◇ 정관의 부정적인 면

부정적인 면으로는 대를 위해서 소를 버리는 것입니다. 이것은 장점으로 떠올려야 하겠습니다만 삶이라는 것이 항상 저울질로만 되는 것이 아니라는 생각을 하기 때문입니다. 때로는 소를 위해서 대를 포기해야 할 경우도 있으련만, 강박관념에 의해서 자신의 가족을 포기하고 민족을 구제하고서는 일평생을 가족들에 대한 죄책감으로 살아간다면 이러한 면에서는 부정적인 성분이라고 보고 싶군요.

그리고 무슨 일이든지 합리적으로 생각을 하기 때문에 이것이 심하게 되면 인간미가 없어 보이게 될 수도 있겠습니다. 인간은 감정의 동물이라고 말하는데, 누가 욕을 하고 침을 뱉어도 우선 화를 내지 않고서 그 이유에 대해서 궁리를 하고 있다면 이러한 성분은 오히려 단점이라고 봐도 좋을 듯하군요. 어쨌든 무리 좋은 암시가 있는 성분이라도 그 이면에는 부정적인 면이 있다는 점을 생각하고서 고려해보도록 하는 것입니다. 그리고 그 부정적인 면이 강하다면 수정을 하도록 노력하는 것이 또한 수양이고 수도가 될 것으로 생각해봅니다.

편인(偏印) 심리학

편인의 심리구조에 대해서 가장 뚜렷하게 떠오르는 것은 수동적이면서도 부정적이라는 점입니다. 인성이라는 성분은 위에서 아래로 내려가는 성분이기 때문에 수동적으로 그 형태가 나타납니다. 재성이 능동적인 행동을 하는 구조라고 한다면 인성은 수동적인 면이 강한 성분이로군요. 그렇게 보는 이유는 역시 어머니는 내가 원하든 원치 않든 나에게 생을 주기 때문입니다. 그리고 태양이나 수분이나 공기도 마찬가지로 가만히 있어도 들어오는 성분이라고 볼 적에는 서로 비슷한 면이 있다고 볼 수가 있겠군요.

그러니까 이러한 심리구조를 설명해본다면, 먹으면서도 먹기 싫다고 하는 생각이라고 할 수가 있을는지 모르겠군요. 가령 음식이라는 것은 맛있게 먹습니다만 보약이라고 하면 어떨까요? 누구든지 보약을 웃으면서 먹는 사람은 없습니다. 인상을 찡그리고 숨을 멈추고서 마시는 것이지요. 그리고 나서는 사탕을 또 한 알 먹도록 하는 것도 빼놓을 수가 없는 장면이로군요.

그런 면에서는 편인은 약과도 같은 성분이라고 하겠습니다. 이러한 마음은 받아들이면서도 거부하는 마음이라는 묘한 구조를 이루고 있는 것이지요. 그러니까 편인의 입장에서는 주고서도 고맙다는 말을 못 듣게 되는 일이 발생하는 것입니다. 이번 항목이 편인의 마음이기 때문에 그 주체는 편인에게 있는 것입니다. 그래서 편인의 마음이 어떻게 생겼을까를 생각해볼 적에도 이러한 기본구조는 참작이 되어야 하겠군요.

세상을 바라다보는 마음도 편인적인 마음은 다른 것이 있겠습니다. 가령 드라마를 보고 있다고 가정할 적에 다른 사람들이 폭소를 터뜨리면서 배꼽을 잡더라도 편인의 영향을 많이 받는 사람은 그들을 이해하지 못하고 오히려 고개를 갸웃거리게 됩니다. 그 드라마는 모두 거짓으로 꾸며진 것인데 얼빠진 사람처럼 깔깔대는 것을 보면서 이해가 되지 않는 모양이로군요.

편인의 이러한 성격구조는 고독(孤獨)이라는 분위기로 흐르게 됩니다.

남들과 어울려서 활발하게 행동하는 데에는 뭔가 구조가 어울리지 않습니다. 그러한 성분은 자신의 본성을 파악하는 수행자의 위치에 머물기를 원하게 될 가능성이 있습니다. '보지도 말아라! 듣지도 말아라! 말하지도 말아라! 그 모두는 부질없는 것이니라! 오로지 자신의 참모습을 발견하는 것이 상책이니라!' 하는 말에 귀가 솔깃~해지는 것을 어쩌지 못하거든요. 이러한 분위기는 선가(禪家)에서 더욱 많이 볼 수 있습니다. 흔히 세간에서 수행승들을 말할 적에 고독한 직업이라고 합니다. 세상의 모든 재미와는 담을 쌓고 있는 생활이 그렇게 보일 수밖에 없군요.

부모형제가 죽어도 찾아가려고 하지 않습니다. 기껏 생각한다는 것이, '태어났으니 죽을 밖에……' 입니다. 모든 감정이 움직이는 것을 혐오(?)하게 됩니다. 감정이 움직이게 되면 이미 도인의 경지에서 탈락이라고 생각하는 것이지요. 태풍이 불거나 끼니가 없거나 전혀 마음의 동요가 없어야만이 공부가 깊어가는 사람이라고 생각하는 것입니다. 일화를 하나 들려드릴까요?

예전에 열심히 참선공부를 하던 스님이 계셨습니다. 그 스님은 혼자서 토굴을 파고서 그 속에서 생활을 했지요. 그러다가 장날이 되면 남들이 장에 갈 적에 이 스님도 거적때기를 짊어지고 장보러 갑니다. 장날의 풍경은 글자 그대로 '시끌벅적' 입니다. 그 한복판에다가 가게를 벌이는 것입니다. 가게라고 하는 것은 짊어지고 온 거적때기를 펴고 가부좌(跏趺坐)를 틀고 앉는 것이 전부지요. 그리고서 명상에 드는 것입니다.

그렇게 하루 장사를 하고는 해거름에 남들이 집으로 삼삼오오 돌아가 면 스님도 부시시 일어나서 거적때기를 짊어지고 토굴로 돌아가는 것입니다. 남들이 묻지요.

"스님, 오늘 장사는 어떠했습니까?"

"오늘은 장사는 아주 버렸소이다.'

"에이~스님도 참~ 아무것도 한 것이 없으시면서 뭘…….'

"난 마음 닦는 것이 장사라오. 공부를 하고 앉아 있을 적에 주변의 소리가 귀를 타고 들어오지 않으면 공부가 잘된 것이고, 소리만 들어오고 마음이 동하지 않으면 보통장사는 된 셈인데, 소리가 들리고 거기다가 그 소리를 따라서 마음까지 움직였다면 완전히 장사를 버린 거라오. 그런데 오늘은 옆에서 약장사가 떠드는 소리에 일어나서 구경을 하고 싶은 마음이 생겼으니 완전히 장사를 버린 거지 뭐요. 허허."

이렇게 하루의 장사를 계산해보는 것입니다. 이러한 구조를 생각하면서 편인의 심리구조를 떠올리게 됩니다. 번잡한 것을 단순화시키는 작업에 능숙한 것이지요. 그래서 결국 도를 통하고 난 도인이 하는 말은 이 한마디입니다.

"무(無)니라."

아무것도 없다는 이야기인가요? 아마 그렇지는 않을 것입니다. 그렇지만 뭔가 있다고 말을 할 수도 없는 아리송송~한 마음에서 그렇게 없다는 말을 하지 않았을까 생각해봅니다. 어쨌든 낭월이는 사주에서 편인의 영향이 어느 정도 있다고 봅니다. 일지에 있는 丁火가 편인의 영향을 주고 있는 것이 틀림없거든요. 그래선지 이렇게 간결한 말에서도 뭔가 느껴지는 기분이 있습니다. 물론 편인보다는 식신이 더욱 강하기 때문에 그렇게 얻어지는 간결함도 결국은 번잡한 자기표현으로 나타날 수밖에 없겠지만요. 아무래도 편인과 식상이 공존해서는 그 품격이 떨어지는 보앙이로군요.

이러한 마음의 구조는 신비함에 몰두할 가능성이 많습니다. 재성이 눈앞에 나타나는 현실에 몰두할 가능성이 많은 것과는 대비가 되는 성분이라고 봅니다. 번잡한 것을 싫어하는 성분은 자칫 폐쇄적인 형태로 나타나기도 합니다. 이러한 여러 가지를 결합해서 볼 적에, 편인은 비현실적이라는 말도 하게 됩니다. 꿈을 먹고 사는 사람들 중에는 편인의 영향을 받는 사람이 많겠습니다. 이러한 심리구조는 표면적인 구조보다 심층 내부에 잠재되어 있는 무의식의 동향에 대해서 더욱 많은 관심을 기울인다고 볼 수가 있겠습니다. 그래서 편인이 말하는 것은 이해하기가 어렵게 됩니다.

제자 : "부처가 무엇입니까?"
스승 : "죽을 먹었는가?"
제자 : "예."
스승 : "그럼 밥그릇을 씻어라!"
제자 : "????"

◇ 심리학의 접목 ― 내향적 직관형〔神祕傳說〕

이번에는 융의 심리학에서 편인의 성분과 닮았다고 생각되는 부분을 찾아보도록 합니다. 직관이라는 성분과 인성과 연결을 시켜봤습니다. 직관은 잡다하게 늘어 벌리는 것을 싫어합니다. 간단명료하게 요약을 하는 성분이로군요. 그러면서도 음양이 같은 구조이므로 내향적 이라는 성분과 연결시켰습니다. 그렇다면 과연 내향적 직관형과 편인과의 일치되는 부분은 어떤 것이 있는지 살펴보도록 하겠습니다.

이 형의 사람이 표현을 가장 잘했다고 한다면 예언자가 되든지 예술가의 영역에서 활동을 하게 된답니다. 내향적인 직관의 성분이 외계의 자극에 영향을 받는다고 해도 그 가능성에는 눈길도 주지 않고서 외적인 것에 의해 발생되는 내적인 형태에만 주목하기 때문이랍니다. 말의 구조가 약간 어렵게 느껴질 수도 있겠군요. 원래 서양심리학의 용어 자체가 그리 호락호락하지 않더군요. 그러니까 이해가 잘 되지 않는 부분은 반복해서 생각함으로써 이해하실 수가 있을 것으로 생각됩니다.

비유를 든 것이 있는데, 가령 어떤 사람이 어떤 사물을 보고서 현기증이 났다고 한다면 이 형의 사람은 그 사물이 무엇인지 객관적으로 음미하고 조사하려고 하지 않는다는군요. 또 현기증이 왜 일어났는지, 어떠한 강도로 어떤 식으로 어떻게 끝이 났는지는 알려고 하지 않고, 다만 심한 주관적인 직관에 의해서 현기증으로 비틀거리는 한 인간상을 생생하게 지각한다는 식입니다.

이 형의 사람은 '집합적 무의식' 속에 깃들여 있는 상(像)을 소중히 여긴답니다. 이 상이라는 것이 앞으로 일어날지도 모르는 일에 대한 예견이나 창조력의 원천이기 때문에 그 결과는 예언자나 예술가로 흐를 공산이 많기 때문이지요.

사고력이나 감정이 최고로 활발하게 되었을 적에는 사상가나 종교가가 되며, 무의식에게 어떤 상징적인 형태를 제공해주는 것에 가장 많은 관심을 갖게 되는데, 그 결과로 뛰어난 화술가가 되기도 하는데, 단지 그 무의식상을 쳐다보는 것만으로 만족해할 경우에는 단순한 몽상가가 될 뿐이라고 합니다.

이 사람이 예술가로 발전을 했을 경우에는 그림이나 조각은 괴기스럽기도 하고 아름답기도 할 것이며 숭고하기도 하여 변덕스럽기 때문에 현실과는 동떨어지는 색다른 맛을 풍기게 된다고 합니다. 그런데 이러한 설명을 보면서 얼핏 떠오르는 것은 선화(禪畫)라고 하는 형식입니다. 수도를 하다가 깨친 경지를 그림으로 나타낸다고 하는 선화는 참으로 알쏭달쏭한 묘한 분위기를 나타내는 경우가 많습니다. 참으로 현실과 동떨어진 그림이라는 생각이 드는데 이러한 설명을 보면서 역시 편인과 연결이 잘 된다고 생각되는군요.

이 형에 속하는 보통 사람들은 현실과 접촉하기를 싫어하고 또 현실에 적응하기를 거부하는 경향이 있는데 그래서 남들이 느끼기에는 '이 사람에게 현실에 대해서는 어떻게 되든 상관이 없겠구나' 하는 생각을 하게 된답니다. 이러한 상황은 이런 사람들의 의식구조에서 볼 때 다른 사람이나 사건들은 단순한 자극에 지나지 않는다고 보고, 자신이 사회의 일원이라는 생각이나 주위 사람들에게 무슨 자극을 줘야 하겠다는 생각도 희박하다는군요.

이 형에 속하는 사람에게서 가장 억압되고 있는 것은 말할 것도 없이 감각인데, 그것이 이 사람이 지닌 무의식의 특색이라고 본다고 했군요. 그런데 감각적인 것은 이미 편재적인 성분이라고 연결을 시켜뒀습니다. 이것은 약간 차질이 생기는데, 낭월이가 연구하기로는 편인적인 성분의 잠재심리 속에서는 식신적인 것이 있어야 앞뒤가 맞게 되는 것이기 때문입니다. 그러니까 낭월식으로 본다면 잠재되어 있는 성분은 '내성적인 감정'이어야 합니다. 즉 편인이 강화되면 그 부작용으로서 식신적인 성분이 억압을 받게 된다고 보는 것입니다. 이러한 점에서 약간의 혼동이 생기는 데 좀 더 정리를 해본다면 뭔가 통일이 되는 형태가 나오리라고 생각을 하고 있습니다.

대략 '내향적 직관형'에 대해서 살펴봤습니다만 그 형상이 편인과 흡사한 면이 매우 강하다고 생각이 되는군요. 폐쇄적인 면이나 단순간결형의 모습은 그대로 편인의 심리와 직결된다고 보여져서 이렇게 연결을 한 것입니다. 한 마디로 편인은 고독이라고 했습니다만, 남들이 보기에 이 형도 재미를 잃어버린 사람처럼 보일 가능성이 많겠습니다. 그리고 종교가라는 말이 등장하는 것도 매우 흥미롭다고 생각됩니다.

◇ 사주학의 대입 — 유태숙적(猶太宿敵) 히틀러

일지에 편인의 영향을 받는 사람은 의외로 많군요. 물론 알려진 자료 내에서지만요. 이 중에서도 히틀러에 대해서 사주를 살펴볼 생각입니다. 아시다시피 히틀러에 대해서는 많은 유태인들이 이를 갈고 있지요. 庚辰 일주인 제갈공명의 직관력도 대단한 것입니다만, 히틀러의 직관도 그에 못지 않은 성능을 발휘했을 것으로 생각됩니다. 모든 것은 자신의 직관에 의해서 결정을 하게 되는데, 그 결과에 대해서는 합리적인 답안지가 없는 것도 편인적인 특성입니다. 아마도 합리적이었다면 그렇게 무자비한 대량 학살은 하지 않았을 것이라고 생각되는군요. 한곳으로 몰두한 성격은 남의 입장은 전혀 고려하지 않는 자신만의 판단으로 밀고 나갔을 가능성이 많습니다. 흔히 하는 말로 '세상에 믿을 놈이 어딨노?' 라고나 할까요. 그러한 기분으로 자신의 주장을 강력하게 관철했을 가능성이 많다고 보겠는데 특히 丙寅일주로 인해서 그 특성은 두드러진다고 보겠습니다.

사주를 보면 식상이 태왕한 상황에서 일지의 인성에 모든 것을 의지하고 있는 형상입니다. 그래서 더욱 편인적인 면이 두드러지게 되는 계기가 되는군요. 여하튼 이 사람은 남을 생각하고 함께 어우러진다는 면에서는 전혀 '아니올시다'라는 것에 빗님들도 동의를 할 것으로 생각합니다.

乾命 : 1889년 4월 20일 18시 30분 히틀러(독일)

己丑 戊辰 丙寅 丁酉 5대운

丁酉	丙寅	戊辰	己丑

75	65	55	45	35	25	15	05
庚申	辛酉	壬戌	癸亥	甲子	乙丑	丙寅	丁卯

그렇다고 해서 '일지편인은 모두 히틀러'라고 하는 말을 해서는 곤란하겠군요. 다만 그 방향이 잘못 되었을 뿐이라고 봐야 하겠습니다. 그 증거로서 케네디(辛未일주)나 제갈공명(庚辰일주) 같은 사람도 있으니까 말입니다. 어쨌든 집중력은 대단한 사람들이로군요. 또 직관적 사상가라고 해도 될지 모르겠습니다만, 베이컨(丁卯일주)도 있고, 사업가로 성공한 카네기(壬申일주), 우울한 대왕이신 고종황제(癸酉일주)도 포함이 되는군요. 이렇게 다양한 사람들이 일지에 편인을 깔고 있는 사주들입니다. 그리고 보면 성격은 기본으로 깔리는 것이고, 성패와 방향은 사주 전체의 흐름에 영향을 많이 받게 되는 모양입니다.

◇ 편인의 긍정적인 면

복잡한 것을 단순화시키는 것과 탁월한 직관력이라고 하겠습니다. 직관은 머리로 궁리를 해서 나오는 것이 아니고 그야말로 영감에 의해서 나타나는 것이기 때문에 이것은 천부적으로 타고나지 않으면 어려운 것이라고 생각됩니다.

◇ 편인의 부정적인 면

아무래도 폐쇄적이라는 것이 가장 두드러진다고 해야 하겠군요. 남과 둥글둥글하게 살지 못하고서 어디서나 눈에 띄는 것은 과히 자랑스럽다고 할 것은 못 된다는 생각이군요. 그리고 세상일에 방관하는 형태로 진행한 다면 자칫 자신의 존립여부에도 문제가 될 정도로 심각하게 될 가능성이 있습니다. 또 사이비 종교에 현혹이 될 가능성이 높다고 하겠군요.

그리고 받아들이면서도 부정적인 면으로 생각을 하는 성분은 남들에게 따돌림을 당할 가능성이 높아진다고 하겠습니다. 고래로 편인은 4흉신(凶神)에 속한다고 했습니다만, 아마도 이러한 성분으로 인해서 자신이 세간에 어울리지 못하는 성분이 있기 때문에 그렇게 본 것은 아닐는지 궁금합니다만, 알 수 없는 일이군요.

정인(正印) 심리학

정인에 속하는 성분은 순수하게 받아들이는 것으로 보고 싶습니다. 여기에서 순수하게 받아들인다고 하는 것은 편인의 성분이 '받아들이면서도 거부하고 싶은 심리' 라고 하는 구조를 염두에 두고서 드리는 말씀입니다. 이해를 돕기 위해서 예를 든다면 정인이 음식을 먹으면서 아무 생각 없이 전체로 받아들이는 구조라고 한다면, 편인은 약을 먹으면서 한편으로 거부를 하는 것에서 그 차이점을 느껴보셨으면 좋겠습니다.

정인의 성분은 합리적으로 수용을 하는 성분이라고 하겠군요. 역시 인성이라는 점에 있어서는 정인이든 편인이든 같은 형태로 수동적이라고 하겠습니다. 그러면서도 이렇게 순수하게 받아들이는 수동적인 면에서는 어머니의 얼굴을 쳐다보고 있는 어린 아기의 분위기와 연결되는군요. 어린 아기의 마음을 정인의 마음으로 보자는 것입니다. 항상 주의를 해야 하는 것이 바로 주체와 객체를 어떻게 볼 것인가 하는 것이라고 생각이 되는데 정인의 마음은 어머니의 마음이고, 본인의 마음은 그렇게 무력하고 나약한 상황에 처해 있는 어린아이가 모든 생사의 권한을 어머니에게 일임하고 가만히 누워서 주는 대로 받아먹는 형상으로 생각을 해봅니다. 그래서 여기에서도 정인의 마음을 생각하면서 주는 어머니의 입장이 아니라 받아들이는 아기의 입장에서 정인을 바라보자는 것이지요. 그러니까 수동적이 되는 것입니다.

이러한 심리구조에서 볼 적에, 사주에 정인의 성분이 강한 사람은 모든 일에 대해서 능동적으로 행동을 하기보다는 수동적으로 흐름에 응하는 형상이 강하다고 하겠군요. 그런데 애석하게도 낭월이의 사주에서는 정인에 대한 글자가 전혀 없습니다. 그야말로 지장간 속에서도 눈을 씻고 봐도 찾을 수가 없는 상황이로군요. 그래선지 주는 대로 받아먹기 보다는 이것을 먹어도 좋겠는가 하는 의문을 종종 갖게 되는 것 같더군요.

음식을 먹어도 그냥 있어서 먹는 것이 아니라 이것은 어디에 좋고, 이것은 농약이 많고, 이것은 여름에 먹으면 해롭겠고 하는 형태로 자꾸 분석을 하는 것입니다. 아무리 생각을 해봐도 이러한 상황은 정인적인 형태는 아니라고 생각이 되어서 말이지요. 그렇다고 보면 편인적인 형태가 되는데, 낭월이 사주에서 그래도 편인이라고 하면 년간의 丁火랑 일지의 未중에 있는 丁火가 있기 때문이라고 판단을 해봅니다.

흔히 하는 말로 '입이 짧다'고 하는데 낭월이는 그래서 인지는 몰라도 겨우 시장기만 메우면 더 이상 먹고 싶은 생각이 없거든요. 물론 입에 맞는 음식은 배가 부르도록 먹지만서도 말이지요. 그 입에 맞는 음식이라는 것 중에서 단연 최고로 꼽히는 것은 냉면이로군요. 밥은 죽지 않을 정도로 먹으면 더 먹기가 싫은데 냉면은 배가 불러서 미어져 나와도 그냥 당기거든요. 그래서 연지도 낭월이의 구미를 잘 알기 때문에 입맛이 약간 없는 듯싶으면 냉면을 삶습니다. 그러면 군소리 없이 배가 부르게 먹어주거든요. 이거 나중에 낭월이 만나시는 분들은 모두 냉면만 사주겠다고 하실 참이군요. 하하.

이러한 편인의 구조를 이해하고 또 정인의 성분과 대비를 하면서 상대적으로 이해를 하는 것이 많은 도움이 되기에 또 정인의 심리학에서 편인의 이야기를 하고 있는 것입니다. 정인의 순수한 수동적인 성분은 한마디로 순진무구(純眞無垢)입니다. 자기 자신을 더 돋보이게 하겠다는 사심도 적고 그렇다고 봉사적으로 남들을 위해서 일해야 한다는 강박관념도 없습니다. 더구나 능동적으로 모든 자신의 바깥에 있는 물질에 대해서는 더더욱 관심이 적기 때문에 돈벌이를 한다든지 사업을 하는 성분으로는 좀체 어울리지 않는 심리구조라고 하겠습니다.

그냥 조용하게 앉아서 있는 그대로의 자연으로부터 혹은 내면으로부터 들려오는 소리에 마음을 모으고 있는 사람이라고 해도 되겠습니다. 그러니까 사주에서 정인이 가까이 붙어있으면 분주하게 이런저런 재주를 부리는 사람은 분명히 아니라고 봅니다. 사실 정인의 성분은 그렇게 자신의 재주를 팔아먹으려고 하는 사람에 대해서는 경망스럽다고 생각을 할 공산이 더욱 크겠군요.

바탕구조가 이러할진데 스스로 일거리를 찾아다닌다는 것은 생각을 할 수도 없는 것입니다. 모든 일은 생각이 먼저 일어나고 나서 비로소 실행이 되는 것입니다. 하긴 지금 이렇게 심리구조에 대해서 시시콜콜하게 떠벌리고 있는 것도 그러한 이유에서 먼저 움직이는 이 마음을 알아보자는 속셈이기는 합니다만, 마음의 바탕에 스스로 활발하게 움직이는 성분이 없으니 하물며 그러한 일로 인해서 몸을 분주하게 움직일 가능성은 매우 희박한 것은 너무나 당연한 것인지도 모르겠습니다.

무슨 일을 하다가 스스로 판단을 내려야 할 일이 생긴다면 식상들은 온갖 방법과 가능성에 대해서 생각을 해보고서 가장 유능한 결론에 따라서 행동을 하게 됩니다.

또 견겁들은 최선책이야 있거나 말거나 자신의 기분에 따라서 고집스럽게 처음에 내놓은 의견을 밀고 나가겠군요.

그런가 하면 관살의 영향을 많이 받는 사람들이라고 한다면 어떤 결과가 가장 많은 사람들에게 영향을 줄 것인가를 판단하게 됩니다. 그리고서 그 결론에 따라서 다수의 의견을 존중하면서 실행에 옮길 가능성이 매우 높습니다.

그리고 재성의 영향을 받는다면 아마도 가장 이익이 되는 방향으로 또는 가장 편리한 방법을 찾아서 실행을 할 것입니다. 이러한 각자의 십성에 영향을 받는 대로 그 일의 결과를 중시하고 따르게 됩니다.

그럼 정인의 성분은 어떻게 행동을 하겠습니까? 아마도 정인은 자신의 영감이 지시하는 것을 가장 소중하게 여길 듯합니다. 위에서 혹은 속에서 우러나오는 직감에 의지해서 일을 진행시키는 것입니다. 어린아이가 엄마의 말을 무조건 세상에서 가장 소중한 것으로 받아들이듯이 말입니다. 이러한 판단을 하는데 있어서 과거의 경험이라던지 지금의 상황에 대한 자료는 별로 힘을 발휘하지 못하는 것입니다. 이러한 점이 정인의 특성을 갖고 있는 심리구조라고 설명을 드려봅니다.

이러한 사람이 일단 한번 마음에 스승으로 믿어버리면 그 스승이 어떠한 행동을 하더라도 모두 숭고하고 엄숙한 형태로 보입니다. 스승이 산골 암자로 올라가서 십년 간 묵언(默言 ― 말은 한 마디도 하지 않으면서 수도를 하는 방법)을 하라고 시키면 자신은 그 말에 전혀 이견을 달지 않고서 그대로 실행을 합니다. 어떻게 보면 참으로 미련해 보이기도 합니다만, 이렇게 무조건 따르는 성분이 정인입니다.

실제로 몇십 년 전에 스승의 명에 따라서 십년 간 묵언을 하면서 도를 닦은 스님이 있었습니다. 그러게 해서 십년 만에 말을 하려고 하니까 소리가 나오지 않더라지요? 아마도 성대를 하도 사용하지 않아서 맛이 가버린 모양입니다. 그렇게 공부를 해서 많은 진전이 있었겠습니다. 이러한 명령에 실행을 하는 사람은 아무래도 정인의 영향이 없이는 어려울 것이라는 생각을 해보았습니다.

이렇게 무조건적이고 무비판적인 순수한 마음으로 받아들이는 성분은 지도자만 잘 만나면 상당히 높은 경지로까지 발전이 가능하겠군요. 그리고 사기꾼을 만난다면 아마도 그의 앞날은 완전히 구렁텅이 속에서 헤어나지를 못하겠지만요. 이렇게 스승을 어떻게 만나는가 하는 점은 아마도 사주에서 그 정인이 어떻게 작용을 하는가에 따른다고 해야 하겠지요?

정인이 용신이면서 가까이 붙어있다면 스승의 태산 같은 은혜로 자신의 잠재력을 끌어낼 것이고, 기신이면서 가까이 붙어 있다면 사사건건 스승의 방해로 인해서 아까운 시간을 허비하게 되겠습니다. 이러한 정도로 정인에 대한 특성을 논하고 융은 어떠한 심리구조를 이야기했는지 살펴보도록 하겠습니다.

◇ 심리학의 접목 ─ 외향적 직관형(溫厚篤實)

융은 여덟 가지의 심리구조 중에서 '외향적이면서도 직관적인 사람'을 이야기했습니다. 직관적이라는 것은 편인과 동일합니다만, 여기서의 차이점은 외향적인 성분이로군요. 바깥에서 들어오는 이미지에 따라서 직관적으로 판단을 한다는 의미라고 보면 어떨까 싶습니다.

이 형의 사람은 객관적인 사실 뒤에 숨어 있는 가능성을 꿰뚫어보는 능력이 있다고 합니다. 잠재적인 직관이 이것을 가능하도록 만드는가 봅니다. 이 사람이 중요시하는 것은 현실이 아니라 가능성이라고 하는군요. 가정형편이 무난해서 안정된 생활을 하게 되면 그 일이 마치 감옥같이 느껴져서 숨통이 막히는 듯한 기분이 들게 된다는 것입니다. 이러한 마음은 또 다른 일을 구하게 되는데 그 결과는 어린아이가 항상 호기심이 있다는 것과 무슨 연관이 있는 것이나 아닌지 모르겠습니다. 그렇게 열심히 추구하던 목적도 어느 순간에 불가능하다고 생각되면 갑자기 냉담해져서는 그 일 자체를 포기해버리는 사태가 발생하기도 합니다.

예를 들어서 말한다면 어떤 사업을 기획할 적에 장래성이 있다고 판단되면 그 자신의 직관력에만 의지해서 돌진하게 됩니다. 이러한 때에는 남의 이야기에는 귀를 기울이지 않겠군요. 그렇게 돌진을 해서 일단 사업이 안정권에 돌입하게 되면 그 사업을 계속하는 것이 유리한데도 불구하고 또 다른 사업을 시작하려고 하는 마음이 든답니다. 마치 어린아이가 한 가지 음식을 열심히 먹고는 일단 먹기 싫어지면 즉시로 그만두고 딴 놀이를 찾는 것과도 서로 통한다고 봐도 될 듯합니다.

대체적으로 이러한 형에 속하는 사람은 감정적이라거나 지적(知的)이라거나 하는 형태와는 다르다고 합니다. 이러한 성분이 부족하다보니까 오로지 자신의 직관적인 판단에 따를 뿐이라고 하겠습니다. 일반적으로 받아들이는 도덕이나 법률 또는 종교 등을 일부러 위반하지는 않더라도 근본적으로 이 사람의 행동 규범이 되지는 못한다고 합니다.

그리고 남자들보다도 여자들에게서 많이 발견할 수가 있다고 하는데, 여성들은 직관에 대해서 상당히 중시하는 경향이 있다는 것입니다. 그리고 그 직관은 일터에서 보다는 사교장에서 더욱 두드러지게 나타난다고 융은 생각했다고 하는데 그래서 직감이 뛰어난 여성들이 사교장에서 사회적으로 저명한 인사들과 교분관계를 유지하는 것인지도 모르겠군요.

또 사람과 사귈 때나 결혼 상대자를 선택할 적에도 가능성이 보인다고 생각하는 남자를 발견하는데 특별한 재능이 있습니다. 그리고 일단 그러한 사람을 발견하면 지금까지 해오던 모든 일에 대해서는 헌신짝처럼 내동댕이 쳐버리고 그 사람에게 몰두를 하는 것입니다.

남녀를 불문하고 이러한 성격이 좋은 방향으로 발휘되면 사업을 일으키거나 발전하고 성장하는 형태가 됩니다. 또 다른 사람이 지니고 있는 능력을 발굴하는 성분도 되기 때문에 유능한 인물을 육성하는 사람이 되기도 합니다. 또한 자신의 동료들에게 새로운 용기와 감동을 제공하기도 합니다.

그러나 이러한 영향을 받는 사람이기 때문에 항상 시작은 잘하지만 지속적으로 추진하는 것에는 서툴다고 합니다. 말하자면 밭에다가 씨를 뿌리는 일에는 열심이지만 일단 씨를 뿌리고 나면 다른 밭으로 옮기려고 하는 성분이 있기 때문에 오히려 수확은 다른 사람이 거두게 되는 일이 발생한다는 비유를 들었군요. 이렇게 되면 결국 자신은 인생을 허비하고 수확은 다른 사람이 거두기 때문에 사고력이나 감정에 의한 판단력이 협조를 해주지 않는다면 항상 큰 손해를 볼 가능성이 많다고 하는군요. 이러한 구조가 외향적인 직관형의 특징이라고 합니다.

대략 이렇게 설명이 되어 있는 '외향적 직관형'에 속하는 형태를 볼 적에 역시 정인의 성분에 가장 닮았다는 느낌이 드는군요. 물론 완전하게 똑같지는 않다고 생각이 됩니다. 이러한 직관적이면서도 외향적인 성분은 내면적으로 성숙시키는 데에는 좋은 영향력을 줄는지 모르겠습니다만, 이러한 성분으로 사업을 한다던지 혹은 남들과 경쟁을 하는 세계에서는 상당히 뒤떨어지는 구조가 된다고 보겠습니다. 물론 이렇게 사업을 하는 것이나 남과 경쟁을 하는 성분은 재성이나 관살이 되겠는데, 재성이 인성보다 사업을 하는 구조에서는 월등하게 앞선다는 것이 연결되는군요. 그래서 이러한 심리구조의 영향을 많이 받는 사람은 사업을 하는 성분보다는 오히려 남에게 가르침을 베푸는 교육자나 예언가 등이 되어서 자신의 직관력을 최대한으로 살리는 것이 더욱 유능한 대우를 받게 되는 구조라고 하겠습니다.

◇ 사주학의 대입 — 대오각성(大悟覺醒) 육조 혜능

이제 정인의 영향을 많이 받은 것으로 보이는 사람에 대해서 살펴봐야 할 시간인데 이리저리 자료를 뒤지다가 특이한 사주를 발견하게 되었습니다. 특이하다는 것은 사주가 아니라 그 사람이 살아온 형태가 될 것입니다만, 알 만한 사람은 알고 있는 육조대사 혜능(慧能)에 대해서 생각해보려고 합니다. 우선 간단하게나마 이 사람에게 전해 내려오는 이야기를 곁들여 이해를 도와드리고 싶은데, 그리하여 정인의 영향을 많이 받는다는 결론을 내어보려고 하는 것입니다.

〈육조대사의 일화〉

혜능은 원래 나무꾼이었습니다. 물론 글에 대해서는 일자무식이었다고 하는군요. 나무장사를 해서 홀로 계시는 노모님을 봉양하는 착한 청년이었다고 합니다. 하루는 나무를 팔러 시장에 나갔다가 어느 부잣집에서 나무 사러 나와서는 흥정을 했는데, 요구조건이 자신의 집에까지 배달을 해줘야 한다는 것이었습니다. 옛날이나 요즘이나 문전배달은 역시 고객의 선택사항이었던 모양이로군요. 그래도 해거름에 나무를 팔게 되어서 그나마 다행이라고 생각한 혜능은 나무지게를 짊어지고 그 댁으로 따라갔습니다.

그런데 글 읽는 소리가 들려오는 중에 묘한 구절이 가슴을 때리는 것입니다. 그래서 주인에게 물었습니다.

"지금 읽으시는 게 뭐래유?"

"금강경이라네."

"그 책을 공부하려면 어디로 가면 되는 건가유?"

"지금 황매산에 가면 오조대사가 계신데 잘 설명해주실 걸세."

"그래유? 고마워유."

이렇게 해서 혜능은 집에 돌아온 후로 어머니께서 몇 달 동안 드실 음식과 돈을 마련해놓고서 황매산을 찾아갔습니다.

당시에 오조 홍인대사는 달마대사로부터 다섯 번째로 법을 이어받았는데 그 문하에는 중국천하에서 수행자들이 구름처럼 모여들어서 문전성시를 이루고 있었다고 합니다.

혜능이 찾아가서 대사를 뵙겠다고 청하여 인사를 드리게 되었는데, 오조대사가 묻습니다.

"그대는 어디서 왔는고?"

"저는유~ 북쪽에서 왔시유!"

"그런감? 북쪽은 오랑캐라서 부처가 못 되는디~!"

"사람에게야 남북이 있겠지만유~ 불성(佛性)에야 남북이 있을 수가 있남유?"

"이놈의 무식한 산골 촌놈이 주제넘게 까불기는……. 가서 밥이나 하거라."

이것이 두 사람이 처음에 나눈 대화라고 합니다. 이것을 보면서 직관적인 성분이 매우 강하다는 느낌이 드는군요. 나무 팔러 갔다가 글귀를 읽고서 마음을 결정하니까 당장에 나무장사를 때려치우고 집을 나선 것도 직관적인 행동이라고 하겠고 이렇게 대사를 찾아와서도 그 마음의 직관적인 판단에 따라서 불쑥 한마디 내뱉는 말이 사람의 간담을 서늘하게 합니다. 이 이야기를 들은 홍인대사는 신바람이 났지요.

'이크~ 그물을 펼쳐놓고 기다린 지 20년 만에 이제 월척이 걸려들었구나. 이거 참으로 불보살님께 감사를 드릴 일이로다. 흐흐~.'

이렇게 내심으로 쾌재를 부르고서 조용하게 관찰을 했습니다. 그러던 어느 날 절 마당에다가 방송을 했습니다.

"홍인이가 이제 법을 전수해줄 사람을 찾으니까 누구든지 의사가 있는 사람은 글을 한 수씩 지어오너라. 홍인대사 인"

이렇게 공고를 했지만 아무도 글을 지으려고 하는 스님이 없었습니다. 다들 '그 글을 지을 사람은 이미 정해져 있는데 뭐하러 수고스럽게 경쟁을 해서는 나중에 눈칫밥을 먹을 필요가 있으랴……' 하는 마음으로 모두들 신수대사에게 미루고 있는 것입니다.

당시에 오조 문하에는 신수대사라는 수재가 있었는데, 총명하고 성실해서 모두 그 사람이 오조의 법을 이어받기를 기다리고 있는 상황이었다고 합니다. 그야말로 선택된 사람이었던 셈이지요.

신수가 고민에 고민을 거듭하다가 시를 한 수 지었습니다. 그런데 아무래도 아직 자신의 본성을 깨닫지 못했다는 것을 알고는 선뜻 오조대사에게 내어놓기가 쑥스러웠습니다. 다른 대중들은 모두 자신만 바라보고 있는데, 그냥 있을 수도 없고 해서 부득이 한 수 지었다는 말이 있습니다만, 이러한 것을 일러서 자의반 타의반이라고 하겠지요. 그것도 밤중에 대사님이 기거하는 건물의 벽에다가 적어놓았으니 다음날 오조대사가 그 글귀를 보게 될 것은 당연하지요.

身是菩提樹 心如明鏡臺 時時勤拂拭 勿使惹塵埃
신시보리수 심여명경대 시시근불식 물사야진애

그냥 한자로만 적을까 하다가 한글도 한 줄 적었습니다. 그래봐야 낭월이가 지 유식하다고 폼만 잡는다고 하면 오히려 쑥스럽잖아요 하하. 물론 이렇게 적어놔도 중국사람이 아닌 한국사람은 그냥 한눈에 알아보기는 무리라고 생각이 되는군요. 낭월이야 뭐 강원에서 늘상 외우던 문구이기 때문에 대략 떠오릅니다만,

몸은 도의 나무
마음은 거울의 틀
때때로 부지런히 먼지떨이개를 흔들어라
그래야 먼지가 쌓이지 않지.

이러한 의미라고 합니다. 이 글을 본 오조대사는 종을 쳐서 대중을 불렀습니다. 물론 신수의 글이라는 것을 알고 대중에게 이 글을 읽고 외우면서 수행에 힘쓴다년 큰 복전이 될 깃이라고 히는 축하사를 하였다고 하는군요.

그러자 많은 대중들이 그 글을 외우고 다녔습니다. 하루는 혜능이 저녁 준비를 하는데 공양간으로 어린 사미승이 지나가면서 이 글귀를 외우는 소

리를 들었습니다. 그리고 그게 무슨 말이냐고 물었지요.

"사미스님, 지금 외우시는 게 무슨 뜻입니까요?"

"넌 신수대사가 지은 글도 모른단 말이냐?"

"부엌에만 있다 보니까 아직 못 들었습니다"

"이 글은 바로 신수대사가 오조대사의 법을 받기 위해서 지은 시란 말이야. 이렇게 유명한 글도 모르다니 참으로 무식하구나."

"그럼 그 글의 뜻을 좀 풀이해주시기 바랍니다요."

"그래 너도 뜻은 알고 살아야지."

이렇게 해서 그 어린 사미로부터 그 글귀를 얻어들었습니다. 그리고서 자신도 그 글이 있는 곳에 가서 참배를 하고 싶으니까 한번 데려다줄 수가 없겠느냐고 사정을 해서는 문제의 그 현장으로 갔지요. 가서 보니 알게 뭡니까? 일자무식인 처지이니 말입니다.

무심코 절을 세 번 한 혜능이 이번에도 주문을 합니다.

"스님 저도 시가 한 수 생각이 났는데 좀 받아 적어 주시면 좋겠습니다요."

"시라니? 무슨 시 말이냐?"

여기 신수대사님께서 지으신 글을 보면서 뭔가 느낌이 있어서 저도 적어보고 싶어지는데요. 무식한 행자가 글을 모르니까 대신 스님께서 적어주시면 고맙겠네요."

이 말을 듣고서 대중들이 꾸역꾸역 모여들었습니다. 무식하게 방앗간에서 방아나 찧고 있는 행자가 감히 조사의 뒤를 이으려고 지어올린 글의 옆에다가 자신도 글을 쓰겠다고 떼를 쓰니 가소롭기도 하고 또 한편으로 신기하기도 해서 말이지요.

그래서 옆에 있던 스님들이 의논을 한 후에 한 스님이 나서서 대필을 해주기로 했습니다. 물론 오죽잖은 내용이 나올 것은 뻔하고, 그래서 놀림감으로나 삼을 요량이었지요. '이게 바로 무식한 놈이 지은 글이란다. 얼마나 웃기는가!' 하는 의미로 말이지요. 모든 대중은 일제히 혜능의 입으로 눈과 귀를 모았습니다.

"도에는 별달리 나무가 없네유.
거울에도 또한 틀이 없지유.
본래가 한 물건도 없는디
워디에다가 먼지가 쌓인데유?"

이 말을 들은 대중들은 모두 자신의 귀를 의심했습니다. 내용이 참으로 앞의 신수 노래보다는 한수 위라는 느낌이 팍팍 왔거든요. 벗님이 읽으시기에는 어떠신가요? 두 개의 시를 보면서 마음의 상태가 어느 경지인지 감이 잡히세요? 만약에 완전하게 감이 잡히신다면 아마도 틀림없이 벗님의 사주에도 직관성, 즉 정인의 성분이 활발하게 살아있다고 말씀을 드릴 수가 있겠습니다. 하하.

이렇게 사족을 달고 주석을 붙이고 할 필요가 없습니다. 있는 그대로 느끼는 그대로 표현을 하는 것이 정인의 성분이라고 하는 것이라는 점을 강조하기 위해서 이렇게 기다랗게 이야기를 해드렸습니다. 물론 그 소란을 방 안에 있던 오조대사가 듣고서 나와 보고는 신발을 벗어서 혜능의 글만을 쓱쓱 지워버렸다는 이야기는 또 별개의 이야기이기 때문에 더 관심이 있으신 벗님은 육조대사의 이야기를 찾아서 읽어보시기를 권해드리면서 이 이야기는 줄이겠습니다.

중요한 것은 직관이라는 성분은 이러한 곳에서 그 진가를 발휘한다는 것

입니다. 이제 이러한 이야기를 염두에 두시고서 육조 혜능의 사주를 살펴
보도록 합니다.

乾命 : 戊戌 甲寅 戊午 壬子 육조 혜능 (중국 당나라시대)

壬	戊	甲	戊
子	午	寅	戌

73	63	53	43	33	23	13	03
壬	辛	庚	己	戊	丁	丙	乙
戌	酉	申	未	午	巳	辰	卯

이러한 사주구조입니다. 이렇게 신약한 사주에서 정인이 용신이 되다 보
니까 직관력이 그렇게 활발하게 가동되었던 것일까요? 그러한 직관력으로
인해서 중국의 제육조라는 칭호를 받게 되었으니 말입니다. 이렇게 생각해
본다면 선지(禪智)라고 하는 성분은 정인의 영역인지도 모르겠습니다.

참고로 신수대사는 아마도 정관 성분이었지 않을까 하는 생각을 해봅니
다. 그의 노래는 정관적인 냄새가 나거든요. 일상적이고 상식적이면서 권
고적인 형태의 시를 보면서 그렇게 느껴지는군요. 그리고 오조대사도 신수
대사의 글은 많은 사람에게 복밭이 되겠다고 했는데, 그 말의 의미에서도
'남들에게 유용한 내용일 뿐, 자신이 스스로를 깨달은 내용은 아니라는 뜻'
이 포함되어 있는 것은 아닐지 하는 생각을 해보는 낭월입니다. 그럼 이렇
게 신수나 오조에 대해서 해석을 하고 있는 낭월이는 뭘까요? 하하.

참고로 일지에 정인이 있는 사람들 중에서는 시선인 이태백이 포함되어

있군요. 그러고 보면 시인이라는 것도 직관성이 매우 강렬한 사람에 속하는군요(己巳일주). 그의 직관은 물속에 있는 달도 건지러 갈 정도이니까 말입니다. 참으로 잘 어울리는 사람이로군요. 그리고 역학의 대가이신 소강절 선생님도 포함되는데(甲子일주), 소강절 선생님이 창안하신 '매화역수'라고 하는 점술은 완전히 상담자가 찾아온 시간에 탁월한 직감력으로 괘를 찾아서 풀이를 하는 것이 특징입니다. 이러한 성분을 보면서 낭월이가 이론적인 명리학에 관심을 갖고 있는 것도 일리가 있다고 생각 됩니다. 정관적인 성분이 일간에게 합이 되어 있으니까 말입니다. 또 태극권을 창시했다는 장신봉(乙亥일주), 관우(戊午일주), 장개석(己巳일주), 달라이라마(甲子일주) 등 많은 위인들이 포함되어 있군요. 참고로 적어 봤습니다.

◇ 정인의 긍정적인 면

순수하고 선량하다. 꾸밈이 없고 판단이 신속하다는 점이 장점이라고 하겠습니다. 수동적이기 때문에 좋은 안내자만 만난다면 대단히 크게 될 가능성이 있다고 봅니다.

◇ 정인의 부정적인 면

부정적인 면이라고 한다면 지나치게 수동적인 사람이 될 가능성이 있다는 것입니다. 폐쇄적이고 대기상태이기 때문에 이 시대에 살아나가기에는 뭔가 어울리지 않는 분위기도 되는군요. 또 느낌대로 일을 하기 때문에 느낌이 착오를 일으키는 날이면 그 손실도 매우 대단하다는 것이 부정적인 면으로 떠오릅니다. 이러한 면을 수정하기 위해서는 재성이 잘 짜여지면 좋겠군요. 물론 정면으로 대립을 해서는 곤란합니다.

그리고 타고난 게으름도 포함이 될 수가 있겠습니다. 수동적인 사람이니까 모든 면에서 느긋~하게 될 가능성이 있군요. 이러한 부정적인 면을 어떻게 다스리는가 하는 문제가 이 시대를 멋지게 풀어가는 방법이라고 하겠습니다.

이렇게 나름대로 세밀하게 십성의 심리구조에 대해서 설명을 드려봤습니다. 그리고 아래에는 문득 직관에 의해서(누가 믿어줄까만서도. 하하) 감을 잡은 힌트입니다. 별도의 항목을 설정하기도 그러니까 여기에다가 첨가합니다. 연구하시는데 참고하시기 바랍니다.

※ 십성의 양면성

관성의 양면성 : 긍정적-인내심, 부정적-억압감

재성의 양면성 : 긍정적-풍요로움, 부정적-종속감

견겁의 양면성 : 긍정적-주체성, 부정적-독선적

인성의 양면성 : 긍정적-생조성, 부정적-나태함

식상의 양면성 : 긍정적-창조력, 부정적-허탈감

용신의 양면성 : 긍정적-활동력, 부정적-과신(過信)성

기신의 양면성 : 긍정적-정진력, 부정적-정체감

성자(聖者)의 양면성 : 긍정적-자유로움, 부정적-고독감

육십갑자의 심리

    정신적인 구조에 의한 십성은 우선 십간을 기준으로 해서 생각해보는 것이 기본이라고 봅니다. 그 십간을 바탕으로 해서 또 십성으로 전개하고 그리고 그 전개하는 과정에서 다시 합충(合沖)의 복합관계를 참작해서 최종적으로 적절한 결말을 찾아내는 것이 수순이 될 것으로 봅니다.

	表面心理構造	內面心理構造
甲 木	比 肩 (강력)	偏 財 (미약)
乙 木	劫 財 (미약)	正 財 (강력)
丙 火	食 神 (강력)	偏 官 (미약)
丁 火	傷 官 (미약)	正 官 (강력)
戊 土	偏 財 (강력)	偏 印 (미약)
己 土	正 財 (미약)	正 印 (강력)
庚 金	偏 官 (강력)	比 肩 (미약)
辛 金	正 官 (미약)	劫 財 (강력)
壬 水	偏 印 (강력)	食 神 (미약)
癸 水	正 印 (미약)	傷 官 (강력)

    그러기 위해서는 우선 십간의 정신구조에 대해서 생각을 해봐야겠는데, 실은 이미 여기저기에서 그 기본적인 정신은 표현이 되었다고 생각이 됩

니다.

다만 여기에서는 그 종합적인 의미로서 정리를 하는 자리가 될 듯하군요. 도표를 한 장 만들어서 걸어두시고 천천히 익혀가시도록 할 생각으로 요약을 해보았습니다.

앞에 나온 이상야릇(?)한 표를 한번 구경하시기 바랍니다. 이러한 표는 한번 구경을 하는 것만으로도 그 영양가는 무궁무진하다고 할 수가 있습니다. 그 이유는 이렇게 궁리를 함으로써 대단히 많은 자료를 제공하기 때문입니다. 이미 십성에 대한 이야기를 많이 해드렸습니다만, 여기에서도 그 십성이 등장을 하게 됩니다. 앞부분에서 '십성의 원리'라는 이름으로 자세하게 그 연유에 대해서 설명을 해드린 것도 이렇게 심리구조를 이해하게 되는 마당에서도 그 원리를 생각해봐야 하기 때문입니다.

모든 학문은 원리에 의해서 궁리를 하고, 원리가 변화를 하는 것에 의해서 묘용(妙用)을 터득해야 합니다. 한 가지만 알고 넘어가는 것은 그만큼 발전의 기회가 줄어드는 것을 의미하기도 하니까요. 십성이라고 하는 것은 이렇게 명리학에서의 활약이 눈부십니다. 아마도 앞부분에서 끈기를 갖고 열심히 궁리를 하신 벗님은 이 부분에 와서야 비로소 그 대가를 받게 된다고 할 수가 있겠습니다. 물론 대강대강 하신 벗님들은 여기 와서도 별반 신통할 것이 없다고 봐야 하겠지요. 하하.

구체적으로 설명을 해본다면 흔히 우리가 느낄 수 있는 그 사람에 대한 것은 '양(陽)의 마음'이라고 하면 되겠습니다. 그리고 남들은 물론이고 자기 자신도 잘 모르는 잠재심리를 우리는 '음(陰)의 마음'이라고 부르면 되겠군요. 생각하는 것과 행동 말하는 것의 차이라고나 할까요? 생각은 군자처럼 하는데 하는 것을 보면 소인배처럼 보이고, 생각은 시정잡배처럼 하면서도 행동은 근사하게 하는 사람들이 있습니다. 이러한 사람들을 위선자라고 부르던가요? 뭔가 앞뒤가 맞지 않는 사람에게 해당하는 뜻인가 봅니다만, 그 속사정은 이와 같은 음양의 마음구조로 인해서 그렇게 될 수밖에 없다고 말한다면 너무나 숙명적으로 생각하는 것일까요?

甲木의 정신적 구조

이것 참, 입문편을 졸업한지가 언제인데 아직도 이렇게 갑목의 언저리를 배회하고 있네요. 정말 징그럽게도 벗어나기가 어려운가 봅니다. 그렇다고는 해도 뭔가 내용이 다르면 충분하지요? 갑목이라는 것은 같다고 하지만 그 뒤에 붙어 있는 정신적 구조라는 말이 다른 것을 봐서 이번에는 또 다른 갑목에 대해서 생각을 해보려나 보다…… 하는 생각을 하실 수가 있겠군요. 세상만사가 음양이 아닌 것이 없다고 합니다만 이렇게 눈에 보이지 않는 마음도 알고 보면 그 속에는 음양의 법칙이 흐르고 있다는 것은 참으로 의미심장하군요. 이러한 시각으로 甲木의 마음을 헤집어봅니다.

◇ 양의 마음 ― 비견(比肩)
표면적으로 나타나는 것은 양의 마음이라고 볼 적에 십성으로는 비견의 성분에 해당하는군요. 갑목의 눈에 띄는 점은 라이벌 의식이 강하다는 점인데 이러한 성분은 비견에 해당한다고 보겠습니다. 라이벌이라는 것은 자신과 비슷한 경쟁자에게서 발생하는 관계이기 때문입니다. 오행에서 가장 비슷하다고 생각하는 것은 비견을 빼놓고서야 달리 무엇으로 대체시키겠어요? 그래서 겉으로 드러나는 갑목의 마음은 비견적인 마음이 강하다는 것을 알 수가 있겠습니다.

◇ 음의 마음 ― 편재(偏財)

겉으로 나타나는 것은 비견이지만 속으로 나타나는 것은 편재라고 봅니다. 편재는 그 바탕심리라고 보는 것이지요. 그래서 갑목의 바탕에서는 물질에 대한 강력한 집착이 없는 것이지요. 이러한 마음은 물질뿐만 아니라 여자에 대해서도 마찬가지 입니다. 갑목으로 태어난 남성은 여자에 대해서 강력한 집착이 없다고 보는 것입니다. 그래서 자칫 바람을 피운다는 것으로 보이기도 하지요. 바람을 피운다는 것도 그 본질적인 내용을 생각해본다면 한 곳에 집착을 하지 못하는 성분이라고 생각이 되는군요.

이러한 성분으로 인해서 한 곳에 집착을 하지 못하고서 방황을 하는 마음구조가 바닥에 깔리는 모양입니다. 사실 갑목으로 태어난 남자들 중에는 이성관계가 다양하게 되는 일이 많습니다. 그야말로 바람기라고 하겠지요. 플레이보이의 기질이 있는 사람이라고도 하겠군요.

◇ 두 마음이 결합된 형태

이렇게 기본적인 음양의 마음을 살핀 연후에는 그 두 마음이 결합을 해서 어떠한 결과가 나타날 것인가를 추리해봅니다. 우선 바탕에는 편재적인 마음이 깔립니다. 그리고 그 마음은 모든 물질에 대해서 쉽게 생각하는 습성으로 존재한다고 보겠습니다. 편재는 일단 물질적인 성분이라고 봐서 그렇습니다.

그리고 행동은 비견적인 성분으로 드러나겠습니다. 그 성분은 경쟁적인 마음으로 나타나게 됩니다. 그런데 두 음양의 마음을 살펴보면 양의 마음이 음의 마음을 극하는 형태로 존재하게 된다는 것을 알 수가 있습니다. 이 연결은 다른 아홉 개의 천간에서도 마찬가지로 나타나게 되는데 그 이유를 생각해볼 적에, 양의 마음이 음의 마음을 극하기 때문에 음의 마음은 속에서만 머물고 겉으로 나타나지 못하는 것이 아닌가 하는 생각을 하게 되는 군요. 이러한 상황은 아직도 실험중이라고 하는데 앞으로 좀 더 연구를 해서 정립이 되면 더욱 명확해질 것으로 보입니다.

앞의 표를 보면 양간은 표면심리가 강력하고 음간은 내면심리가 강력하다고 표시를 했습니다. 이러한 구조는 사람의 심리에 항상 관심을 갖고서 궁리를 하면서 느낀 것입니다. 이러한 연구를 통해서 알 수가 있는 것은 오양(五陽)과 오음(五陰)은 그 근원을 달리한다는 점입니다. 뭔가 상당히 다르다는 느낌이 항상 들거든요. 그래서 이 항목에서도 이렇게 그 차이를 살펴보고 있는 것입니다.

그러면 이러한 갑목의 양면성에 바탕을 두고서 이제는 일주별로 구분을 해서 모든 갑목이 어떠한 형태의 심리를 기본적으로 갖고 있을 것인가에 대해서 연구를 해보도록 하겠습니다. 그렇지만 일주의 구조에 의해서 이렇게 기본적으로 특수한 상황에 처한다는 이야기를 드리기는 합니다만, 또한 이에 못지않게 월간이라든지 시간의 글자에 따라서 상당히 많은 차이점이 있는 것도 사실입니다. 그렇지만 그러한 여러 가지의 상황을 모두 망라한다면 그것만으로도 또 상당한 분량의 내용이 되겠기에 여기서는 부득이 일주에 대해서만 간략히 다루도록 하겠습니다.

(1) 甲子일주

갑목의 특성에다가 子水의 구조가 포함이 되는군요. 자수는 정인입니다. 그렇다면 '갑목 + 정인'의 구조로 짜여진 형상이라고 보겠습니다. 이러한 구조에서 느껴지는 것은 갑목의 비견성과 정인의 수동성이 함께 어우러져야 하겠군요. 이러한 형태는 어떻게 나타날지 참으로 간단한 문제는 아닙니다만, 우선 생각해볼 적에 갑목의 특성에서 표면심리인 비견 성분은 주체성이 강하다는 말씀을 드렸습니다만, 추가로 수동적인 직관력이 포함되는군요. 이러한 구조에서 느껴지는 것은 한마디로 자신의 직관에 대해서 강력하게 밀고 나가는 성분이라고 하겠습니다.

직관력에 대해서 확신을 갖고 있다면 종교가로도 소질이 보이겠고 심오한 형이상학적인 분야에서 특히 소질이 나타날 가능성이 높겠습니다. 그리고 잠재되어 있는 편재적인 성향이 가세를 한다면 눈에 보이지 않는 신비한 이치를 잘 감지할 수 있는 특성도 포함되는군요.

이러한 구조가 잘 활용된다면 종교계에서 이름을 날릴 가능성이 많은데, 특히 현재 티벳의 불교 지도자로서 유명한 달라이라마의 일주가 바로 갑자일이라는 것은 많은 의미를 포함하고 있다고 생각이 됩니다. 그리고 역학의 중흥조라고 해도 과언이 아닌 소강절 선생님도 갑자일주인데 그의 상당히 직관에 의한 매화역수는 참으로 독보적인 인정을 받은 분야이기도 합니다. 그리고 많은 책도 저술을 했는데 이렇게 현학적인 차원에서 능력을 발휘하는 것은 결코 우연이 아니라고 생각이 됩니다. 특히 일지가 정인이므로 대개의 사주에서는 신강하게 되는데 그렇게 될 경우에 일단은 식상이 희용신이 될 가능성이 많다고 생각됩니다. 그렇게 되면 목화통명으로서 총명하고 직관력이 있는 사람이 되므로 이러한 경우에는 탁월한 종교가로서 재능을 발휘할 가능성이 높다고 하겠습니다.

다만 기토를 보고서 합을 한다면 정재와 합이 되는 것이니까 아무래도 직관적인 성분과 정재의 물질에 집착하는 성분이 결합이 되므로 이러한 경우에는 스스로 많은 갈등을 느낄 것이고 그로 인해서 직업이 자주 바뀔 수가 있는 암시도 보입니다. 특히 정인은 직업에 집착이 없기 때문에 능히 그럴 가능성이 있어보이는군요.

(2) 甲寅일주

이 구조는 갑목에다가 비견과 식신 그리고 편재를 포함하고 있군요. 갑자일주처럼 현학적인 차원과는 약간 모양을 달리합니다. 특히 비견이 비견을 보았으므로 주체성은 매우 탁월하겠군요. 그 주체성은 식신의 흐름으로 머리를 두고 있습니다. 식신은 자신의 내면세계에 집착을 갖고 있는 성분이면서 이기적인 성분이기도 합니다. 그리고 교제 수완이 과히 돋보이지 않는 것도 식신의 영역이라고 봅니다. 또 추가되는 것은 편재인데 편재는 물질에 관심을 갖으면서도 집착이 없다는 것을 나타냅니다.

이러한 사연들을 종합해볼 적에 갑인일주는 주체적이면서도 궁리를 하는 일에 관심을 갖게 되는데 그 일은 혼자서 하는 형태이지 합작적인 분위기는 아니라고 생각이 됩니다. 그리고 고집으로 인해서 스스로 자신의 표현을 하려고 노력하는데, 그 결과는 편재의 영향으로 나타나겠습니다. 그러니까 겉으로는 고집스럽게 보일지라도 실제로는 매우 다정한 사람이며 한 가지 일을 잡고 늘어지면 상당히 깊은 경지에까지 파고 들어가는 성분도 있으므로 연구를 하는 분야에서 독보적인 능력을 발휘할 가능성이 높다고 하겠습니다.

또 편재의 영향으로 인해서 추상성을 구체화시키는 작용도 일부 있는데 이것은 내면에 갈무리되어 있기 때문에 보통은 잘 보이지 않는 성분이라고 하겠군요. 연구직이나 계발하는 쪽에서 좋은 재능을 보일 가능성이 많다고 하겠습니다.

(3) 甲辰일주

풍류기질이 넘친다고 하겠습니다. 비견이 편재를 본 것인데도 내면적으로는 겁재와 정인도 일부 포함이 되어 있군요. 이러한 구조는 다소 복잡한 형태를 갖게 되는데, 우선 주체성에다가 편재가 강력하므로 자신의 주장대로 뭔가 사업을 하는데 관심이 많다고 하겠습니다. 남에게 종속된 것이 아니라 독립적인 형태이기 때문에 사업이나 유통업에 손을 대어볼 공산이 크다고 하겠습니다. 그리고 약간의 인성은 일이 어렵게 꼬일 적마다 보이지 않는 신에게 기도를 하는 성분인데, 그렇게 기도를 하다가도 사업이 잘 풀리면 곧 잊어버리는 형태로 보입니다. 또 약간의 겁재는 자신의 주장을 구태여 고집하는 분위기를 띠는데 이러한 성분으로 인해서 은근히 자신의 주장을 강력하게 밀고 나가는 뚝심으로 비쳐지기도 하므로 이런 사람과는 무리하게 충돌을 하지 않는 것이 좋다는 생각을 해봅니다.

(4) 甲午일주

자신의 재능을 과신하는 성품이 작용을 하겠습니다. 남들과 비교해서 자신이 결코 더 나을 것이 없는데도 스스로 생각하기에는 절대로 자신보다 나은 사람이 별로 없을 것이라는 생각을 하게 됩니다. 그래서 보통은 사람들을 무시하는데 일단 자신보다 월등히 우수한 사람이라고 판단을 내린다면 그 후부터는 완전복종을 하는 면도 있습니다. 일지에 상관아 강렬하게 갑목의 기운을 설하므로 자신의 주장대로 재능을 발휘한다고 스스로 생각할 것으로 여겨지는군요. 다만 오(午) 중에는 기토가 함께 존재함으로 인해서 물질적인 면에서 집착이 있습니다. 그래서 말로 베푸는 것보다는 물질적인 면에서 인색하다는 분위기를 느낄 수도 있습니다.

이러한 특징은 자신의 맘에 드는 사람에게는 매우 잘 합니다만 일단 경쟁자로 생각이 되면 그때부터는 물불을 가리지 않고서 맹렬하게 도전을 하게 됩니다. 물론 상대도 피곤하겠지만, 자신도 결코 양보를 하고 싶지 않기 때문에 생각보다 오래 가는 경우가 있습니다. 그렇지만 일단 화해만 하면 또 잘 잊어버리기도 하는 성분입니다.

(5) 甲申일주

몸과 마음이 어쩐지 어색해보이지요? 갑신이라고 하는 것은 바위 위에
소나무라고 하는 말이 있습니다만, 실제로 일지에 편관이 놓여 있으니까
스스로 생각하기에도 봉사를 해야 할 모양입니다. 봉사를 하는 것은 좋은
데 자신의 건강도 돌보지 않고서 희생을 하려고 하면 곤란하지요. 자칫 신
약으로 변할 가능성이 많은데 다행히도 신금 중에는 임수가 있어서 지나친
희생적인 봉사에 브레이크를 걸고 나옵니다. 흔히 갑신일주를 살인상생이
라고 합니다만, 참으로 묘한 조화를 이루고 있다는 생각이 드는군요. 만약
에 임수가 아니라면 남을 위해서 희생하고 말 성분인데 약간의 임수로 인
해서 균형을 유지하고 있으니 말입니다. 만약에 편인이 아니라 정인이 있
었다면 아마도 느낌대로 완전하게 봉사를 했을 가능성이 있겠습니다. 그렇
지만 편인이라는 것은 받아들이면서도 거부하고 싶은 마음이 있는 고독한
성분이기 때문에 베풀어 봐야 결국은 나만 골탕을 먹고 마는 것이 아닌가
하는 회의를 하게 되는 것입니다. 그로 인해서 자제를 하는 것이지요.

다만 여기에서는 토의 성분은 크게 비중을 두지 않는데, 그 이유는 워낙
에 금수가 강한 형상이기 때문에 토에 대한 기능은 크게 나타나지 않을 것
으로 생각이 되어서입니다.

(6) 甲戌일주

일지가 편재라는 면에서는 갑진일주과 동등하군요. 그러면서도 달라지
는 것은 무엇일까요? 갑진은 정인의 성분과 겁재의 성분이 일부 포함되어
있는 것이고 갑술은 상관과 정관의 성분이 일부 포함되어 있는 것이 차이

점이라고 하겠습니다. 이러한 차이점에서 읽을 수 있는 것은 물질을 다스리고 통제하는 마음이 강하면서도 자신의 재능을 과신하는 면이 추가됩니다. 갑진일주가 사업을 하면서도 기도를 한다면 갑술일주는 사업을 하면서 관청에 가끔 들리겠군요. 물론 잘 봐달라고 하면서 적당한 뇌물성 투자를 하기 위함이 되겠군요. 그런데 요즘은 돈을 들고 가봐야 받지를 않는다고 하더군요. 그러면 또 다른 편법을 연구해낼 것입니다.

그렇게 뇌물을 주면서도 적당히 무시하는 성분은 약하게나마 존재하는 상관의 성분으로 인해서입니다. 그래서 받아먹자니 목에 걸리고 버리자니 아까운 닭갈비의 형상을 띠고 있는 것이기도 합니다. 갑진일주가 적당히 유흥적이라고 한다면 갑술일주는 적당히 현실적이라고 하겠습니다. 또 물욕이 상당한 경우를 많이 보는데, 상관이 편재를 보았기 때문에 자신의 능력을 과신하고서 무리를 하기 때문이 아닐까 하는 생각도 해봤습니다.

乙木의 정신적 구조

◇ 양의 마음 ― 겁재(劫財)

겁재의 성격은 이름에서 나타나는 것으로 볼 때 재물을 빼앗는다는 의미가 있습니다. 경쟁을 하더라도 합리적으로 합니다. 비견이 순수하게 경쟁을 한다면 겁재는 합리적으로 자신에게 어떻게 유리하게 되는가를 생각해가면서 경쟁을 하게 되지요. 이렇게 주도면밀하고 용의주도한 심리구조를 보이는 것이 을목이라고 보겠습니다. 경쟁을 하면서도 빈틈이 없지요. 만약에 빈틈을 보인다면 이때는 또 다른 깊은 계산이 있을 겁니다. 주된 관심사는 재물을 취하는 쪽으로 나타나겠군요. 그래서 이름이 겁재(劫財)인 모양입니다.

◇ 음의 마음 — 정재(正財)

乙木의 속에 내재되어 있는 마음은 정재입니다. 정재라고 하는 성분은 열심히 노력해서 재물을 모으는 것이라고 봅니다. 편재가 즉흥적이고 일시적인 재물이라면 정재는 알뜰하고 꾸준한 재물이라고 보지요. 이러한 마음이 그 바닥에 깔려 있다고 봅니다. 입문편의 십간을 설명한 자리에서 을목이 상당히 물질적인 계산에 밝은 성분이라고 설명드렸던 기억이 나는데, 그 원인은 바로 여기에서 나타나고 있다고 하겠습니다.

그때에 입문편에 해당하는 강의를 하면서 낭월이가 을목에 대해서 설명을 하면서도 약간은 염려를 했었습니다. 과연 이렇게 적으면 을목에 해당하는 독자들이 항의를 하지 않을까 하는 염려가 상당히 되었더랬습니다. 그런데 막상 책을 보시는 벗님들은 을목의 위력이 그렇게 대단한 것인 줄 몰랐다고 하는 반응을 보이시더군요. 심지어 하와이에서 전화로 상담을 의뢰하신 독자분은 을목에 대해서 자신과 딱 맞아 떨어져서 신뢰감이 들기 때문에 전화를 하게 되었다는 말씀을 해주실 때는 역시 진리는 통한다는 생각을 하게 되더군요. 그래서 나름대로 심리분야에 연구실험을 하는 것에 의미가 있다고 생각해서 열심히 하고 있습니다.

◇ 두 마음이 결합된 형태

바닥에다 정재의 마음을 깔게 되는군요. 그렇다면 정재는 물질을 내 피처럼 여기는 마음이라고 볼 적에 모든 물질에 대해서 소중하게 생각을 하는 마음이 깔리게 되는군요. 여기에 겁재의 마음이 밖으로 나타나게 되는데 그 두 마음이 결합된다면 남의 재물이 내 것처럼 보일 수도 있겠다는 생각을 해봅니다. 겁재라는 이름이 어쩐지 남의 것을 빼앗는 분위기의 이름이잖아요? 이름이 그렇게 생긴 것에는 그만한 까닭이 있을 거라고 생각해볼 적에 이러한 것을 결합시킨 결과 샤일록이라는 유태인의 이야기가 떠오르게 됩니다. 그렇게 남의 재물을 빼앗지만 그 경과는 강압적이 아니라 합리적입니다. 가령 미리 돈을 빌려줄 적에

"내 돈은 이자가 좀 비싸다. 쓰려면 그 이자를 갚아야 한다. 싫으면 말고~!"

이렇게 이야기를 한다면 남의 돈을 빼앗지만 합리적입니다. 미리 그러한 각오를 하고서 그 사람의 돈을 쓰게 되는 것이니까요. 그냥 강도처럼 칼을 들고서 "있는 돈 다 내놔~!" 하고는 다르지요. 이것이 겁재의 성분이라고 생각을 해봅니다.

그리고 여기에서도 중요한 영향을 발휘하는 것은 을목은 음간이기 때문에 내면적인 심리에 더 큰 영향을 받을 것이라는 점입니다. 그래서 복합적인 성격을 생각할 적에는 오히려 표면적인 성분은 약하다고 보고 내면적인 성분이 더욱 강하다고 생각을 해보게 됩니다.

(1) 乙丑일주

을목이 일지에 축토를 놓게 되면 정재가 편재를 보게 되는 형상입니다. 정재는 외향적인 감각을 중시하는 성분인데 이렇게 말씀을 드리는 이유는 을목은 음간이기 때문에 겉으로 드러나는 표면심리는 겁재라고 하지만 실제로는 정재의 성분이 나타나기 때문입니다.

그래서 정재가 편재를 본 형상이 되는 것입니다. 정재도 재물이고 편재도 재물이라고 하는 면에서는 서로 동일한 형상이로군요. 그래서 을축일에 출생한 사람은 사업을 할 가능성이 높다고 보겠습니다. 재물에 대해서 성취할 수 있는 가능성이 가장 높은 것은 무엇보다도 사업을 해야 가능하다고 생각하는 것이 가장 일반적인 모습이기 때문입니다.

그리고 축토 속에 암장된 성분은 계수의 편인과 신금의 편관이 함께 동주를 하고 있군요. 이러한 성분도 미세하게나마 포함이 되어 있는데 그 영향으로는 편인의 수동적인 성분과 신비적인 경향을 나타내게 되고, 편관의 극기정신도 함께 포함이 되겠습니다. 그래서 을축일주는 자신의 목적을 위해서 상당한 인내심을 갖게 되고 또 신비로운 세계에 대해서도 상당히 믿고 싶어 하는 마음이 내제되어 있습니다. 그렇지만 실제로는 잘 나타나지 않는데, 기토인 편재의 마음이 계수의 편인 성분을 극제하기 때문이라고 생각합니다.

그렇지만 월시의 간(干)에 다시 인성이 노출되어 있다고 한다면 이 특성도 분명하게 살아날 것입니다. 그 결과로 오히려 일지의 편재성분은 약화가 될 수도 있는데 그렇게 되면 물질에 대해서 부정적인 심리구조를 나타낼 수도 있는데, 이것은 편인의 영향이라고 보겠습니다.

(2) 乙卯일주

을목 중에서 가장 강인한 구조로 이뤄진 간지입니다. 그래서 고집에 대해서도 단연 독보적이라고 하겠습니다. 그런데 을목 자체가 정재적인 성분이 강하기 때문에 재물에 대한 성취욕이 상당한데 일지에 있는 글자는 완전히 비견이기 때문에 오히려 재성의 영향은 줄어든다고 봅니다. 그리고 재물에 대해서는 심리적으로 노출되지 않는데, 이것도 일지에 비견이 있기 때문입니다. 비견은 재물에 대한 호기심을 무효화시키는 작용을 하거든요. 을목 자체가 겁재의 성분이다 보니까 아무래도 새물에 대헤서 은근하게 탐심을 부리는데, 일지에 재성을 빼앗는 비견이 있다는 것은 속으로만 그렇게 마음을 일으킬 뿐이고 실제로는 오히려 재물에 대해서 담담하게 여길수도 있다고 봅니다.

다만 묘목 속에 들어 있는 갑목에 대해서는 특별히 생각하지 않습니다. 왜냐하면 을목의 작용력이 강하기 때문에 갑목의 영향은 미미해서 뚜렷하게 느낄 수가 없기 때문입니다.

(3) 乙巳일주

이번에는 일지에 상관이 나타나 있군요. 상관의 작용은 자신의 능력을 실제보다 약간 높여서 생각하는 형상이 있는데 을목이 정재 성분이 강하게 되니까 그 결과로 나타나는 형상은 소유욕의 과다라고 생각을 하게 됩니다. 그리고 상관은 남과 합작을 해서 자신의 이득을 취하는 형상도 되는데 정재가 이러한 마음을 품게 된다면 아무래도 단독으로 일을 하는 것보다는 동업을 통해서 자신의 능력을 확대시키려고 하는 성분이 포함된다고 봅니다.

그리고 사화의 속에는 무토의 정재와 경금의 정관이 포함되어 있습니다. 이러한 성분의 구조로 인해서 내면에서는 합리적으로 연구하는 성분이 잠재되어 있는데 우선적으로 워낙 상관의 성분이 강하기 때문에 겉으로는 잘 드러나지 않는 형상입니다. 오히려 정재의 무토가 강화되는 분위기라고 본다면 자신의 상관성분을 활용해서 재물을 모으는 방향으로 활용을 하고 싶어 하는 마음이 잠재되어 있다고 하겠습니다.

또 하나의 특징인 이러한 상관의 성분이 미세한 경금의 영향을 받기 때문인지 몰라도 어느 정도의 과대망상증이 있는 듯합니다. 이러한 원인은 자신의 표현능력을 사회봉사라고 하는 경금의 작용으로 미화를 시켜서 생각하기 때문이 아닐까 싶습니다만 을사일주에 해당하는 경우에는 은근히 실속을 차리려고 하는 경향이 많다고 생각됩니다.

(4) 乙未일주

역시 을축과 마찬가지로 을미일주도 편재가 일지에 놓이게 되는군요. 이 편재는 물론 사업성분이고 소유욕을 포함합니다만, 을축과는 그 분위기가 다르다고 봐야 하겠습니다.

미중에는 정화의 식신이 있고, 또 비견인 을목이 들어 있군요. 그리고 보면 내향적인 감각형에 속하는 성분이 또 내향적 감각형을 만났으니까 그 작용력이 대단히 크다고 보게 됩니다. 그 결과로 을미일주는 감각적인 것에 대해서 상당히 적극적으로 표현을 하게 되는데, 실제로는 여간해서 잘 알 수가 없습니다. 음간에 해당하기 때문일까요?

또 정화의 식신 성분으로 인해서 내면적으로 궁리를 많이 하게 된다고 보고 비견으로 인해서 자신의 계획을 밀고 나가려는 생각이 많다고 보여집니다. 그렇다면 물질에 대해서나 혹은 감각적인 면에 대해서 궁리를 하면서 주체성을 갖게 된다는 이야기인데, 이러한 결과로 생각할 수 있는 것은 연구하는 사업이나 설계에 연관된 일에 흥미를 갖게 될 가능성이 높겠습니다.

(5) 乙酉일주

이번에는 참으로 편관다운 편관을 일지에서 만났습니다. 을유는 전혀 통근이 되지 않는 그야말로 바위 위에 올라앉은 화초라고 하겠습니다. 통상 酉일에 해당하면 화분 속의 화초라고 설명을 하기도 합니다. 그리고 생사의 권한이 사람에게 달려 있으므로 인해서 정서가 매우 불안한 상황이 된다는 점을 추리하게 되는데, 실제로 정재의 물질에 대한 성취욕과 강제로 남에게 봉사를 하려고 하는 편관의 강력한 성분은 서로 상반되는 결과를 낳게 됩니다. 이러한 현상은 결국 정서불안과 언행이 일치하지 않는 현상이 발생하게 되는 원인을 제공하게 되기도 합니다.

여기서도 유금 속에 들어 있는 경금에 대해서는 생각을 하지 않는 것입니다. 역시 편관의 영향이 워낙이 강하기 때문에 정관의 합리적인 성분은 눌려버리는 것으로 생각하게 됩니다.

이렇게 서로 상반된 심리구조를 해결하기 위해서는 자연스럽게 자신의 내면에서 들려오는 소리에 귀를 기울이고 답을 찾아야 하는데 직관력을 의지해서 편관의 억압에 대해서 수동적으로 대처하게 되는 것이 가장 바람직하다고 보고 실제로는 일지에 편관인 유금이 있으므로 인해서 월시의 간에는 인성이 있어서 금생수하고 수생목하는 유통의 구조가 되기를 원하게 되는 것입니다.

(6) 乙亥일주

일지에 정인이 오는 경우는 네 가지 경우뿐입니다만, 여기서는 바로 해당이 되겠습니다. 정인을 깔고 있으므로 인해서 매우 뛰어난 직관력을 소유하게 되는데 이것은 잘만 활용이 된다면 매우 유용한 판단력이나 통찰력이 되어서 남보다 먼저 성공을 할 수가 있는 구조로 되기도 합니다. 기본적으로 정재의 성분이 되어서 소유욕에 대한 관심이 많다고 볼 적에 인성이 계속 영양분을 제공하게 되므로 안이하게 자신의 몫을 챙기려고 하는 성분으로 될 가능성이 있습니다.

그리고 해중에는 겁재인 갑목이 있으므로 자신의 주장을 고집스럽게 지탱하는 마음도 포함이 되는데 이러한 성분의 결합은 자꾸 주워 모으려고만 하고 나눌 줄을 모르기 때문에 오히려 인색하다는 비난을 받게 될 가능성도 있습니다. 어린아이처럼 자꾸 움켜쥐려고만 하는 마음이 있어서 이것이 원만하게 살아가는데 장애물이 되기도 합니다.

물론 정인이 일지에 있으니까 교육을 잘 받고 좋은 지도자를 만난다면 뜻밖의 큰 성취도 예상할 수 있다고 보겠습니다.

丙火의 정신적 구조

◇ 양의 마음 ─ 식신(食神)

이번에는 병화의 마음을 분석해봅니다. 겉으로 드러나는 마음은 식신적인 성분이로군요. 식신은 자신의 의견을 경쟁적으로 노출시키는 성분입니다. 그렇다면 강경하게 자신의 주장을 하겠군요. 그리고 그 목적은 자신의 내면을 표출시키는데 있습니다. 木이 물질적인 것을 취한다면 火는 인정을 받고 싶어 하는 성분이라고 볼까요? 그 중에서도 식신은 자신의 본바탕을 인정받고 싶어 합니다. 그냥 입에 발린 칭찬은 들어봐야 별로 감동이 없지요. 진심으로 칭찬을 해주면 속에 들어있는 모든 것이 날개를 달고 마구 튀어나옵니다. 특히 스승님께서 이러한 일주라면 제자는 스승의 연구를 취하는데 술값이 좀 들지 않을까요? 하하.

◇ 음의 마음 ─ 편관(偏官)

병화의 잠재심리에는 자신의 표현욕구가 공익을 위한 것이라고 생각합니다. 물론 스스로는 느끼든 못 느끼든 그러한 마음이 내재되어 있다고 보는 것입니다. 편관의 성분이 그렇게 작용을 하기 때문입니다. '공익을 위해서 이렇게 목 아프게 떠드는 거지 내가 뭐 나를 알리려고 이러는 줄 알 아~!' 하는 마음이 자기도 모르게 들기 때문에 어쩌면 너욱 용감해질 수가 있다고도 봅니다. 다만 그 공익을 위하는 마음은 분명한데 그 방법에 있어서는 합리적이지 못하고 강제적인 면이 있습니다. 그래서 '넌 이래야한다.' 고 합니다. '이렇게 하는 것이 좋지 않을까?' 하는 권유의 형태는 비위에 상합니다.

◇ 두 마음이 결합된 형태

이렇게 두 가지의 마음이 결합되면 교주적인 형태로 발전을 하게 될 가능성이 많습니다. 시위대의 선봉에 나서는 사람은 '공익을 위해서는 내가 나서야 한다'는 생각이 있어서 가능합니다. 그렇지 않고서는 그렇게 최루탄 가루가 휘날리는 도로에서 목숨 걸고 파고 들어가지를 못합니다. 장비의 성격이 이 언저리에 어울리는 것도 그렇습니다. 스스로 공익을 위해서 생각을 한다는 것이 바닥에 깔려 있기 때문에 언제나 당당합니다. 심지어는 공명에게도 달려들 수가 있는 것이지요. 이러한 형태는 편관의 바탕 위에 식신의 형태가 되어서 행동에 옮겨지는 것이라고 하겠습니다.

그러면서도 양간의 특성에 영향을 주는 식신적인 성분이 비중을 크게 차지하는군요. 그러한 점은 솔직한 표현력이 병화의 등록상표로 사용될 정도로 공인을 받은 셈이로군요.

(1) 丙子일주

일지에 정관이 존재하고 있는 형상입니다. 이렇게 된다면 합리적으로 생각하는 형상이로군요. 병화의 표면성분이 식신적이라고 보고 식신이 정관을 봤으니까 궁리를 하여 표현하면서도 합리적인 방법을 취하게 되는군요. 그러니까 지신의 감정대로 일을 처리하면서도 가능하면 객관성을 포함하고 있다는 것입니다.

이러한 성분은 병화를 한 단계 상승시키는 작용을 하게 되는데, 매우 바람직하다고 봅니다. 사실 불이라고 하는 성분이 앞으로만 나가면 이내 불타버리고 소멸되는 코스를 밟게 되는데, 이렇게 정관인 수가 아래에서 컨트롤 해준다면 이성을 갖고서 객관적으로 행동하는 것이 되어 자신의 욕구대로 행동하는 사람이라고는 하지 않을 것입니다. 결국 정관의 영향을 받게 될 것이므로 활발하면서도 이성적인 사람이 되는 것입니다.

다만 사주에서 관살의 세력이 강하다면 비록 병화라고는 하지만 편관적인 잠재성분이 발동하게 됩니다. 원래는 잠재성분이 표면심리에 눌려서 나타나지 않고 있다가는 표면심리가 약화되면 서서히 고개를 들고 내다보는 것이지요. 그래서 약한 병화는 스스로를 매우 억압하는 형태로 나타나게 되는 것입니다.

자수의 장간에 있는 임수에 대해서는 크게 비중을 두지 않는 것 역시 편관보다는 정관의 영향이 더욱 크기 때문으로 봅니다. 다만 경우에 따라서는 편관의 작용도 있습니다. 정관과 편관은 종이 한 장의 차이라고도 할 수가 있기 때문이지요. 자칫 주변에 관살이 다시 중복되어 있다면 겁이 많은 병화가 되어서 무슨 일이든지 자력으로 추진을 하는 것이 어렵게 될 가능성이 있습니다.

(2) 丙寅일주

병화가 편인을 본 형태로군요. 편인은 받아들이는 수동적인 성분이라고 했으니까 직관력이 상당히 뛰어나겠군요. 병화 자체가 발산하는 성분인데 또 덤으로 인목의 인성이 생조를 해준다면 그 발산하는 여세에 힘을 입어서 직관력, 그러니까 직감에 대한 성분이 매우 활발하게 작용한다고 봅니다. 이런 성분은 매사에 대해서 자신의 생각대로 일을 처리할 가능성이 많다고 봅니다. 식신이 인성을 보았으므로 그렇게 생각하는 것이지요. 원래 식신은 자신의 감정대로 행동하는 성분이거든요.

그리고 인중에는 비견인 병화와 식신인 무토가 함께 공존하고 있고 또 서로 사이가 좋은 것으로 보겠습니다. 그래서 이 병인일주는 직감적으로 자신의 감정대로 일을 처리하는 형태가 되고 그래서 히틀러 같은 사람이 등장을 하기도 하는 것입니다. 히틀러가 병인일주인데, 그의 사주는 앞의 편인 심리학에서 응용을 했습니다. 자신의 선천적인 성분인 식신의 감정과 인증의 병화의 비견으로 인해서 주체성이 강화되고 또 무토의 식신으로 인해서 스스로 많은 궁리를 하게 되는 것이다가 천부적으로 타고난 직관으로 인해서 매우 빠르게 자신의 판단력을 의지하고 실행에 옮기게 되는 것입니다.

더구나 그의 사주를 보면 식상이 년주와 월주를 장악하고 있는데, 이렇게 되면 아랫사람들에게 정성을 기울이게 됩니다. 그 결과로 인해서 비밀조직이 매우 활성화되어서 운영된 것이라고 생각합니다. 비밀조직이라는 것은 주최자의 상관성분으로 인해서 만들어질 가능성이 많다고 생각되는 군요. '게쉬타포'라고 하던가요? 히틀러의 탁월한 판단력과 식상의 표현력은 불가능이 없는 것처럼 느껴지기도 하겠습니다. 만약에 일지에 식신이 없었다고 한다면 그렇게 치밀하게 짜여지지 않았겠습니다만, 탁월한 직관력에 힘입어서 식신으로 자신의 재능을 연구하고 또 비견의 성분으로 밀고 나갔는데, 사주의 식상은 더욱 자신의 능력을 강화시키는 촉매제가 된다고 보겠습니다.

(3) 丙辰일주

일지에 식신이 있으니 식신이 식신을 본 형태라고 하겠습니다. 그렇다면 분명히 식신의 성분이 강화되겠는데, 무엇이든지 열심히 파고들어가는 성분이 탁월하겠군요. 열성적이고 적극적으로 파고들기 때문에 가장 빨리 목적지에 도달을 할 수가 있는 성분이기도 합니다. 다만 식신은 자신의 재능을 발휘하는 성분이라는 점을 감안한다면 역시 이기적이라는 것은 어쩔 수가 없군요. 자신의 재능을 발휘해서 깊이 있는 궁리를 함으로써 그 결과로 자신의 이름이 높아지는 학자의 구조라고 생각이 됩니다.

여기에다가 진중에는 을목의 정인과 계수의 정관이 포함되어 있습니다. 정인은 우쭐대는 것을 싫어하므로 뭔가 넘치는 듯 하면서도 절제가 있는 형상이 떠오르고, 정관의 영향으로 자신의 이익을 추구하면서도 내심으로는 그 결과로 인해서 많은 사람들이 이익을 누릴 수가 있는 것에 보람을 느끼기도 한다고 봅니다.

(4) 丙午일주

사주를 이야기하면서 병오일주를 만나면 "천하의 병오일주가 말이야~!"라고 하는 말로 시작을 하게 되더군요. 병화가 오화를 봤으니까 참으로 맹렬한 성분이라고 하겠습니다. 일지에 겁재가 있으므로 치열하게 되는데, 이러한 성분은 아무도 말릴 수가 없는 독불장군으로 될 가능성이 많다고 하겠습니다. 병화는 일지에 비견을 만날 수가 없게 되어있습니다. 그 이유야 말할 것도 없이 지지에서의 불이 체용을 바꿔서 사용하기 때문이겠습니다만, 또 다른 이유가 있을 것으로 생각하게 되는 것입니다.

병화는 폭발성분이 매우 강하다고 봅니다. 불이라는 성분은 우선 극양(極陽)에 해당하는 성분인데 불 중에서도 양의 불이라는 점은 극히 치열한 성분이라고 보는 것입니다. 그러니 천간만 해도 이렇거늘 지지조차 병화가 차지하고 있다면 이것은 너무나 폭발력이 강한 성분이므로 도저히 존립을 하기가 어려울 것이라는 결론을 내려 보는 것입니다. 午火가 비록 화의 왕이기는 하지만 그 속에서는 습토인 기토가 내장되어서 불기운을 흡수하고 있는 것입니다. 이것은 유조차에다가 폭발방지의 장치를 부착하는 것과도 흡사하다고 생각되는군요. 폭발방지 기능을 단다고 해도 불의 성능이 약화되는 것은 아니지만 그렇다고 해서 치열하게 불타서 소멸되어 버리는 불상

사는 면하자는 것입니다. 이러한 연유로 해서 丙巳일주가 없고 대신 丙午 일주가 존재하게 되는 이유라고 생각을 해봤습니다.

그나저나 병오일주가 강한 것은 사실입니다. 내장되어 있는 기토는 매우 중요한 의미를 갖게 되는데 심리적으로 볼 적에는 자신의 자존심으로 인해 서 스스로를 감당하지 못하게 되는 암시가 있는 것을 흘러나가도록 해주는 작용이기 때문입니다. 그래서 병오일주는 고집이 대단하면서도 극한상황 에서의 타협을 취하는 능력이 있는 것입니다. 한참 설칠 적에는 전혀 아무 것도 통하지 않을 것만 같은데 약간의 시간을 기다리면 스스로 해결방법을 찾아내는 신통한 기술을 발휘하게 되는 것입니다. 여기에서도 오(午) 중의 병화는 고려를 하지 않습니다.

(5) 丙申일주

丙午와 丙申은 많은 차이점이 느껴지는군요. 기운이 쭈~욱~ 빠져버린 상태의 분위기가 느껴지는 것입니다. 강력하게 나가고 싶으면서도 뒤에서 이어주는 힘이 부족하기 때문에 항상 용맹성이 떨어진다고 하겠습니다. 입 으로는 뭐든지 다 할 것만 같은데, 막상 해보면 생각하는 대로 잘되지를 않 는 것이지요. 그러다보니까 실제적으로는 세상에서 약간의 두려움이 포함 되어 있는 것이라고 봅니다. 다만 월시의 간에서 불의 기운을 도와준다면 문제는 달라지겠습니다만, 오로지 이러한 일주의 형태만 갖고서 생각을 해 볼 적에는 참으로 자신의 뜻대로 잘 이뤄지지 않는 구조로군요.

기본이 식신의 성분인데다가 편재의 구조를 갖고 있으니까 성취하고 싶 은 욕구는 대단하다고 생각이 됩니다. 그래서 열심히 목적을 정해놓고 나 아갑니다만 실제로 추진력이 떨어지는 것이 또한 丙申의 숙명이라고 생각 을 해봅니다.

더구나 申金에는 편관인 임수가 버티고 있습니다. 이 임수는 자신의 이익을 도모하기 위해서 일을 진행시키는 것에 반기를 들게 되는 것입니다. 그리고 암암리에 식신과 상관도 작용을 하겠군요. 이러한 구조로 인해서 병화는 허약증에 걸리게 되고, 그 결과로 인해서 내면적으로 두려움이 존재하게 되는 것입니다.

(6) 丙戌일주

일지에 식신이 있다는 점에서는 병진일주와 동일하군요. 그러니까 기본적인 형태는 비슷하다고 보면 되겠습니다. 자신의 감정이 지시하는 대로 자신의 목적을 향해서 나아가는 성분은 병진일주와 비슷하다고 보겠는데 느낌은 좀 다르군요. 병진일주는 참으로 식신의 작용을 할 수가 있는 진토라고 생각이 되는데, 여기에서의 술토는 전혀 식신의 기분이 들지를 않는 것입니다. 어쩌면 식신이라기보다는 겁재의 느낌조차 들게 되는군요. 그래서 병술일주는 식상의 성분보다는 속에 내장되어 있는 정화의 기능이 더욱 강조되는 느낌을 지울 수가 없습니다. 이 점이 병진과 병술의 차이점이라고 보겠습니다. 그래서 고집스럽게 자신의 생각을 밀고 나가려는 작용을 부채질하게 될 듯하군요.

술 중에는 겁재인 丁火가 있고, 또 정재인 辛金이 있군요. 그렇다면 병진일주에서 정인과 정관이 있는 것과는 사뭇 그 분위기가 다르다고 하겠는데 겁재는 병오일주와 공통된 점이 있겠고 정재가 있으니까 계획을 세우기보다 현실적으로 이익이 되는 면에다가 치중을 히겠습니다. 병진일주의 학자적인 형태를 느낀다면 병술일주에서는 사업가의 기질을 느낄 수가 있겠군요. 술토 중에 암장되어 있는 성분들이 모두 자신의 이익에 관심을 갖게 하는 성분이라서 이렇게 보는 것입니다.

그리고 술 중의 신금은 정재이기는 하지만 세력은 약해 보이는군요. 정화의 극을 받고 있어서 그렇다는 생각이 드는데, 애석하게도 술중의 무토는 습기가 없는 상황이므로 생金이 되지를 않는다는 점이 아쉽군요. 그래서 정재는 약하고 겁재는 강한 분위기가 되는가 봅니다. 병술일주는 그래서 생기가 없는 분위기라고 보겠습니다.

丁火의 정신적 구조

◇ 양의 마음 — 상관(傷官)

정화의 겉으로 나타나는 마음은 어떨까요? 상관이라는 역할에서도 느낄 수가 있듯이 귀엽다고 하겠군요. 상관은 어쩐지 미워할 수 없는 십성이거든요. 병화의 일방적인 자신의 표현보다는 정화는 비교적 합리적으로 자신의 잘난 것을 표현합니다. 그리고 집요한 면도 있고 치밀한 면도 있지요. 그래서 상관의 성분은 칼날의 양면성과도 같다고 하는 것일까요? 우리가 사용하는 불은 없어서는 안 될 물질입니다만, 이것이 인간을 배반할 적에는 귀중한 목숨을 순식간에 가져가 버리거든요. 이러한 것에서 정화의 드러나는 마음을 읽어보게 됩니다.

◇ 음의 마음 — 정관(正官)

병화와 마찬가지로 정화도 자신의 표현이 공익을 위한 것이라고 생각합니다. 다만 강제적이 아닌 합리적이라고 하는 점이 다르군요. 그러므로 일견 침착하다는 느낌이 들게 됩니다. 정관은 감정적인 것을 싫어하거든요. 냉정하게 현실을 생각하고 그 득실을 생각하는 성분이라고 하겠습니다. 사실 불이라는 구조를 보면 하나같이 자기 자신을 위해서 타고 있는 것이 아니라, 주변을 위해서 타고 있다고 하겠습니다. 불은 그 성분이 밖으로 향하는 것이니까 말이지요.

◇ 두 마음이 결합된 형태

이러한 구조를 함께 묶어서 생각을 해본다면 정화는 매우 냉정한 자기 자신을 표현하는 성분이라고 봅니다. 다른 오행도 다 같다고 하겠습니다만, 이러한 기본구조는 주변의 상황에 따라서 또 다른 영향을 받겠지요. 그래서 같은 정화라고 하더라도 모두 그 구체적인 상황은 달라지게 마련입니다. 다만 그 바닥에 흐르는 기본적인 성분을 이렇게 이해하도록 하는 것입니다. 그래서 대우를 받는 것일까요? 불은 그 본성이 덤벙대고 날뛰는 것이라고 하는데 정화는 그 본성의 결함을 음으로 보충하고 있으니까 말이지요. 그렇지만 정화의 치밀함은 나쁜 쪽으로 향한다면 또한 골칫거리를 안겨주겠지요? 항상 느끼지만 일방적으로 좋기만 한 것이나 나쁘기만 한 것은 없다는 생각을 또 하게 됩니다.

정화에게 더욱 많은 영향을 주는 성분은 내면적인 정관의 성분이겠군요. 그래선지 몰라도 정화에게서 상관적인 이기성보다는 정관적인 포용성이 더욱 눈에 띄는 것인지도 모르겠습니다.

(1) 丁丑일주

일지에 식신을 깔고 있는 상황입니다. 그러고 보면 화에 속하는 일주는 식신이 넷이로군요. 丙寅, 丙戌, 丁丑 그리고 丁未가 그것인데 지지에서 토가 넷이 되는 인연으로 해서 각기 한 가지의 십성은 넷이 되는 것을 피할 수가 없겠습니다. 목은 물욕이 강하다고 보는데, 토성인 재가 넷이 되는 것과, 화는 자신의 표현능력을 중시한다고 보는데 역시 식상이 넷이 됩니다.

그렇다면 그 나머지들도 자신의 기본적인 형태를 상대적으로 토가 되는 십성에서 찾아보면 어떤 연관성이 있을른지도 모르겠군요.

정축의 식신은 참으로 식신다운 모습입니다. 열기가 좍좍 빠져나가는 느낌이 들기 때문이지요. 그리고 정축일주는 자신의 표현능력이 매우 탁월하다고 봅니다. 설기가 워낙이 잘 되기 때문인 듯한데, 정축일주에 해당하는 사람은 대체로 달변가라고 하겠더군요. 말 못해서 죽은 귀신 없다는 말이 있는데, 정축일주를 보면서 그런 느낌이 들었습니다.

기본형으로는 상관이 식신을 본 경우에 해당합니다. 그래선지 주변의 상황을 자신에게 이롭도록 유도하는 특징은 타의 추종을 불허한다고 해도 과언이 아닙니다. 남들이 애써서 30분 동안 이야기를 하면 그렇게 말합니다. "그러니까! 내 말이 그 말이지!" 이런 식으로 자신의 흐름으로 이야기를 이끌어가는 성분이 강합니다.

이렇게 생각을 한다면 얼핏 생각하기에는 영악한 사람으로 보이겠습니다만, 또 내면적으로는 정관의 성분이 잠재되어 있다는 점을 간과하면 곤란하겠습니다. 특히 음간은 잠재되어 있는 심리구조가 더욱 강하게 부각된다는 점을 고려해본다면 자신의 이로움도 취하면서 또 합리적으로 남들에게도 공감이 가는 방향으로 이끌어간다고 봐야 하겠습니다. 중요한 점은 자신의 의견을 100% 표현한다는 점입니다. 그래서 약간 시끄럽다는 생각이 들기도 하더군요.

축 중에 포함된 성분을 보면 편관인 癸水가 자리 잡고 있고 또 편재인 辛金이 포함되어 있군요. 이러한 구조로 떠오르는 장면은 자신의 능력을 표현하면서도 자신을 억압하는 면도 강하다고 생각되는군요. 억압을 하는 것은 이기적인 감정을 통제하는 성분이 되겠는데 만약에 신약한 형태로 짜여지기라도 한다면 억압에 대한 부작용이 강화되어서 소심하고 세상을 회피

하는 경우도 생길 수가 있을 것으로 생각되는군요. 어떻게 보면 축토는 식신이라고 보이면서도 오히려 물의 분위기가 나타날 경우도 많거든요. 그래서 자신을 억압하는 형태로 진전이 되면 정화의 밝은 성품은 사라지고 어둡고 피해의식이 발생하는 바람직하지 못한 성분으로 진전이 될 수도 있다고 봅니다.

(2) 丁卯일주

일지에 편인이 홀로 존재하는군요. 갑목에 대해서는 생각하지 말자는 의미입니다. 그렇다면 자신의 의사를 잘 표현하면서도 약간은 더듬거리는 면도 있다고 생각되는군요. 편인이라고 하는 것이 직관력을 받아들이면서도 또 한편으로는 약간 부정적이고 왜곡시키고 싶어 하는 잠재의식이 포함되었기 때문입니다. 특히 정화가 상관적인 면이 있다고 볼 적에, 화의 세력이 강하다고 한다면 이러한 특성이 나타날 가능성은 더욱 높아진다고 보겠습니다. 화의 세력이 강하면 강할수록 일지에 있는 편인이 기신으로 변할 가능성이 더욱 높아지기 때문입니다. 그러니까 또 반대로 생각한다면 정화가 신약한 상황이라고 한다면 오히려 일지의 卯木이 강력하게 작용을 하고 또 그 영향을 받아들일 것이므로 뛰어난 직관력으로 자신이 느낀 것을 표현하는 탁월한 재능이 발휘되어서 어쩌면 예언계통에서 크게 성공을 할 가능성도 있다고 하겠습니다.

그리고 이 특성은 학문을 연구하더라도 그냥 단순한 이론적인 것만 추구하는 것이 아니라 편인적인 기능을 발휘해서 직관으로 느끼는 감정이 개입되기 때문에 이것을 잘만 연결시킨다면 멋진 예언을 할 수가 있을 것입니다. 실제로 명리학계에서 당대에 이름을 날리고 있는 박 모 선생님은 정묘일주로서 그 능력을 유감없이 발휘한다고 생각되는군요. 그리고 그렇게 활용하는 비법이라면 비법을 공개하지 않고서 전수만 시킨다는 말이 있는데, 이러한 것은 공익을 생각하지 않는다는 면과도 연결이 되는군요. 물론 아직은 생존해 계시니까 나름대로 깊으신 의미가 있을 것으로 생각이 됩니다만 기왕이면 공개를 해주었으면 하는 바람은 낭월이 혼자만의 생각은 아닐 것입니다.

예컨대 일지에 있는 글자가 희용신에 해당한다면 그 특성이 좋은 방향으로 활용이 되겠지만 기신에 해당한다면 좋은 작용은 나타나지 않고 오히려 나쁜 암시만이 현실로 드러난다고 볼 때 어떤 글자가 오던지 간에 그 글자가 사주 전체에서 어떤 위치를 갖고 있는가도 매우 중요하다고 하겠습니다.

(3) 丁巳일주

정사일주도 병오일주와 비슷한 형태를 취하고 있군요. 일지에 겁재가 버티고 있는 형상이니까 말입니다. 음간인 정화의 입장은 병화하고는 약간 달라서 정관이 겁재를 본 형태라고 하겠습니다. 정관과 겁재라는 인연은 자신의 이지적이고 냉정한 특징을 발휘하되 직선적으로 표현하지 않고 우회해서 나타낸다고 봅니다. 식신은 감정적인 성분이 강하기 때문에 자신이 느낀 것에 대해서 가공을 하지 못하고 그대로 말하게 됩니다만 정관은 내가 이렇게 하면 남들이 어떻게 나올 것인가에 대해서 생각을 하는 성분이 강하고 겁재는 또 자신의 주체의식을 나타내는 것이기는 하되 직선적으로 하는 것이 아니라 우회해서 은근히 표현하는 성분이라고 봐서 약간의 차이가 있을 것으로 생각되는군요.

巳火의 속에는 상관에 해당하는 戊土가 있고 또 정재에 해당하는 庚金도 들어있습니다. 이러한 성분은 결국 자신의 욕구를 성취하는 방향으로 의식이 흘러간다고 보게 됩니다. 관살이라는 성분이 전혀 없기 때문이지요. 또 인성도 없기 때문에 오로지 눈에 보이는 것이 전부라고 생각을 하고서 그 상황에서 자신의 목적을 달성하는 방법을 강구하게 되는 것이라고 봅니다.

(4) 丁未일주

정미일주는 역시 정축과 마찬가지로 일지에 식신이 있는 형태입니다. 그러니까 상관이 식신을 본 구조라고 하겠군요. 그러면서도 왠지 약해보이지 않는 느낌입니다. 이러한 분위기는 병술일주와도 공통된 느낌이로군요. 물론 주변의 상황에 따라서 달라지는 것은 당연하겠지만 말이지요.

우선 정미일주는 차분하다는 느낌이 드는군요. 정축일주가 약간은 시끄럽고 분주한 느낌이라면 정미일주는 어쩐지 차분한 느낌을 줍니다. 쓸데없이 부화뇌동하고 분주한 것을 싫어하는 형상을 갖고 있다고 생각되는군요.

미 중에 있는 성분을 보면 비견인 丁火가 있고, 약하기는 하지만 편인에 해당하는 乙木이 들어있군요. 이러한 성분구조는 주관성을 강화시키는 작용을 하겠습니다. 자신의 판단이 상당히 옳다고 생각하는 면이 강한 형상을 띠고 있습니다. 또 신약한 정미 일주라고 한다면 미중의 을목이 작용을 하게 될 것이고 그 결과는 직관력이 발달하는 형태로 존재하겠습니다. 실제로 정미일주에 해당하는 스님이 있는데 기도를 하여 직관력이 잘 발달했는데, 그 영향으로 많은 신도를 거느리고 있는 것을 볼 적에 그러한 생각이 듭니다. 잠재된 정관의 성분이 식신을 보고 또 직관력이 있는 까닭이라고 생각해봤습니다.

을목의 편인 성분으로 인해서 가끔은 고독해지기도 합니다만 대체로 자신의 삶에 성실하게 최선을 다하기 위해서 궁리를 많이 한다고 생각이 됩니다. 그리고 시건방지다는 맛이 없기 때문에 윗사람들에게도 인정을 받게 되는데 정축일주는 약간 시건방진 느낌이 있거든요.

(5) 丁酉일주

정유라고 하면 일지에 편재가 있는 형상이로군요. 편재는 물질을 다루는 재능이라고 볼 적에 기술을 배운다면 유능한 기술자가 될 가능성이 있다고 보겠습니다. 정화의 성분이 문명의 불이라는 말도 있는데 이렇게 정유일주가 되면 뭐든지 보는 대로 흉내를 내는 재주꾼이 될 가능성이 높다고 하겠습니다. 정관이 편재를 보았으니까 사업을 해도 합리적으로 크게 하겠군요. 물론 재성이 희용신이 못 된다면 그 사업으로 인해서 마음고생이 많겠지만 말이지요.

유금도 정재인 경금에 대해서는 생각을 하지 않습니다. 子午卯酉에 대해서는 본기(本氣)만을 생각하고 午火에 대해서만 기토를 고려하도록 합니다. 브리핑을 한다든지 사업구상에 대해서도 탁월한 식견을 갖게 됩니다. 그래서 정유일주에 해당하는 사람은 구체적인 생산 쪽에 승부를 거는 것보다는 시작의 의미가 있는 기획의 단계에서 승부를 걸어보는 것이 더 효과적이 라고 생각되는군요.

(6) 丁亥일주

정해일주를 한마디로 말해서 '大忠之人' 이라고 합니다. 정관이 정관을 본 형태라는 점이 실감나는 장면이기도 하군요. 화의 기운이 강화되는 간지의 형상으로는 상관적인 분위기가 살아나고 화의 기운이 약한 형태에서는 정관적인 분위기가 살아난다고 하면 어떨지 모르겠습니다. 이것은 구체적인 이론을 떠나서 그냥 느낌이 그렇게 전해지기도 하거든요.

내면적이라는 말은 화가 신약하게 될 경우에 특히나 해당되는 말인데 웬만큼만 강하면 자신의 목소리를 내게 되는 성분이지만 워낙이 관살이 강하다면 노골적으로 나서서 자신의 불만을 이야기하기가 쉽지 않을 것입니다. 그래서 겉으로는 자신의 일을 충실히 하면서도 내면적으로는 거부감을 갖고 있는 구조라고 생각을 해봤습니다.

자신의 업적이 인정을 받을 적에는 대단히 즐겁습니다만, 혹시라도 자신의 맡은 일이 상사의 눈에 차지 않아서 내동댕이쳐진다면 대단히 불쾌할 것입니다. 그러면서도 어쩔 수가 없는 조직사회에서 속으로만 삭이고 있겠지요. 물론 언젠가 운이 돌아온다면 통쾌하게 복수를 해주겠다고 다짐을 하는 것으로 자신의 능력이 손상 받은 것에 대해서 위로를 하면서 말입니다.

해 중에 암장이 되어 있는 것으로는 정인 성분인 甲木이 있군요. 해 중에 있는 무토는 생각하지 않습니다. 정인성분은 아무래도 직감력이 뛰어나다는 암시가 되는데 이것이 겉으로 드러나는 것이 아니라 내면에서 느껴지는 음성적인 성분이라고 하는 점입니다. 그래서 겉으로는 일상적인 일을 합니다만 문득문득 느껴지는 예감이랄지, 그러한 것에 대해서 잘 파악을 한다면 자신의 분야에서 더욱 탁월한 능력을 인정받게 될지도 모릅니다. 이것은 잠재력이기 때문에 잘 계발시켜야만 활용이 되겠지요.

항간에 말하는 초능력을 계발시킨다는 말은 아마도 이러한 성분이 있는 사람이 그 잠재되어 있는 성분을 발견하고 계발시키는 것이라고 생각됩니다. 이 말은 잠재되어 있는 인성이 없는 사람이라면 시간 낭비하지 말고 그냥 자신의 기술이나 연마하고 계발하는 것이 좋을 것이리고 생각되는 것입니다.

戊土의 정신적 구조

◇ 양의 마음 — 편재(偏財)

무토의 겉으로 드러난 마음은 편재라고 봅니다. 흔히 하는 말로 토는 재물이라고 하는데 이러한 의미가 그 속에 깃들어 있다고 하겠습니다. 토의 드러나는 성분이 큰 재물이라고 할 적에 산이라든지 광야 또는 대규모의 형태를 갖고 있는 재물이라고도 하겠군요. 어떤 명리학자는 재벌의 사주에서 무토에 해당하는 사람이 많이 있더라는 말씀을 하시기도 하던데 그러한 것이 사실이라면 무토의 겉으로 드러난 면이 구체화된 것이라고 보겠습니다.

실로 무토일간의 재물에 대한 집착은 남다르다고 생각되는데 그 이유 중의 하나는 무토의 표현이 편재라서 입니다. 원래의 편재는 재물에 대한 집착력이 없는 것인데, 실제적으로 나타나는 현상은 약간 다르다고 하겠습니다. 어째서 그러한가에 대해서 생각을 해봤습니다만, 아마도 戊癸의 합되는 영향에 의해서가 아닐까 생각됩니다. 아시다시피 오양(五陽)은 정재와 합되고 오음(五陰)은 정관과 합이 되는 까닭이라는 생각이 들었습니다. 정재와 합이 되면서도 겉으로 드러나는 마음이 그러한 결과를 만든 것이 아닐까 하는 생각을 하게 되었던 것이지요.

◇ 음의 마음 — 편인(偏印)

내면의 잠재심리 속에는 어차피 혼자라는 고독한 마음이 있다고 생각이 됩니다. 편인이라는 성분이 그러한 마음이 들도록 만드는 것인지도 모르겠습니다만, 무슨 어려움이 발생했을 적에 허심탄회하게 터놓고 이야기를 하기 보다는 혼자서 끙끙대면서 궁리를 하는 것도 무토일간의 특색이라고 합니다. 그 무토의 특색 중에서도 잠재되어 있는 편인 성분의 작용이라고 구분을 해보는 것입니다.

◇ 두 마음이 결합된 형태

편인에 해당하는 무토의 내면에 깔린 잠재심리는 고독이라는 형태로 나타납니다. 편인이라는 것은 어쩔 수 없이 생조를 해준다는 무정한 어머니의 별명을 갖고 있기 때문일까요? 무토의 바탕에서는 고독이라는 성분이 있다는 것을 하건충 선생님은 감지하셨는데 과연 웃으면서도 어딘가 고독이 서려 있는듯한 무토의 느낌이 드는군요. 편인이라는 것은 남에게 조건 없이 주고 싶은 인성의 마음이라고 본다면 편재는 준만큼 받아야 한다는 마음이니 그래서 스스로도 머릿속을 복잡하게 만든다고 보겠습니다.

이 무토가 양간이기 때문에 영향을 받는 구조도 편재의 경향이 강하다고 보입니다. 즉 무토의 일주들은 항상 돈을 생각해도 수천만 원에서 수백억 원을 생각합니다. 한푼 두푼 모아야 살아가는 빈약한 환경에 처해 있을망정 그 생각은 큰돈에 대해서 항상 열려 있는 셈이지요. 이러한 무토의 특성을 보면서 내면적인 편인의 성분보다는 외향적인 마음인 편재의 영향을 더욱 많이 받는다는 생각을 하게 되는군요. 그러면서도 한편으로는 내면적인 편인의 영향을 받아서 조건 없이 베풀어야 한다는 면과 외면적으로는 재물에 대해서 방관을 할 수만도 없는 묘한 갈등을 갖고 있는 것이 무토인 것 같습니다. 이러한 점이 나중에는 참으로 알 수가 없는 무토라는 결론을 내도록 하는 복잡한 구조라고도 생각해봅니다.

(1) 戊子일주

일지에 있는 정재와 합이 되어 있는 구조로군요. 기본적인 표면 심리구조에서도 편재라고 했는데 그 편재 성분이 또한 정재와 합이 되어 있다면 의지력이 한 방향으로 집중되어 있다고 봐도 되겠습니다. 즉 물질이라고 하는 구조로 방향이 정해져 있다는 점입니다. 내면적으로는 편인이라고 하는 구조가 잠재되어 있습니다. 편인이라는 성분은 정재에게 죽는 성분이라고 할 수도 있겠군요. 정재는 인성을 죽이는 성분이 있으니까 말입니다. 그렇다면 표면심리인 편재의 구조에다가 정재의 일지성분을 포함에서 이 사람은 재물에 많은 관심을 보이게 되는 형태라고 하겠습니다.

실제로 무자일주에 해당하는 어느 젊은 여인이 자신보다 20년도 더 먹은 남자의 정부(情婦)가 되어서 그 남자가 주는 돈에 인생을 걸고 있는 사례도 있더군요. 일반적인 상식으로는 이해가 되지 않지만 무자라고 하는 십성의 구조를 보면서 고개를 끄덕이게 되는 것입니다. 이렇게 인생살이에서 자주 접하는 난해한 문제(?)들도 사주심리의 구조로 접근을 해보면 오히려 손쉽게 풀려나가는 면이 많다는 생각이 듭니다.

(2) 戊寅일주

일지에 편관이 도사리고 있는 구조로군요. 편관은 강제적으로 베푸는 성분이고, 극기 성분이기도 한데 무토가 편인과 인연을 맺으면 편재가 편관을 본 구조로군요. 자신의 이득을 생각하는 기본구조에서 또 남을 먼저 생각하는 편관구조가 연결되는 것은 아무리 생각을 해봐도 자연스러운 매치가 되지 않는군요. 그렇다면 무인일주에 해당하는 경우에는 정신적으로 부조화가 예상되는 장면입니다.

어떻게 생각해보면 사업을 하기는 하되 공익사업을 할 가능성도 있다고 보여집니다. 공익사업 이라고 한다면 고아원이나 양로원 등등 사회복지 사업이 포함되겠는데 그러한 사업이 의외로 돈을 잘 버는 경우도 있다고 합니다. 겉으로는 봉사하는 성분이니까 대우를 받을 수가 있고, 이것은 편관의 성분을 만족시키는 것이기도 하군요. 그리고 속으로는 돈이 되니까 그야말로 꿩 먹고 알 먹는 기묘한 사업이라고 보겠습니다.

또 내면적으로도 편인적인 성분으로 볼 적에 베푼다는 마음을 만족시킬 수도 있으니까 참으로 여러 가지로 봐서 연결이 가능하다고 생각됩니다. 물론 봉사업을 한다고 해서 모두 돈을 탐하는 것은 아닙니다. 그야말로 철저하게 사회복지 차원에서 봉사업을 벌이는 사람도 의외로 많이 있으니까 말이지요. 자칫 그러한 분들의 거룩한 정신을 낭월이가 깎아내릴까 봐서 한마디 첨가하는 것이기는 합니다만, 대개의 사회봉사업을 하는 사람들이 오히려 재물에 대해서 더욱 민감한 경우가 적지 않다는 점을 생각하고 드리는 말씀이었습니다.

불교 쪽에서도 '소쩍새 마을'이라는 불교 복지마을을 만들어서는 많은 사람들로 하여금 눈물을 자아내게 만들어서 재물을 모으는 경우가 있었지요. 겉으로야 오갈 데 없는 불구자들을 데려다가 먹여 살린다는 명분이 참으로 좋습니다만, 실제적으로 속을 들여다보면 상상하기 어려운 사업성분이 포함되기도 한다는 것을 볼 때 아무래도 그냥 순수하게 보이지 않는 것은 낭월이 혼자만의 생각은 아닐 것입니다.

지금은 조계종단에서 인수를 해서 참으로 복지사업이 되도록 운영을 한다고 하니까 다행이라고 생각을 하면서도, 과연 잘 될 수 있을까…… 하는 마음이 드는 것은 또 무슨 방정일까요?

(3) 戊辰일주

비견을 깔고 있는 무토로군요. 한눈에 볼 적에도 상당히 강력해 보이는군요. 비견이 깔려 있는 것은 어쨌든 강해보입니다. 이 성분은 자신의 주관대로 밀고 나가는 성분으로 작용을 하겠지요? 편재가 비견을 봤으니까 아무래도 투기적인 사업에 승부를 걸 가능성이 높겠군요. 남성적인 면이 강하게 떠오르고 또한 자신의 의지대로 역경을 헤치고 나아갈 분위기가 느껴지는 것도 한몫을 한다고 생각됩니다.

또 토가 왕하게 되니까 잠재되어 있는 편인 성분은 여간해서 잘 드러나지 않겠습니다. 그래서 잡념이 없이 하는 사업에 총력을 기울이게 되는 것이라고 생각되는군요.

지장간에 암장되어 있는 구조로는 정재인 癸水와 정관인 乙木이 있습니다. 이 중에서도 정재에 속하는 것은 오히려 사업성분을 더욱 강화시키는 성분이고 또 육감적인 영향도 있는데, 겉으로 나타난 정재와는 또 다르게 은밀한 분위기의 육체적 감각이로군요. 정재에 속하는 성분으로는 몸을 중시하는 경향이라고 보는데 희한하게도 플레이보이의 잡지사를 창간한 사장의 사주가 무진 일주로군요. 이것은 꿰어 맞춘 거라고 하더라도 참으로 묘한 느낌을 자아내게 하기에 충분하다고 생각이 됩니다.

이러한 성분이 무진일주의 전부는 아니겠지만 단면은 된다고 생각이 되는군요. 자신의 소신이 없이는 이러한 누드잡지를 만들기도 쉽지 않을 것입니다. 그것은 비견의 성분이 뒷받침된다고 생각되는데, 재미있게도 앞뒤가 잘 들어맞는군요. "그런데 그 책이 재미가 있기는 한 건가요?"

(4) 戊午일주

이번에는 일지에 정인을 깔고 있는 경우가 되는군요. 편재가 정인을 보았으니까 아무래도 사업을 하기는 하되 직관적인 사업을 할 가능성이 높겠습니다. 정인의 성분은 그렇게 감각적인 것보다는 직관적인 것에 관심을 갖도록 할 것 같거든요. 종교에 종사하는 사람들 중에서도 무오 일주가 의외로 많이 눈에 띄는데 다른 종교에서는 어떠한지 사주를 구입하기가 어려워서 알 수가 없습니다만, 낭월이의 주변에서 만나는 스님들의 사주에서는 의외로 무오일주가 눈에 잘 띄더군요.

종교직에 종사하는 것이 무슨 돈벌이가 되겠느냐고 생각을 하실지도 모르겠습니다만 재물복이 많은 분은 그랜저를 굴리고 다니기도 하니까 돈벌이가 되는 사람에게는 상당히 짭짤~한 모양입니다. 예전에 들은 이야기인데 신도 한 사람을 논 한 마지기와도 바꾸지 않는다는 말을 하는 사람이 있었거든요. 그러니까 신도가 백명이라면 논 백마지기를 농사짓는 것보다도 수익이 많다는 이야기입니다. 요즘에는 심하면 절의 가격을 책정할 적에 그 절에 속해 있는 신도의 숫자가 결정적으로 영향을 미친다고 합니다.

이거 성스러운 종교를 장사꾼 취급을 한 듯해서 죄송합니다만 이것이 또한 일면에서 비치는 현실이기도 하니까 알 것은 바로 알고 믿는 것도 나쁠 것이 없다고 생각이 되어서 드리는 말씀입니다.

무오일주는 이러한 성분이 있는데 자신의 타고난 직감을 사업에 활용하는 구조가 있다는 점을 말씀드리는 것일 뿐이니까 혹 불교에 대해서 심취되신 불자님이시라면 오해가 없으시길 바랍니다.

午火의 속에는 겁재인 기토가 있으니까 자신의 고집대로 행동을 할 가능성이 많겠군요. 그 고집은 남의 이야기를 듣지 않는 성분인데 자신의 마음이 내키는 대로 살아가는 사람들이라고 할 만 하겠군요. 그리고 관우의 사주도 무오일주인데, 역시 자신의 고집이 대단한 사람이었던 것이 우연이 아니라고 생각되는군요.

(5) 戊申일주
일지에 식신을 깔고 있는 성분입니다. 정확히는 편재가 식신을 보고 있는 것이라고 해야 하겠군요. 일지에 식신이 있는 경우는 많겠습니다만 편재가 식신을 본 경우는 무신일주뿐입니다.

이렇게 말씀을 드리는 이유는 일지에 식신이 있다고 하더라도 천간에 무엇이 있는가에 따라서 그 모습이 다르게 나타날 것이라는 전제를 하기 때문이지요. 식신이 있는 편재이니까 사업을 하더라도 상당히 궁리를 하겠군요. 누구인들 사업을 한다고 하면 궁리를 하지 않고서 사업이 되겠습니까만서도, 이 무신일주는 연구가 잘 이뤄지는 구조라고 생각되는군요.

그래서 종종 독특한 상품으로 히트를 치기도 하는데 그 자료는 바로 일지에 있는 식신의 영향이라고 보여집니다. 기발하고 특이한 상품이 아니고서는 이 시대에서 많이 팔리기가 어렵습니다. 그래서 궁리를 하고 또 궁리를 합니다. 그 결과는 잘만하면 세계적으로 히트를 할 수가 있는 걸작이 되기도 하는데, 물론 일지에 있는 식신이 희용신이 된다면 더욱 유용하게 작용을 할 것입니다. 그리고 사업의 형태로는 생산 쪽이라고 보여지는군요. 유통업은 상관의 특성이라고 보여지기 때문입니다.

그리고 신금의 속에는 편재인 壬水가 들어 있으니 또한 투기적인 성분이 강하다고 보이는군요. 이러한 구조에서 운만 한번 와 준다면 돈방석에 앉게 될 가능성도 높다고 하겠습니다. 그렇지만 운세가 불량하다면 돈은 고사하고 약간 들어온 수입도 그 연구비에 충당하느라고 항상 가난을 벗어나기가 어렵다고 생각되기도 합니다.

(6) 戊戌일주

무술과 무진은 역시 비슷한 형태로 비교가 되는 간지입니다. 그러면서도 더욱 강력해보이는 것은 역시 술토가 화토의 성분이 강한 까닭이라고 생각되는군요. 술토의 내부에서는 상관인 辛金과 정인인 丁火가 잠복하고 있는데 여기서도 상관은 토에 묻혀서 금의 성능을 발휘하기 어려워 보이는군요. 그래서 없는 것인 양하고 오히려 정화의 성분은 살아 있다고 생각이 됩니다. 사실 술토는 아무리 보고 또 봐도 토의 기운이 강화되면 되었지 결코 설기되는 형태로는 보이지 않는군요. 그래서 강력한 주체성을 발휘하는 일이 적성에 맞을 것으로 생각이 됩니다.

남 밑에서 명령을 접수하는 일에는 매우 서투르게 될 가능성이 많군요. 그래서 군에 종사한다면 아마도 지휘관 급에 있을 가능성이 많습니다. 원래 무술일주는 괴강이라고 해서 특별하게 취급을 하기도 하거든요. 괴강이라는 것이 하늘에 있는 별자리라고 하는데 무술일 날에 그 괴강성이 비친다던가요? 낭월이가 워낙 천문에는 둔재이기 때문에 정확히 알지 못하는 것이 이런 때에는 아쉽군요.

어쨌거나 무술일주는 '7대 고집'에 들어가는 성분입니다. 이게 무슨 말이냐고요? 별것은 아니고요. 예전에 공부를 하는 벗들끼리 모여서 토론을 하다가 나온 이야기입니다. 하하.

10대 고독, 7대 고집, 그 중에서도 더욱 강력한 성분을 분석해서 3대 고집이라고 이름을 지어봤던 기억이 어렴풋이 나서 말이지요. 고집이 세기로 말한다면, 우선 甲寅, 乙卯, 丙午, 丁巳, 戊辰, 戊戌, 己丑, 己未, 庚申, 辛酉, 壬子, 癸亥의 12대 고집인데 여기서 고집이라는 것은 일지에 비견이나 겁재 성분이 있는 것을 말한다는 것은 한눈에 짐작이 되실 것입니다.

그렇다면 이들의 고집 중에서도 더욱 고집이 센 것은 어느 것이겠느냐는 화제가 자연스럽게 등장을 했습니다. 우선 '고집 선발대회'에 등장을 하려면 설기가 되어서는 곤란합니다. 그러면 고집이 꾀로 변하니까 곤란하다는 이야기였지요. 그래서 일지에 식상이 있는 간지들은 모두 탈락을 했습니다. 눈물을 머금고 말이지요.

甲寅은 병화가 있어서 탈락되고,

丙午는 기토가 있어서 탈락되고,

丁巳는 무토가 있어서 탈락되고,

戊戌은 신금이 있어서 탈락되고,

己丑은 신금이 있어서 탈락되고,

庚申은 신금이 있어서 탈락되고,

癸亥는 갑목이 있어서 탈락되었지요.

이렇게 절반을 잘라내고 나니까 나머지는 다섯 개가 되더군요. 그래서 패자부활전을 열어서 식신이 있더라도 생해주는 분위기가 아닌 것은 구제하자는 제안을 했고, 그 중에서 병오와 무술이 구제되었습니다. 그래서 칠대 고집에는 을묘, 병오, 무진, 무술, 기미, 신유, 임자의 간지가 등극을 했던 것이랍니다. 10대 고독은 또 뭐냐고요? 그것까지 이야기 하다보면 언제 본론으로 넘어가겠습니까? 벗님 스스로 궁리를 해보시기 바라는 마음으로 더 이상은 설명하지 않을 참입니다. 항상 궁리를 하는 가운데에 실력이 발전을 하는 법이거든요. 한번 말하지 않겠다고 한 것은 말하지 않습니다. 낭월이가 누굽니까? 천하의 7대 고집인데요. 하하.

己土의 정신적 구조

◇ 양의 마음 — 정재(正財)

기토의 드러나는 성분은 정재입니다. 물질의 집착이 됩니다. 그런데 이 항목도 역시 앞의 무토에서 편재에 해당하는 성분이 정재로 나타나듯이 여기서는 비록 정재지만 그 나타나는 구조에서는 편재와 같은 성분이 많다고 느껴지는군요. 기토에 대해서는 낭월이 자신이 여기에 해당하므로 가장 많이 연구를 한 일간이 되겠습니다만, 아무리 생각을 해봐도 물욕에 치밀하지 못하다는 생각이 드는군요.

실제로 나타나는 성분이 편재와 같은 것이라면 아예 제목에다가도 편재라고 적지 그러느냐는 말씀을 하실지도 모르겠습니다만, 그렇게 하다보면 기본적으로 십성상생의 순환 고리에 구멍이 나기 때문입니다. 그래서 기본적으로는 순서대로 나열을 하고서 부분적으로 이해가 되지 않는 것은 그에 따라서 설명을 하면 나중에 누군가가 정확한 결론을 내려줄지도 모른다는 희망을 갖고 있기 때문이지요. 사실 토가 어렵다 어렵다 합니다만 이렇게 심리적인 면에 와서조차도 사람을 헛갈리게 하는군요.

◇ 음의 마음 ― 정인(正印)

음적인 성분은 정인이로군요. 정인은 베푼다는 의미인데 베풀면서도 대가를 생각하지 않는 것이 정인이라고 하겠습니다. 입문편의 십간항목에서 논하면서도 이야기를 드렸습니다만, 기토는 어머니와 같다는 설명을 했습니다. 그렇게 말씀드렸던 하나하나는 모두 이러한 내면에 서려있는 잠재심리의 영향에서 비롯된다는 것을 이제야 말씀드릴 수가 있겠습니다. 그리고 또 한 가지 생각해볼 것은 앞에서 생각을 해봤듯이 '내면적인 심리는 음간(陰干)이 크게 영향을 받고 외면적인 심리는 양간(陽干)이 영향을 더 크게 받는다.' 고 하는 가설을 세워보고 싶군요. 그렇게 되면 무토가 재물의 영향을 너 받게 되고 기토가 정인의 영향을 더 크게 받는다는 실제적인 상황에 연결이 되는군요. 사실 음간은 아무래도 내면적인 경향이 많거든요. 음간의 구조에서 볼 때에 일단 정관과 합을 한다는 면에서만 생각해보더라도 왠지 차분하고 합리적인 경향이 있다고 보여지는 것도 그러한 맥락에서 생각을 해봄직하다고 보여집니다.

◇ 두 마음이 결합된 형태

정인적인 성분을 바탕에 깔고 있으므로 해서 모질지를 못합니다. 자기 밥그릇을 찾아먹기는 고사하고 주는 밥도 빼앗기는 어리숙한 면이 깔려 있다고 생각이 되는군요. 그렇게 어수룩한 면을 보완하는 것이 정재적인 성분인데 여기서는 음간이므로 잠재심리적인 면이 더욱 강하다고 봐서 크게 작용을 못하는 것이 아닌가 하는 생각을 해봅니다. 또 한 가지 생각이 드는 것은 신약한 을목이나 정화 중에는 접신(接神)이 되는 경우가 왕왕 있는데, 이러한 것도 역시 내면적인 성격의 영향과 무관하지 않다는 생각을 해보게 되는군요. 이런 생각을 하게 된 것은 영매자가 되는 것도 어느 정도의 내면에 대한 소리에 귀를 기울여야 가능하리라는 가정을 해봤기 때문입니다.

기토의 특성이 정인적인 면이 강하다고 볼 적에 여러 가지의 상황에서 잘 어울린다는 생각을 하게 됩니다. 상담을 하면서도 기토에 해당하는 사람에게서는 재물에 애착을 갖고 있는 사람이 드물더군요. 정재의 성분이 어느 정도는 있어야 이 거친 세상을 살아가는데 자신의 앞가림을 할 텐데, 대체적으로 볼 적에 물욕이 떨어지게 되니까 역시 돈벌이에 목숨을 걸기가 어렵다는 것입니다. 오히려 이 방면에서는 을목이 유능한데, 그렇다면 을목이 정재의 성분이 강한 것으로 보고 기토는 정인의 성분이 강한 것으로 보는 것을 타당하게 여기고 싶군요.

(1) 己표일주

정인이 비견을 본 형태로군요. 원칙으로는 표면심리가 정재입니다만, 실제로 나타나는 현상에 초점을 맞춰볼 적에 정인이 비견을 본 형태로 나타난다는 것을 느끼게 됩니다. 기본적으로는 정인이라는 성분이 수동적으로 받아들이는 것이라고 했습니다. 그런데 기토가 신강하게 되면 받아들이는 것이 변해서 내가 주는 것으로 변하더군요. 신강한 정인은 주는 입장이 되고 신약한 정인은 받는 입장이 되는 것이라고 생각을 해봤습니다만 이 이치는 상당히 현실적으로 일리가 있더군요.

이렇게 기축일주가 되어서 위아래가 토로 짜여 진다면 아무래도 주고 싶은 어머니의 입장이 될 가능성이 많아집니다. 그래서 자신이 알고 있는 것은 열심히 강조하게 되는데, 받아들이는 사람이 성의가 없으면 서운하게 여기기도 합니다. 즉 이 말은 받아들이는 사람이 고맙게 받아들이기를 원하는 것입니다. 물론 대가라고는 그 고마움의 표시로 충분하거든요.

그렇다면 기축일주는 선천적으로 교사의 체질이라고 할 수가 있겠습니다. 자신이 생각하고 느낀 것을 남에게 베풀어주는 것을 업으로 삼는다면 가장 재미있는 삶이 되겠군요. 그런 입장에서 이거 해라 저거 해라 하는 직장의 말단 노릇은 참으로 적성이 아닙니다. 정인이 비견을 보았으니 자신이 느끼고 생각하는 이론에 대해서는 모두 상당한 힘이 있습니다. 비견이라는 성분은 자신의 주체성인 고로, 남에게 베풀어주는 이론적인 면에서도 그러한 특성이 살아난다고 보는 것입니다.

축토를 분석해 보면 편재인 癸水가 있고 식신인 辛金이 있군요. 그렇다면 식신의 성분은 꾸준하게 한 가지의 일을 가지고 파고드는 성분이라고 하겠는데 그러한 노력에 의해서 성취되어진 결과는 또 이해관계를 떠나서 남들에게 베풀어주는 구조를 갖고 있군요. 편재의 성분은 감각적이라고 했는데 여기에서는 축중의 기토에게 극을 받아서 크게 드러나지 않는다고 할 수가 있겠습니다. 다만 격국의 형상에 따라서 水의 강도가 어느 정도 있다고 보면 그때는 편재의 능력은 분류를 잘 하는 것으로 나타나게 되겠습니다. 유형별로, 특징별로, 성격별로 세밀하게 분류를 하는 구조가 작용하게 되겠군요.

(2) 己卯일주

정인이 편관을 보고 있는 구조로군요. 정인이 신강하면 베풀어주는 성분이라고 했습니다만 여기서는 신약한 구조로 되어 있군요. 그렇다면 받아들이는 입장이 되겠습니다. 그리고 일지에 있는 편관은 강제로 외부에서 들어오는 압력이라고도 볼 수가 있는데 그렇다면 상당히 자신을 억압하는 형태로 나타나겠군요. 외부에서 들어오는 모든 정보에 대해서 강제적으로 받아들여야 한다는 것은 아무래도 스트레스를 받는 요인이 되겠습니다. 그렇다면 정서불안이 되겠는데 이것을 해소하기 위해서는 월간이나 시간에 인성이 있어서 조절을 해주는 것이 상책이겠군요.

다만 비록 일주는 기묘이지만 주변의 상황에 의해서 신강한 사주로 돌아간다면 오히려 일관성 있게 자신의 맡은 일을 충실하게 수행하는 형태가 되겠습니다. 어디까지나 일주의 형태는 주변의 상황을 고려하지 않은 상태에서 생각해보는 것이기 때문에 주변의 상황에 따라서는 또 다르게 나타날 수가 있다는 것을 항상 고려하면서 공부를 해야겠군요.

(3) 己巳일주

정인이 정인을 본 구조로군요. 그렇다면 정인의 성분이 매우 강화되는 형태인데 이러한 구조로는 한 가지를 터득하면 열 사람에게 이야기를 해줘야 속이 시원하겠군요. 실제로 낭월이의 장인어른께서 기사일주인데, 항상 뭔가 연구를 하고는 그 결과에 대해서는 기회가 오기만 하면 열심히 설명을 하십니다. 그 연구라는 것이 '살초제를 뿌릴 적에 어느 방향으로 어떻게 뿌려야 곡식이 상하지 않고 잡초만 죽는다'거나 '고추를 말릴 적에는 어떻게 해서 말려야 낭비가 없이 완전하게 건조가 된다'는 식의 이야기입니다. 이것은 격국이 불량해서 공부를 많이 하지 못했고 평생 농업에 종사하기 때문에 생각하는 것도 그 언저리에 있기 때문이라고 보여집니다. 만약에 학문을 잘 연마했다면 더 높은 경지에서 자신의 연구를 베풀어주려고 노력하겠지요.

이렇게 볼 적에 격국은 참으로 중요한 것이라고 생각되는군요. 단지 일주만의 영향으로도 자신의 특성을 살려서 비록 농사를 하는 방법에 대해서 연구를 하지만 자신이 깨달은 것은 기회만 오면 언제라도 베풀어주려고 생각을 하고 있는 것을 보면서 그렇게 생각이 들었습니다.

사화의 속에 암장되어 있는 구조로는, 상관인 경금과 겁재인 무토가 있군요. 겁재는 자신의 주체성이라고 본다면 여간해서 자기의 주장을 꺾지 않을 것이라는 점을 이해하게 됩니다. 원래 학자의 고집은 꺾을 방법이 없지요. 오로지 더욱 탁월한 이론이 아니고서는 전혀 막아낼 방법이 없습니다. 그리고 상관이라는 것은 베풀어주려고 하는 성분인데 베풀어주면서도 스스로 만족하는 마음이 매우 강하겠습니다. 그 이면에는 자신의 지위가 상승되는 것 같은 기분을 느끼겠지요. "봐라, 내가 너희들보다는 더 연구가 많지 않으냐? 그러니까 내가 말하는 것만 따르면 손해 볼 일이 없을 거다." 하는 마음이 일부 잠재되어 있다고 봅니다.

이러한 구조는 기회만 오면 자신의 이야기를 해주려고 하는 형태를 띠는데 약주라도 한 잔 들어간다면 이때는 절제되어 있던 브레이크가 파열 되는지 듣는 사람이야 지겹거나 말거나 계속해서 자신의 이야기를 하게 됩니다. 그래서 장인어른이 약주를 드신 표가 날 적에는 사위들이 눈치를 봐가면서 적당하게 얼버무리고는 현장을 피하는 것이 상책이라는 것이 불문율로 되어 있기도 합니다. 하하.

(4) 己未일주

기미 일주라……. 이번에는 뭔가 할 말이 많을 듯합니다. 낭월이가 천하의 기미일주이기 때문이지요. 항상 궁리를 할 적마다 생각을 하지 않을 수가 없는 성분이기에 무엇보다도 많은 생각을 했을 것입니다. 그래서 기미 일주에 대해서는 완전분석이 이루어질 참입니다. 함께 생각해보고 과연 타당한지 아닌지 들어보시고는 타당하다면 박수나 크게 쳐주세요. 여엉~ 엉터리면 어떻하느냐고요? 그때는 이렇게 소리를 질러야지요. "우― 우― 에이~~."

정인이 비견을 보았다는 점은 기축일주와 동일하군요. 그렇다면 선천적으로 남에게 주는 것을 좋아하게 됩니다. 그런데 그냥 내 것을 주는 것은 식상의 성분이지요. 이것을 잘 분류하면 또 다른 것도 깨달을 수가 있습니다. 정인이 주는 것은 낚시 바늘을 주면서 고기를 잡는 방법을 일러주는 것입니다. 탈무드에 나오는 이야기라면서요? 이 이야기를 들으면서 참으로 지당한 말씀이라고 생각을 했었습니다. 아마도 탈무드라는 책은 인성의 성분이 매우 탁월한 어르신이 지으신 것이라고 생각해봤습니다.

베풀어주는 인성의 기능이 강화되는 것은 일지에 비견이 있기 때문인데, 실은 기축과 기미는 비교가 되지 않을 정도로 차이가 나 보입니다. 기축은 속이 좀 허하고 기미 일주는 속이 견실하다는 분위기가 있어 보이거든요. 아마도 이 정도의 내용을 읽고서 소화가 되시는 벗님이라면 이 정도의 분위기는 한눈에 파악을 하실 것으로 생각이 됩니다만, 어떠세요?

속이 허하다는 말은 달리 설명을 한다면 자신이 확실하게 느끼지 못한 것도 짐작만으로 남에게 베풀어주려고 하는 성분이라고 생각해보고, 속이 견실하다는 것은 남들에게 이야기를 해주면서도 자신의 내면에 있는 이야기를 완전히 다 해주는 것이 아니라는 것으로 생각해봤습니다. 즉 내용면에서 상당히 타당성이 있다고 해도 좀 더 연구를 해봐야겠다는 심리구조를 갖고 있다고 생각되어서 말이지요. "연구해보니까 이렇더라."가 아니라 "이렇게 생각이 되는데 좀 더 궁리를 해봐야겠다."의 형태를 띠는 것이라고 생각이 되는군요. 그러니까 기미일주가 베푸는 것에는 약간의 시간이 걸린다는 것입니다. 기축일주는 들어가면 바로 나온다고 볼 수가 있겠군요.

미중에 장되어 있는 것은 편관인 乙木과 편인인 丁火입니다. 이것을 보면서 또 생각합니다. 계속해서 들어오는 형태입니다. 빠져나가는 성분이 장되어 있지 않다는 점이지요. 편관은 강제적으로 공익을 위해서 베풀어야 한다는 억압을 합니다. 그래선지 몰라도 몸이 피곤하면서도 상담을 하러 찾아오겠다고 전화가 오면 오지 말라고 거절을 못하겠거든요. 내가 좀 피곤하더라도 지금 한참 삶이 피곤한 사람에게 희망을 주는 것이 좋겠다는 생각을 하게 되는 것이 바로 이 장되어 있는 편관의 성분에 의해서가 아닐까 하는 생각을 해봤습니다.

또 편인의 성분은 신비한 세계에 대해서 확신을 갖고 있는 구조로군요. 물론 강력한 비견의 영향으로 인해서 자신이 체험하지 않는 것에는 비중을 덜 두는 면이 있는 것이 사실이기는 합니다만, 그래도 편인이 있는 이상 어쩔 수가 없이 영향을 받아야 할 것입니다. 이러한 구조로 인해서 신비로운 것에 대해서 머리속으로는 믿으면서도 실제로는 그렇게 생각하지 않는 면이 있군요. 믿기는 하면서도 공감은 가지 않는다고 하면 말이 될지 모르겠습니다.

보너스

여기에서 낭월이의 일주에 해당하는 코너라는 점을 감안해서 다른 간지와는 좀 다르게 심층분석을 해보려고 하는데, 공감을 하는지 모르겠군요. 우선 일지는 아내의 자리라는 점에 착안을 해본 것입니다. 그래서 아내에 대해서 생각하는 방향이 일지에 있는 글자들에 의해서 어떤 영향을 미칠 수가 있지 않겠느냐는 생각을 해봤거든요. 이 시각으로 생각을 해본 것입니다. 그러니까 여성의 입장에서는 월지에 남편궁이 있으니까 월지에 있는 십성에 의해서 남편에 대한 관념을 읽을 수가 있지 않겠느냐는 것으로 확대 해석을 해보는 장면입니다.

◇ 기미일주의 아내관 — 친구[比肩] + 어머니[偏印] + 주인[偏官]

이렇게 생각을 해봤습니다. 우선 기본적으로 아내에 대해서 친구처럼 생각을 하게 되는 것입니다. 함께 먹고, 함께 자고, 함께 아프고, 함께 생각하는 것이지요. 자신도 그렇게 생각하지만 아내도 자신을 친구처럼 대해 주기를 바라는 마음이 있는 것입니다. 그런데 아내는 월지가 정관이거든요. 그래서 친구처럼 대하라고 해도 어쩐지 마음속에서는 상사처럼 대하는 마음이 잠재되어 있는 것이 아닐까 하는 생각을 해보기도 합니다.

친구 간에는 농담도 하고 싸움도 하고 그러는 것이 보통인데, 언제라도 자신의 위치를 벗어나는 일은 여간해서 범하려고 하지 않는 것을 볼 적에 그러한 구조의 영향을 받는 것도 있을 것이라는 생각을 하게 되는 것입니다. 어쨌거나 이렇게 기미일주는 아내를 친구나 형제처럼 생각하는 면이 강하다는 것을 바탕에 깔아둡니다.

그리고 정화가 있으니까 가끔 외로울 적에는 아내의 품에서 어머니를 느끼기도 하는 것일까요? 드물게 아내에게 '엄마'라는 호칭으로 불러보기도 하거든요. 어느 남자든지 다 그런지는 모르겠습니다만 전혀 그렇지 않을 것으로 보이는 부부도 의외로 많더라구요. 낭월이는 가끔 그렇게 해봅니다. 처음에는 어색해하더니 차차로 세월이 흘러가니까 이제는 자연스럽게 대꾸를 해주는군요. 이것이 아마도 길들여진다고 하는 것이겠지요?

그런데 이 점에 대해서는 이견이 있을 수도 있겠습니다. 사실 고독할 적에 찾아가는 곳이 시간의 편인궁인데 편인궁에는 편재가 버티고 있습니다. 그렇다면 고독할 적에 아내를 찾아서 아내에게 어머니를 느낄 수가 있다는 이론으로 반박을 해온다면 낭월이로서는 절대로 그럴 리가 없다고 고집을 부릴 수가 없겠군요. 하하.

또 편관이 있는 것도 영향이 있을 것인데 우선 아내가 거절을 하면 강력하게 고집을 부리지 못하는 경향이 있거든요. 한두 번 건의를 해보고 안 된다고 거절하면 다음 기회를 생각하는 것입니다. 이러한 복종심(?)은 아내의 자리에 편관이 있기 때문에 그런 것이 아닐까 하는 생각을 해본 것인데, 이것도 약간의 이견이 있을 수가 있습니다. '어느 가정이든지 남편이 약간 지는 듯~ 해야 편안하고 조용하다'는 어르신들의 말씀을 생각해 보면 일지에 편관이 없다고 하더라도 아내에게 지는 척하는 것이 좋다는 것을 삶을 통해서 깨닫게 될 가능성도 높거든요.

이러한 몇 가지의 낭월이가 느끼는 아내에 대한 생각을 보너스로 적어봤습니다. 이것을 힌트 삼아서 남자 벗님은 아내에 대해서 스스로 판단을 해보시고 여성 벗님은 일지를 참고하고 월지를 주로 삼아서 남편에 대한 관념을 점검해보시기 바랍니다. 적용을 해보고서 전혀 아니라면 그냥 한 번 웃어버리시면 되실 거고, 만약에 참으로 타당성이 있는 이론이라고 한다면 다음에 혹시라도 명리관계의 책을 저술할 기회가 있으시다면 그때 낭월이의 이론이 참고가 되었다고 한 줄만 적어주시면 무한한 보람으로 알겠습니다.

(5) 己酉일주

정인이 식신을 본 형태입니다. 역시 기본적으로는 정재이지만 여기서도 음간이기 때문에 잠재심리를 표면심리로 보고서 이렇게 생각을 해보는 것입니다. 식신의 성분은 줄기차게 자신의 목표를 향해서 연구해 나가는 성분이 매우 강력하다고 보여지는군요. 이 구조는 무신일주와도 닮았겠는데, 다만 차이가 나는 것은 여기에서의 영향은 정인이 식신을 본 것이라는 점이라고 하겠군요. 일지에 식신이 있는 사람이니까 기축일주와 비교를 해볼 수도 있겠습니다. 그만큼 자신의 연구를 활발하게 공개하는 구조가 되어 있다고 생각되는군요. 그리고 복잡하지 않는 사람이라고 하겠습니다. 앞의 기미일주에서처럼 아내에 대한 생각을 찾아본다면 아내를 어린아이 취급할 수가 있는 구조라고 하겠군요. 아마도 어머니처럼 느끼는 경우는 어렵겠다는 생각을 해보는데 기유일주에 속하는 벗님께 물어보겠습니다. "참으로 그런가요?"

대개 일지에 자오묘유가 있는 사람은 자신의 목적이 뚜렷하고 단순하게 될 가능성이 매우 높겠군요. 암장이 되어 있는 성분이 단순하다 보니까 그런 판단을 하게 됩니다. 그리고 진술축미가 일지에 있는 사람은 당연히 심리구조도 복잡하겠고요. 낭월이가 바로 복잡한 심리구조를 갖고 있기 때문에 그렇게 생각을 합니다.

사실 이렇게 사람의 심리구조에 대해서 궁리를 할 정도라면 여간 복잡한 심리구조가 아니고서는 접근하기에 만만하지 않을 것이라는 생각도 해봅니다. 단순한 사람은 생각도 복잡하게 하는 것을 싫어하는 것이 당연할 테니까 말입니다.

그래서 기유일주는 단순하게 자신의 계획대로 일을 추진할 가능성이 높기 때문에 남들보다 쉽게 성공을 할 수도 있다고 봅니다. 그리고 연구의 깊이도 상당하기 때문에 당당히 남들과 겨룰 만한 실력을 갖추게 될 것입니다.

(6) 己亥일주

정인이 정재를 본 형태로군요. 이것도 문제가 있는 간지라고 생각이 됩니다. 일지에 정재가 있는 것을 탓할 것은 아니지만, 정인의 성분이 정재를 봤다는 점이 마음에 걸리는군요. 아무래도 재물에 대해서 승부를 걸기는 해봐야 할 텐데, 기본적으로 정인의 성분이 사업을 한다는 것이 어울리지는 않는 구조라서 말이지요. 정재가 상당히 강력한 구조인데 기토가 신강하기만 하다면 유아용품이나 교육용품을 판매해서 상당한 수익을 올릴 수도 있겠습니다.

그리고 만약에 신약하다면 부득이 교육계통의 분야에서 월급을 받고 일하는 것이 좋게 되는데, 그러면서도 항상 갈등을 할 수가 있는 구조라는 점이 의식을 분산시키게 되지나 않을까 하는 걱정입니다. 참으로 걱정도 팔자인가 보군요. 교사라는 직업이 선생이면서도 고단한 일이니까 항상 피곤하다고 하더군요. 아이들이 사고라도 내면 신경을 쓸 일이 한두 가지가 아닌데, 이렇게 일지에 정재가 있어서 학부모가 촌지라도 내밀면 받고 싶은 마음(正財)과 거절하고 싶은 마음(正印)이 뒤범벅이 되어서 어정쩡한 모습을 보이게 되니 이것이 과히 보기에 당당해보이지 않는다는 것입니다. 그래서 재성이 희용신이 되지 않으면 눈먼 돈에 대해서는 각별하게 신경을 써야 하는 것이라고 힘주어 말합니다.

해중에는 정관인 甲木이 있군요. 갑목은 중정의 합이라고도 합니다만, 재성이 워낙이 강한 형국이라서 중정이 잘 이뤄지지 않을 가능성이 높다고 하겠습니다. 그래서 괜히 영양가도 없는 윤리관으로 인해서 마음에 갈등만 자꾸 증폭되는 형상입니다. 그러니까 차라리 선생 노릇을 때려치우고 돈이나 벌어보려고 마음을 먹습니다만, 세상이 어디 그렇게 호락호락한가요. 어디를 가던지 경쟁자와 대립을 해야 하는 것이니 그냥 선생 노릇이나 잘

하는 것이 더 나을지도 모릅니다. 재성의 유혹은 짐짓 무시를 하는 것이 상책이겠지요.

또 한편으로 생각을 해보면 정인은 신비한 세계에 관심을 갖는 것이고, 정재는 구체적인 사물에 대해서 인식을 잘 하는 것이라고 볼 적에 신비한 세계에 대해서 사실처럼 믿어버리는 성분도 포함이 될 수가 있겠다는 생각이 드는군요. 그러니까 추상적인 것을 사실적인 것으로 생각하는 형태를 말하는 것입니다. 그러한 정신이 있으면서도 자기의 이익을 생각하는 면도 포함되어 있는 구조라고 보겠습니다.

庚金의 정신적 구조

◇ 양의 마음 — 편관

흔히 경금을 일러서 깡패라고 말을 합니다. 명리학을 다루는 책에서 심심찮게 볼 수가 있는 구절이로군요. 그리고 그러한 면을 강조하는 것은 이러한 표면적인 경금의 마음을 설명한 것이라고 봐서 틀림이 없을 것으로 생각되는군요. 깡패라는 것이 편관을 대표하지는 않겠습니다만 편관이라는 것은 그 기본적인 분위기에서 강제적이고 난폭하다는 이미지를 읽었던 것이 전의 명리서적에서 바라본 관점이었던 것으로 생각이 됩니다.

표면적으로 편관이라는 것은 자칫 강압적으로 자신의 견해를 관철시키려는 면이 부각되어서일 것입니다. 편관이라는 것은 강제적인 이타심의 표현이기 때문에 그러한 강압도 가능한 것이지요. 누구든지 사심이 없으면 강압적인 행동도 스스럼없이 나오거든요. 물론 사심이 개입되면서 그런다면 뻔뻔한 사람이라는 평을 듣겠지요. 경금은 의외로 순진한 면이 보인다고 생각됩니다.

◇ 음의 마음 ― 비견

내면적인 면에서는 비견에 해당하는 심리가 깔려 있군요. 갑목이 겉으로 비견적인 성분이라고 한다면 경금은 내면적으로 비견이라고 하겠는데 이러한 차이점은 어떻게 나타날지 궁금하네요. 내면적인 비견이라면 아마도 의리의 형태로 나타나지 않을까요? 그래서 경금을 의리에 죽고 사는 사람이라고 할 수가 있을 듯한데 말이지요. 금이 의리를 중시한다는 말은 이러한 내면적인 경금의 특징에서 읽어보고 있는 것입니다.

◇ 두 마음이 결합된 형태

겉으로는 강경하지만 속으로는 의협심이 강한 사람이라고 한다면 어울릴까요? 그러한 마음을 갖고 있는 것이 경금이라고 보면 어떨까 생각합니다. 표면적으로 강경한 것도 남을 위한다는 명분이 있기 때문에 구애를 받지 않고 당당할 수가 있는 것이지요. 그리고 내면적으로는 친구를 좋아하는 성분이라고 본다면 홍길동의 활빈당을 생각할 만도 하군요. 어떻게 보면 사심이 적은 형태로 나타나는 것이 경금의 양면성이라고 볼 수도 있겠습니다.

그렇지만 이렇게 대의명분을 중시하는 사람일수록 가정을 가꾸는 데는 또 허술하기가 쉽습니다. 밖에서의 일도 잘하고 집안에서도 아내에게 잘하는 사람이 되기를 바라지만 실은 그렇지 못한 것이 세상의 이치로군요. 어쩐지 경금은 남성다워 보이는 이유로 해서 이야기를 할 적에도 쉽게 남자의 역할을 맡게 되는군요.

여성분이 경금이라면 아무래도 여장부라고 하겠네요. 다만 아기자기하게 가정적인 분위기를 가꾸는 데는 서툴 것이라고 생각됩니다.

(1) 庚子일주

양간인 경금은 표면심리의 영향을 많이 받을 것이므로 편관이라고 하는 관점에서 지지를 생각해봅니다. 경자일주는 편관이 상관을 본 구조라고 하겠습니다. 냉정하게 이지적으로 판단을 하는 성분과 합리적으로 자신의 의견을 표현하는 구조라고 할 수가 있겠는데, 이렇게 되면 신비로운 것에 대한 호기심은 없다고 생각됩니다. 그저 있는 그대로의 현실에 대해서 많은 사람에게 유익한 방법은 어떤 것일까 하는 생각과 그렇게 느끼는 것을 밖으로 표현해서 자신의 느끼고 생각한 것을 알리는 일에 열심이겠습니다. 이러한 구조는 참으로 인간적인 면이라고 하겠는데, 언뜻 떠오르는 사주로는 공자님이 있군요.

공자님은 경자일주인데 그의 가르침을 보면 다음 생에 대한 이야기도 없고, 전생에 대한 이야기도 없습니다. 오로지 세상에서 어떻게 하면 인간적으로 남들에게 피해를 주지 않으면서 스스로 처신을 할 수가 있겠는가 하는 문제를 주로 다루고 있습니다. 이러한 유교의 가르침은 결코 우연히 나온 것이 아니라 공자님의 성격구조에서 비롯된 것이라고 생각이 되는군요.

그리고 겸손하고 부단히도 노력하는 형태는 더욱더 자신을 한가하게 하지 않으면서 제자들에게도 부지런히 가르침을 주는 만년사표로서의 역할을 충실히 이행하였다고 생각이 됩니다. 자칫 상관적인 성분만 강조해서 본다면 예의가 없고 천방지축인 면이 부각되겠습니다만, 기본적인 바탕이 편관이라는 점을 생각한다면 상관이라고는 해도 상당히 정제된 상관이라는 생각이 드는군요. 이런 일화를 소개함으로써 공자님의 인품을 엿볼 수가 있을 것 같습니다.

하루는 자로가 공자님께 질문을 했습니다.

"선생님, 우리는 범인들이라서 항상 연구하고 채찍질을 하고 열심히 공부를 합니다만 선생님은 나면서부터 지혜를 구족하신 성인이시니까 공부를 더 이상 하실 필요가 없겠지요?"

"그렇지 않으니라 자로야, 나도 항상 배우고 있단다."

"선생님, 남산에 있는 대나무는 저절로 나면서부터 곧기 때문에 그냥 잘라서 물소를 찌르면 그대로 들어갑니다. 다른 나무들처럼 깎을 필요가 없이 말이지요."

"그런 소리 말거라. 만약에 그 대나무에다가 화살촉을 박고, 깃털을 달아서 찌른다면 그 깊이가 더욱 깊게 들어가지 않겠느냐?"

"과연 성인도 배워야 하는군요."

"그렇단다. 성인도 항상 나무를 쳐다보면서 그 높음을 생각하고, 물을 보면서 그 맑음을 생각하고, 산을 보면서 그 움직이지 않는 것을 생각하는 것이지. 그리고 태양을 보면서 그 티 없이 밝은 것을 생각하는 것이란다. 이렇게 항상 공부에 게을리하지 않는 것이니라. 성인도 이렇거늘 하물며 범인이야 어찌 한순간인들 게으름으로 보내며 마디 그늘인들 낭비를 할 수가 있겠느냐."

"과연 그렇겠습니다. 선생님 저도 더욱 부지런히 촌음을 아껴서 수신제가에 힘을 기울이도록 하겠습니다.

이와 비슷한 대화를 했다고 합니다. 물론 낭월이가 일부는 짜깁기를 했다고 지수를 하겠습니다만 공자님의 성품은 손상시키지는 않았다고 생각되는군요. 이렇게 극히 인간적인 면에다가 최대의 목표를 정하고 연구를 하였던 공자님입니다. 그래서 형이상학적인 면에는 다소 소홀히했던 점도 있다고 해야겠군요. 그러한 약점은 朱子의 대에 와서 두드러집니다.

주자는 당시에 도교나 불교의 형이상학적인 이론에 대항할 거리가 없어서 고민을 했을 것입니다. 자신의 유교가 세상을 살아가는데 필요한 처세학으로서는 손색이 없는데, 일 없는 도인들과 대화를 할 적에는 참으로 보잘 것 없는 이론으로 전락을 해버리는 것을 눈뜨고 볼 수가 없었을 것이라는 생각이 듭니다. 주자의 일주는 갑인이거든요. 천하의 10대 고집에 속하는 성격에 추진력도 상당하고 식신의 성분이 내재되어 있음으로 해서 자신의 총명도 대단한 상황이고 보니까 그렇게 까불고 있는 불교도나 도교의 신선들에게 지고는 못 살겠다는 생각이 들어서 자료를 뒤졌을 것입니다. 특히나 장자를 읽어보면 공자의 이론을 깔보고 무시하는 듯한 내용들이 많이 등장을 하게 됩니다.

그래서 '중용(中庸)'이라고 하는 저술을 남김으로써 유교의 가르침에도 얼마든지 형이상학적인 이치가 들어있다는 것을 강조하게 되었던 것이지요. 이렇게 주자의 마음을 사주학적인 관점에서 관찰하게 되는 것이 낭월이의 재미라면 재미라고 하겠습니다. 혹 벗님들도 이렇게 연구를 하시다보면 매우 재미있다는 생각이 드실 것이 틀림없습니다.

낭월이의 망상인데요. 만약에 삼국지를 다시 쓴다면 이렇게 하고 싶습니다. '심리 삼국지'라고 말이지요. 심리적으로 왕들이나 장수들이 생각하는 것을 상상해서 『삼국지연의』를 따라간다면 아마도 매우 재미있는 이야기가 될 것입니다. 사실 삼국지에는 매우 많은 자료가 들어 있거든요. 그 모든 등장인물들의 사주만 구할 수가 있다면 이러한 시도를 해볼 수도 있겠다는 망상을 해보았습니다. 하하.

(2) 庚寅일주

이번에는 편관이 편재를 본 구조로군요. 편관이라는 경금의 구조는 이기적인 면보다는 이타적인 성분이 강하게 되고 또 편재의 성분으로는 물질을 조작하는 기술이라고 보겠습니다. 이러한 성분은 위험한 일에 대해서 흥미를 갖게 될 수도 있는데 기왕이면 남들이 위험해서 기피하는 일에 관심을 갖고 몰두를 할 수가 있겠습니다. 맥가이버를 보면 항상 폭발물을 만나게 되고 그 폭발물은 또 터지기 1초 전의 시한폭탄이 되는 일이 허다하더군요. 그러한 상황에서 예민한 손 감각으로 터지는 선과 안전한 선을 구별하면서 제거해나가서는 최후의 1초 전에 성공을 거두는 긴박감이 존재하는데, 이러한 일이 관심을 갖는 것이 경인일주가 아닐까 하는 생각을 해봤습니다.

그러니까 폭탄 제거반이라든지 마약을 찾아내는 기술이라든지 하는 종류에 관심을 갖는 것이지요. 물론 그 이면에는 자신의 기술이 많은 생명을 구할 수 있다는 성취감이 깔려 있기 마련입니다. 거기에다가 예민한 지각 능력인 편재가 가세를 하니까 항상 긴장감으로 조작을 하는 위험물에 대해서 흥미를 유발하는 것이라고 생각이 되었습니다.

인목의 내면에는 편관인 丙火가 있고 또 편인인 戊土가 있어서 이 생각을 더욱 강화시켜 주는 촉매제가 되기도 하는군요. 편관이 편관을 본 형태이기도 하기 때문입니다. 병화가 있다는 것이 이렇게 위험한 일에 대해서 '내가 하지 않으면 누가 할 것인가?' 하는 사명감으로 그 일을 맡게 되겠군요. 다만 다소 약하기는 하지만 편인의 작용으로 인해서 신비로운 힘에 의지를 하는 마음도 약간은 있다고 보여집니다. 그렇지만 일단은 편재의 억눌림을 당하기 때문에 두드러지지는 않는다고 보이는군요.

또 반드시 위험한 일은 아니더라도 뭔가 많은 사람들에게 이익이 된다면 다소 힘이 들더라도 참으면서 할 만한 가치가 있다는 생각은 하고 있을 것으로 생각됩니다. 그래서 사업을 해도 민감하게 예리한 감각이 살아 있어서 항상 긴장감이 있는 일에 흥미를 보이게 되는데 그러한 종류로는 무기를 판매한다던지 매우 투기성이 높은 사업에 손을 대게 됩니다. 그야말로 "평범한 것은 싫다!"로군요.

(3) 庚辰일주

경진일주는 편관이 편인을 본 구조로 이뤄져 있습니다. 편관이라는 것은 사회적으로 많은 사람에게 도움이 되기를 원하는 성분이고 또 편인의 영향은 신비적인 것을 항상 믿고 그 영향인 직관적인 것에 의지해서 모든 일을 판단하고 처리하게 되는 구조라고 하겠습니다. 편관의 성분인 극기 정신이 투철하기 때문에 자신의 감정을 극도로 절제하고 다수를 위해서 희생할 준비가 되어있는 사람이라고 하겠습니다. 자료집을 뒤져보면 우선 눈에 들어오는 경진일주로는 제갈공명입니다. 앞의 십성심리학에서 상관의 영향을 받고 있다는 설명을 하면서 보여드렸습니다만 일주는 경진입니다. 그리고 이기적인 성분보다는 철저하게 이타적으로 행동을 하는 면에서 경금의 의지력을 엿볼 수가 있었고, 신비로운 학문인 기문둔갑을 사용해서 좋은 결과를 얻어내는 것도 일지에 편인이 있음으로 해서가 아닐까 하는 생각을 해봤습니다. 그리고 직관적으로 상대방이 어떻게 나올 것이라는 점을 판단하기 때문에 가장 신속하게 다음의 상황에 대처를 할 수가 있다는 점도 느껴졌습니다.

이에 반해서 조조의 경우에는 편인의 직관보다는 식상의 궁리가 포함되는군요. 직관의 능력에다가 식상의 궁리가 가미되기 때문에 항상 시간이 걸리고. 그 결과도 편인적인 것을 능가하기에 어려운 점이 있다고 생각되는군요. '한 다리 건너서 두 다리' 라는 말이 있습니다만, 이렇게 긴급한 상황에서 궁리를 한 후에 답이 나오는 것은 바로 답이 나오는 것보다는 한 수

뒤진다는 것이 어쩔 수가 없는 숙명입니다.

그런데 자유당의 제2인자라고 했던 이기붕 씨의 사주도 경진일주로군요. 어떤 면에서는 제갈공명과 비슷한 면이 있습니다. 왕의 옆에서 참모를 했다는 점에서 말이지요. 그런데 아무래도 전반적인 국민의 감정은 이기붕이라는 이름에 대해서 별로 좋은 것이 없을 것으로 보이는군요. 그렇지만 경진일주의 구조로 봐서는 완전하게 자신의 이득만을 취했다고는 생각하기 어렵다는 점도 있습니다. 혹시나 사회적으로 정치적인 어떤 음모에 의해서 온당하지 않은 대우를 받고 있을는지도 모른다는 생각을 해봤습니다. 실제적인 상황과 정치적인 결론은 많은 차이점이 있는 것이 사실이기도 하거니와 전해진 것이 사실이라고 하더라도 명리가의 눈에는 또 달리 비친다고 해서 무슨 큰 문제가 될 일은 없을 거라고 생각되어서 이렇게 자유로운 생각을 해보는 것입니다.

방송을 보면 흔히 퀴즈풀이에 대한 것이 많이 보이더군요. 그들이 답을 하는 것은 초를 나눠야 하는 긴급한 것들입니다. 일분에 몇 개를 맞춰야 하는 것이 항상 따라다니더군요. 그러한 것에는 인성의 성분이 가장 빠를 것입니다. 인성은 속에 들어있는 것을 그대로 사용하기 때문에 들어있기만 하다면 추출되는 시간은 가장 빠를 것입니다. 반면에 식상은 한 단계 머릿속에서 굴려서 답을 꺼내기 때문에 그 답이 정답으로 갈 가능성은 높아집니다만, 시간이 걸리는 것은 어쩔 수가 없는 숙명이로군요.

낭월이가 그러한 퀴즈에 나가고 싶은 생각이 들다가도 문득 식상의 구조라는 것을 느끼면 즉시에 포기를 합니다. 식상의 구조로는 대항을 해서 승산이 없다고 보는 것이지요. 식상은 아무래도 시간이 걸리니까 말이지요. 시간을 두고서 생각하고 고치고 다시 생각하는 구조로는 어울리지만, 그렇게 단번에 답을 내어놓는 것에는 도무지 불안해서 마음이 내키지 않는 것이 사실이거든요.

암장이 되어 있는 구조로는 상관인 계수가 있고 정재인 乙木도 있군요. 여기에서 상관이 있는 것을 보니까 자신의 능력을 직관력에 편승해서 신속하게 가공 처리하여 상품으로 만드는 기능이 뛰어나다는 생각을 해보게 되는군요.

그리고 정재가 있다는 것도 그 결과로 인해서 자신에게 어떠한 이득이 돌아올 것인지를 아주 짧은 시간에 판단하게 되겠습니다. 물론 주변의 상황에 따라서 재성이 강화되어 있으면 을목의 기능이 더욱 확장되어서 재물에 비중을 두는 경우가 될 수도 있겠고, 상관이 강하다면 오히려 상관적인 성품이 두드러지는 경우도 되겠습니다. 다만 이러한 영향을 떠나서 기본적으로 경진일주에 해당하는 성품은 남을 먼저 생각하면서 신비한 현상에도 귀를 기울이는 선량한 사람이라고 하겠습니다.

(4) 庚午일주

일주가 경오가 되면 편관이 정관을 본 구조로군요. 이거 어쩐지 남들만 위해서 일생을 살아갈 분위기라고 생각이 되는군요. 아무리 봉사활동도 좋다지만 시도 때도 없이 항상 이타적인 것에만 관심을 기울이고 살아간다면 주변의 사람들은 어쩌면 정신이 나갔다고 할지도 모르겠습니다.

그렇지만 남들이야 뭐라고 하건 말건 내가 알 바 아니라고 생각하고 어쩌면 그렇게 생각하는 것이 당연하다고 할지도 모르겠군요. 항상 남의 입장에 서서 관찰하고 정편관의 성분이 혼합된 상태에서 언제나 살피기 때문에 자신의 감정은 아예 안방의 천장에 매달아두고 다니는 것이나 아닌지 모르겠습니다.

경오일주에 해당하는 사람 중에는 일본에서 명리학으로 이름을 날리는 아부태산(阿部泰山) 선생님이 보이는군요. 명리학에 관계되는 방면에서 많은 서적을 남겼습니다. 그리고 연구를 한 모든 내용이 책으로 나와 있는 것 같군요. 특히 아부태산의 책으로 대만에서 출판된 것 중에는 『적천수상해(滴天髓祥解)』3권이 있는데, 참으로 적천수의 내용을 깊이 있게 다루면 서 자신이 연구한 이런저런 이야기들을 망라했다는 생각이 듭니다.

이렇게 알뜰하게 이야기를 함으로써 후학들에게 뭔가 읽고서 생각을 할 자료를 제공하는 것이지요. 사실 한 사람이 연구를 해서 그 방면의 학문이 완벽해진다고는 생각하기 어렵습니다. 이렇게 연구하고 실험한 것을 자료로 제공하고 또 다른 사람이 그 내용을 토대로 연구하고 수정 보완하면서 시간이 흘러간다면 비로소 완전한 학문으로 자리를 잡아갈 것이라고 생각해보는 것입니다.

낭월이도 이러한 자료들이 연구거리가 된다는 평가를 받고서 동양삼국의 학자들이 자국어로 번역해서 읽으려고 한다면 더없이 기쁜 일이라고 하는 꿈을 꿔보기도 합니다만, 글쎄요…….

일단 경오일에 해당하는 사람은 봉사와 희생정신으로 인해서 남들에게 베푸는 것이 초인적이 라는 생각을 해보면서 낭월이는 꿈도 꾸지 못할 일이라는 마음이 앞서는군요. 흉내는 낼 수가 있을는지 모르겠지만, 실제로 자신의 구조를 벗어나서 완전한 변신을 이루기는 거의 불가능하다고 생각되기 때문에 생긴 대로 존경을 받을 사람은 받고, 멸시를 받을 사람은 또 그렇게 멸시를 받을 것이기 때문입니다.

오화의 내부에는 정인인 己土가 있어서 순수하게 남의 의견을 받아들이는 것이 포함되는군요. 이러한 성분은 본성의 소리에 귀를 기울이는 것도 되니까 자칫 밖으로만 치달리는 마음을 어느 정도 조절하게 되는 중용을 느낄 수가 있겠습니다. 그래서 치우치는 것을 방지해주는 작용을 하는 인성은 은혜가 백골난망이라고 하겠습니다. 이렇게 인성의 영향을 받으면서 대민 봉사에 주력하는 경오일주는 아무리 생각해봐도 상등품이라는 생각이 드는군요.

(5) 庚申일주

경신일주는 편관이 비견을 본 구조로 이뤄져 있군요. 이것은 또 어떤 특징이 있을까요? 이지적으로 봉사를 하면서 그 일에 대해서 고집을 부리는 성분으로 구성되어 있군요. 그리고 상하가 모두 경금으로 이뤄져 있으니까 표리가 일치하는 형상이라고 하겠군요. 7대 고집에 들어가는 것만 봐도 그 주관적인 성분이 얼마나 강한가를 능히 짐작하고도 남겠습니다.

다만 금기운이 너무 지나치게 몰려 있음으로 해서 조화를 이루는 차원에서는 약간 불만스럽군요. 앞의 비견심리학에서도 응용을 했습니다만, 고 박정희 대통령의 사주도 이러한 경신일주의 구조로 그 영향을 받았을 것으로 봅니다. 그리고 남이야 뭐라고 하거나 말거나 간에 낭월이의 생각으로는 이 분이 틀림없이 국민을 위해서 일을 하려고 애를 많이 썼을 것이라는 생각을 하게 됩니다.

그렇지만 경신일주의 강인간 금의 성분은 자칫 어느 한 방향으로 집중되었을 적에 그 방향이 잘못되면 멈출 수가 없이 마구 빨려들어가는 형태가 있습니다. 언젠가 제자를 유괴해서 살해한 주형영의 사주도 경신일주였거든요. 물론 그 경우에는 월의 을묘일주와 합이 되는 바람에 재물욕이 강력해져서 그러한 천인공노할 짓을 저질렀다고 이해는 됩니다만, 이러한 경우를 볼 적에 경신일주는 참으로 칼날의 양면과도 같다는 생각이 드는군요.

申金의 내부에서는 식신인 壬水가 잠복해 있군요. 임수는 한 방면으로 몰두해서 파고 들어가는 성분입니다. 그러한 구조에 의해서 자신이 세운 방향에 몰두를 하게 되는 작용으로 나타나게 되는 것으로 생각합니다. 다만 기운이 온기가 부족하고 오로지 냉기운으로만 형성되어 있기 때문에 약간 아쉬움이 있다고 하겠군요. 어쨌든 추진력을 가지고 몰두해서 파고 들어가는 성분은 언젠가 성공을 하게 되는 구조라고 하겠습니다.

(6) 庚戌일주

이번에는 편관이 편인을 본 구조로서 경진일주와 비교가 되는 형상이로군요. 일단 기본적인 것은 경진일주와 같다고 보고 그 내부에 잠재하고 있는 구조를 살펴봐야 하겠습니다.

술토의 내부에는 정관인 丁火, 겁재인 辛金이 포함되어 있습니다. 이러한 성분은 스스로 갈등을 만들어내겠는데, 겁재는 자신의 주체적인 성분을 남들과 경쟁하려는 구조로 나타날 것이고 정관의 성분은 이기적인 겁재를 자꾸 억제하도록 권유하기 때문입니다. 과연 경금이 어떻게 받아들일 것인가는 주변상황에 따라서 달라지겠습니다만 우선적으로 볼 때 정화의 힘이 약합니다. 무토에게 설기가 되기 때문이지요. 그래서 마음은 있으면서도 실행은 어려운 형상이라고 봐야겠군요. 그렇다면 겁재의 영향이 강화되는 것으로 보고, 경신일주와도 비슷한 구조를 갖는다고 봐야 하겠군요.

그리고 경진과 경술은 함께 괴강이 됩니다. 하늘의 괴강성이 얼마나 신비한 힘을 주는지는 모르지만 아무래도 편인의 성분이 강력하게 나타나기 때문에 초인적인 영감이 존재할는지도 모르겠군요. 영감은 그야말로 신이 주신 선물이라고 생각이 듭니다. 그 분야는 연구하고 궁리해서 되는 것이 아니거든요. 그냥 어느 날 갑자기 잠을 자다가 얻어지기도 하는 능력이니까 이 분야에서는 이론적인 구조를 초월한다고 봐야하겠습니다. 그래서 경술일주는 이러한 잠재력을 개발한다면 아마도 대단한 힘을 발휘하게 될 가능성이 높을 것으로 생각이 되기도 하는군요.

辛金의 정신적 구조

◇ 양의 마음 — 정관

정관이라고 하는 성분은 이치에 합당하게 남을 위하는 성분이라고 하겠습니다. 그런데 신금의 겉으로 나타는 성분을 볼 적에 크게 정관적인 경향이 부족하다는 느낌이 왕왕 듭니다. 아마도 내면의 심리에 더욱 영향을 받고 있는 탓이 아닐까요?

◇ 음의 마음 — 겁재

하건충 선생님은 신금을 일러서 머리에 피가 뚝뚝 떨어지면서도 상대방의 코앞에 바짝 들이미는 성분이라고 말씀을 했습니다만, 그러한 분위기가 있다고 생각이 되는군요. 그렇지만 그러한 경우는 되게 열을 받았을 경우이고 보통은 속으로 생각만 하고 실제로 강경하게 나오지 않는 것으로 생각됩니다. 그러니까 결정적일 경우에는 그렇게 나오지만 보통은 잘 판단을 해서 내게 이롭고 해로운 것을 헤아려서 행동한다고 봐야겠군요.

그리고 겁재라는 것이 재물을 겁탈하는 면도 있지만 자존심이 강하다는 면도 있습니다. 그래서 여간해서는 자신의 과오를 사과하지 않는 면도 있는데 이러한 점은 음간의 특성에 어울린다고 생각이 되는군요. 반면에 경금은 자신의 허물을 알면 바로 사과를 하는 솔직한 면이 있다고 생각이 되는군요.

◇ 두 마음이 결합된 형태

역시 아무래도 신금의 영향은 겁재적인 면이 강하겠군요. 그러면서도 표면심리인 정관의 성분이 있다고 볼 적에 한편으로는 공평무사하게 일을 처리하려고 노력하는 면도 있습니다. 그러한 점에서는 정관의 성분이 나타난다고 보겠는데 어쩌면 각 개인의 사주구조에 따라서 상당한 차이가 있겠지요. 그리고 당연히 그래야 할 것입니다. 신금이 봉사하는 마음을 먹을 적에는 매우 적극적으로 일을 봐주는 경우를 많이 보았습니다. 그러한 면은 표면적인 명분이 타당하다고 생각되어서 정관적인 마음이 표현되는 것이 아닌가 하는 생각을 해보기도 합니다.

(1) 辛丑일주

신축일주의 특징은 겁재가 편인을 본 형태라는 점이로군요. 물론 표면심리에는 정관이라는 구조가 있습니다만, 역시 辛丑도 음간이기 때문에 표면심리보다는 잠재심리가 더욱 작용을 한다는 이론에 의거해서 겁재의 구조로 논하는 것입니다. 겁재라는 성분은 주체성이라고 했는데, 주체적이면서도 외향적인 성분이라고 했습니다. 그냥 내면으로 주체적이 아니라 실제로 남들과 대항을 하면서 자신의 주관성을 인식하는 형이라고 생각이 됩니다.

이러한 특성은 자신을 방어하는 구조로 나타나기도 하는데, 방패를 세워 놓고 칼날을 전면으로 향하게 한 다음에 자신을 수비하는 형태라고도 하겠군요. 신금이라는 것이 원래 칼날이라든지, 예리함이라고 하는 구조를 품고 있다고 했는데 여기에서 그러한 인상이 떠오르는군요. 그리고 냉정한 형상도 떠오릅니다. 원래 비견이 감정적으로 주관성을 지킨다면 겁재는 이성적으로 주관성을 지키는 성분이라고 할 수가 있습니다. 감정적이라는 말은 누군가 자신의 자존심을 건드리면 정신을 못 차리고 분개하는 성분이므로 비견이라고 보자는 것이고, 이성적이라는 것은 우선은 기분이 상하지만 냉정하게 대항을 하기 위해서 일단 자제를 하는 형태라고도 하겠습니다.

소녀시절에 강간을 당했던 여성이 30년이 지난 후에 그 남자를 살해했다는 이야기가 보도되어서 사람들을 놀라게 했던 적이 있었지요? 아마도 대다수의 성인이라면 기억이 나실 겁니다. 얼마나 마음에 사무치게 상처가 있었으면 30년 동안 잊지를 못하고서 그러한 일을 했겠습니까?

낭월이는 이러한 성분이 바로 신금의 특징이라고 생각하는 것입니다. 그야말로 자존심을 찾는데 걸리는 시간은 별다른 문제가 되지 않는 것입니다. '언젠가는 갚아주리라! 두고 보자!' 하고 벼르고 벼르는 것이 겁재의 구조라는 점을 이해해보는 것으로 우리의 공부는 충분하다고 생각되는군요. 여기에서 떠오르는 신축일주가 있군요. 천하의 호걸 김두한 씨 말입니다.

김두한 씨로 말한다면 낭월이보다도 벗님들께서 더 잘 아실 겁니다. 일본인들과 일전불사를 선언하고 자신의 구역을 확실하게 지킨 사나이지요? 그래서 일본의 야쿠자들도 김두한이라는 이름을 들으면 오금이 저렸다고 하는데 사주의 구조는 戊午년 戊午월 辛丑일 己丑시로 되어 있군요. 그래서 이번 항목에 해당이 되어서 한번 적어봤습니다.

이 사람의 무용담을 생각해볼 적에 참으로 피를 두려워하지 않는 의혈남아라는 생각이 들거든요. 그래서 신축일주에서 느끼는 분위기가 정관보다는 겁재라는 느낌이 강하게 다가오는군요. 아무래도 정관의 합리적이면서도 타협적인 관료의 구조는 느끼기기 어렵다는 생각이 들어서 말입니다. 다만 일지에 편인이 있음으로 해서 수동적인 면도 있다는 생각입니다.

기본적으로 건드리지 않으면 양반이라는 말이 있는데 아마도 신축일주를 위해서 만들어둔 것이 아닐까 하는 생각을 해봅니다. 가만두기만 하면 편인을 생각해볼 적에 고독한 성분인데 일단 누가 자존심을 건드리기만 하면 참지 못하고 일어나는 사람입니다. 일지에 있는 편인의 작용은 직관적으로 감지하는 능력이 뛰어나다는 점을 보여줍니다. 그래서 직감적으로 상대방의 주먹이 어디로 들어올는지를 알아차려서 싸움을 잘 하는 것일까요?

축 중에는 비견인 辛金과 식신인 癸水가 작용을 하고 있군요. 비견은 더욱 겁재의 성분을 강화시킬 것이고 식신은 자신의 자존심을 건드린 복수를 할 방법을 궁리하는데 사용될 수도 있겠군요. 그리고 이러한 성분은 자신이 마음에 드는 사람에게는 또한 최선을 다해서 보호할 마음의 준비가 되어 있다는 말도 되는 것입니다.

(2) 辛卯일주

신묘일주는 겁재가 편재를 본 구조로군요. 묘 중에는 다른 성분이 없으므로 그냥 편재에 대해서만 생각하면 되겠습니다. 겁재의 이야기는 신축일주의 항목에서 상세하게 한 셈이니까 편재와 연결이 되었을 경우에 대해서만 생각을 해보도록 합니다.

겁재가 편재를 운용하기에는 뭔가 어울리지를 않는군요. 아무래도 부담이 될 것으로 생각됩니다. 4辛卯는 재다신약이라고 본다는데 그렇다면 신묘일주는 스스로 재성의 힘을 감당하기에 부족하다는 말이 되는군요. 그래서 주변의 힘을 빌어서 비로소 사업의 실마리를 풀어간다고 하겠습니다.

사실 겁재의 장사 수완은 신통치 못한 것이 기본이기에 아무래도 혼자서 일을 풀어가기에는 역부족이라는 느낌이 들기도 하겠습니다. 사업도 일단 논이 있고 나서 한번 버릴 셈치고 해보는 것이 좋을 거라는 생각까지도 드는군요. 우선 재물에 대해서 하찮게 보는 습성과 실제로 재성의 힘이 강하다는 면이 서로 궁합이 맞지 않는 형태로 이끌어가는군요.

다만 신체를 단련하는 것에는 재능이 있답니다. 겁재라는 성분이 자신의 힘을 기르기 위해서는 신체를 단련할 가능성이 있는데 그 이치에도 적합하군요. 그래서 신묘일주는 사업을 하기 보다는 신체를 단련하는 전문가가 되는 것이 더 나을 가능성이 보입니다. 그러면 스포츠계에서 이름을 날릴 가능성이 있겠군요. 누가 아나요? 올림픽에서 금메달이라도 하나 따면 국가에 충성하고 연금도 받고 오히려 수지맞는 사업이 될 수도 있으니까 말입니다.

(3) 辛巳일주

신사일주는 겁재가 정관을 보고 있는 구조가 됩니다. 그래서인지 겁재의 성분이 많이 정화가 되어서 공익을 생각하는 느낌이 드는군요. 그렇다면 자신의 능력을 사회를 위해서 활용하게 된다고 보겠는데 정관의 성분으로 볼 적에 합리적이면서도 이성적인 판단을 하게 됩니다. 그리고 겁재는 또 주관적인 성분이 강하지만 노골적으로 노출시키지 않는 성분이니까 이러한 여러 가지를 종합해볼 적에 아무래도 공무를 수행하면서 자신의 자존심이 약간 손상이 되더라도 인내심을 가지고 일을 합리적으로 풀어가려고 상당히 노력을 하는 구조라고 봅니다. 그래서 공무원의 직책이 어울린다는 느낌이 드는군요.

또 사화의 속에는 겁재인 庚金과 편인인 戊土가 존재한다는 점을 감안한다고 하면 정관적인 성분으로 작용을 하면서도 결코 호락호락하게 봉사만 하고 있지는 않을 것 같은 느낌도 포함되는군요. 다만 겁재가 겁재를 봐서 매우 강인하게 느껴지지만 실제로 워낙 사화의 구조가 강하기 때문에 속으로만 그러한 성분을 작용시킬 뿐 겉으로는 공손한 관료의 형태를 잃지 않을 것으로 생각됩니다.

(4) 辛未일주

이번에는 겁재가 편인을 보았다는 면에서 신축일주와 비슷한 형태라고 기본적으로 보겠습니다. 다만 차이가 있는 것은 미중에 들어있는 편재인 乙木과 편관인 丁火인데 이러한 성분은 기본적으로 갖고 있는 겁재의 성분을 약화시킬 가능성이 있겠습니다. 신미일주로 이름을 날린 사람 중에는 두보(杜甫)가 있군요. 시인으로써 이태백과 쌍벽을 이룬 사람이라고 생각이 되는데, 그의 시에서는 영감이 있었을 것으로 생각됩니다.

일지에 있는 편인은 아무래도 영감을 제공하기에 충분하다는 생각이 드는군요. 이에 맞서는 이태백은 기사일주로서 역시 일지가 비슷한 정인이로군요. 이렇게 일지에 인성이 있는 사람들이 이름을 날리는데는 그만한 격국의 형상도 있겠습니다만 우선적으로 일지의 인성에서 발산되는 직관력이 작용을 했을 가능성이 충분히 있다고 생각되는군요. 시인이라는 것이 사실은 직관으로 관찰하고 글을 남기는 것이거든요. 소설과는 그 형태를 달리하지요?

어떻게 보면 약간은 수동적인 성향을 띤다고 생각되는군요. 편재의 성분은 운동을 좋아한다는 것으로 신묘일주와 연계해서 생각을 해볼 수가 있겠습니다만 편관이 추가되어 있으므로 어쩌면 위험하고 극기심을 요구하는 운동에 관심을 갖게 될 가능성도 있군요.

예를 든다면 암벽타기를 한다든지 카레이싱을 하는 것들이 여기에 포함될 것입니다. 그러면서도 편인적인 성분이 작용을 하는 것은 직관에 의해서 판단이 필요한 운동이라고 확대 해석을 해볼 적에 자동차 경주 같은 종류는 매우 흥미가 있는 구조라고 하겠습니다. 약간 다른 이야기입니다만, 낭월이의 아우가 신축일주인데 운전만 하면 항상 고속도로건 국도건 간에 따질 것이 없이 최고 속도입니다. 낭월이랑 함께 살면서 자동차를 끌고 다녔는데 언제라도 길에만 나서면 최고 속도로 다닙니다.

날씨가 맑거나 폭우가 오거나 전혀 고려의 대상이 되지를 못하는 모양이더군요. 그래서 왕래를 하면서 시간이 단축되는 것은 사실입니다만 그 바람에 보험을 들지 않고서는 하루도 마음이 편하질 않습니다. 이러한 스피드를 즐기는 것도 순간순간을 깨어 있음으로써 짜릿~한 것을 즐기는 것입니다. 그리고 대전을 나갔다가는 매장에 전시되어 있는 '파이어버드'를 보더니만 얼른 돈을 벌어서 한 대 사야하겠다고 벼르더군요. 제발 덕분에 새로 벌린 사업이 잘 되어서 그 날렵하고도 얄밉게 생긴 차를 한번 얻어 타보는 기회가 생기기를 은근히 빌어봅니다. 사업이라고는 하지만 컴퓨터 통신망에다가 사주 프로그램을 설치하고서 검색해보는 방식의 네트워크 사업이랍니다. 이 자리를 빌어서 은근히 광고를 해보네요. 그래도 이렇게나마 도움이 된다면 또한 좋은 일이 아니겠나요? 이름을 지어 달라길래 '역학과 컴퓨터' 라고 해보면 어떻겠냐고 했는데 이거 잘 되어야 멋진 스포츠카를 한번 타보는 건데 말입니다. 하하.

그런데 문제는 이 친구가 떠나고 난 다음입니다. 연지님이 그 차를 타고 다니면서 스피드에 길이 들여졌는지, 초보 딱지를 달고 도로를 나가더니만 대책 없이 계기판을 학대하는 것입니다. 초보가 차를 몰면서 "이거 차 가 왜 안 나가노?" 라는 말을 할 적에는 낭월이의 등골이 서늘해지면서 안전벨트를 점검하는 것입니다. 정말 습관이라는 게 무서운 것이더군요.

신미일주도 이러한 경향이 있을 것이라고 생각이 됩니다. 어쩌면 오히려 더 심할 가능성도 있군요. 신축일주는 일지에 편재가 없는데도 그렇게 몰아대는데 일지에 편재까지 있는 상태이니까 계기판을 조작하는 능력에 더욱 자신이 있을 것이 분명하기 때문입니다. 이러한 사람은 아무래도 브레이크 점검을 항상 게을리 하지 않아야 하겠군요.

(5) 辛酉일주

이번에는 최대 고집에 해당하는 사람이로군요. 3대 고집에 속하는 사람은 乙卯와 壬子, 그리고 辛酉인데 그 중에서도 가장 강한 것이 바로 신유입니다. 임자는 뒤에 나오겠습니다만 기본적으로 인성의 성분이라서 수동적인 면이 강하다고 보고, 을묘는 또 재성인 성분이라서 주체성이 떨어진다고 볼 수가 있는데 이 신묘일주는 겁재가 비견을 보았으니 대책 없는 고집 중에서도 최고의 고집에 속하여 참으로 시비를 걸어가지고는 남는 것이 없을 사람이라고 보입니다.

그리고 유금은 다른 성분이 포함되지 않습니다. 그래서 천상 금으로만 똘똘 뭉쳐 있는 형상이어서 더욱더 강하다고 하는 것이지요. 이러한 성분으로 인해서 무슨 일을 하든지 자신의 주관대로 일을 처리하고 남의 조언에 대해서는 별로 고려를 하지 않을 것 같은 형상이로군요. 안타깝게도 신유일주에 해당하는 사람이 별로 기억나지 않는군요. 그래서 그냥 추측으로 짐작을 해봅니다.

그리고 이 경우에는 월이나 시의 천간에 있는 글자의 영향이 상당히 중요할 것으로 생각됩니다. 즉 주변의 상황에 따라서 많은 변수를 갖고 있다는 이야기지요. 이러한 점에 유의를 해서 관찰해보시기 바랍니다.

(6) 辛亥일주

신해일주는 겁재가 상관을 본 형태로 이뤄져 있는 구조입니다. 그리고 상관인 해수의 내부에는 정재인 甲木도 잠복해 있군요. 이러한 구조로 봐서 이 사람은 자신에 대해서 남들이 어떻게 생각하는지에 매우 관심이 많겠습니다. 이러한 구조는 상관의 성분인데 일지에 상관이 있고 또 겁재라는 성분도 남들을 상당히 인식하는 구조이기 때문에 이러한 영향을 받을 가능성이 높다고 봅니다.

더구나 정재는 외모에도 신경을 많이 쓰는 구조입니다. 물론 재물은 낭비하지 않는 스타일이기도 하지요. 이러한 구조로 인해서 남들의 평판에 상당히 신경을 기울이는 마음을 느낄 수가 있겠습니다. 물론 모든 기준은 자기 자신입니다. 남들에게 베푼다는 것에는 크게 마음을 쓰지 않고 있다고 생각되고요. 오히려 남들에게 돋보이기 위해서 적선을 하는 형태가 될 수도 있다고 생각이 드는군요.

그러나 신약한 상황이 전개된다면 이러한 상관 생 정재의 구조가 흉한 암시로 돌아가게 됩니다. 그러면 자신의 능력을 과대평가하고서 잘난 척 하다가 항상 망신을 당할 수가 있다고 생각해봅니다. 그러니까 남들에게 도움을 준다는 차원이 아니라 남들이 나를 어떻게 생각하겠는가 하는 차원에서의 봉사라고 생각되는군요. 남들이 모두 불우 이웃돕기를 한다면 나도 해야 한다고 하는 형태입니다. 그 이유는 남들이 나를 생각할 적에 인정머리 없다고 할지도 모르기 때문이지요. 그래서 언제나 매무새가 감각적으로 깔끔하게 정돈되어 있습니다. 겁재라는 자존심이 그렇게 스스로의 모습을 가꾸도록 하는가 봅니다.

그리고 대체적으로 볼 적에 辛金에 해당하는 사람은 멋쟁이라고 볼 수가 있습니다. 남들에게 비쳐지는 자신의 모습에 대해서 매우 신경을 쓴다고 생각이 되는데, 사실 멋이라는 것이 그렇게 신경을 쓰면서 가꾸지 않는다면 애초에 있을 수가 없을는지도 모릅니다.

그렇게 스스로의 외모에 신경을 쓰는 이유 중에 하나는 겁재라는 성분은 비견과 달라서 자신의 내면적으로 주체성을 갖는 것만이 아니라 외향적으로도 남들이 깔보면 안되기 때문이 아닐까 하는 생각을 해봤습니다. 그러한 심리구조는 일자리를 구하는 데에도 영향을 미쳐서 남들이 괄시를 할 만한 일을 하게 되면 몇 배의 스트레스를 받는다고 보는 것입니다. 그러니까 수입이 약간 떨어지더라도 남들이 우대해주는 그러한 일을 하는 게 오히려 편안한 것이지요.

그리고 이것은 말이 되는 건지 안 되는 건지는 모르겠습니다만 그럴 수도 있겠다는 생각이 들어서 궁리를 해본 것입니다.

즉, 辛金은 보석이라는 말을 합니다. 다시 말하면 보석의 가치는 남들이 매겨주는 것입니다. 그래서 항상 남의 눈을 의식하는 것이 아닐까 하는 생각을 해보는 것이지요. 남들의 시선을 많이 받아야만 가격이 상승되는 것이니까 말입니다. 귀금속 가게에 가보면 그러한 느낌이 들어옵니다.

값비싼 다이아몬드는 분명히 제일 눈에 잘 띄는 위치에 전시되어 있습니다. 그리고 저렴한 은제품은 들러리로 늘어서 있고요. 이렇게 첨예한 위치 경쟁에서 돋보이려고 하는 것은 아마도 귀금속에 마음이 있다면 당연할 것입니다. 그리고 무정물에도 마음이 있다고 했으니까 분명 그들도 마음이 있을 것입니다.

이러한 여러 가지의 정황으로 볼 때 신금에 해당하는 성분이 남들의 눈을 의식하는 것에는 그럴 만한 이유가 있다는 생각을 해봤습니다만 과연 이 이론이 타당한 근거가 되는지는 자신이 없군요. 왜냐면 신금이 과연 보석으로만 설명이 가능하겠느냐는 질문을 한다면 대답이 궁색해지기 때문이지요. 신금이 약하면 그렇게도 말하겠습니다만 강하다면 능히 바위라고 할 수도 있다는 생각이 들어서 말이지요.

壬水의 정신적 구조

◇ 양의 마음 — 편인

편인이라고 하는 성분이 표면심리에 나타나 있군요. 이번에는 양간이기에 표면심리의 영향이 더욱 강하다는 것을 염두에 두어봅니다. 편인은 뭔가 골똘하게 생각하는 성분입니다. 흔히 종교적인 성분이라고 말을 하지요. 그리고 물을 일러서 지혜라고 하는 데에는 역시 이러한 성분이 있기 때문이 아닌가 합니다. 임수는 어쩐지 학자의 냄새가 풍깁니다. 그렇게 골똘하게 궁리를 하는 성분이 느껴지는군요.

◇ 음의 마음 — 식신

내면적인 심리로는 식신을 나타냈습니다. 식신은 깊이 파고드는 성분입니다. 그렇게 해서 자신의 속에 잠재해 있는 능력을 남들에게 보여주는 성분이지요. 내면적으로는 깊이 파고드는 성분에다가 표면적으로는 편인의 성분이 어우러지니까 아주 잘 어울리는 한 쌍이로군요.

◇ 두 마음이 결합된 형태

이렇게 편인적인 마음을 표면에 두고 있는 것이 임수의 구조로군요. 명리의 관계서적을 보면 임수를 일러서 음흉하다는 말로 대신하기도 합니다만, 그러한 오해를 받는 이유도 바로 이 표면심리인 편인의 구조로 인해서라고 봅니다. 그렇다면 역시 임수에서도 양간의 특성이 크게 부각된다고 하겠군요.

내면적으로 끊임없이 궁리를 하면서도 고독의 성분인 편인은 또 남들에게 선뜻 그 내용을 공개하지 않으니 남들이 볼 적에는 뭔가 혼자 속으로 꿍

꿈이를 갖고 있다고 생각하게 될 가능성도 있겠습니다. 반면에 묵직한 면도 있습니다. 경거망동을 하지 않는 성분이 아닐까 싶군요.

(1) 壬子일주

편인이 겁재를 본 형태로군요. 대단한 세력입니다. 완전하게 물로만 이뤄진 구조로군요. 세상천지에 겁날 것이 없는 구조입니다. 편인의 구조로는 탁월한 직관력이겠고, 그 직관력을 믿고 전진하는 겁재의 구조로 볼 때 예술계통으로 종사한다면 매우 뛰어난 영감을 계발하여 좋은 작품을 남기게 될 가능성이 높겠습니다. 물론 이것을 뒷받침하기 위해서는 주변에 식신으로 흐르는 기운이 깔려 있다면 금상첨화겠지요.

참고로 대구의 불로동 목각예술단지에서 목공을 하고 있는 사람의 사주가 있는데 己亥년 丁卯월 壬子일 辛亥시로군요. 왕성한 물이 월령의 상관을 타고 흘러가서 예술계통으로 발휘되는 분위기가 된다고 보겠군요. 그 재능이 빛을 보기 위해서는 월간의 丁火가 있는 것이 너무도 반가운 상황이로군요. 이렇게 식상으로 기운이 흐르면 다시 재성을 봐야 결과가 된다는 것을 이런 기회에 확인해두시기 바랍니다.

참고로 癸巳년 丙辰월 壬子일 壬寅시에 태어난 사람은 신약한 상황이 되다보니까 부득이 식상의 기운을 사용하지 못하고 농사일을 하는 사람이 되고 말았군요. 자신의 의지력이 아무리 강하고 영감이 있어도 여건이 허락을 해주지 않으면 쓸모가 없는 모양입니다. 격국에서 느끼는 형상이 벌써 예술을 할 사람과 농사일을 할 사람의 차이가 난다고 하겠습니다.

어느 사주가 되든지 간에 일단 임자일에 출생하면 자신의 중심이 매우 강해서 웬만하면 식상으로 기운이 흘러갑니다. 그렇게 되면 인정도 많고, 재능도 활발해서 많은 방면에서 성취를 할 가능성이 있다고 보지요.

물은 흐르는 성분이기 때문에 辛酉나 乙卯보다는 강하지 않다고 봅니다. 다만 주변의 상황에 따라서 물의 세력이 넘친다면 오히려 생의 의미가 없어지고 범람을 할 형태로 변하게 되겠군요. 그렇게 된다면 참으로 대단한 홍수로 변할 가능성이 있다고 하겠습니다. 물론 이렇게 국세가 짜여진다면 격국의 형태는 점점 떨어지겠지요. 가령 여자 사주에서 壬辰년 壬子월 壬子일 戊申시가 되어 있는 사주가 있는데 이 여인은 스스로 술장사를 해서 가족의 생계를 꾸리고 있습니다. 물이 흘러가지를 못하는 인연으로 해서 그냥 상업에 종사하는가 보군요. 너무 약해도 곤란하고, 그렇다고 너무 강해도 곤란하고, 적당하게 강한 편에 속하는 균형의 사주를 얻기가 그렇게도 힘이 드는군요.

또 壬子년 壬子월 壬子일 丙午시에 태어난 사주가 『적천수징의』에 나타나 있는데 이 사람은 거지 노릇이 직업이랍니다. 그야말로 전형적인 군겁쟁재로군요. 참으로 수없이 많은 겁재 동료 거렁뱅이들이 밥 한 그릇을 보고서 마구 달려드는 형상을 느낄 것도 같습니다.

어쩌다가 이 항목에서는 사주를 많이 보여드리게 되었군요. 임자일주의 특징이 왕성한 물의 세력이므로 이 물이 어느 방향으로 머리를 두느냐에 따라서 작용을 하는 형태가 각양각색이라는 느낌이 들어서 이렇게 다양한 사주의 예를 생각해봤습니다. 물론 다른 간지도 그렇겠습니다만, 특히 고려를 해봐야 할 형태로군요.

(2) 壬寅일주

벌써 분위기가 달라집니다. 임자와 임인에서 느껴지는 분위기 말입니다. 편인이 식신을 본 형태로군요. 편인의 직관력과 식신의 연구력은 아무래도 학자의 분위기가 넘치는군요. 이렇게 되면 기운이 어디로 흘러갈 것인지를 알 수가 있습니다. 임자일주처럼 움직이지 않고서 그냥 찰랑~하게 모여 있는 것보다는 느낌이 잘 전달이 되는군요.

영감(靈感)을 그대로 전달하면 무당이라고 하겠고, 직감을 전달만 하면 참모라고 하겠군요. 그렇지만 직감을 받아들여서 일차로 가공을 한 다음에 새롭게 정리를 해서 전달하면 학자라고 하겠습니다. 사실 지구의 수없이 많은 비밀을 읽어낸 학자들은 대개가 직감에 의해서 감지를 하고 그 직감을 토대로 연구하고 궁리를 하여 발표한 것이라고 생각이 됩니다.

한 예로서 아르키메데스가 목욕을 하다가 부피라는 것에 대해서 깨닫게 된 것이라는 이야기를 볼 적에도 같은 생각이 들고요. 또 뉴튼이 떨어지는 사과를 보면서 영감을 얻은 후에 실제로 많은 실험을 거쳐서 최종적으로 인력이라는 것을 확인하게 된 것도 역시 같은 의미가 되겠습니다.

이렇게 학문의 길에도 1%의 영감과 99%의 실험정신이 결합을 이루고서야 비로소 가능한 이론으로 전개를 하는 것입니다. 그러고 보면 이 말은 에디슨이 한 말인가요? 사실 영감이 전혀 없이는 뭐든지 되는 일이 없는 모양이군요. 하하.

그런데 이 임인일주는 그 영감이 대략 따져도 40%는 되겠군요. 이 정도의 힘으로 연구를 한다면 필시 성공을 할 가능성이 높을 수밖에 없겠습니다. 이러한 역량은 학문을 연구할 적에 더욱더 빛이 나는 것입니다.

그리고 인목의 내부에는 편재인 丙火가 있고, 편관인 戊土도 엄연하게 존재하고 있군요. 이것은 무슨 일이든지 결말을 얻을 수가 있으니까 좋은 징조라고 하겠습니다. 그래서 수생목하고 목생화하는 순리를 따라서 전개하는 형상이로군요. 가장 순수하게 기운이 흐르고 있는 간지 중에 하나라고 생각이 됩니다. 그러면서도 이기적이 아닌 것은 무토의 편관작용이라고 해도 되겠습니다.

(3) 壬辰일주

일주가 임진이 되면 편인이 편관을 본 구조가 되나요? 편관은 이지적이
면서도 감정적이라고 볼 적에 비판력이나 분석력이 뛰어나다고 하겠습니
다. 편인의 직관력과 편관의 극기성을 갖고서 어느 이론에 대해서 궁리를
한다면 냉정하게 객관적으로 판단을 할 가능성이 높기 때문입니다. 달리
말한다면 직관적으로 그 상황의 특색을 파악하고서 편관의 경쟁적인 이성
으로써 분류를 하는 성분이라고도 하겠군요.

그리고 동정심도 많은데 역시 편관의 작용이라고 하겠습니다. 편관은 자
신의 이득을 취하는 것보다는 남의 고통에 더욱 마음이 아픈 사람이거든요.

진토의 내부에는 상관인 乙木과 겁재인 癸水가 함께 존재하고 있습니다.
상관 쪽으로 흐르는 기운과 편관으로부터 역류하는 극제성분으로 인해서
일관성은 없는 편이라고 할 수가 있겠군요. 그러한 작용으로는 다양한 형
태의 일을 할 수도 있다는 암시가 있습니다. 그리고 이러한 형태의 특성으
로 인해서 심리구조도 상당히 복잡 다양한 형태를 띠게 될 것으로 생각됩
니다. 서로 흐름이 임인일주와 같이 한 방향으로 모아지지 않고 있다는 것
이 그러한 추리를 하게 되는군요.

(4) 壬午일주

임오일주는 편인이 정재를 본 구조로군요. 편인은 정신적인 것이고 정재
는 물질적인 것입니다. 정신적인 것이 물질적인 것에 관심을 갖는다고 하
면 말이 될까요? 무엇보다도 간지가 합이 되어 있는 구조라는 것이 눈에
띄는군요. 그리고 위에는 물이 있고 아래에는 불이 있는 형상을 띤다면 이
것은 주역의 수화기제(水火旣濟)의 괘상도 됩니다. 그래서 균형을 이루고
있는 형상이라고 보는 것이지요. 뭔가 부지런히 움직이는 형상이 느껴진다

는 것입니다.

위에 물이 있고 아래에 불이 있으니까 불은 위로 올라가려고 하고 물은 아래로 내려오려고 하는 마음이 있어서 항상 부지런하게 움직이는 형상을 취하는 것입니다. 그러면서도 서로 유정하다는 점을 감안할 적에 아무래도 좋은 암시가 나타난다고 하겠군요.

그래서 임오일주는 무슨 일이든지 한 가지를 시작하면 끈질기게 물고 늘어져서 끝장을 봐야 속이 시원한 구조를 갖고 있다고 하겠습니다. 또 재물의 속성을 잘 알기 때문에 관리를 하는 면에서는 타의 추종을 불허합니다. 사실 역학동호회에서 총무일을 시켜봤는데 회비관리 하나는 똑 소리 나게 잘 하더군요. 그렇게 해서 또 하나의 일주에 대해서 연구를 해 나가는 것이랍니다.

또 오화의 내부에는 정관인 己土가 있으니까 항상 합리적으로 생각하는 구조가 깔려 있게 됩니다. 그래서 성품은 중화를 이루고 있는 것이지요. 다만 신약하다면 오히려 이러한 성분이 허세로 흘러갈 가능성도 있습니다만 이미 천간에서 지지를 제압하고 있는 형태이기 때문에 어느 정도만 도와준다면 약하다고 할 것은 없다는 생각이 드는군요. 한마디로 조화된 마음가짐으로 인해서 주변의 사람들과 화목하게 지내는 사람이라고 하겠습니다.

(5) 壬申일주

임신일주는 편인이 편인을 본 구조입니다. 그야말로 한 방향으로 치우쳐 있는 구조로군요. 신약한 상황을 제외하고는 이러한 구조는 바람직하지 않다고 봅니다. 지나치게 폐쇄적인 마음구조는 아무래도 발전성을 저해한다고 생각이 되는군요. 신금의 내부에도 비견인 임수만이 존재하는 까닭에 너무 한 방향으로 치우쳐 있는 구조가 항상 부정적인 사고방식을 갖게 될 가능성이 높다고 하겠습니다. 원래가 편인은 약간의 부정적인 성분을 포함하고 있거든요.

이러한 사주는 발산지기인 목화의 기운으로 흐르는 것이 바람직한데, 그렇게만 된다면 부정적인 방향으로 흐르는 편인성분을 건설적인 방향으로 유도할 수가 있고 또한 부정적인 성분은 감사기관이나 검열직책에서 탁월한 재능을 발휘하게 되는 암시가 있습니다. 형사가 되려면 모든 사람이 도둑으로 보여야 한다는 말도 있는데 이렇게 선천적으로 편인의 강력한 성분을 타고난 사람은 직관력을 의지해서 자신의 일을 찾을 수가 있습니다.

그렇지만 목화의 성분이 없다면 그 탁월한 직관력이 '전망 없음' 이라는 직관을 배출하게 될 테니까 이러한 결과는 참으로 바람직하지 않다고 생각이 되는군요.

(6) 壬戌일주

편인이 편관을 본 구조가 임술일주로군요. 직관적인 성분에다가 이지적인 구조라……. 어쩐지 현실성이 없어 보이는군요. 최우선적으로 눈에 들어오는 것은 앉은 자리가 편안해보이지를 않는다는 느낌입니다. 의존적이고 무력한 구조라고 느껴지는데 자칫 신약한 구조로 흐를 가능성이 많다는 점에 착안한다면 그 분위기는 짐작이 되기도 합니다.

낭월이가 아는 사람 중에 乙未년 庚辰월 壬戌일 甲辰시를 갖고 있는 남자가 있는데 월간에서 인성이 생조를 해주는데에도 뭔가 미래로 나아가는 방향이 잘 보이지 않더군요. 뭔가 계획은 세우는데 그 계획대로 추진을 하지를 못하고 항상 중간에서 포기를 하는 형태입니다. 이것은 편인의 성분이라서 직관적인 면이 있으면서도 그 기본적인 구조가 생조를 받는 형태가 되지 못하고 오히려 일지의 편관으로부터 억압을 받게 되는 것이 그러한 결과를 갖고 오는 것이 아닌가 하는 생각을 해봅니다만 임술은 백호살이라는 이름이 딸려 있는 것과 무관하지 않을 것이라고 생각되는군요.

몇몇의 임술일주를 알고 있는데, 대체로 봐서 미래지향적이지 못하고 불평불만이 많은 편이라는 생각이 드는군요. 그러한 원인은 아무래도 편인의 부정적인 사고방식에서 기인하는 것이라는 생각이 드는데 뭔가 자신의 뜻대로 되지 않는다는 생각을 많이 갖고 있다는 느낌입니다. 그리고 그러한 원인도 역시 일지에 있는 술토의 영향이라고 생각이 되는군요.

술토 속에는 정재인 丁火와 정인인 辛金이 있습니다만, 강력한 무토의 작용과 정화에게 극을 받는 인성의 무력함으로 인해서 어쩐지 세상을 살아가기에 만만하지 않다는 느낌이 듭니다. 이러한 몇 가지의 느낌으로 볼 적에 임술일의 구조는 자신의 주장을 강력하게 펼쳐나가기가 만만치 않다는 생각이 드는군요. 그래서 다른 간지보다도 더욱 강해야 하겠다고 봅니다.

다만 심성은 선량합니다. 남에게 해를 끼치기는 또 여간 어려운 것이 아니로군요. 자신의 이익을 추구하는 성분이 부족해서 그런가 봅니다. 그러니까 스스로 힘을 연마해서 내공을 많이 길러야 하겠습니다.

癸水의 정신적 구조

◇ 양의 마음 ― 정인

계수의 표면심리에는 정인이라고 하는 성분이로군요. 그렇다면 물이라고 하는 구조와 잘 어울리는 성분입니다. 물은 만물의 생명을 책임지는 막중한 임무를 띠고 있으니까 말입니다. 사실 물이 아니고서는 오행 중에서 무엇이 참으로 긴박한 생명의 요구를 들어주겠습니까? 그래서 계수에게 정인의 성격을 찾을 수가 있을 것으로 생각이 되는 것도 과언이 아니라고 봅니다.

◇ 음의 마음 — 상관

음의 마음은 상관이로군요. 상관은 자신의 의사를 활발하게 전개해나가는 성분입니다. 물론 자신의 의사를 표현하는데 있어서 뭔가 장애가 된다면 어떻게 해서든지 그 의견을 꺾을 궁리를 하기도 합니다. 그렇게 해서 자신의 위치를 찾아가는 계수라고 보겠습니다. 그리고 '능소능대(能小能大)'라는 말에도 잘 어울리는 것이 계수인데, 이 능소능대 하는 재능이 바로 상관이라고 보는 것입니다.

계수를 일러서 생동감이라고도 하는데 그러한 분위기는 상관에게 잘 어울리는 말이기도 합니다. 상관은 항상 새로운 것을 찾아서 잠시도 가만있지를 못하니까 말이지요.

◇ 두 마음이 결합된 형태

이러한 기본적인 성격을 묶어보면 정인적인 성품을 바탕에 깔고 있는 활발한 재능을 가진 사람이라는 말로 대신할 수도 있을 것 같군요. 오히려 표면심리가 배경에 깔리고 내면심리가 겉에 드러나는 묘한 상황이 되었습니다만, 음양의 이치가 원래 그러하니까 크게 이상할 것도 아니라고 생각되는군요.

그러면서도 또 내면으로 활발하게 움직이면서 겉으로 사랑을 품고 있는 성분이기도 합니다. 두 가지의 근본심리가 엉클어지는 경우도 있을 법합니다만, 계수에 대해서는 아무래도 고정적인 마음보다는 두 가지를 함께 포함하고 있는 성분으로 보는 것이 더 어울린다고 여겨지는군요. 그러한 배경에는 아마도 계수는 지음(至陰)이기 때문이 아닐까 하는 생각을 해봅니다. 열 개의 간지 중에서 가장 음에 해당하는 성분이다 보니까 이렇게 기본적으로 갖고 있는 성분에서도 그 음적인 면이 극에 달해서 변화를 시도할 수도 있다는 생각을 해보는 것입니다.

(1) 癸丑일주

그럼 우선 계축일주에 대해서 생각을 해보도록 하겠습니다. 상관이 편관을 본 형태라고 하겠습니다. 상관이랑 편관의 인연은 어쩐지 어울리지 않는 형태로군요. 자신은 남의 견제를 받지 않으려고 하는 마음이 가득하고, 주변의 여건은 자신의 주장대로만 살아갈 형편이 아니고, 그래서 마음에 갈등이 발생할 수 있는 구조입니다.

그래선지 계축도 역시 백호살에 해당합니다. 어쩐지 꺼림직한 이름인데요. 물론 백호살이 들어도 격국이 청하면 잘 살아가는 경우를 많이 보았기 때문에 과히 두려워할 것은 아닙니다만, 그래도 이게 참으로 묘해서 한 번 귓가에다가 담아놓으면 두고두고 생각이 나는 모양입니다.

더군다나 어느 여름날 밤에 오토바이를 타고 나갔다가 달리는 차에 치여서 죽어버린 사람의 사주가 辛亥년 丁酉월 癸丑일 壬戌시이니 이것을 놓고서 백호살이 들어서 피를 보고 죽었다고 한다면 혼자서 아무리 상관없는 일이고, 그야말로 우연의 일치일 뿐이라고 열변을 토해도 어쩐지 설득력이 없게 됩니다.

그러므로 계축일에 출생한 사람은 항상 인성의 직관력을 길러서 어쩐지 꺼림직~ 하다면 즉시에 그만두는 민첩함을 소유하는게 좋겠다는 생각이 들기도 하는군요.

또 축토 속에는 편인인 辛金과 비견인 癸水가 함께 들어있기 때문에 표면적인 구조보다는 내면적인 형상이 오히려 편안한 형상이라고 보겠습니다. 편관의 성분으로 인해서 임술일주와도 같이 극만 받고 있는 것인가 싶었지만, 그래도 축중에는 印比가 상당히 힘을 저축하고 대기를 하고 있는 형국입니다. 참으로 절처봉생에 해당하는 형국이로군요.

그렇다면 상관의 성분으로 인해서 활발한 기본 심성에다가 일단 억압을 받으니까 스스로를 억압하는 구조가 포함됩니다. 그렇지만 암장된 인비의 도움으로 인해서 억압되는 구조는 점차로 해소가 되고 자신의 타고난 직관력을 발휘해서 모험에 대한 일을 수행한다면 의외로 성공을 할 수가 있겠습니다.

다만 기본적으로 본바탕이 이성적으로 봉사를 해야 한다는 감정은 없어지는 것이 아니기 때문에 항상 갈등이 많은 사람이 되겠습니다. 무엇보다도 주변의 상황에 많은 변수가 있겠는데, 가령 남자의 사주가 戊戌년 辛酉월 癸丑일 甲寅시에 해당하는 사람의 경우에는 26세에 국방대학교의 교관으로써 장래가 촉망되는 사람이 되기도 합니다.

이렇게 볼 적에 계축일주의 장점을 잘 살려서 편관의 성분인 군대밥을 먹으면서 또 인성의 구조인 교육업에 종사한다는 말이 연관이 되는군요. 이 사람의 사주는 신약한 형태가 되겠고, 그래서 월주의 신유일주를 의지하여 인성의 영향을 잘 받고 있는 구조라고 하겠습니다. 그리고 인성이 희용신이 되므로 인덕도 있겠습니다.

(2) 癸卯일주

흠……. 묘기백출(妙技百出)이로군요. 상관이 식신을 봤으니 이 사람의 재주를 누가 감당하겠습니까? 그야말로 손오공의 술법이라고 하겠습니다.

이러한 구조를 갖게 되면 아무래도 자신의 능력이 제대로 발휘가 될 가능성이 많겠군요. 유명한 텔레비전의 사회자인 황인용 씨의 사주가 庚辰년 丙戌월 癸卯일 壬子시라고 하는 것을 알게 되었습니다.

실제로 사주를 직접 들었던 것은 아니고 언젠가 역학에 관계된 출연자와 이야기를 하는 도중에 생년월일시가 나오는 것을 보고서 개 눈에는 똥만 보인다고, 잽싸게 만세력을 뒤져서 확인한 것입니다. 그러니까 실제로 생일이 다르다면 틀린 사주가 될 수도 있겠습니다만 그 분의 인품으로 볼 적에 아마도 사실적인 사주일 것으로 믿어봅니다. 하하.

여기에서 일주가 계묘라는 것을 보고서 혼자 고개를 끄덕였습니다. 과연 재치가 넘치고 분위기를 부드럽게 조정하는 것이 우연이 아니라고 말이지요. 재치는 상관적인 성분인 계수의 특징이고 출연자의 이야기가 부드럽게 나오도록 이끌어가는 것은 스스로 많은 기술적 궁리를 하는 식신의 성분일 것이라고 생각을 했지요.

인연이 닿아 낭월이에게도 자신의 프로에 출연을 해달라고 한다면 기꺼이 나가서 노닥거릴 수가 있겠다는 생각이 들더군요. 물론 무슨 이야기를 하던지 편안하게 할 수가 있도록 분위기를 리드해줄 것이라는 믿음이 가기 때문이지요. 이러한 것이 바로 계묘일주의 타고난 재능이 아닐까 하고 생각해봅니다.

그리고 묘의 지장간을 뒤져봐도 다른 성분은 없으니까 항상 오롯하게 외길을 달려갈 수가 있겠다는 생각도 한 몫을 하는 것은 물론입니다. 특히 일간의 계수성분이 일지의 식신으로 흘러가는 것도 성품이 원만할 것이라는 생각을 들게 하는군요.

(3) 癸巳일주

계사일주는 상관이 정재를 본 구조로군요. 그렇다면 얼핏 떠오르는 것이 사업가의 구조입니다. 상관 생 정재가 되면 사업방면에서 뛰어난 재능을 발휘할 분위기로 느껴져서 말이지요. 세련된 감각과 깔끔한 매너는 자신의 기반을 다지는데 선천적으로 타고난 재능이라고 하겠습니다.

그런데 여기에도 또한 생각을 해볼 점은 있어 보이는군요. 계사라고 하는 것이 신약한 구조라는 점입니다. 그러한 연고로 해서 만약에 신약한 형상으로 짜여진다면 애석하게도 고난이 예상되는군요. 일지의 정재를 스스로 감당한다는 것은 신왕하다는 것을 전제로 할 때만이 가능한 것입니다. 만약에 신약하다면 그렇게 말할 수가 없는 일이로군요.

마침 한국에서는 거의 유일하지 않나 생각됩니다만 역학자로서 자신의 사주를 표지에 당당하게 공개하신 선생님이 한 분 계시더군요. 이름은 전태수라고 하시는데 그분의 사주가 계사일주더군요. 신약하시기는 했지만, 시에 인성을 얻어서 아마도 뛰어난 직관력으로 점술 계통에서라면 특별한 재능을 발휘할 수가 있을 것으로 생각되었습니다. 그 책은 『점복술입문(占卜術入門)』이었는데 낭월이는 인성의 기능이 약해서인지 끙끙대면서 연구나 했지, 이렇게 탁월한 직관력 방향으로는 애초에 떨어지기 때문에 '신통한 쪽집게' 라는 소리를 듣는 것은 아예 포기를 했습니다.

그리고 사화 속에는 正印인 경금이 있으니까 이러한 구조는 직관력이 있겠는데, 지지의 병화가 워낙이 강해서 직접적으로 힘을 발휘하기에는 다소 약해 보이는군요. 주변에서 노출시켜주기만 한다면 역시 뛰어난 직관력을 발휘할 것이 분명합니다. 그리고 무토의 정관성분이 작용을 할테니까 합리적으로 판단을 하는 구조가 포함됩니다.

또 황희정승의 사주도 癸卯년 乙卯월 癸巳일 丁巳시로서 계사일주에 해당하는데 이 경우에는 외격으로서 종아생재의 형태로 보이는군요. 아예 외격으로 흘러가버리는 구조이기 때문에 이런 경우의 성격분석은 어떻게 해야 할지 아리송송~하기는 합니다만, 그렇게 청렴결백(淸廉潔白)하게 살았다고 하는 점에서 볼 적에 참으로 어울리지 않으니 곤란하군요.

그래서 궁리를 해보건데, '이 사주는 온통 재물천지이기 때문에 오히려 재물에 담담할 수가 있을 것이 아닌가?' 하는 생각을 해본 것입니다. 식신은 궁리하는 성분이니까 학자로서의 자질에 어울린다고 보면 되겠고…….

또 다른 관점에서 운세를 적어보면 북방으로 흘러갔습니다. 종재를 한 상황에서 운이 북방이라는 것은 자칫 재물로 인해서 망신살이 발생할 수가 있다는 것입니다. 그래서 수신제가에 온 정신을 모으는 선비는 재물의 유혹을 과감히 뿌리치고 오로지 청렴하게만 살아야 자신이 존재한다는 역학자(?)의 말씀을 명심하고 피나는 노력을 했을 가능성도 전혀 없다고는 못한다는 점입니다. 너무 확대 해석을 했나요?

(4) 癸未일주

이번에는 상관이 편관을 보았다는 면에서 계축일주와 대동소이하겠다고 전제를 하고 들어가야겠군요. 그러니까 표면적인 면에서는 계축일주와 비슷하다고 생각하고 내재되어 있는 구조를 살펴봅니다.

미토의 내부에는 편재인 丁火가 있고, 식신인 乙木이 있군요. 이러한 구조는 계축일주보다도 더 여건이 불량해보입니다. 전혀 뿌리를 내릴 상황이 아니로군요. 감정이 풍부한 것은 상관입니다만 편관이 그것을 억압하는 형태이다 보니까 뭔가 앞뒤가 잘 맞지 않아 보이는군요. 재주는 많지만 결실을 보는 데에는 많은 장애가 있다고 보는 것은 어떨지 모르겠군요.

우선 식신도 있고 편재도 있으므로 뭔가 일을 추진하기만 하면 특별한 것을 만들어낼 것도 같은데 문제는 처음의 시작을 망설이기만 하고 돌진을 하기가 만만치 않아 보이는군요. 그것은 상관이 시작을 합니다만 편관은 또 브레이크를 걸기 때문이지요. 한참 탄력을 받은 다음에는 브레이크를 밟아도 그냥 달려가는 힘이 있습니다만, 이렇게 출발을 하자마자 밟는 것은 만사를 참으로 더디게만 하는군요.

그렇다면 이 계미일주는 과감하게 밀어붙이는 파워가 요구된다고 하겠습니다. 멈칫거리다 보면 또 신호대기에 들어가야 합니다. 과감하게 돌진을 하는 것이지요. 일단 시작을 잘 해놓기만 하면 뒷일을 또 술술 풀려나갈 조짐이 보이는군요. 항상 의욕과 용기가 필요한 형태라고 볼 적에 이런 편관의 극기성을 발휘해서 체력단련을 하는 운동을 해보는 것도 좋을 것으로 생각해봅니다. 체력은 국력이라는데 건강하면 자신 있게 할 수 있는 일도 건강이 약한 상태에서는 엄두가 나지 않는 경우를 당하고 보니까 역시 헛말이 아니라는 생각이 들더군요.

(5) 癸酉일주

계유일주는 상관이 편인을 본 형태로군요. 아래에서 생기운이 솔솔 올라오는 분위기입니다. 그래서 상관은 자신의 능력을 백분 발휘해서 재능 있는 사람이 될 가능성이 높겠습니다. 다만 상관성분이 밀려오는 생기운을 주체하지 못하고서 흔들린다면 오히려 일관성이 없는 형태로 돌아갈 가능성도 일부 포함한다고 봐야 하겠습니다.

상관성분은 윗사람보다는 아랫사람에게 더 잘하는 구조를 갖게 되는데 그래선지 몰라도 전두환 전 대통령을 보면 아랫사람들에게 얼마나 잘했는가 하는 것을 능히 짐작하고도 남음이 있겠더군요. 웬만하면 자기가 섬기던 상전이 곤경에 처하면 고개를 돌리고 모른 척 하는 것이 일반적인 세상의 인심입니다만, 그 측근들이 아직까지도 그렇게 열심히 설악산으로 연희동으로 끊이지 않고서 찾는다는 것을 볼 때 역시 계유일주의 특징이라고 할 만하다는 생각을 했습니다.

유금의 속에 있는 것도 역시 같은 편인이기 때문에 구태여 생각을 할 필요가 없겠군요. 오로지 상관이 편인을 본 것이라고 할 적에 집중력이 상당히 뛰어나겠다는 생각이 드는군요. 그리고 직감력이 범인을 초월하는 것도 탁월한 편인의 덕분이겠지요. 이러한 정황으로 인해서 계유일주는 찬스에 강하다는 생각을 해보게 됩니다. 조용하게 기다리다가 언제든지 기회가 오면 자신의 목소리를 내는 성분으로 보면 되겠습니다.

가만히 앉아 있으면서 생각은 동서남북으로 분주하게 움직이겠지요. 그렇게 하다가 글을 쓴다면 틀림없이 대단한 문장이 나올 것입니다. 두보나 이백처럼 일지에 편인이 있는 까닭에 이렇게 추리를 해보는 것입니다.

(6) 癸亥일주

이제 60번째의 간지인 계해일주의 순서가 왔군요. 맨 마지막에 있는 간지로군요. 그리고 오행은 물에 해당한다는 점도 이채롭습니다. 원래가 오행의 순환고리는 나무로 시작해서 물로 끝나는 법이니까 말이지요. 이렇게 60번이나 되는 순서를 지났는데도 여전히 물로 끝이 난다는 순리에 따르고 있다는 점이 참으로 묘하다는 생각을 갖게 하는군요. 뭘 별것도 아닌 것을 가지고 호들갑을 떠느냐고 하실는지도 모르겠습니다만 낭월이는 이렇게 사소한 것에도 감동을 잘 하는 친구랍니다.

사실 갑자로 시작을 하는데 그곳에도 어김없이 나무가 존재하고 있는 것을 보면서 결코 우연이라고만 할 수도 없지 않겠느냐고 떼를 써보고 싶어지는군요. 하하.

헛소리는 그만하고 본론으로 들어가서 생각해보도록 해야지요? 계해일주는 상관이 겁재를 보고 있는 형상이로군요. 상관과 겁재는 서로 인연이 친밀해 보이는군요. 그리고 또 겁재인 해수의 내부에는 상관이라는 성분이 포함되어 있습니다.

이것 참, 주체성이 강하다는 겁재의 속에는 또 생동감이 넘치는 상관이 들어있으니까 아무래도 계해일주는 자신의 멋대로 인생을 살아가야 할 모양입니다. 또 총명하기도 하겠습니다. 계수에서 갑목으로 흐르는 것은 생동감으로 느껴지는군요. 그리고 하나의 끝에서 또 다른 시작을 암시하는 통과다리의 몫을 하고 있는 갑목이라는 생각이 들기도 하는군요.

특히 계해일주로서 이름이 높았던 사람은 소동파입니다. 겁재심리학에서도 설명을 드렸습니다만, 소동파는 넘치는 문장으로 일세를 풍미하지 않았습니까? 그리고 무슨 일을 많이 해서 인지는 몰라도 왕수인(王守仁)이라고도 하고 왕양명(陽明)이라고도 부르는 사람도 계해일주로군요. 인명사전을 뒤적여보니까 정치가이면서 문학가라는 설명이 있군요. 설명을 대략 보건데 역시 대단한 자존심으로 자신의 길을 갔던 모양이군요. 주자의 학설조차도 따르기를 거부했다고 하는 말에서 그러한 느낌이 듭니다.

그리고 무엇보다도 낭월이의 부친도 계해일주였거든요. 그래서 계해일주의 특별한 주체성은 짐작이 되고도 남음이 있군요. 이러한 형태로 인식을 하시면 될 듯합니다.

이렇게 크게 십간의 특성을 살펴봤습니다. 그리고 또 십간을 확대해서 각 간지에까지 마음을 통해봤군요. 비록 대략적으로 생각을 해보기는 했습니다만 이러한 정리를 하기까지는 많은 생각이 또 그 이면에 작용을 했습니다. 이러한 내용 중에는 수긍을 못하시는 벗님이 계시기도 하겠습니다만, 그러한 벗님께서는 어째서 낭월이가 하는 이야기가 맞지를 않는가 하고 다시 궁리를 해보시기 바랍니다. 그래서 또 다른 생각이 나오고……. 그렇게 자꾸 발전을 하다 보면 명리학은 참으로 대단한 지위에 도달할 것이라고 확신하기 때문입니다.

흔들리는 심리

흔히 중생의 마음이라고 합니다만 항상 이 마음이 문제입니다. 마음이 이렇게 조석으로 변화를 일으키고 있으니 어느 기준에다가 고정을 시켜야 할지 모르겠다는 생각이 드는 것입니다. 적어도 마음이라고 하는 구조에 대해서 이야기를 하고 있습니다만, 실제로 기본적인 구조에 대해서만 이야 기를 할 수 있을 뿐 구체적으로 시시각각으로 변하는 마음의 가닥은 도저 히 잡을 수가 없다고 보는 것이 사실일 것입니다.

이러한 마음의 상태로 남의 마음을 알아내려고 생각하는 것은 당연히 무 리수가 될 가능성이 많습니다. 다만 마음이 변화를 한다고는 해도 기본적 으로 가능한 변화가 있고 백번을 변해도 불가능한 마음이 있기에 그나마 다행히도 기준을 잡을 수가 있는 것이라고 생각되는군요.

가령 논밭에서 살고 있는 농부는 아무리 그 마음이 변화를 일으킨다고 해도 법관이 되고 싶은 생각은 없을 가능성이 높다고 보는 것도 비슷한 예라고 하겠군요. 이러한 가닥이 있기 때문에 그나마 나행히도 사주의 격 국을 따라서 마음의 형태를 생각하게 되고 또 설명도 가능하다고 생각됩 니다.

물론 이러한 것은 어찌 보면 보통의 사람들에게는 어쩔 수가 없는 숙명 이 되겠습니다만, 만약에 마음이 전혀 움직이지 않는 사람에게는 도저히 어울리지 않는 진단이 될 가능성이 높습니다. 그러니까 일반적으로 자신의 감정의 지배를 받으면서 살아가는 사람은 어느 정도의 틀에 매어서 살아간다고 보는 것일 뿐이지요.

부동심(不動心)

이러한 제목으로 이야기를 할 수가 있는 사람은 적어도 견성(見性)을 했거나 그에 준하는 수행이 있는 도인(道人)이 되어야 비로소 가능하다고 늘 ~ 생각을 해왔습니다. 그 나머지의 사소한 지식을 바탕으로 두고서 '깨달음' 이라던지 '마음자리'에 대해서 언급을 하는 것은 자칫 장님이 횃불을 들고 군중을 인도하는 것만큼이나 위험하다고 생각을 해왔기 때문이지요.

그렇게 생각을 해왔기 때문에 도인도 아니고 깨달음을 얻은 것은 더욱 더 아닌 낭월이가 감히 이러한 이야기를 꺼내려고 한다는 자체가 어쩌면 위험할지도 모른다는 생각을 하면서 주저하는 마음으로 망상을 내어보는 것입니다. 다만 제목은 이렇더라도 실은 사주를 감정하면서 느끼는 낭월이 자신의 마음이 움직이는 것에 대해서 약간의 느낌이 있어서 말씀을 나눠보려고 생각해봤습니다.

그리고 또 한 가지는 명색이 심리학에 대해서 연구를 해보는 마당이니만큼 그래도 마음의 본바닥은 다 말하지 못하더라도 그 언저리에서 배회를 해볼 수는 있지 않을까 하는 마음이 실은 더 많기 때문이기도 합니다. 이러한 이유로 해서 감히 본래의 모습에 대해서 낭월이가 평소에 생각을 해봤던 것들을 말씀드리려고 합니다. 그러니까 '명리연구가의 마음공부 방법' 이라는 제목을 다는 것이 더 합당할지도 모르겠군요.

바늘이 흔들리면 실을 우째 꿰노?

사주감정을 한다는 것이 실은 대단히 에너지를 소모시키는 작업입니다. 온갖 심리적인 부담이 다가오지요. '틀리면 우짜나?' 하는 부담도 적지 않습니다만 특히 다음에 이 사람이 찾아 왔을 적에도 같은 용신을 갖고 이 야기해야 하는데 혹 그때는 다른 용신을 찾고서 엉뚱한 이야기를 하면 어떻게 하나 하는 생각이 더욱 많이 듭니다. 그래서 처음에 찾아왔을 적에 상담을 했던 기록을 남겨두려고 메모지도 사용해보고 컴퓨터의 데이타베이스 프로그램도 배워서 입력을 시켜봅니다.

비록 그렇게 적어뒀더라도 막상 내방자가 전화를 해서 질문을 하면 적어둔 자료를 찾는데에는 시간이 걸리니까 우선 또 눈에 보이는 대로 이야기를 하게 되지요. 그래서 편법을 동원합니다. "전에 내가 뭐라고 합디까?" 하고 묻는 거지요. 물론 백년 후에 봐도 같은 용신이 나올 수밖에 없는 사주라면 전혀 고민을 할 것이 아닙니다만 문제는 보는 관점에 따라서 용신이 다를 수가 있는 사주들입니다.

그리고 고객들 중에서는 이리저리 용하다는 곳에는 다 찾아다니는 '순례파' 들이 있습니다. 그러한 분들이 와서 들려주는 이야기는 이러한 불안감을 더욱 가중시킵니다. '대전에 모모 대가를 찾아갔었는데 처음에는 가구점을 하라고 하더니만 나중에 가니까 철물점을 하라고 하더라. 도사가 그렇게 말을 하는 것을 보니까 도사가 아닌가 보더라.' 는 식의 이야기를 합니다. 그러한 이야기를 들으면서 생각해보지요. '흠 처음에는 목을 용신으로 삼았고 나중에는 금을 용신으로 삼았나 보다. 약간의 혼동이나 견해의 차이가 있었겠구나……' 하는 생각을 해보게 됩니다. 그리고 그 가능성은 감정을 했던 시간의 차이가 많을수록 더욱 높아지겠군요.

이러한 이야기를 들으면서 남의 이야기 같지가 않습니다. 안목이 점점 깊어지기만 한다면 더 잘 보면 잘 보지 틀릴 확률은 줄어드는데, 문제는 상담자의 귀는 항상 그대로 있다는 것이지요. 그래서 처음에 한 말과 나중에 한 말이 서로 같지 않으면 의심을 하고 혼동을 일으키는 것이 부담이 될 수밖에 없는 일입니다. 아마도 공감이 가시리라고 생각이 되는군요.

수시로 변하는 마음은 하루에도 열두 번을 변하고 있습니다. 이렇게 변하는 마음으로 사주를 보려니까 아무래도 개인적인 감정이 개입되는 것이지요. 특히 일진이 사나운 날에는 팔자도 사나운 사람이 찾아옵니다. 그래서 사주고문(!)을 받고서 간 다음에 달력을 보면 틀림없이 기신에 해당하는 일진이지요. 그러면 혼자만 아는 미소를 머금습니다만, 기분은 영 찝찝하지요 뭐.

그러니까 일진이 사나운 날에는 사주도 더러운 사람이 오는 것이라고 생각을 했었는데, 요즘은 이렇게 생각하던 것을 약간 수정했습니다. '일진이 사나운 날은 마음이 혼미해지는 것' 이라고 생각을 하게 된 것이지요. 그래서 평소에는 잘 보이던 용신이 착란을 일으켜서 보니까 잘 보일리가 없다는 생각을 하게 되는 것입니다. 그야말로 '흔들리는 바늘에다가 실을 꿰기는 참으로 힘든 것' 인 모양입니다.

이것이 바로 흔들리는 마음이지요. 카운셀러가 이렇게 흔들리는 마음으로 고민상담을 하게 되니까 항상 냉정하게 객관적으로 판단을 해야 함에도 불구하고 다분히 주관적인 감정이 개입을 해서는 결국 사주 본연의 답을 찾아내기보다는 자신의 감정이 생각하는 자신의 결론을 이야기해주게 된다는 것입니다. 언젠가는 그러한 경험을 한 적이 있습니다.

상담시간에 따라 달라지는 용신

하루는 새벽이 일찍 잠이 깨어서 컴퓨터를 켜고 통신망에 접속을 했습니다. 역학동호회에 들어가기 위해서지요. 그리고 명리마당의 게시판을 가보니까 하나의 사주를 놓고서 한참 열띤 토론이 벌어지고 있더군요. 그래서 낭월이도 그 사주를 관찰해봤습니다. 어디 함께 보실랍니까?

乾命 : 壬辰 癸丑 戊寅 丙辰 이름도 성도 모름

丙辰	戊寅	癸丑	壬辰

73	63	53	43	33	23	13	03
辛酉	庚申	己未	戊午	丁巳	丙辰	乙卯	甲寅

이렇게 생긴 사주입니다. 벗님께서는 어떻게 보이세요? 일단 사주표가 등장을 할 적에는 자세히 살펴보시는 것이 좋습니다. 설명이야 어디로 도망을 가는 것이 아니니만큼 자신의 실력을 좋게 하기 위해서는 우선 사주를 많이 보고 많이 생각한 다음에 비로소 설명을 보면 그 차이를 느끼게 되고, 그 차이가 어디서 왔는가를 생각해 보면서 연구하면 상당히 많은 도움이 될 것입니다. 그러니까 이 사주도 스스로 연구를 해보신 다음에 설명을 읽으시기만 바라겠습니다. 낭월이가 이 사주를 보고서 의견을 이렇게 올렸습니다.

제목 : [의견 1409] 축월무토의 허장성세

여러 가지로 좋은 의견들을 내어 명리마당을 풍성하게 해주셔서 항상 고마울 뿐입니다. 이번 사주는 축월무토인데…….

억부의 차원에서 논하기도 하고 조후의 차원에서 논하는 것도 가능하겠군요. 무계합까지 나오게 되니까 더욱 복잡해지는 형상이네요. 낭월이도 잠깐 끼어들어서 간단한 의견을 올려볼까 합니다. 이 사주의 형상으로 볼 적에,

축월의 무토가 신약하다.
축월은 미월과 대비가 되는데,
겉모습은 비슷할지라도 그 속사정은 전혀 딴 모습으로 비친다.
축토는 금이나 수에게 의지처는 될지라도
토에게는 의지할 형상이 되지 못한다.
섣달의 동토(凍土)는 아무것도 할 수가 없기 때문이다.
고로 신약한 형상이다.
동토는 온난한 기운을 바라게 되니 시간의 병화가 좋아보인다.
시간의 병화도 약하기는 마찬가지인데 역시 겨울의 불이기 때문이다.
다만 일지의 인목에 뿌리를 의지하고 격국을 중화시킨다.
이러한 상황에서는 남방운을 만났을 적에 그 재능이 발휘될 것으로 생각된다.
진토가 둘이나 있지만 역시 겨울 진토는 무력하여 허약하다.

이렇게 생각을 해봤습니다. 병화가 용신이라는 의견이 많으신 듯한데, 동의하는 마음이네요. 계수를 용신으로 삼기에는 무리가 있어 보이는군요.

혹 실제상황을 알고 계시면 참고해보는 것도 좋겠습니다. 그리고 무계로 화한다는 의견은 무리가 있어 보입니다.

巳午월도 아니고 축월에 불기운이 거의 미약한 상황에서 화화(化火)는 논할 수가 없다고 보여집니다.

논산에서 낭월 두손 모음

이렇게 당당하게 의견을 올렸습니다. 위의 글은 올린 내용의 전문입니다. 지금이라도 하이텔의 역학동호회에 접속을 하시면 읽어볼 수가 있는 글이지요. 그렇지만 벗님께서 지금으로부터 10여년 후에 이 강의를 읽으신다면 장담을 못하겠군요. 그때는 게시판이 어떻게 달라질는지를 전혀 예측을 할 수가 없기 때문입니다.

그리고 이날 낮에는 35도까지 올라가는 무더위가 기승을 부렸습니다. 잠시 시간이 나기에 다시 메모해둔 이 사주를 살펴봤습니다. 그랬더니 이번에는 병화가 그렇게 약해보이지도 않았고 무토도 신약하거나 춥다는 생각이 들지 않는 것입니다. 오히려 토극수를 받아서 천간의 임계수가 허약해 보이기까지 하는 것입니다.

이런 생각이 들자 낭월이 자신이 깜짝 놀랐습니다. 불과 한나절을 사이에 두고서 이렇게 생각이 달라지는 것입니다. 이럴 수는 없다는 생각이 들어서 자신의 마음이 왜 이렇게 움직이는 것일까 하는 관찰을 하기 시작했습니다. 그렇게 한참을 생각해 보다가 기똥찬(!!!) 것을 발견했지요. 그것은 바로 보는 시간에 따라서 사신의 감정이 개입한다는 것입니다. 더 정확하게 말하면 보는 시간이라기보다는 '보는 순간의 심리구조' 라고 해야 하겠습니다.

그렇기 때문에 새벽에 서늘한 기운이 감도는 시간에 볼 적에는 추워 보

흔들리는 심리 453

였는데 낮에 삼복더위가 기승을 부릴 적에는 다시 열기가 높아 보이는 것입니다. 더운 사주는 더울 적에 보면 더 더워 보이는 것이지요. 이 말은 '추운 사주도 더울 적에 보면 덜 추워 보인다'는 말도 됩니다.

이렇게 다르게 볼 수가 있다는 생각을 하면서 이 마음의 변덕에 의해서 많은 사람들이 혼란을 겪을 수도 있겠다는 생각을 하게 되었습니다. 시간에 따라서 변화하는 이 흔들리는 마음으로 인해서 말이지요. 그래서 내린 결론이 이렇습니다.

'사주를 볼 적에는 철저하게 출생당시의 상황을 객관화시켜서 생각해야 한다. 겨울사주를 여름에 더위에 지친 마음으로 봐서는 오답을 내릴 가능성이 높고 여름의 더운 사주도 겨울에 시린 손을 호호 불면서 감정할 적에 당시의 얼어붙은 마음으로 본다면 역시 덜 더워 보일 가능성이 높겠다. 그러니까 결론은 봐주지 않는 것인데, 그럴 수는 없는 일이니까 항상 자신의 마음이 바깥의 경계에 따라서 흔들리지 않도록 수행을 해야 할 것이다.'

어떠신가요? 그럴싸한 결론입니까? 결론은 이렇게 내렸습니다만 문제는 실행입니다. 이 정도의 마음이 되려면 이 마음이 부동지(不動地)에 가서 머물러야 합니다. 부동지는 보살의 경지인데 보살은 부처의 후보라고 생각하시면 됩니다.

과연 명리학을 연구해서 사주나 봐주면서 호구지책을 삼는 대부분의 선배들이 이러한 것에 대해서 생각이나 하겠느냐는 점이 고민거리로군요. 그리고 남의 걱정을 할 단계도 못되지요. 우선 당장 낭월이 자신도 남이 칭찬을 하면 마음이 들뜨고, 비난을 하면 요동을 치는데 어디 남의 걱정을 할 처지가 되어야 말이지요. 그래서 한낮의 더위에 더운 줄도 모르고 이 문제로 갈등을 일으켜보았던 것입니다.

이렇게 민감한 것이 마음장난입니다. 본인이야 알든 모르든 간에 마음장난은 계속 되어왔고 또 앞으로도 계속될 것이 분명합니다. 적어도 수행을 쌓고 쌓아서 남들이 비난을 하던, 칭찬을 하던 전혀 마음이 움직이지 않는 정도가 되어야 이러한 꼭두각시의 놀음에서 벗어날 텐데, 이렇게 되면 해탈이라고 해서 참으로 자유로워진답니다. 그렇지만 그곳에 도달한다는 것은 참으로 만만한 일이 아니지요. 만약에 그곳에 도달한다면 그 순간에 다시 사주팔자의 시계는 엉망이 되어버릴 것입니다.

팔자를 벗어나는 길은 해탈(解脫)뿐이다

이거 사주공부 하다가 말고 모두 보따리 싸들고 산속으로 들어가야 할 모양이로군요. 낭월이의 이야기를 듣다가 보면 결국 머리 깎고 참선을 하는 도리밖에 없다는 결론이 나올 것만 같아서 말입니다. 하하.

해탈(解脫)이라고 하는 글자의 의미가 재미있습니다. '풀어버릴 해' 와 '벗어날 탈' 이니 말입니다. 풀어버린다는 것은 속박을 풀어버린다는 것으로 해석을 합니다만, 명리를 연구하는 사람이 해석한다면 '사주격국을 풀어버릴 解' 자로 봐야겠군요. 아무렴 어떤가요. 본래의 뜻에서만 벗어나지 않으면 되는 거지요.

그리고 탈(脫)은 '사주팔자의 운의 사슬로 부터 벗어날 脫' 자로 봐야 합니다. 단순하게 불교를 수행하는 사람이 올라가는 한 경지 정도로 해탈이라는 의미를 생각할 필요가 없다고 보는 것이지요. 그러면 명리학의 사전에 기록할 만한 의미로서의 해탈에 대해서는 이렇게 적으면 되겠군요.

해탈(解脫): 사주의 격국에 의한 속박에서 자유롭고, 운의 길흉에서 벗어나서 사주팔자의 길흉에 전혀 지배를 받지 않는 자유로움을 말한다.

어떠세요? 잘 끌어다가 붙였나요? 그러니까 사주의 원국에서 암시는 일 평생을 지배합니다. 그리고 그 속박으로부터 자유롭기 위해서는 참으로 피 나는 노력을 해야 할 것입니다. 어쩌면 그냥 생긴 대로 살아가는 것이 더 편안할지도 모르겠네요.

그리고 과연 도인은 자신의 운명으로부터 자유로운 것인지도 궁금합니 다. 도인이 되면 자신의 운명에서 얼마만큼 벗어날 수가 있는지, 세간에서 살면서 사주팔자를 벗어날 방법이 있기는 있는 것인지…… .이런저런 생각 을 하다 보면 점점 머리속만 복잡해질 뿐 묘안이 떠오르지 않는군요. 참으 로 답을 찾기가 어려운 문제로군요. 낭월이는 이렇게 답이 어려운 문제에 만 관심이 많은지 모르겠군요. 물론 이러한 문제로 골머리를 썩이는 것도 팔자격국으로부터 해탈을 하지 못해서일 것은 너무나도 뻔하군요.

이렇게 고민을 하다가 천우신조로 해탈을 얻게 된다면 그때는 컴퓨터 앞 에 앉아서 이렇게 미주알고주알 소란을 피우지도 않을 것입니다. 그냥 산 책을 하면서 자연의 흐름에 자신을 맡기고서 자유로움을 만끽하겠지요. 정 말 꿈이나마 황홀하게 꾸어보는 낭월입니다만, 아무래도 이번 생에는 힘들 것 같군요. 끈기가 낮아서 도저히 오를 엄두가 나지 않으니 말입니다. 그래 서 이렇게 꿈으로나마 상상을 해보는 것입니다.

좋은 운도 나쁜 운도

상담을 하러 와서 운이 나쁘다고 하면 팔자를 벗어나는 방법에 대해서 묻는 분이 간혹 있습니다. 그런데 운이 좋다고 하면 팔자를 벗어나는 방법을 묻는 사람이 전혀 없더군요. 이렇게 운이 좋고 나쁨에 따라서 팔자를 벗어날 방법에 대해서 생각을 하는 정도가 달라진다는 것은 무엇을 의미 할까요? 하긴, 팔자에 운이 좋고 나쁜 것에 대해서 자유로울 정도의 수준이라면 이렇게 변변치 못한 낭월이를 찾아올 필요도 없겠지요. 그리고 이러한 '헛소리 모음집(?)'을 보지도 않을 것이 너무나 뻔하군요.

그렇다면 정말 보통의 사람들이 흉을 피하고 길을 취하려는 마음으로 찾아온다는 것이 지극히 당연한 결론이겠군요. 여기서는 이러한 일반적인 마음에 대해서는 생각을 하지 않겠습니다. 여태까지 이야기한 심리적인 구조가 모두 일반적인 마음의 내용에 대한 것이기 때문이지요. 다만 이러한 분별심을 어떻게 취급할 것인가 하는 문제를 생각해보려고 합니다.

진정으로 악을 싫어하려면 선에 대해서도 싫어해야 합니다. 그래야만 진정한 의미에서 벗어나는 것이 되지요. 흔히 하는 말이 '미움도 사랑이다'고 하는 것입니다. 애증(愛憎)이 모두 같은 곳에 뿌리를 두고 있다는 의미입니다만, 이 말은 참으로 마음의 바탕을 잘 설명하고 있다고 생각이 되는군요. 모두 알고 계실만한 이야기를 한 도막 들려드립니다.

어느 신도가 열심히 신께 기도를 했습니다. '신이시여 이 세상에서 제일가는 행복을 주소서. 그리고 오래오래 건강하게 살도록 은혜를 베풀어 주소서~!' 하고 기도를 했습니다. 그러자 신이 그 기도에 감응을 해서 나타났습니다. 이 사람은 너무나 기뻐서 자기도 모르게 감사하다는 말을 열심히 하고 있었습니다.

그런데 그 행운의 여신 뒤에 검은 옷을 입은 여자가 서 있는 것이었습니다. 그 분위기가 섬뜩해서 물었습니다. "당신은 뉘신가요?" 그러자 검은 옷을 입은 여자는 "나는 불행의 신이라네" 하고 답을 하는 것이었습니다.

그러자 기도하던 사람은 질색을 했지요. 자신은 행복에 대해서만 기도를 했는데 이렇게 불행의 신까지 찾아오리라고는 생각을 하지 않았기 때문입니다. 그래서 간곡하게 말했지요. "불행의 신이시여 나는 그대를 원한 적도 생각한 적도 없고 만나기를 기도한 적은 더더구나 없습니다. 죄송하지만 사라져주시면 감사하겠습니다." 하고 애걸을 했습니다.

　　그러자 이 검은 옷을 입은 여인은 "그런가? 그렇지만 그대가 행운과 행복에 대해서 기도를 한 이상 나는 어쩔 수 없이 따라다니게 되어 있다네. 왜냐면 나와 행복의 신과는 자매간이걸랑……. 그러니까 그대가 행복조차도 포기를 하던지 아니면 나까지도 인정을 하게. 이것이 그대가 선택을 할 수 있는 유일한 방법이라네." 라고 말합니다.

　　이러한 이야기를 생각해봤습니다. 행복이라는 햇볕은 요구하면서 불행이라는 그림자는 거부를 하는 것이 인간의 마음입니다. 그러나 모두 알기는 알지요. 빛과 그림자는 떼려야 뗄 수가 없다는 것을 말이지요. 그러면서도 빛만을 요구하는 것은 오로지 인간의 욕망에서 비롯된 것이라는 점은 금세 알 수가 있는 것입니다.

　　다시 명리가의 명상이 이어집니다. 십간이 주욱 늘어서 있습니다. 그 중에서 각기 제6위에 있는 글자와는 합을 하고 있습니다. 서로 끌리는 것이지요. 당연히도 천간의 오합은 제 육위에 있는 글자와 연결이 되는군요. 그래서 이 글자를 행운으로 생각해봅니다. 천간끼리는 제6위에 있는 글자가 끌린다면 인간은 행복이라는 단어에 끌리니까 그렇게 비유를 든다고 해서 크게 틀렸다고는 못할 것으로 생각되는군요.

　　그러면 불행은 행복의 바로 다음에 있어야 합니다. 그래야 앞의 행복의 여신과 불행의 여신이 자매간이라는 말이 설득력이 있을 것 아니겠어요?

그래서 확인을 해봅니다. 천간끼리 가장 맘에 싫은 글자는 어디에 있는가를 말이지요. 행복을 깨는 글자. 합을 파괴하는 글자는 유감스럽게도 제 7위입니다. 이것을 일러서 7충(沖)이라는 말로 대신하기도 합니다만, 결국 행복의 뒤에는 불행이 도사리고 있군요. 이것을 보면서 참으로 오묘한 배치라는 생각을 해보지 않을 수가 없군요.

갑목은 제6위에 있는 기토와 합하면서 제7위에 있는 경금을 두려워합니다. 또 경금은 제6위에 있는 을목과 합을 하면서 제7위에 있는 병화를 두려워하는군요. 이것을 보면서 과연 십간의 구조는 인간의 심사를 대변한다고 하는 생각을 버릴 수가 없습니다.

이와 같은 상황을 바라보면서 '행복은 불행의 시작' 이라느니, '사랑은 눈물의 씨앗' 이라느니 하는 말의 의미가 다시 새롭게 다가옵니다. 그러한 현실을 음양오행의 이치에서 능히 발견할 수가 있기 때문입니다. 그리고 이런 내용들은 모두 어쩔 수가 없는 진리이기 때문에 더욱 모골이 송연해지는 것이고요.

여기에서 문득 생각나는 고사가 있군요. 새옹지마(塞翁之馬)의 이야기 말입니다. 여기서 그 이야기는 생략하겠습니다. 모르시는 분이 없을 테니까요. 기쁜 일이 생겨도 기뻐하지 않고 불행한 일이 생겨도 슬퍼하지 않는 새옹이 참으로 도인이라는 생각이 든다는 말을 추가하려고 합니다.

행복과 불행, 용신운과 기신운, 이러한 변화에서 울고 웃는 인간의 마음에서는 이 할아버지처럼 속이 편안하기가 어렵습니다. 결국 운은 다가오는데 그 운에서 느끼는 감정은 자신의 수양 정도에 따라서 달라진다는 이야기를 하고 싶어서 말씀드리는군요. 이렇게만 되면 그야말로 해탈의 대열에 들 수가 있을 것 같다는 생각이 드는군요.

인연을 만들지 말아야 하는데……

과연 가능할까요? 인연을 만들지 않기가 말입니다. 이 세상의 구조가 혼자서는 살아갈 수가 없는 것이 현실입니다. 이러한 현실 속에서 과연 인연을 만들지 않고서 홀로 살아갈 방법을 찾기는 매우 어려울 것입니다. 비록 현실이야 그렇다고 해도 인연을 만들지만 않는다면 되겠지요. 적어도 이렇게 인연을 만드는 것 자체에 대해서 두려운 마음이 있는 수준이라면 참으로 수행이 많이 된 사람이라고 하겠습니다. 이해를 돕기 위해서 또 옛날이야기를 해보려고 합니다.

예전에 수행자가 있었습니다. 그는 인연을 만들지 않는 것이 수행의 목적이었습니다. 그래서 처자식을 두지 않는 것은 물론이고, 자신의 한 몸을 편안하게 뉘일 거적집도 없었습니다. 옷도 다 떨어진 것을 주워서 입었습니다. 그야말로 거지 중에서도 상거지에 속했지요. 오로지 가진 것이라고는 한쪽 귀퉁이가 깨어진 바가지 하나가 전부였습니다. 끼니때가 되어서 동냥을 나가 어느 집 문전에서 밥을 빌고 있었습니다. 마침 옆집 앞에서도 걸식을 하는 사람이 있었습니다. 그래서 자신도 모르게 그 사람을 주시하였지요. 그랬더니 그 사람은 귀퉁이가 깨어진 바가지도 없이 맨손으로 주는 밥을 받고 있었습니다.

그 모습을 보고 있던 이 수행자는 자신의 손을 바라봤습니다. 그리고 손에 들려 있는 바가지에 눈길이 머물자 갑자기 부끄러워졌습니다. '아, 내가 가진 게 너무 많구나!' 그리고는 그 바가지를 버렸습니다. 그 후로는 이 사람도 맨손으로 밥을 받아먹었습니다.

이런 이야기가 생각이 났습니다. 인연을 만들지 않으려고 노력을 하는 것이 차라리 눈물겹지 않으세요? 그러한 것은 모두 인연을 만들 뿐이거든요. 인연을 버리고 싶은 사람들만 모여 산다면 이 나라의 국력은 엉망이 되겠지요. 그렇다고 해서 그 사람들을 나무랄 수는 없습니다. 누구나 자신의 의지대로 살아갈 권리는 있거든요.

인연을 만들지 않으면 길도 흉도 없으니까 아무 근심이 없습니다. 그냥 그렇게 살다가 그렇게 죽으면 그만입니다. 그런데 이러한 행동을 아무나 할 수 있는 것은 아닙니다. 적어도 상당한 경지에 도달해야만 가능한 것이지요. 입으로만 애착을 끊는다고 하는 것은 전혀 의미가 없습니다. 진정으로 그 마음에 애착을 버려야 합니다.

요 근래의 정치인들에게서 마음을 비웠다고 하는 말을 자주 듣게 됩니다. 마음을 비우는 것이 무슨 의미인지나 알고서 그런 단어를 주워섬기는지 참으로 의문스럽거든요. 왜냐면 마음을 비웠다고 하는 사람의 하는 행동은 완전히 욕심꾸러기의 행동 그 자체거든요. 어떤 의미에서는 정치인들의 마음을 비웠다는 의미는 굴욕을 참겠다는 말로 들리기조차 하니까 말입니다.

어쨌거나 그렇게 해서 범부의 삶에서 인연은 자꾸만 쌓여갑니다. 그 인연은 물론 선과 악의 경계를 항상 넘나들지요. 이것은 좋은 인연이니까, 저것은 나쁜 인연이니까, 하고 분별을 하면서 인연을 만든다고 스스로 영리하다는 생각을 할는지도 모르겠습니다만, 실은 아까의 비유에서처럼 선의 인연을 만들어도 결국은 그 굴레에 의해서 마음에 갈등이 발생하는 것은 어쩔 수가 없는 제7위의 극이 발생하기 때문이지요.

이러한 상황을 바로 인식한다면 죄도 복도 모두가 해탈을 방해하는 물건이라고 생각을 해야 하겠습니다. 실은 낭월이도 이렇게 말을 하면서 오늘도 벗님들이랑 인연을 만들고 있군요. 참으로 어쩔 수가 없는 중생의 참 모습인 듯합니다. 하하.

팔자 고지기

다시 사주의 이야기로 방향을 잡고 생각해보도록 하겠습니다. 사주에서 타고난 형상대로 자신의 마음에 영향을 받고 있을 것은 앞에서 공부를 한 것이 있으므로 알겠습니다. 그러한 숙명의 암시는 아마도 여간해서 고쳐지지 않을 것입니다.

그런데 고쳐지지 않는다고 해서 그냥 되는 대로 살아간다면 사주공부를 하는 의미가 없겠지요. 물론 호구지책으로 삼기 위해 사주를 배워서 족집게 철학원이라고 낸다면 모르겠습니다만, 심오한 이치가 좋아서 공부를 하시는 벗님에게는 전혀 도움이 되지 않을지도 모릅니다. 공부를 했으면 뭔가 달라져야 하는데 말입니다. 그래서 팔자를 공부하면서 자신의 마음에 자유를 누리는 방법이 없겠는가 하는 생각으로 접근을 해보는 것입니다.

어쩌면 이 항목이 가장 중요할는지도 모르겠습니다. 그리고 과연 가능할는지도 의문이기는 합니다. 그렇지만 노력을 한다면 그냥 팔짱을 끼고 있는 것보다는 나을 것만은 분명하다고 생각을 해봅니다. 이러한 마음으로 용기를 내서 이 항목을 설정했습니다.

(1) 우선 팔자를 알아야 한다.

팔자를 고치기 위해서는 우선 팔자를 알아야 합니다. 자신의 팔자를 모르면서 팔자를 고치겠다고 하는 것은 그야말로 어리석음의 극치라고 하겠습니다. 자동차를 고치겠다고 하는 사람이 자동차에 대해서는 전혀 모른다면 말이 되겠습니까? 차에 대해서라면 오일 점검이 뭘 의미하는지도 모르는 사람이 차를 고치겠다고 나선다면 모두 웃습니다. 이렇게 너무나 당연한 이치를 모르고 있는 사람은 비웃으면서도 정작 팔자를 알아야 팔자를 고친다는 사실에는 부정을 한다면 이것은 참으로 말이 되지 않는 소리라는 것을 금세 알게 됩니다.

낭월이에게도 그러한 질문이 많이 들어옵니다. 팔자는 고칠 수가 있다고 생각한다는 거지요. 물론 사주에서 암시하는 것이 자신의 마음에 원하는 것과 일치하지 않을 경우에는 더욱 그런 말이 쉽게 나오더군요. 그렇지만 이미 그 자체가 팔자 속으로 얽혀들어 간다는 사실을 아는지 모르는지 일단 말은 그렇게 합디다.

가령 팔자에서 사업에 실패를 할 운이 있으니 조심하라고 합니다. 그러면 냉큼 말하지요. "팔자는 뛰어넘을 수가 있으니까 괜찮을 겁니다." 물론 희망사항이지요. 이렇게 말하면 낭월이는 빙그레 웃습니다. '그래? 그럼 뛰어넘어 봐라, 이 건방진 놈아 흐흐~' 이런 의미의 조소(嘲笑)지요. 이렇게 낭월이도 자신의 분수에 맞지 않는 이야기를 하는 고객을 만나면 속이 배배 꼬입니다. 역시 중생심(衆生心)의 특징이지요. 하하.

그러니까 여기에 약간의 오해가 있는 모양입니다. 팔자를 뛰어넘는다는 말을 사용할 적에는 '자신이 하고 싶은 대로 하겠다.' 는 의미로 사용하는 모양이더군요. 이 정도로 공부하신 벗님은 낭월이가 무슨 말을 하고 싶어 하는지 눈치를 채실 것도 같은데 말이지요.

그 '자신이 하고 싶은 대로' 가 바로 팔자라는 사실입니다. 이렇게 명확한 사실을 눈앞에 두고서 가소로운 말을 하는 것입니다. 얼마나 기가 막히겠어요. 그래도 낭월이는 반격은 하지 않습니다. 불과 2~3년만 지나면 대번에 알 수 있는 일을 지금 핏대를 올리고 그 사람과 영양가 없는 실랑이를 할 필요는 전혀 없기 때문이지요. 그리고 이미 이렇게 말을 할 적에는 무슨 말이든지 그 사람의 귀에 들어가지를 않습니다.

그럼 뭐하러 상담을 하는가 하고 의문이 생기실까요? 그야 당연히도 '미래는 운수대통임'이라는 확인 도장을 얻는 것이 목적이지요. 책을 보니까 낭월이가 사기꾼 같지는 않고, '이 녀석이 내가 하는 사업이 희망적으로 전망을 해준다면 더욱 확실해지는 거야 하는 마음으로 찾아오는 것이지요. 이러한 마음으로 와서는 자신이 원하는 대답이 나오면 '참으로 잘 보신다'느니 '용하시다'느니 하면서 상담료도 두둑하게 주고 갑니다만, 불행히도 맘에 들지 않는 이야기가 나오면 이렇게 사람을 무시하고 사주학 자체를 깔보는 행동을 취하게 되는 것입니다.

사람이 나쁜 것이 아니라 아마도 욕심이 앞섰기 때문이겠지요. 그렇다고 해서 이런 사람과 맞서서 싸우면 학자의 모양새가 여엉 사납기 때문에 그냥 그런가 보다 하고 넘어갑니다. 물론 이 사람이 나중에 사업을 망해먹고서 찾아왔을 적에는 전혀 다른 모습으로 굽신굽신하지요. 그러한 모습을 보면서 오히려 측은한 마음이 들기도 하더군요.

(2) 겸손한 자세가 필요하다.

겸손한 자세가 반드시 필요하겠더군요. 오만한 마음으로는 운명개선의 노력은 공염불이 될 가능성이 많습니다. 왜냐하면 오만한 마음은 남의 말에 귀를 기울이지 않으려고 하기 때문입니다. 겸손한 마음이 있어야만 비로소 남의 조언에 귀를 기울이기 때문에 필수적으로 팔자를 고치고 싶은 사람은 겸손함이 필요합니다.

사실 사주를 풀어주는 입장에서는 답답할 것이 없습니다. 그 사람이야 사업이 망할 운이거나 말거나 나와는 상관이 없는 일이기 때문이지요. 상담하러 왔다가 기분이 나빠져서 상담료를 주지 않고 간다고 해도 손해본 것은 없지요. 겨우 약간의 시간을 투자한 것은 있겠습니다만, 그깟 시간이야 다른 헛지랄을 해서라도 낭비할 수가 있는 것이니까 웃어버릴 수가 있다는 것입니다.

사주 한 번 봐주고서 수십만원씩 받아먹는 것도 아닌 바에야 구태여 듣기 싫어하는 사람에게 싫은 말을 할 필요가 없기도 합니다. 그러나 명색이 학자로서 자신이 연구하는 학문을 필요로 하는 사람에게 베풀어준다는 의미는 상당한 것이니까, 이러한 것에 낙을 삼고 상담에 임하는 것도 적지 않다고 생각되는군요.

보통은 그렇습니다만, 일단 자신의 팔자를 고쳐보겠다고 나서는 사람에게는 분명하게 말을 해줘야 하겠습니다. 어설프게 할 바에는 아예 말라고 말이지요. 기왕에 자신의 팔자에 대해서 설명해준 것을 듣고서 자신의 팔자를 고쳐봐야겠다고 생각을 했다면 열심히 노력을 할 준비가 필요하니까 그러한 마음을 먹기 이전에 가장 필요한 것이 겸손한 마음으로 한 수 배우겠다는 생각을 해야 합니다.

■ 덧붙이는 글

항상 아낌없이 사랑해주시는 독자님의 성원에 행복한 낭월입니다. 졸저 『마음을 읽는 사주학』이 세상에 소개된 것이 1996년이니까 16년이 되었습니다. 그 사이에 궁리하고 연구하던 내용들에 대해서도 약간의 진전이 있었기에 달라진 내용들에 대해서 개정을 하려고 했으나 엄두가 나지 않아서 아예 절판을 하면 되지 않을까 싶은 생각을 했었습니다.

그러나 시간이 지나면서, 자꾸만 이 책을 찾는 독자가 줄어들지 않아 내용을 보완하는 방법을 모색해 보았습니다. 전체를 고치게 될 경우에는 원래의 '마음을 읽는 사주학'의 맛(!)이 나지 않을 것이라는 점이 우려되어 한 말씀 덧붙이는 것으로 낭월의 부담감을 해소하고 다시 독자님들과 상면하는 것으로 방향을 잡았습니다. 더불어 이 책이 《왕초보 시리즈》 입문편과 연구편에 이은 심리편에 해당하므로 책 이름도 『왕초보 사주학(심리편)』으로 새롭게 바꾸게 되었습니다. 다음 부분에 대해서 특히 주의해서 읽어주신다면 큰 문제는 없을 것으로 생각하고 몇 가지 당부 말씀을 드립니다.

1. 희신(喜神)에 대한 부분
오랫동안 연구와 임상을 거쳐서 내린 의견입니다. 이 책 22쪽의 '희용기구한(喜用忌仇閑)'의 '희신(喜神)은 무엇인가?' 라는 물음에 대해 23쪽에서 '희신(喜神)은 용신과 일간(日干)의 용신이다'라고 설명한 바 있습니다. 희신의 정의에 대한 기준을 조금만 바꾸어 주시기 바랍니다. 즉, '희신(喜神)은 용신(用神)의 용신(用神)이다.'로 바꾸어 읽으시면 혹시라도 혼란을 겪게 될 부분은 해결될 수 있다고 생각됩니다.

그러니까 달라진 부분은 '희신과 일간은 무관하다' 로 정리하면 되겠습니다. 특히 신약용인격(身弱用印格)에서 인성(印星)이 약하면 용신 입장에서는 관살(官殺)을 희신으로 삼아야 하는데, 일간이 극(剋)을 받는 것을 염려하여 그렇게 하지 못했던 점이 있습니다. 여기에 대해서 일간을 무시하고 용신의 의사가 우선적으로 적용된다고 이해하시면 되겠습니다.

2. 남편궁(男便宮)에 대한 부분

이 책이 출간될 당시에 이러한 의견들은 독자들에게 상당히 신선했습니다. 그러한 관점을 얻을 수 있도록 안내를 해준 대만의 하건충(何建忠) 선생님 덕분이지요. 그 후로도 임상을 통해서 계속 확인하는 과정이 있었고, 지금도 이러한 것은 '현재진행형' 이라고 할 수 있을 것입니다.

근래에 와서 정리해 보면, '남편궁에 대해서도 일지(日支)를 함께 대입하는 것이 더 타당하겠다.'는 생각입니다. 임상에서 나타나는 것을 보면 기본적으로는 부부궁(夫婦宮)에 해당하는 일지의 영향을 받는 것으로 보입니다. 그리고 사회활동을 하지 않는 여성의 경우에는 월지의 남편궁도 여전히 유력하다고 봅니다. 다만, 대부분의 부부들은 함께 사회활동을 하는 시대로 자꾸만 변해가고 있습니다. 이러한 점을 감안하여 다음과 같이 정리합니다.

'남편궁은 일지로 삼는다. 다만, 사회활동을 하지 않는 여성의 경우에는 월지에 대해서도 참작하여 궁리한다.'는 정도로 무게중심을 일지로 옮겨서 살펴주시기 바랍니다. 그러니까 내용 설명 중에서 월지의 비중에 대해서만 일지로 대입하면 되는 것입니다. 이 점을 유의하여 읽으시면 이 책만이 가지고 있는 맛을 그대로 살릴 수 있을 것으로 생각됩니다.

다만, 어쩌면 혼란을 드릴 수도 있을 것입니다. 그것은 월지와 일지의 글자가 달라지면 본인의 배우자에 대한 관점이 달라지지 않겠느냐는 점이 있기 때문입니다. 그래서 드리는 말씀은, 내용은 그대로 읽으시되 임상을 할 경우에는 그 이론을 일지에 비중을 두는 것으로 이해하시면 별다른 문제는 없으리라고 봅니다.

3. 그 밖에 참고할 내용

낭월의 책을 읽으시는 독자님이시라면 궁리하는 것이 체질에 맞으시리라고 생각합니다. 그러므로 혹 읽으시다가 궁금하거나 의심스러운 부분이 있으면 그 후에 출판된 책인 《사주심리학(2007)》을 참고하시면 이해에 도움이 되리라고 봅니다. 아울러 기본적인 명리학 이론에 대해서는 《자평 명리학_개정판(2009)》을 겸해서 살펴보시면 이해에 도움이 되리라고 봅니다.

4. 책 제목에 대하여

원래 이름이 '마음을 읽는 사주학' 입니다만, 독자들은 간단한 것을 좋아하여 누구나 이 책을 '왕초보 심리편' 이라고 부르고 계시는 것을 알게 되었습니다. 그래서 새로 복간(復刊)하면서 책의 이름을 바꾸고, 표지 역시 《왕초보 사주학》 시리즈와 같은 분위기로 바꾸게 되었습니다. 이 점에 대해서 참고하시기 바랍니다. 비슷한 시기에 쓰인 원고이기에 그 분위기를 살려서 같은 모습으로 하는 것이 좋겠다는 의견을 반영하였습니다.

이상과 같은 부분에 대해서 말씀을 드리는 것이 독자에 대한 예의라고 생각하여 한 말씀 덧붙였습니다. 이러한 점을 참작하여 읽어주시면 그보다

더 고맙고 감사한 일이 없을 것입니다. 모쪼록 원하시는 목적지까지 순탄한 여행이 되기를 기원합니다. 고맙습니다.

계룡감로에서 낭월 두손 모음

낭월의 저서

왕초보 사주학 시리즈와 사주용어사전

- **왕초보 사주학(입문편)** 384쪽 | 값 17,000원
- **왕초보 사주학(연구편)** 416쪽 | 값 17,000원
- **왕초보 사주학(심리편)** 472쪽 | 값 20,000원
- **낭월 사주용어사전** 316쪽 | 값 23,000원

자신의 운명을 생각하다가 인연이 되어서 자평명리학(子平命理學)에 관심을 갖게 된 입문자를 위해 알기 쉬운 설명과 재미있는 비유로 쉽게 이해할 수 있게 구성되었다. 또한 어렵고 생소한 용어의 정리를 도와줄 용어사전도 마련되어 있다.

알기 쉬운 시리즈

- **알기 쉬운 음양오행** 432쪽 | 값 17,000원
- **알기 쉬운 천간지지** 450쪽 | 값 17,000원
- **알기 쉬운 합충변화** 408쪽 | 값 17,000원
- **알기 쉬운 용신분석** 468쪽 | 값 20,000원

자평명리학을 공부하려는 독자에게 기준이 되기를 바라는 관점에서 저술한 《알기 쉬운 시리즈》이다. 어렵고 딱딱한 사주공부를 조금이라도 이해하기 쉽게 풀어서 설명하면 책을 통해서 공부하는 입장에서 많은 도움이 되겠다는 생각으로 쓴 책이다. 무엇이든 다 그렇지만, 학문의 체계에서 기초보다 더 중요한 것은 없다고 해도 과언이 아니다. 그래서 혹시라도 간과하고 지나간 부분이 있어서 마무리가 되지 않는다면, 이 시리즈가 바로 그러한 점을 찾아주는 역할을 할 수 있을 것이다.

적천수 강의(滴天髓講義) 시리즈

- **적천수 강의 1** 560쪽 | 값 30,000원
- **적천수 강의 2** 572쪽 | 값 30,000원
- **적천수 강의 3** 628쪽 | 값 30,000원

모든 분야에는 정점을 지키는 경전(經典)이 있기 마련이다. 『적천수(滴天髓)』는 자평명리학의 핵심 경전이라고 할 수 있는데, 이 책을 풀이한 『적천수징의(滴天髓徵義)』의 직역과 뜻을 설명하여 이해에 도움이 되게 한 지침서이다.

사주문답 시리즈

- **사주문답 1** 424쪽 | 값 18,000원
- **사주문답 2** 392쪽 | 값 18,000원
- **사주문답 3** 416쪽 | 값 18,000원

《왕초보 사주학 시리즈》와 《알기 쉬운 시리즈》를 통해서 인연이 된 독자들과 인터넷 〈낭월명리학당〉 게시판에서 문답한 내용을 책으로 엮었다. 다양한 질문과 또 그만큼 다양한 관점으로 자평명리학을 바라보면서 나눈 이야기들을 모아서 공부의 자료로 재구성하였다. 마음속에 쌓인 의문에 대해서 때로는 속 시원한 답변이 될 수도 있고, 때로는 새로운 의문을 갖게 되는 계기가 될 수도 있을 것이다. 이러한 과정을 통해서 학문의 세계는 더욱 넓어질 것이고, 그만큼 통찰력이 깊어지게 된다.

* 위 도서의 상세한 설명은 동학사 홈페이지 www.donghaksa.co.kr을 참조하세요.

사주심리학 시리즈

- **사주심리학 1** 390쪽 | 값 32,000원
- **사주심리학 2** 394쪽 | 값 32,000원

삼라만상은 모두 자신의 마음이 있다. 명리학을 공부하는 학자가 반드시 알아야 할 '음양의 마음', '오행의 마음', '십간의 마음'과 '십이지의 마음'을 분석하고, 십성(十星)의 구조에 대해서도 심리적인 관점에서 풀이하여 사람의 심리와 사주의 연관성을 살펴볼 수 있게 구성하였다. 상담은 결국 심리 치료라고 할 수 있으므로 사주를 통해 그 사람의 마음을 이해하는 것이 중요하다.

시시콜콜 명리학 시리즈

- **1. 음양** 270쪽 | 값 13,000원
- **2. 오행** 300쪽 | 값 13,000원
- **3. 천간** 364쪽 | 값 14,000원
- **4. 지지** 336쪽 | 값 14,000원
- **5. 간지** 326쪽 | 값 14,000원
- **6. 육갑** 371쪽 | 값 14,000원

사주를 공부하려고 마음을 일으켰지만 왠지 어려운 벽이 느껴져서 망설이는 독자를 위해서 준비하였다. 이 시리즈를 통해서 간지(干支)의 핵심에 접근하여 기본을 다져서 스스로 공부의 방향을 잡을 수 있을 것이다.

점술 활용 시리즈

- **오주괘(五柱卦)** 낭월 · 인월 엮음 324쪽 | 값 35,000원
- **오주괘관법(五柱卦觀法)** 336쪽 | 값 24,000원
- **백수점단(百首占斷)** 낭월 엮음 232쪽 | 값 22,000원

오주괘(五柱卦)는 연월일시분의 오주(五柱)를 자평법에 대입하여 점괘로 삼는 방법을 설명한 것이며, 백수점단(百首占斷)은 100개의 대막대기를 뽑아서 길흉을 판단하는 고법(古法)을 활용하도록 하였다. 사주를 풀이하더라도 때로는 점괘가 필요할 때도 있다. 그러한 경우를 당하여 당황하지 말고 괘를 뽑아서 활용할 수 있게 구성하였다.

현공풍수(玄空風水) 시리즈

- **신나는 현공풍수(입문편)** 낭월 · 지명 지음 306쪽 | 값 35,000원
- **놀라운 현공풍수(활용편)** 낭월 · 자명 지음 408쪽 | 값 43,000원
- **현공수책(玄空手册)** 낭월 · 자명 · 화인 지음 270쪽 | 값 32,000원

환경의 변화를 읽는 학문으로 현공풍수(玄空風水)가 각광받고 있다. 특히 고인(故人)을 위한 음택(陰宅)에서만이 아니라 사람이 살아가는 환경인 양택(陽宅)에 대해서 많은 궁리의 결과로 현공풍수가 있었다. 여기에 대해서 기본적인 의미와 활용 방법을 재미있게 설명하였고, 현장에서 간편하게 찾아볼 수 있는 사주에서의 만세력과 같은 역할을 하는 현공수책을 소개하였다.

* 위 도서의 상세한 설명과 주문은 저자 낭월의 홈페이지 www.nangwol.com을 참조하세요.

문의전화_ 041-732-2583 / 이메일_ nangwol@gmail.com

왕초보 사주학(심리편)

글쓴이 | 박주현
펴낸이 | 유재영 · 유정융
펴낸곳 | 주식회사 동학사

1판 1쇄 | 1996년 12월 5일
1판 22쇄 | 2025년 7월 5일
출판등록 | 1987년 11월 27일 제 10-149

주소 | 04083 서울 마포구 토정로 53(합정동)
전화 | 324-6130, 324-6131 · 팩스 | 324-6135
E-메일 | dhsbook@hanmail.net
홈페이지 | www.donghaksa.co.kr
www.green-home.co.kr

ISBN 89-7190-368-1 03180
＊저자와의 협의에 의해 인지를 생략합니다.
＊잘못된 책은 바꾸어 드립니다.